总主编◎张今杰

碧泉论丛

Biquan Symposium

第三辑

哲学与文化专辑

Studies on Philosophy and Culture

主　编◎王丽梅　翁后发
副主编◎周　骅　李锋锋

湘潭大学出版社
XIANGTAN UNIVERSITY PRESS

碧泉论丛（第三辑）：哲学与文化专辑

编　委　会

序　言

张今杰

《碧泉论丛》是湘潭大学哲学与历史文化学院（碧泉书院）主持的学术丛书，至今已出版社会工作与社会学专辑、历史与文化专辑两辑。秉承“学术为体、出版为用、开放包容”的宗旨，《碧泉论丛》旨在传承碧泉书院学风、展示碧泉学人风采，服务学院科研发展、学科建设、学术交流与人才培养的需要，突出学术阵地和学术载体的公共性，积极推进有组织科研，产出高质量研究成果，将碧泉书院所承载的传统文化及其精神与当下中国社会的发展相结合，既实现了传统文化的创造性转化、创新性发展，亦将碧泉书院经世致用的学风融于当下的社会发展中，为中国社会的全面建设与发展提供资粮和助力。

我院哲学学科始建于1978年，是湘潭大学最早建立的院系之一，也是湖南省第一个哲学专业。1981年，哲学系获批全国首批硕士学位授权点。此后，相继获批哲学博士学位授权点，建成哲学博士后流动站，并建设了湖南省湘学研究基地、湖南省马克思主义宗教学研究（湘潭大学）基地、湘潭大学儒家文明与中国现代化研究中心、湘潭大学应用伦理与文化建设中心等省、校级等学术平台。当下，我院哲学专业为国家一流本科专业，拥有国家级与省级一流本科课程“国学概论”，以及“国学经典十讲”“品读国学与智慧人生”“西方哲学史”等省、校级精品课程。

目前，《碧泉论丛》由学院各系轮流执行主编，编辑部负责统筹统稿和审稿。《碧泉论丛（第三辑）：哲学与文化专辑》的筹办得到了哲学系师生以及南京大学、东南大学、中山大学等校外师友的鼎力支持，最终采用论文稿件28篇，设有“张栻与湖湘文化专栏”“中国哲学研究”“外国哲学研究”“文明交流互鉴““文化与社会专题”“中国式现代化研究”“书评”七个专栏。从本辑收录的论文来看，既有关于中国哲学、外国哲学等基础学科的研究，又有具有地域特色的湖湘文化研究，也有面向时代的文明交流互鉴研究与中国式现代化研究，展现了哲学系学术研究立足学科基础、把握地域文化、面向时代发展的整体特征。

“大江东去，无非湘水余波”，碧泉，这汪湘水，不仅见证了近千年的碧泉书院的兴衰，如今她依然流淌在苍山翠柏中，依然澄澈碧绿，潺潺流水声贯穿古今，呼唤并期待着碧泉学风的传承。南宋绍兴二年（1132），胡安国举家正式定居湘潭，开坛讲学，四方学子负笈而至；后经胡宏的经营，张栻的管理，成碧泉书院之鼎盛，是为湘潭大学“碧泉书院”之缘起。而今《碧泉论丛（第三辑）：哲学与文化专辑》正是湘潭大学哲学系同仁对胡安国、胡宏、张栻“远邦朋至，近地风从，袭稷下以纷芳，继杏坛而跄济”办学宗旨和当下文化融城的时代回应。

目　录

【外国哲学研究】

【文明交流互鉴】

【文化与社会专题】

【中国式现代化研究】

【书评】

张栻与湖湘文化专栏

张栻思想的内驱力

——张栻思想成长的一个视角

王丽梅*

摘　要：一个人思想的成长受很多因素的影响，有的因素甚至构成了其内驱力。张栻除了受家学的教育与熏陶外，还勤思笃行，早年出入佛教，与很多禅师有密切的交往。对佛教有精深的研究与体证，与高僧的机锋对答及其诗词等作品无处不闪烁着佛教的智慧。基于儒学立场，张栻的“原物皆善”与“体用并举”的观点深受佛教“无情有性”与“理事不二”思想的启发，从而促进了其思想的成长与发展。

关键词：原物皆善；无情有性；体用并举；理事不二

张栻（1133—1180），字敬夫，又字钦夫，号南轩，四川绵竹人，南宋时期著名的哲学家、思想家，与朱熹、吕祖谦并称“东南三贤”。张栻幼闻过庭之训，其中既有儒学的教育，也有佛教的熏陶。少年时曾读书于金陵天禧寺。天禧寺的前身是素有“江南第一寺”之称的建初寺，建初寺始建于东吴时期，西晋时改为长干寺，南朝时为报恩寺，宋天禧元年（1017）改为天禧寺，明成祖时改为大报恩寺，被列入中世纪世界七大奇迹之一。大报恩寺为南京著名的寺院，见证了南京佛教乃至中国佛教的发展。宋代是佛教的中兴时期，作为江南第一寺的天禧寺是当时中国佛教的中心，天下高僧云集，译经事业非常繁荣。张栻于其中读书学习，不受佛教的感染、不涉猎佛教是不可能的。至于张栻为何选择在天禧寺读书，或爱其环境，或喜于佛教，由于资料的缺乏，我们不得而知。但是，张栻在佛教发展繁荣的天禧寺读书却是事实，我们研究张栻，尤其是研究张栻的佛学思想时不能忽略这一段史实。

一、与寺僧切磋交游

少年时期的张栻便与高僧有交往，《南轩集》记载：“宗杲问先生如何是一以贯之，时先生年甚少，曰：‘某今未敢便与尔说一以贯之，且道如何是忠恕。’宗杲叹服。”① 宗

* 作者简介：王丽梅，湘潭大学碧泉书院教授，博士生导师，主要研究方向为湖湘文化、佛教与国学。本文为湖南省教育厅重点项目（21A0105）的阶段性成果。

① 张栻：《张栻全集》，长春出版社 1999 年版，第 1205 页。

杲是宋代的佛门龙象，而且在士大夫中颇有影响，张栻的祖母计氏、父亲张浚与宗杲均有很深的交往，张栻在年少时便与宗杲交游，并与宗杲弟子祖庆也有一定的过往，后来应祖庆之请，为宗杲法语作跋："观庆之请以父母为言，而其师特为拈出。嗟呼，是非秉彝之所存而不可已者邪？（自注：今祖庆刻石蒋山，改父母作生死字）"① 少年时期与高僧的往来交游为其日后的佛学思想打下了坚实的基础。

张栻与了信禅师的关系更是密切。了信是高台寺的住持，高台寺位于南岳衡山之巅，张栻一生数次去高台，在其诗文作品中记载了与了信的交往以及高台寺的景观："著屋悬崖畔，开窗叠嶂秋……茗椀味能永，竹风声更幽；平生版庵老，得句似汤休。"并自注曰："寺之前有云庄榭，旧车辙亭，侍郎胡公以其妄谬，易今名。记刻不存，必恶其害己者所去也。长老了信有诗名。"② 该诗作于乾道三年（1167），张栻与朱熹等人游南岳时；"侍郎胡公"即胡寅，胡寅认为辙迹"诞乃至此"③，故将车辙亭改为云庄榭，并作《云庄榭记》；而此行此时，即乾道三年，张栻故地重游时，《云庄榭记》已不复存在，只有了信的诗句。张栻拜访了了信禅师并下榻于高台寺，同时与了信题诗赠墨，并求得了了信的诗文集，读后赞叹有加："萧然僧榻碧云端，细读君诗夜未阑；门外苍松霜雪里，比君佳处让高寒。"④ 遗憾的是，由于资料的匮乏，关于了信禅师的详细情况不甚清楚。

南岳山是佛教的祖庭和圣地，寺院众多，张栻与很多寺院的住持和高僧都有较深的交往。张栻在南岳山上建立了南轩书院，经常在山上读书和讲学，而且常到寺院研学，与寺院高僧、禅师的关系都非同寻常。《南岳庵僧寄上封新茶风味甚高薄暮分送韩廷玉李嵩老》《夜得岳后庵僧家园新茶甚不多辄分数椀奉伯承》记载的是寺院僧人送上等新茶给张栻，张栻又将此茶与好友品尝分享之事。"黄实累累本自芳，西湖名字著诸方。里称胜母吾常避，珍重山僧自煮汤"⑤，述的是乾道三年秋，张栻与朱熹同游南岳，途中休憩于上方寺，山僧煮汤进行款待之情。在下山的归途中，由于夜幕将临，山僧屡屡留之宿夜："归袂随云起，篮舆趁雪明；山僧苦留客，世故却关情。"⑥ 张栻夜宿方广寺，心怀无限感激与感慨："僧舍孤衾寄此情，庄生梦破晓钟声；浮沤踪迹原无定，惆怅西风一夜清。"⑦ 多方位而频繁的交往，使张栻与禅师建立了深厚的感情。方广寺高僧守荣圆寂，张栻以诗缅怀："夜入精蓝意自真，上方一笑政清新；山僧忽复随流水，可惜平生未了身。"⑧ 字里行间既流露出对长老的敬佩和嘉许，又流露出对长老圆寂的痛惜与无奈。在与寺僧交往的过程中，或与禅师诗词酬酢，或描写寺院景观成为张栻的作品中必不可少的内容。有很多这方面的题材，如赠上封寺长老的诗："上方元自好，一榻有余清；只趁晨钟起，宁闻山

① 张栻：《张栻全集》，长春出版社 1999 年版，第 1036 页。

② 张栻：《张栻全集》，长春出版社 1999 年版，第 586 页。

③ "所谓辙迹，乃石脉之修广者耳，道散于异端，人不知鬼神之理，其诞乃至此……乃易亭曰榭，更其名曰'云庄'。（胡寅：《斐然集》卷 20，中华书局 1993 年版，第 559 页）

④ 张栻：《张栻全集》，长春出版社 1999 年版，第 652 页。

⑤ 张栻：《张栻全集》，长春出版社，第 646 页；朱熹次敬夫韵：目劳足卷登乔岳，吻燥肠枯到上方；从遣山僧煮罗汉，未妨分我一杯汤（《朱熹集》卷 5，四川教育出版社 1996 年版，第 199 页）。

⑥ 张栻：《张栻全集》，长春出版社 1999 年版，第 653 页。

⑦ 张栻：《张栻全集》，长春出版社 1999 年版，第 1149 页。

⑧ 张栻：《张栻全集》，长春出版社 1999 年版，第 648 页。

鸟声；高僧足幽事，野客富诗情。”[①] 既描写了上封寺清幽的环境，又赞叹长老自在的生活。题金山寺曰：“我来最奇绝，霜月与璀璨；褰衣到绝顶，恍若上河汉；悠然发遐思，俯仰为三叹；乾坤无余藏，今古有长算；更深寂群动，树杪独鸣鹳；回头唤山僧，为记此公案。”[②]诗中展现的是张栻与禅僧同游金山寺，金山寺绝美的风光触发了南轩的般若智慧，故唤山僧记此公案。张栻的诸多诗文不仅描写了秀美静谧的寺院风光，而且充满了对寺院生活的向往。“相望几兰若，胜处是南台。阁迥规摹稳，门空昼夜开”[③]，“步入招提境，云间有古台……登临思不尽，何日再重来”[④]，描写了南台寺的清静和淡雅；“俗尘元迥隔，景物自天成。山近四围碧，泉鸣永夜清”[⑤]，“山头更尽无穷境，非是人间别有天”[⑥]，展现了方广寺的清新和绝妙；“回首尘寰去渺然，山中别是一风烟”[⑦]，“天竺西方寺，人从此地来……梵寺依严舍，禅宫傍日开”[⑧]，尽现了福严寺的壮观和庄严；其他如《登法华台》《游章华台》《自方广过高台》《同常甫宿南台寺》等等，均是描写寺院风光和生活的作品。张栻的足迹遍布上封寺、福严寺、方广寺、高台寺、上方寺以及南台寺等，而且经常寄宿寺院，“晓起寻归路，题诗寄此情”[⑨]，则是南轩夜宿方广寺、晓起题诗留别之作；“明朝问征路，回首白云闲”[⑩]，记载的是张栻夜宿清修寺，晨起再问征路之事，字里行间流露出了对寺院及其生活的憧憬和赞叹。

据《佛法金汤编》等资料记载，张栻是东林道颜禅师的法嗣。[⑪] 东林寺是著名的佛教圣地，道颜禅师，潼川（今四川三台县）人，曾经学法于克勤，但“微有省发”，克勤推荐其参学宗杲。道颜拜师宗杲后，常伴其左右，成为大慧的得意弟子，“朝夕质疑，方大悟”。上堂法语惊人：“一叶落，天下秋；一尘起，大地收。”[⑫] 落叶知秋、起尘尽收，这是何等的胸怀和智慧！

张栻曾与道颜禅师有绝妙的机锋问答：“（张栻）见万庵颜禅师曰：‘道之所在，可以心寓，不可以力求，师谓如何？’师（道颜）曰：‘会医少病。’公（张栻）曰：‘见即便见，拟思即差，又作么生？’师曰：‘知有还同不知有。’公曰：‘正当知有时如何？’师曰：‘闻声见色只如常。’公豁然有省，乃留偈曰：‘闻声见色只如常，熟察精粗理自彰，脱似虚空藏碧落，曾无少剩一毫芒。’”[⑬] 张栻认为道要用心去体会，不能以力强求，道颜认为这样还不够，还需继续修炼，体悟“知有”与“不知有”的关系，只有真正体悟

---

① 张栻：《张栻全集》，长春出版社 1999 年版，第 652 页。

② 张栻：《张栻全集》，长春出版社 1999 年版，第 530 页。

③ 张栻：《张栻全集》，长春出版社 1999 年版，第 585 页。

④ 张栻：《张栻全集》，长春出版社 1999 年版，第 1151 页。

⑤ 张栻：《张栻全集》，长春出版社 1999 年版，第 586 页。

⑥ 张栻：《张栻全集》，长春出版社 1999 年版，第 644 页。

⑦ 张栻：《张栻全集》，长春出版社 1999 年版，第 651 页。

⑧ 张栻：《张栻全集》，长春出版社 1999 年版，第 1151 页。

⑨ 张栻：《张栻全集》，长春出版社 1999 年版，第 586 页。

⑩ 张栻：《张栻全集》，长春出版社 1999 年版，第 604 页。

⑪ 《佛法金汤编》卷 14，另《历朝释氏资鉴》卷 11、《居士分灯录》卷下等均记载张栻为道颜禅师的法嗣，除文字上略有差别外，所记内容完全相同。

⑫ 普济：《道林道颜禅师》，《五灯会元》卷 20，中华书局 1984 年版，第 1330 页。

⑬ 朱时恩：《居士分灯录》，《续藏经》第 147 册，台北新文丰出版公司 1994 年版，第 925 页。

到二者的关系，才能理解“道在如常”。这段问答精彩纷呈，尽现般若智慧，道在心里，不必以力外求，识心便见道；闻声见色只是平常事，但却是道之所在；心虚若空，却有山河大地。所以后人赞曰：“碧落虚空，蝉蜕春融，点颜川眼，挺濂溪松，且道是禅学？是圣学？一任天下人摸索。”① 到底是禅学还是圣学，的确任天下人摸索。但一句“是禅学还是圣学”至少说明张栻对佛教的吸收以及佛教对其影响之深刻。实际上，亦无需摸索，是禅学还是圣学，其中味道自家体贴！

由上可见，张栻与诸多寺僧有着广泛而频繁的交往，参访禅师，游历寺院，与禅师诗词唱游，各说己心中法门。与寺僧的交游过程中，一方面佛教的思想深深地影响了张栻，另一方面张栻也自觉或不自觉地吸收了佛教的资粮。

二、无情有性与原物皆善

张栻具有很深的佛学造诣和良好的佛学素养，对佛理、佛趣有一定的研究和体悟。这一点不仅体现在其与禅师的机锋对答及其诗词作品上，同时还渗透在其儒学思想中。张栻的人性论较之其他儒学家，更明确地提出“性善”的遍在性和彻底性，这是其思想的一个突破和创举：“太极动而二气形，二气形而万物化生，人与物俱本此者也，原物之始，亦岂有不善者哉？其善者天地之性也，而孟子道性善，独归之人者，何哉？”② “何独人尔？物之始生，亦无有不善者。”③ 说明不仅人的本质是善的，物的本质也是善的，推此而论，禽兽的本质也是善的，这是张栻性论中隐含的却是必然的结论，也是张栻论性超出前人的地方。以往论性皆局限在“人”上，“物”性善与否是学者们几乎不去思考的，或者说是被排除在外的。张栻则明确提出善是宇宙万物的本质属性，也就是说，宇宙万物的本性，包括物在内都是善的，既然如是，为何将性善独归之于人？张栻进一步释之：“惟人得二气之精，五行之秀，其虚明知觉之心有以推之，而万善可备，以不失其天地之全。故性善之名独归于人，而为天地之心也。”④ 即人得二气之精，五行之秀，又有虚明知觉之心，故得天地之全。性善之名独归于人，并不意味着仅仅人之本性是善的，人只是得性善之名而已；物未得性善之名，并不表明其本性是不善的，二者没有必然之联系。张栻首先解决了性善之名独归于人的问题，紧接着便关注物性善的问题。那么，张栻为何将善视为宇宙万物的本质，从而认为人、物乃至禽兽的本性皆善？换言之，张栻提出性善之遍在性的根据是什么？这是笔者从事张栻研究以来一直在思考的问题。

南北朝时期佛性成为讨论的焦点问题，竺道生“孤明先发”，率先提出“一阐提人皆可成佛”的主张，引起教界震动。“一阐提人皆可成佛”的主张是针对印度佛教中“一阐提人不能成佛”的观点而提出，从理论上说明了众生皆有作佛之根据，皆有成佛之可能。“众生”指的是有情物，甚至可以说主要指的是人。三论宗创始人吉藏则明确提出“众生

① 朱时恩：《居士分灯录》，《续藏经》第147册，台北新文丰出版公司1994年版，第925页。
② 张栻：《张栻全集》，长春出版社1999年版，第719页。
③ 张栻：《张栻全集》，长春出版社1999年版，第426页。
④ 张栻：《张栻全集》，长春出版社1999年版，第426页。

有佛性，则草木有佛性”“若众生成佛时，一切草木亦得成佛”①，认为如果有情之众生具有成佛之理体，那么无情之草木亦具有成佛之理体，如果有情之众生能成佛，那么无情之草木也能成佛。我们可以看出，吉藏的草木有佛性是有对待条件的，条件（若众生有佛性）存在，才会有结果（则草木有佛性）产生。天台九祖荆溪湛然高举“无情有性”的大旗，在中国佛教史上，是第一个正面提出并从理论上全面论证“无情有性”的思想家。所谓“无情有性”是指不但有情众生有佛性，无情草木也有佛性。湛然通过“假梦寄客、立以宾主”的以破立论的方式，多角度、全方位系统深入地阐述了无情有性的思想。首先湛然解决并驳斥了野客的种种疑虑和疑问，之后则正面独立地提出无情有性的观点：“从事则分情与无情，从理则无情非情别，是故情具，无情亦然。”就因位而言，无情与有情在佛性上无差别；但就果位而论，无情与有情在佛性上是有区别的。即就“理”而言，无情与有情无别，有情物有佛性，无情物亦有佛性，“从因从迷，执异成隔；从果从悟，佛性亘同。”湛然进一步指出有情与无情、众生与佛究其实都是“二而不二，始终体一”② 的，之所以将二者对待，是因为我们存在分别心和执著心，还没有真正体悟佛法“体一”之真谛。最后，湛然以“一切唯心”，果断而明确地提出“无情有性”：“一切万法摄属于心，心外无余岂复甄隔？但云有情，心体皆遍，岂隔草木独称无情？”③ 万法俱摄于心，心体遍在，草木岂能无情？可见，湛然“无情有性”的理论非常严密，不仅破除了他人在无情有性问题上的种种疑虑和疑问；在立论的同时，又从事和理、迷和悟两个方面去论证；并以“一切唯心岂复有隔贩遍”回扣主题。湛然之后，中国佛教界唱“无情有性”最热闹的便是禅宗。洪州禅主张“触类是道”，石头禅强调“即事而真”，临济宗认为“立处皆真”，这些无不蕴含着“无情有性”的思想。据《五灯会元》等史料载，（道悟）问：“如何是禅？”（希）迁曰：“砖䃰。”问：“如何是道？”迁曰：“木头。”④《指月录》记载，僧问慧忠：“哪个是佛心？”师（慧忠）曰：“墙壁瓦砾是。”僧曰：“与经大相违也。《涅槃》云：‘离墙壁无情之物，故名佛性。’今云是佛心，未审心之与性为别不别？”师曰：“迷即别，悟即不别。”⑤ 此与湛然“迷异成隔，悟佛亘同”的思想何其相似！分灯禅对于“佛”“道”说得更是直接和干脆，有僧问洞山：“如何是佛心？”答：“麻三斤。”⑥ 赵州从谂说佛是“殿里底（泥龛塑像）”，德山宣鉴说“佛是西天老比丘”，云门文偃说“佛是干屎橛”等等。总之，佛教“无情有性”的思想说明了不仅有情众生具有佛性，无情草木亦具有佛性，在理论上为佛性的遍在性和彻底性确立了根据。

张栻家学的佛教渊源深厚而浓郁，少便与僧交游，既长则出佛入释，与禅师倡酬，对佛教比较了解，对中国佛教史更为熟知，对“无情有性”的思想必然会有一定的体悟和独到的认识。从前文我们对张栻关于性善遍在性问题的分析中可以看出，其论述原物皆善

① 吉藏：《大乘玄论》卷 3，《续藏经》第 97 册，台北新文丰出版公司 1994 年版，第 647 页。

② 石峻主编：《中国佛教思想资料选编》第 1 册，中华书局 1983 年版，第 264 页。

③ 以上引文均见湛然《止观辅行传弘诀》卷 2，《大正藏》第四十六卷，台北世桦印刷企业有限公司 1994 年版，第 152 页。

④ 普济：《石头希迁禅师》，《五灯会元》卷 5，中华书局 1984 年版，第 256 页。

⑤ 瞿汝稷辑：《南阳慧忠国师》，《指月录》卷 6，巴蜀书社 2012 年版，第 164 页。

⑥ 圆悟克勤：《碧岩录》卷 2，中州古籍出版社 2011 年版，第 70 页。

与湛然论无情有性何其相似！湛然说藏通三乘由于未禀性或者禀性不周，所以说无情无佛性，而《法华》圆教一切不隔，故无情有性："自《法华》前，藏通三乘俱未禀性，二乘惮教，菩萨不行，别人初心教权理实，以教权故所禀未周，故此七人可云无情，不云有性。圆人始末，知理不二，心外无境，谁情无情。《法华》会中一切不隔，草木与地四微何殊？举足修途皆趣宝渚，弹指合掌，咸成佛因。"① 张栻指出不善是因为禀气之偏或禀气之昏，并非性之本然："太极动而二气形，二气形而万物化生，人与物俱本此者也，原物之始，亦岂有不善者哉？"② "若以为有性善、有性不善乎？不知其善者乃为不失其性，而其不善者因气禀而汩于有生之后也。……盖所禀之昏明在天，人各异，而其不善者终非性之本然者也。"③ "人与万物同乎天，其体一也，禀气赋形则有分焉。至若禽兽，亦为有情之类，然而隔于形气，而不能推也。人则能推矣。"④ 人与万物体一，"体一"指的是性之本然，是善的，即善是人与物的共同本质属性，区别是人能推而物有隔，湛然的"一切不隔，咸成佛因"的观点在张栻这里得到了很好的阐释和说明。可以说，"原物皆善"是"无情有性"的最好注脚。性善的遍在性和彻底性的观点在宋以前难以见到，因为"孟子道性善，独归之人"；即使在宋明时期，也只有张栻明确提出并论证性善的遍在性和彻底性。笔者认为在一定的意义上张栻是深受佛教的影响和启发，吸收了佛教"无情有性"的观点而提出了"原物皆善"的思想。

三、体用双彰与体用并举

体与用是中国哲学史上的一对重要范畴，《易传》云"显诸仁，藏诸用""阴阳合德，刚柔有体"，林放问"礼之本"，以及"礼之用，和为贵"等都是对体和用之涵义及其关系的阐述，但二者并未构成形式上的并举。荀子言"万物同宇而异体，无宜而有用"，体与用在形式上并举而言，但其涵义与宋明儒学论体用义不同。宋明儒学论体用，一方面，"体"具有了形而上的本体意义，"用"则具有形而下具体功用，这种思维模式在很大程度上是受佛教的启发，赖永海先生曾对此问题做过深入的论述⑤，此不赘述。张栻曾言："形而上曰道，形而下曰器，而道与器非异体也。"⑥ "形而上者之道，托于器而后行，形而下者之器，得其道而无弊。"⑦ 并云："体用一源，显微无间，其太极之蕴欤！"⑧ 道与器不即不离，有道才有器，道以器显，器以道存，故曰道与器并非"异体"，而是同体异用，体是相同的，表现形式却不一样。对于体与用的关系，张栻特别强调体用对举，由体达用，以用见体；不可见体忘用，亦不可以用遗体。这种论证方式与禅宗五叶之一的沩仰宗如出一辙。兴起于湖南大沩山的沩仰宗以"理事不二、体用双彰"为其基本宗风。灵

---

① 湛然：《金刚碑》，《中华佛学通典》，南海出版公司 1998 年版，第 1895 页。
② 张栻：《张栻全集》，长春出版社 1999 年版，第 719 页。
③ 张栻：《张栻全集》，长春出版社 1999 年版，第 431 页。
④ 张栻：《张栻全集》，长春出版社 1999 年版，第 379 页。
⑤ 详见赖永海：《佛学与儒学》，浙江人民出版社 1992 年版，第 23—28 页。
⑥ 张栻：《张栻全集》，长春出版社 1999 年版，第 138 页。
⑦ 张栻：《张栻全集》，长春出版社 1999 年版，第 17 页。
⑧ 张栻：《张栻全集》，长春出版社 1999 年版，第 822 页。

祐上堂法语即言："纵有百千妙义，抑扬当时，此乃得坐披衣自解作活计始得。以要言之，则实际理地不受一尘，万行门中不舍一法，若也单刀直入，则凡圣情尽，体露真常，理事不二，即如如佛。"[①] 尤其是著名的"采茶"公案向来被认为是沩仰"理事不二、体用双彰"宗风的精彩呈现："师（沩山）摘茶次，谓仰山曰：'终日摘茶，只闻子声，不见子形。'仰山撼茶树。师曰：'子只得其用，不得其体。'仰山曰：'未审和尚如何?'师良久。仰山曰：'和尚只得其体，不得其用。'师曰：'放子三十棒。'仰曰：'和尚棒某甲吃，某甲棒教谁吃?'师曰：'放子三十棒。'"[②] 这是一则被认为是体现沩仰宗宗风的典型案例，因而常被拈唱。师徒二人对如何见得体用尽显般若智慧，仰山撼树，沩山举棒，都在示人要道得体用双彰；不可以体遗用，亦不可以用忘体。正如《五家宗旨纂要》称："沩仰家风，父子一家，师资唱和，语默不露，明暗交驰，体用双彰。"[③]"体用双彰"是沩仰宗的宗风和家训，与张栻"体用并举"的湖湘学派学风在本质和精神上是一致的。从一定意义上而言，沩仰"理事不二、体用双彰"的宗风直接影响了张栻及其湖湘学派。胡安国提出"冬裘夏葛，饥食渴饮，昼作入息"[④] 皆是道之所在，与灵祐所言"纵有百千妙义抑扬当时，此乃得坐披衣自解作活计始得"如出一辙。胡宏言"学圣人之道，得其体，必得其用"[⑤] 以及张栻的"道器不离"的观点与沩仰宗的"理事不二、体用双彰"的宗风极其相似。张栻等湖湘学者"道器不离、体用并举"的思想深受沩仰宗"理事不二、体用双彰"宗风的启发，二者在内涵与实质上都是相同的，从而形成了湖湘文化一脉相承、别具一格的特质。但张栻等湖湘学者为了表明其思想的纯粹性和正统性，不愿承认这是受佛教的启发，也因此导致我们在其作品中很难找到直接的"证据"，不惟如此，宋儒还极力将自己思想的渊源归结到二程，如张栻所言"《遗书》中所谓道外无物，物外无道"。《遗书》是二程的作品，这里张栻显然将"道器不离"的思想渊源追溯到二程。宋明儒学家长期出入佛老，自觉或不自觉地吸收了佛教的因子，这是事实，但是出于维护和捍卫儒学道统的需要，儒学家又不愿意承认这个事实，并且还极力地批判佛教。吸收是为了成长，成长是为了更好地捍卫。换言之，儒者卫道的立场注定了其吸收是具有选择性地吸收、有目的性地借鉴。当然，佛教从传入中国伊始，亦吸收了中国文化的诸多资粮，从而不断地成长完善，并形成了自己的风格，进而又深深地影响了中国文化。

另外，张栻的很多诗词作品亦带有很深很浓的禅味，有的亦在说禅机、谈佛理。"山中好景年年在，人事多端日日新；不向青山生恋着，只缘身世总非真。"[⑥] 不恋青山，身世非真，说明张栻认识到宇宙间的万事万物都是因缘而起的假相，是无自性的，所以非真而空。"两寺清闻磬，群峰石作城；风生云影乱，猿啸月华明；香火远公社，江湖鸥鸟

① 普济：《沩山灵祐禅师》，《五灯会元》卷9，中华书局1984年版，第522页。

② 普济：《沩山灵祐禅师》，《五灯会元》卷9，中华书局1984年版，第522页。

③ 三山灯来撰，性统编：《五家宗旨纂要》卷3，《续藏经》第114册，台北新文丰出版公司1994年版，第549页。

④ 《武夷学案》载，曾吉甫尝问："今有人居山泽之中，无君臣，无父子，无夫妇，所谓道者果安在？"（胡安国）曰："此人冬裘夏葛，饥食渴饮，昼作入息，能不为此否？"曰："有之。"曰："只此是道。"（黄宗羲：《宋元学案》卷34，浙江古籍出版社1992年版，第1179页）。

⑤ 胡宏：《胡宏集》，中华书局1987年版，第131页。

⑥ 张栻：《张栻全集》，长春出版社1999年版，第653页。

盟；是中俱不著，俯仰见平生。”① “两寺”指的是方广寺和南台寺，“是中俱不著”即人世间的一切都不必执著，剥落身心，澄明清透，俯仰之间，平生尽收尽显。“阴壑传闻炯夜灯，几人高阁费追寻，山间光景只常事，堪笑尘寰万种心”②，“山间光景只常事”究其实是“道在如常”的注脚，故不必起各种分别心便可以得道成佛。朱熹和此韵：“神灯照夜惟闻说，皓月当空不用寻，个里忘言真所得，便应从此正人心。”③ 在习佛省禅的过程中，在与禅师的交游过程中，张栻和朱熹等学者发现了佛教在正人心方面的巨大作用。此后，张栻故地重游，物是人非，有感而作《过上竺》④。“忽漫参龙象，行将混鹿麋；何年释簪绂，于此独幽栖。”⑤ 此诗是谈禅，还是说理，或是感怀？任人玩味和摸索。

四、余论

众所周知，湖南在历史上属于蛮荒之地，人迹罕至，距离中原比较远，虽有屈原、贾谊等文人学者问津，但文化不是个体的行为，个人或者个体的行为难以构成一个地区的文明或文化。文化和文明需要团体或者学派等去推动，去教化，何况屈原、贾谊等人当时是被流放至湖南。而在唐朝末年，灵祐禅师和慧寂禅师便在荒无人烟的大沩山开辟了一个一千五百多人的丛林道场，接引徒众，开示教化，法音远播，四众弟子、十方丛林云集辐辏，沩山一时成为湖南地区乃至全国规模最大的丛林道场。沩山道场的开辟和建立毫无疑问是开创性的，沩仰宗风的浸润和传播对湖南文明乃至中华文明的建设具有重要的启示和引领作用。从这个意义上说沩山是湖南文化的策源地也不为过。当然，衡山主峰的天台宗道场和律宗道场要早于沩山的沩仰宗道场，但天台宗和律宗对湖南文化和中国文化的影响远不及禅宗。沩仰宗作为禅宗“一花五叶”之首出，同时也是湖湘地区文化文明之首创，给湖南文化带来了深远的影响。张栻等湖湘学者的“道器不离、体用并举”的思想究其实是沩仰宗“理事不二、体用双彰”宗风的继承和转化，二者在内涵及精神上一脉相承，进而铸就了湖湘学派独有的内在特质和精神风貌。所以，笔者认为沩山佛教拉开了湖南文化的序幕，开启了湖南文明的新旅程。这是禅宗对湖湘文化、对中国文化的巨大贡献。

由上所述，张栻与很多寺僧有着广泛而频繁的交往，参访禅师，游历寺院，或与禅师诗词唱游，各说法门；或与高僧探究佛理，机锋对答。足见张栻对佛教有极深的研究与证悟，其思想自觉或不自觉地吸收了佛教的很多资粮，尤其是“原物皆善”与“体用并举”的观点深受佛教“无情有性”和“理事不二”思想的影响和启发。但张栻毕竟是一个儒家学者，儒家的道统意识使得张栻无论与高僧有多么广泛的交往，无论对佛教有多么精深的研究，最终还是回归到儒学的立场。正是缘于此，也正是在此基础上，才有后期张栻对佛教的修正与批判。换言之，研究佛教、吸收佛教是张栻修正佛教、批判佛教的基础与前

① 张栻：《张栻全集》，长春出版社 1999 年版，第 647 页。

② 张栻：《张栻全集》，长春出版社 1999 年版，第 646 页。

③ 朱熹：《朱熹集》卷 5，四川教育出版社 1996 年版，第 199 页。

④ 忆共朱夫子，登临冰雪中；剧谈无俗调，得句有新功；别去雁横浦，重来月满空；遥怜今夕意，清梦倘相同？（《张栻全集》，长春出版社 1999 年版，第 584 页）

⑤ 张栻：《张栻全集》，长春出版社 1999 年版，第 1159 页。

提，没有对佛教精深的研究，对佛教的批判亦无从谈起。这些皆是张栻思想成长、发展和完善的重要因素，我们在探讨张栻的思想时，不应该忽视其思想深处的内驱力。

张栻修养工夫的转变缘由

——结合义理与历史的考察

张陆佳*

摘　要：张栻工夫论的转变受多种因素影响，本文结合义理分析与历史考证考察了张栻工夫论转变的原因。张栻早期继承胡宏察识工夫的同时，也有对察识之弊的认知，为了弥补察识的弊病，加之受程颐中和说的影响，张栻与朱熹的“己丑之悟”有所印证，最终将“未发时涵养”纳入自身工夫论体系，从而工夫论转向察识与涵养并进。于张栻的思想体系而言，其工夫论最终转向“察识与涵养并进”并非偶然，是张栻太极本体论在工夫论领域展开的必然结果。“察识与涵养并进”的提出，成为张栻思想特征确立的重要标志，丰富了湖湘学派的思想内容

关键词：张栻；胡宏；湖湘学派；工夫论

学界普遍认为张栻的工夫论存在阶段性，如苏铉盛教授与王丽梅教授认为张栻的工夫论有着早期与晚期的不同，文碧方教授与洪明超博士认为张栻的工夫论可以分为早期、中期、晚期三个阶段。不过以上学者都认同的是，张栻的工夫论有着从“察识”向“察识与涵养并进”的阶段性转变。以上诸位学者对张栻工夫论阶段性内容的研究具有重要意义，笔者在前人研究的基础上，着手于张栻工夫论转变的根源性探析。实际上张栻工夫论的转变受诸多因素影响，并且其工夫论的转变关系到张栻思想的定位。鉴于此，本文在义理分析的基础上结合历史考证，对张栻从“察识”向“察识与涵养并进”的原因进行探讨与分析，力图还原张栻工夫论转变的内在逻辑与外在因素，突出张栻思想的特点。

一、察识之弊的认知

张栻早年师事胡宏并继承其学，在工夫论上主张“察识端倪”说，“尝试察吾终日事亲从兄、应物处事，是端也，其或发见，亦知其所以然乎？诚能默识而存之，扩充而达之，生生之妙，油然于中，则仁之大体岂不可得乎？”① 张栻认为从日常生活的孝悌等接

---

* 作者简介：张陆佳，湘潭大学哲学与历史文化学院（碧泉书院）博士生。本文为湖南省研究生科研创新项目“湖湘学派夷夏观研究”（CX20230559）的阶段性研究成果。

① 张栻：《张栻集》，中华书局2015年版，第900页。

物处事中可以察识良心之苗裔，在察识之后通过默识、存养、扩充了解生生之妙，体会人之大体，这和胡宏所讲的“察识仁之苗裔”是一致的。需要说明的是胡宏的“先察识后涵养”，与“己丑之悟”后的朱子以及后期张栻所主张的“未发时涵养”，两个“涵养”的意思是不相同的，两者的区分在于“心”的状态——已发未发。因为胡宏以及张栻前期主张的“先察识后涵养”都是从已发这一层次来讲的，或者说，察识苗裔、存养扩充等等都是在日常的接事待物中进行，胡宏所讲的“涵养”是察识良心苗裔后，对苗裔的操存与养护，所以胡宏以及前期张栻所讲的“涵养”“存养”实际上是“心”在已发状态下发挥作用，仍是察识工夫展开的步骤之一；而“未发时涵养”的前提则是承认心有未发之时，即心与事物未接之时，而无论是己丑之悟后的朱子还是后期张栻都认为未发之时的状态为思虑未萌、事物未至，此时心不与事接、不与外求，只需要平日涵养，因而工夫为“未发时涵养”。所以湖湘学派所讲察识后之“存养”很明显与“未发时涵养”有着很大的区别。

从拜师胡宏起到乾道六年，察识工夫一直是张栻主要的修养工夫，但这并不意味着张栻对于察识工夫未有琢磨。张栻虽才高但不张扬，对于学术的思考所悟并不像朱子那样对各讲友广而告之。以对《知言》的反思为例，乾道六年朱熹对《知言》有疑时寄信于张栻，张栻回应道：“《知言》自去年看多有所疑，来示多有所同者。”① 可见张栻对《知言》已是早有反思。又据吕祖谦与朱熹的书信：“《知言》往日在严陵时与张丈讲论，亦尝疏出可疑者数十条。”② 而张栻与吕祖谦在乾道五年春在严陵相会，可见张栻在乾道五年甚至更早就对《知言》有所反思，只不过张栻并未宣扬，足以见得张栻对胡宏的思想是早有反思的，而张栻对察识工夫弊病的反思可以从正侧两个方面得见。

从正面来看，乾道初年与胡大时的书信中张栻便提到“承谕夸胜之为害，可见省察之功，正当用力自克也。克之之道，要须深思夸胜之意何自而生，于根源上用工销磨乃善，若只待发见而后遏制，将见灭于东而生于西也，正惟勉之”③。胡大时对“夸胜”的反思，张栻极为称赞，认为这是用功于察识的结果，但是张栻意识到“夸胜之意”亦有可能是从根源处萌生的，如果只从已发后遏制，那么很有可能出现“灭于东而生于西”的情况。可以得见，张栻意识到察识虽然在已发后对修养有所助益，但是却难以解决根源处（未发时）的弊病。乾道四年的《敬斋铭》中张栻提到：“勿忽事物，必精吾思，察其所发，以会于微。忿欲之萌，则杜其源，有过斯改，见善则迁。”④ 张栻认为接事待物需要精思察识，把握精微之处的奥妙，然而尽管接事待物中可以察识良心苗裔，但是张栻认识到人与物接触时同样会萌发欲念。也就是说已发之后的察识工夫与欲念是共存的，因此察识所得为理为欲是无法确证的，那么察识工夫能否真正及乎天理在逻辑上是难以解决的问题。

---

① 张栻：《张栻集》，中华书局 2015 年版，第 1096 页。

② 吕祖谦：《吕祖谦全集》，浙江古籍出版社 2008 年版，第 403 页。

③ 张栻：《张栻集》，中华书局 2015 年版，第 1148 页。据《张栻师友门人往还书札汇编》，称此信时间待考，张栻首次接触“未发时涵养”时间为乾道二年，根据此信中尚未提出“未发时涵养”之说来看，此信应当在乾道二年或之前所作。

④ 张栻：《张栻集》，中华书局 2015 年版，第 1309 页。

从侧面来看，张栻对谢良佐“以觉训仁”的否定，亦是对察识弊病的认知与反思。真德秀曾指出：“二程之学，龟山得之而南，传之豫章罗氏，罗氏传之李氏，李氏传之考亭朱氏，此一派也。上蔡传之武夷胡氏，胡氏传其子五峰，五峰传之南轩张氏，此又一派也。”① 真德秀认为谢良佐将二程之学传给了胡安国，湖湘学派便是传承了上蔡之学，可见谢良佐对湖湘学派思想的影响之深。胡宏的“察识”工夫同样受到了谢良佐的影响。“心有所觉谓之仁，仁则心与事为一……事有感而随之以喜怒哀乐，应之以酬酢尽变者，非知觉不能也。身与事接，而心漠然不省者，与四体不仁无异也。”② 谢良佐认为心的知觉功能可以直接被称作“仁”，仁是和日常处事接物相联系的，正因为人有知觉，才能体察到“仁”，才能够在事中体察喜怒哀乐，且人是必然与人伦日用相接，需要以知觉进行省察修养。可见谢良佐所谈的在人伦日用中省察与胡宏的察识工夫是十分接近的，而且在谢良佐那里“先察识后涵养”的工夫已经略具雏形，如其言：“须察见天理，涵养始得。”③通过以上可以看到谢良佐的“以觉训仁”对胡宏察识工夫的影响。不过张栻对谢良佐的思想多有偏见，特别是作为察识工夫基础的“以觉训仁”。张栻对谢良佐“以觉训仁”有过评价：“谢上蔡之言，固是要指其发见以省学者，然便断杀知觉为仁，故切以为未免有病。”④ 张栻还引用程颐之言对“以觉训仁”进行了否定：“伊川先生所谓‘觉不可训仁者，正谓仁者必觉，而觉不可以训仁’。”⑤也就是说，张栻赞同知觉是仁的必要条件，但不是充分条件。因为如果知觉成为仁的充分必要条件之后，其对应的工夫修养必然是聚焦于知觉的，而建立在知觉基础上的修养工夫必然是在接事待物（已发）中进行的，但是已发之后常人（圣人除外）受气禀之性影响，失去了未发之时的那种纯然状态，容易受外物影响障蔽，所以已发之后的察识所得很容易将理欲混淆，难以真正地及乎天理。因此张栻清楚地认识到：“上蔡之说诚欠缺一段工夫。”⑥ 很显然谢良佐“以觉训仁”衍生的省察工夫论只是针对已发而言的，是在事上做工夫，在人伦日用中做工夫，但是此工夫的前提需要保持“心”的纯然状态，避免认欲为理，而谢氏并未提及，所以张栻认为谢良佐缺失了一段工夫。而张栻对谢良佐“以觉训仁”的否定，从侧面来说也是对察识工夫弊病的认知与反思。

二、“未发时涵养”的纳入

在过往的研究中，很多学者普遍将张栻对“未发时涵养”工夫的纳入与朱熹的“己丑之悟”直接联系在一起，认为张栻将“未发时涵养”纳入工夫论体系是受朱熹影响。但是乾道七年至乾道八年间⑦张栻在与吕祖谦的书信中曾回忆道：“某自觉向来于沉潜处

① 真德秀：《真文忠公读书记》卷31，文渊阁四库全书本，706册，上海古籍出版社1987年版，第106页。
② 朱熹：《朱子全书》第7册，上海古籍出版社，2022年版，第419页。
③ 黄宗羲、全祖望：《宋元学案》，中华书局1986年版，第919页。
④ 张栻：《张栻集》，中华书局2015年版，第1212页。
⑤ 张栻：《张栻集》，中华书局2015年版，第1212页。
⑥ 张栻：《张栻集》，中华书局2015年版，第1097页。
⑦ 此封书信中张栻言及与朱熹论“周之则可受”，此句为张栻《孟子说》中章句，而张栻与朱熹商议《孟子说》时间为乾道七年末至乾道八年间，可推之此封书信为乾道七年至乾道八年间所作。

少工夫，故本领尚未完。一二年来，颇专于敬字上勉力，愈觉周子主静之意为有味。程子谓于喜怒哀乐未发之前更怎生求，只平日涵养，便是此意，须深体之也。”① 意思是，张栻回忆过往的修养工夫，认为自己在沉潜之时缺少工夫，所以自身的工夫本领尚未完善。最近几年张栻在“敬”的工夫上较为勤勉努力，对周敦颐的主静工夫有了强烈的认同感，认为程颐所讲的“未发时涵养”与周敦颐的主静工夫是一致的。从张栻与吕祖谦的书信中可以看到，张栻称对未发工夫缺失的认知出于“自觉”，且对未发工夫的体悟则以周敦颐与程颐为榜样，却未曾提及朱熹“己丑之悟”对自己的影响，可见张栻对于未发问题有着自己的生命体悟与思考，是独立于朱子“己丑之悟”的。那么我们该如何理解张栻“未发时涵养”的纳入与朱熹“己丑之悟”的关系呢？

乾道五年，朱子领悟了“中和新说”，史称“己丑之悟”。朱子领悟新说之后，推翻了湖湘学派的观点。在心性论上，朱子摒除了“性为未发，心为已发”的观点，将心的状态分为“已发”“未发”两个方面去考虑，主张心统性情；并且朱子将心性论的理解融汇于修养工夫，在工夫论上排斥“先察识后涵养”，主张“先涵养后察识”，对湖湘学派不重未发工夫进行了批判。思想完成定格的朱子立即与张栻进行了书信交流，在乾道五年至乾道七年这一时间段，朱子寄与了张栻多封书信以求认同。在乾道八年的《中和旧说序》中，朱熹将领悟新说的过程记录下来：“复取程氏书，虚心平气而徐读之，未及数行，冻解冰释，然后知性情之本然，圣贤之微旨，其平正明白乃如此。而前日读之不详，妄生穿穴，凡所辛苦而仅得之者，适足以自误而已。至推类究极，反求诸身，则又见其为害之大，盖不但名言之失而已也。于是又自窃自惧，亟以书报钦夫及尝为同此论者，惟钦夫复书，深以为然，其余则或信或疑，或至于今累年而未定也。”② 可以得知的是，朱子在重读二程文献的过程中推翻了旧说，认为旧说是学术未精之时的误读，朱子将“己丑之悟”的内容寄与湖南诸公后，只有张栻深以为然。又根据乾道五年朱子书信中引用张栻所言“诸说例蒙印可，而未发之旨又其枢要。既无异论，何慰如之”③，书信中朱子提到张栻对未发问题的态度是“印可”“无异论”，也就是说朱子对未发的感悟与张栻有所印证，可见张栻对于未发问题是早有思考的。

通过张栻早年的一些学术活动，我们可以发现一些蛛丝马迹，张栻早在乾道二年就已经接触程颐后期对于未发问题的思考与重建。“未发时涵养”最早由程颐提出，这和他自身中和说的转变有关。最开始程颐在与吕大临论中和时，认为“心为已发”，未发时无心可言，而在与吕大临讨论之后改变了看法，“凡言心者，指已发而言，此固未当。心一也，有指体而言者，寂然不动是也。有指用而言者，感而遂通天下之故是也”④。改变看法之后的程颐认为心是贯通于已发未发之间的，那么这就意味着未发之时亦是有工夫可做的，而后在与弟子苏季明的问答中，程颐提出了“未发时涵养”的观点：“于喜怒哀乐未发之前，更怎生求，只平日涵养便是。涵养久则喜怒哀乐发自中节。”⑤ 这便是“未发时

① 张栻：《张栻集》，中华书局 2015 年版，第 1138 页。
② 朱熹：《朱子全书》第 24 册，上海古籍出版社 2022 年版，第 3634—3635 页。
③ 朱熹：《朱子全书》第 22 册，上海古籍出版社 2022 年版，第 1418 页。
④ 程颐、程颢：《二程集》，中华书局 1981 年版，第 201—202 页。
⑤ 程颐、程颢：《二程集》，中华书局 1981 年版，第 200—201 页。

涵养”的由来。

众所周知，朱子的己丑之悟是在重读《二程遗书》的过程中领悟的，乾道四年朱子完成了《二程遗书》的整理后，重新翻读，吸收了程颐转变后的中和说，由此领悟了“中和新说”。而张栻同样有着这样的经历。早年张栻得到了杨时收集的二程语录，乾道二年张栻将其整理成书，命名为《河南程氏粹言》。张栻在《河南程氏粹言序》记载了相关信息：“河南夫子书，变语录而文之者也。余得诸子高子，其家传，以为是书成于龟山先生……余始见之，卷次不分，编类不别，因离为十篇，篇标以目，欲其统而要，非求效夫语孟之书也。”① 在序言的末尾落有“乾道丙戌（乾道二年）正月十有八日，南轩张栻序”②。张栻对于这些零散的语录进行了仔细的归类整理，根据语录内容分成了十个篇目，形成了完整的《二程粹言》。张栻编次整理的《二程粹言》便是如今通行本《二程集》中所收录的《河南程氏粹言》，其中收录了程颐与吕大临论中和的内容：“喜怒哀乐未发之际而已，当是时也……大临曰：然则夫子以赤子之心为已发者，而未发之时谓之无心可乎？子曰：心一也，有指体而言者，寂然不动是也，有指用而言者，感而遂通天下之故是也。”③ 可见其中明确记载了程颐后期关于“心有未发”思想的见解。书中同样也收录程颐对未发时工夫的见解：“夫子于喜怒哀乐之未发也，谓静而已乎？子曰：‘汝必从事于敬，以直内则知而得之矣。’”并且张栻根据语录内容进行分类理为十篇，可知张栻对《二程粹言》是仔细精读过的，因此张栻是知晓程颐中和说的转变的。而且程颐转变后的中和说与胡宏的思想有着强烈的反差，张栻在整理过程中是可以得见的，在乾道二年张栻便曾提出：“未发之前，心妙乎性，既发，则性行乎心之用矣。”④ 张栻于此表达了心有未发的观点，这与胡宏的“未发只可言性，已发乃可言心”的观点已经表现出了明显的不同，这或许便是受到了程颐的影响。综上，张栻有着纳入“未发时涵养”工夫的文献基础，因此在朱子己丑之悟后，张栻迅速与朱子的观点达成了一致。

综上所述，张栻纳入“未发时涵养”包含着三方面的因素。其一是上文所提到的张栻对于察识弊病的认知，湖湘学派的察识工夫建立在“以觉训仁”的基础上，是已发时人伦日用中修养工夫，而已发之后常人（圣人除外）受气禀之性影响，失去了未发之时的那种纯然状态，容易受外物影响障蔽，那么已发之后的察识所得很容易将理欲混淆，而未发时涵养刚好可以弥补察识之弊。其二是张栻早年间对于二程文献的整理，使得他对程颐“未发时涵养”的观点有所接触，由于张栻一直以二程思想作为标杆，张栻对《二程粹言》的整理，为其接受“未发时涵养”提供了文献基础。其三是与朱熹的“己丑之悟”的印证，朱熹在己丑之悟后将感悟所得寄与了张栻，而在此之前张栻便有了对察识工夫的反思，加之张栻有着对程颐未发工夫的接触，所以张栻在收到朱熹所悟后“深以为然”，认同了“未发时涵养”的工夫论。可以说以上三点要素对张栻纳入“未发时涵养”的观点是相辅相成的，张栻对察识的反思为“未发时涵养”的纳入提供了内驱力，对《二程

① 张栻：《张栻集》，中华书局 2015 年版，第 1482 页。

② 张栻：《张栻集》，中华书局 2015 年版，第 1482 页。

③ 程颐、程颢：《二程集》，中华书局 1981 年版，第 1183 页。

④ 朱熹：《朱子全书》第 21 册，上海古籍出版社 2022 年版，第 211 页。此引文为朱熹与张栻书信中所引张栻之言，张栻原信已佚。

粹言》的整理为“未发时涵养”的纳入提供了文献基础，与朱子关于“己丑之悟”的交流为“未发时涵养”的纳入提供了学术认同。

三、“察识与涵养并进”的提出

张栻将“未发时涵养”纳入工夫论体系后，并未将察识剔除于自身的工夫论体系，而是创造性地提出了“察识与涵养并进”的工夫论，从张栻与朱子对待察识与涵养的关系上来看，我们能够更好地发现张栻工夫论的特征。

“己丑之悟”后的几年里，朱子将“未发时涵养”看作工夫修养的根本，但对待察识的态度却十分微妙。朱子在与湖南诸公的书信中指出：“但平日庄敬涵养之功至，而无人欲之私以乱之，则其未发也，镜明水止，而其发也，无不中节矣。此是日用本领工夫。至于随事省察，即物推明，亦必以是为本。”① 朱子认为涵养工夫纯熟使得人在未发与已发两种状态下皆能完满，所以涵养工夫的完备使得察识亦能有力，因此察识应当以涵养为本。《知言疑义》中朱子又言：“然圣门之教详于持养而略于体察”②。朱子以圣人为例表达了自己的想法，他认为从工夫的详略来看，涵养应当重于察识；此外，朱子还曾与弟子周椿讨论此问题，周椿认为“惟能加涵养之功则自然有省察之实”③，朱子对此表示认同，可以看到朱子认为涵养工夫的完备自然包含着察识之实。以上三点可以看出，己丑之悟后朱子更重视涵养工夫，且认为察识工夫从属于涵养工夫，因此朱子不仅严守涵养与察识的先后次序，且强调涵养与察识的轻重。

其实这和朱子早年的经历有关，由于老师李侗的过早离世，朱子对于李侗“静中体验未发”的修养工夫未能理解，于是朱子带着疑惑问道于湖湘，湖湘学派的修养工夫从日用中体察操存而不言未发，正好契合朱子当时的心境与想法，因此朱子得以有“丙戌之悟”，而后朱子受蔡元定启发重新翻读《二程遗书》，由是领悟了“中和新说”，在工夫论上又回归到李侗的“静中体验未发”，因此朱子对“未发时涵养”极为重视，领悟新说的朱子对旧说的评价为“妄生穿穴”“适足自误”，否定了旧说，而后对湖湘学派的观点进行了清算，因此朱子在己丑之悟后更重视涵养而轻于察识。在湖湘学者逐渐去世之后，朱子没有了论辩涵养与察识工夫的对象，晚年的朱子对察识也就鲜有提及了。

张栻对待涵养与察识的态度则与“己丑之悟”后的朱子不同，张栻对待察识与涵养并无偏倚。张栻在乾道八年后提出了“察识与涵养并进”的修养工夫，其言“存养体察，固当并进”④“存养省察之功固当并进”⑤“如三省四勿，皆持养省察之功兼焉”⑥。也就是说张栻认为涵养工夫与察识工夫应当一同发挥作用，两者不可偏废一处。并且张栻认为察识与涵养并进并非互不干涉地平行并进，而是互助并进，他指出：“不知苗裔，固未易培

---

① 朱熹：《朱子全书》第23册，上海古籍出版社2022年版，第3130页

② 胡宏：《胡宏集》，中华书局1987年版，第336页。

③ 朱熹：《朱子全书》第22册，上海古籍出版社2022年版，第2509页。

④ 张栻：《张栻集》，中华书局2015年版，第1180页。

⑤ 张栻：《张栻集》，中华书局2015年版，第1133页。

⑥ 张栻：《张栻集》，中华书局2015年版，第1201页。

壅根本，然根本不培，则苗裔恐欲濯濯也。此话须兼看。大抵涵养之厚，则发见必多；体察之精，则本根益固。”① 如果说把一株植物比喻成修养工夫，那么涵养便代表了对植物本根的养护，察识则代表了对植物茎叶的培植。本根的培植深厚，会使得茎叶光鲜亮丽，也就是说涵养会促进察识工夫的展开，使得察识工夫更加精进；同样的，茎叶的繁茂也会使得本根更加牢固，即察识工夫的精进会巩固涵养工夫的根基。可见涵养与察识的关系并不是单向与平行的，而是察识与涵养相互涵摄，不断地、循环往复地相互促进与巩固。

张栻提出“察识与涵养并进”与其太极本体论的构建完成有所关联。乾道八年，张栻完成了《太极图说解义》的撰写，其中对太极与体用关系进行了描述：“盖道莫不有体有用，有体则有用，而用之中又有体存焉，此正乾始元而终贞之意。动则用行，静则体立，故圣人主静而动者行焉，动者行而不失其静之妙，此太极之道，圣人所以为全尽之也。”② 张栻认为体用相须不离、动静互发并进，体用、动静相互涵摄贯通，这是太极本体的特征与本质。而后张栻从本体下贯到工夫论述中：“要当于未发之时，即其体而不失存之之妙；已发之际，循其用而不昧夫察之之功。”③ 张栻指出未发时即体而存养，已发时寻用而察识，将体用与工夫联结起来。据前文，张栻认为体用是相须不离的，因此落实到工夫中，察识与涵养同样是相须不离、互助并进的。这和朱子论太极与体用明显有所不同，朱子认为：“太极自是涵动静之理，却不可以动静分体用。盖静即太极之体，动即太极之用也。”④ 相比于张栻，朱子强调严守体用的划分，张栻则是试图消除体用的界限，因此落实到修养工夫中，朱子强调涵养（未发）与察识（已发）的区别，注重两者的次序与轻重，后期张栻更注重涵养（未发）与察识（已发）的联结，强调涵养与察识互助并进。

结语

张栻从“察识”到“察识与涵养并进”的转变弥补了察识之弊，丰富了湖湘学派的思想。依据上文的分析，湖湘学派的察识工夫从理论上存在着不完善的问题，即察识工夫难以保证已发之后心的无垢与纯然性，容易导致察识所得的理欲混淆问题。张栻接受“未发时涵养”确保了已发之后心的纯然性，使察识工夫避免了理欲混淆的问题；“察识与涵养并进”的提出，弥补了之前湖湘学派对于未发领域的忽视。张栻将胡宏工夫论与程颐工夫论进行了有机结合，在继承湖湘学派思想的同时，丰富了湖湘学派的思想，推动了湖湘学派的理论发展。蔡仁厚曾评价张栻的工夫论“（南轩）随朱子之意而顺着说，故朱子亦遂将之纳入自己‘先涵养后察识’之思路中”⑤。并且将湖湘之学的隐没归结于张栻的秉性清弱，顺从朱子。其实从上文分析来看，这并非张栻的过错。张栻一生始终以二

① 张栻：《张栻集》，中华书局 2015 年版，第 1207 页。

② 张栻：《太极图说解义》，《元公周先生濂溪集》卷 3，书目文献出版社 1998 年版，第 71 页。张栻的《太极图说解义》流传下来有宋朝刻本与明朝刻本，宋刻本与明刻本文字有所出入，此引文据宋刻本。

③ 张栻：《太极图说解义》，《元公周先生濂溪集》卷 3，书目文献出版社 1998 年版，第 71 页。

④ 朱熹：《朱子全书》第 17 册，上海古籍出版社 2022 年版，第 3123 页。

⑤ 蔡仁厚：《宋明理学·南宋篇》，吉林出版集团有限责任公司 2009 年版，第 62 页。

程作为标杆，在二程思想的基础下，察识工夫从理论上来说的确存在着不完善的方面，固守胡宏思想的如吴翌、彪居正、胡大原、胡大时等人都没有将湖湘学派发扬光大，反而是张栻成了湖湘学派的集大成者。可见学术的发展并不只是对学派思想的固守，理论的发展必然是在继承的基础上创新，张栻的“察识与涵养并进”显然属于后者。正如黄宗羲对张栻的评价：“南轩受教于五峰之日浅，然自一闻五峰之说，即默体实践，孜孜勿释。又其天资明敏，其所见解，初不历阶级而得之。五峰之门，得南轩而有耀。”①

① 黄宗羲、全祖望：《宋元学案》，中华书局1986年版，第1635页。

胡寅义利观探析

庚行美*

摘　要：义与利是儒家哲学中的一对重要范畴，儒家对义的倡导与对利的审慎往往使人们误解儒家将义利互相对立。在宋儒胡寅的义利观中，他将义利、理欲、公私相融而并举。在义利关系上，胡寅不仅承认利的价值，而且将义利视为一体，认为与义相对立的是私利。胡寅将理欲范畴置于心学体系中，认为理为本体、欲为发用，既为儒家崇尚义提供理论依据，又进一步指出与义理相对的为私欲。在公私范畴中，胡寅以利己、不利己作为划分私与公的标准，进而以利阐释义，认为天下共利的实现即是天道之公。

关键词：胡寅；义利观；理欲；公私

义与利作为儒家价值体系中的重要范畴，自先秦孔孟为发端，伴随着时代的更迭演变，至宋代备受理学家关注，南宋朱熹“义利之说乃儒者第一义”① 的言论，将义利之说上升到儒者第一义的高度。宋儒重视义利问题的探讨，义利之辨被引申为理欲之辨、公私之辨。而在义利之辨从发端到深化的过程中，儒家对于义的倡导与对利的审慎，往往造成儒家将义利相互对立的误解。冯友兰的《中国哲学史新编》说：“儒家认为‘义’跟‘利’是对立的。这个对立有两种意义。一种是物质利益和道德修养的对立，一种是行为的效果和动机的对立……他们认为：求‘利’是‘小人’的事。”② 张岱年主编的《中国哲学大辞典》同样认为“宋明理学家大多认为仁义和功利是互相排斥的”。③ 流传甚广的“存天理，灭人欲”一说，更是加深了这种误解。

落实到具体个例当中，胡寅（1098—1156，字明仲，学者称致堂先生）的义利观不仅具有浓厚的宋代理学色彩，即将义利、理欲、公私各范畴并举而相融，而且围绕胡寅是否将义利对立，学界也颇具争议。日本哲学家楠本正继在其著作《宋明时代儒学思想研究》中认为：“从理的立场出发致堂排斥利。”④ 与此相异，许家星考辨胡寅的《论语详

---

* 作者简介：庚行美，湘潭大学哲学与历史文化学院（碧泉书院）2021 级中国哲学方向硕士研究生。

① 朱熹：《朱子全书》，上海古籍出版社 2010 年版，第 1082 页。

② 冯友兰：《中国哲学史新编》，河南人民出版社 2001 年版，第 203 页。

③ 张岱年：《中国哲学大辞典》，上海辞书出版社 2014 年版 ，第 53 页。

④ 楠本正继、连凡：《宋代湖南学思想探微——以胡安国、胡寅、胡宏为中心》，《地方文化研究》2019 年第 2 期。

说》，指出："胡氏引《易》说指出义、利一体。"① 赵金刚通过胡寅对历史事件的评判，直言胡寅认为"某些看起来是追求'利'的行动，实质上是符合'义'的。"② 这表示，义利的判断在胡寅的思想中具有区别于绝对对立的灵活标准。这些学者们对胡寅义利观的探讨，仅在部分内容中有所提及，目前学界暂时缺乏对此专门的研究。这都表明对于胡寅义利观，有着很大的研究空间。因此，义利关系可以作为理解胡寅义利观的一条线索，他的理欲之辨、公私之辨也由义利之辨得以展开。

一、义利："义固所以利也"

胡寅义利之辨的提出，与当时的时代息息相关。宋王朝内部党派倾轧、农民起义不断，外部辽金强国频繁入侵，社会危机十分严重，加之佛老思想冲击造成儒学地位下降。胡寅认为形成这种"大学理微，炎火消膏，利欲肆行，洪波稽天"局面的根本原因，就在于人们纷纷趋利忘义，导致利欲肆行，"所以然者，忘义趋利之习也"。③ 如何解除民族危机与重振儒学地位，成为宋儒需要回答的时代问题。胡寅的义利观就在这种背景之下产生。

胡寅对于义利范畴的阐释，既结合了传统儒家崇尚义而审慎利的价值导向，又有以义利结合考量的区别于其他理学家的革新之处。就"义"而言，《说文解字》载："己之威仪也，从我从羊。"又载："谊者，人所宜也。今情谊字用之。"郑玄解："古者书仪但为义，今时所谓义为谊。"④ 据此可知，"义"的古义指自身的威仪，进而"义"演变为"谊"，"谊"则具有"人所宜"的内涵，"人所宜"即人各得其宜。而后，逐渐发展为以"宜"释"义"，其中最具代表性的则是《中庸》所载："义者，宜也。"胡寅沿用以宜释义的说法，认为："各得宜者，中国圣人谓之义。"⑤ 在这里，宜的意思是适宜，各得其宜既有天下众人行事适宜的含义，又有芸芸众生处于自身恰当的、适宜的位置的内涵，即"义足以区处其宜"。⑥ 儒家圣贤顺应自然之性抚育万物、教化万民，使得万物与万民各得其宜。

以此为前提，得以知晓胡寅语境中的"义"的第二重蕴意，即"义者，天理之公也，华夏圣贤之教也"⑦。义是天理之公，华夏圣贤以此为教，故天下众生各得其宜。在这里，义、理、公三个范畴被并举，具有一致性，理是义的理论依据，公为基本的现实效果。在胡寅的哲学体系中，"理"为本体，是万事万物存在与运行的根本法则，就"理义"言，两者具有内在统一性，义表现了理的存在，义上升到"理"的高度，更加强化了其道德

① 许家星：《朱子〈论语集注〉引用胡寅〈论语详说〉考辨》，《国学研究》2013 年第 1 期。
② 赵金刚：《义利之际：道德原则与历史判断——以唐代维州事的评判为例》，《哲学研究》2022 年第 9 期。
③ 胡寅：《斐然集·崇正辩》，岳麓书社 2009 年版，第 399 页。
④ 许慎：《说文解字注》，上海古籍出版社 1981 年版，第 663 页。
⑤ 胡寅：《斐然集·崇正辩》，岳麓书社 2009 年版，第 394 页。
⑥ 胡寅：《斐然集·崇正辩》，岳麓书社 2009 年版，第 693 页。
⑦ 胡寅：《斐然集·崇正辩》，岳麓书社 2009 年版，第 399 页。

伦理与准则规范的色彩。就“公义”而言，义在于做到“不私其身”[①]，即国家中上位者不谋自身私利。显然，在此语境中，义与利并非对立，与义相对而言的是私利。胡寅的这种说法是承袭胡安国而来，胡安国言：“利者，人欲之私，放于利，必至夺攘而后厌；义者，天理之公，正其义，则推之天下国家而可行。”[②] 胡安国将义归属于天理，认为“正其义”具有治国平天下的政治治理功效；将利归属于人欲，所指的利是“放于利而行”乃至“不夺不厌”的私利。故而在胡安国的语境中，与义相对的同样是私利。

在此意义上，胡寅认为“斯义也，君子小人之所以差，华夏夷狄之所以分，伯术王道之所以不同，圣学异端之所以殊绝”。[③] 君子小人的差别、华夏夷狄的分别、王道与霸道的不同，圣学与异端的殊途，实际上都在于对“义”的抉择与否，这种抉择通常与“利”相提并论。

就“利”而言，在《说文解字》中，本义表示以刀割禾而刀刃锋利的意思，不具有道德色彩，并不与“义”相对。在一般的语义中，利主要是指利益，既包含满足人们生活需要的物质利益，如财利、货物等；也包括精神上的需求，如满足私欲、崇尚佛老等。自先秦孔子说“君子喻于义，小人喻于利”[④]，将义利作为君子小人的分判，人们便认为孔子是将义与利对立。再到宋代程颢言：“大凡出义则入利，出利则入义。天下之事，惟义利而已。”[⑤] 更有将义利绝对对立的倾向。而实际上，孔子肯定利与欲的合理性，有所区分的，是追求利的方式：“富与贵，是人之所欲也，不以其道得之，不处也。”[⑥] 人有追求富贵的意欲，重要的是对于富贵是否取之有道。历史上虽然把程颢、程颐并称为“二程”，并将二者学说视为“洛学”，但是程颢与程颐的思想却不尽相同。程颐肯定了利的存在作为人生存基础的必要性，对于利的谨慎则在于追求利所带来的危害：“只营衣食却无害，惟利禄之诱最害人。”[⑦] 胡寅更是肯定了利作为存在的不可或缺，尚义则是儒家对于人的教导：“利用不可缺，教之使尚义耳。”[⑧] 而人们之所以要崇尚义，是因为竞相求利会带来损害。他说：“利者对害而言，背于义者也。”[⑨] 在胡寅的语境当中，与利相对立的是害，对于利的过分追求会导致害，这种害即是因谋求私利造成对于公利或他人利益的损害，这便与义相违背。

更进一步，胡寅言：“利者，人欲之私也，小人蛮貊之所喻也。”[⑩] 在这里，利、欲、私三个范畴并列，逻辑上具有一致性，利为人欲之私，私欲的发用会导致谋求私利。由此可以看出，与义相对而言的除了私利外，还有私欲。“蛮貊”泛指中原以外的落后部族。在胡寅看来，小人与蛮貊往往以利为动机，唯利是图，求利之心难以满足，就会带来祸

① 胡寅：《斐然集·崇正辩》，岳麓书社 2009 年版，第 16 页。
② 胡安国：《春秋传》，岳麓书社 2011 年版，第 44 页。
③ 胡寅：《斐然集·崇正辩》，岳麓书社 2009 年版，第 394 页。
④ 杨伯峻：《论语译注》，中华书局 1980 年版，第 39 页。
⑤ 程颢、程颐：《二程集》，中华书局 2004 年版，第 124 页。
⑥ 杨伯峻：《论语译注》，中华书局 1980 年版，第 36 页。
⑦ 程颢、程颐：《二程集》，中华书局 2004 年版，第 166 页。
⑧ 胡寅：《斐然集·崇正辩》，岳麓书社 2009 年版，第 16 页
⑨ 胡寅：《读史管见》，岳麓书社 2011 年版，第 811 页。
⑩ 胡寅：《斐然集·崇正辩》，岳麓书社 2009 年版，第 399 页。

患，这就是求利所导致的害。

利作为人生存的基础被得以肯定，胡寅所要反对的是私利的谋求与私欲的发用。而对于利的过分推崇会带来求利之害，这是胡寅对于义崇尚而对于利谨慎的原因。那么如何在获取利的同时，对求利所带来的害进行规避，便是值得思考的问题。利与害的关系同样依循于义利之辨得以展开，《孟子》首章中梁惠王问利国，孟子答以仁义，就是关于“义利之辨”的开展。程颐解《孟子》首章：“凡顺理无害便是利，君子未尝不欲利。然孟子言‘何必曰利’，盖只以利为心则有害……仁义未尝不利。”① 程颐认为合乎理、无所害，便是利。“君子未尝不欲利”“仁义未尝不利”则是肯定了君子对利欲的诉求，并非将义利视为对立的关系。程颐反对的是“以利为心”，并认为以利为心，会带来“上下交征利而国危”的利之害。而人们讲求仁义，则能够获得“不遗其亲，不后其君”的利。程颐在利害关系上所言的“以利为心”，被胡寅所继承并进一步生发为以动机论义利。胡寅言：“义固所以利也。《易》所谓‘利者义之和’者是也。然自利为之，则反致不夺不餍之害；自义为之，则蒙就义之利而远于利之害矣。孟子之告梁王，意犹是也。”② “义固所以利也”“利者义之和”都表达胡寅将义利视为一体的观点，在胡寅看来，义原本就是利，这种利是就天下公利而言的，公利真正的实现在于与义的统一。这种义利结合，甚至将义利视为一体的思维模式，体现了胡寅并不排斥功利主义的思想要素，这也将湖湘学派与其他视义利为绝对对立关系的理学思想区别开来。胡寅所要强调的，是动机的不同，以利为动机，反而容易遭受不全部夺取便不满足的“利之害”，而以义为出发点，往往既能获得“义之利”又可以规避“利之害”，即获得求义所带来的利，而不受求利带来的害。求利与求义的动机不同，导致了不同的结果。

而胡寅对君子小人的分判，正在于这种行为动机的不同，胡寅言：“万生天地间，灵者乃知义。何独于义明，而利心亦炽。兹焉分两轨，君子小人异。”③ 义心与利心同生于天地之间，正是对于利心与义心的取舍不同，造就了君子与小人的殊途，这足以看出胡寅义利之辨中对于义的推崇，也与孔子对小人君子的判别遥相呼应。朱熹赞同胡寅从对于义利的动机出发，对君子小人加以区别，言“胡氏言之悉矣”。④ 而秉持义心为君子，以利为心是小人的内在依据，则需要将义利范畴置于胡寅的心学或理学的语境中加以理解。

二、理欲：“心即体，欲即用”

胡寅的心学思想中义根植于心的观点，归宗于孟子。孟子言“心之所同然者何也？谓理也，义也”⑤，又说“仁、义、礼、智根于心”⑥。孟子提出，人们心中有着共同的道德标准，这就是理与义；仁义礼智四种道德是根植于每个人心中的。胡寅在承袭孟子认为

---

① 程颢、程颐：《二程集》，中华书局 2004 年版，第 249 页。

② 朱熹：《朱子全书》，上海古籍出版社 2010 年版，第 694 页。

③ 胡寅：《斐然集 · 崇正辩》，岳麓书社 2009 年版，第 31 页。

④ 朱熹：《朱子全书》，上海古籍出版社 2010 年版，第 694 页。

⑤ 杨伯峻：《孟子译注》，中华书局 2008 年版，第 261 页。

⑥ 杨伯峻：《孟子译注》，中华书局 2008 年版，第 309 页。

义、理人人本身具备于心中的思想，又认为这个本心有体有用，他说："圣学以心为本……心所同然者，谓理也、义也。穷理而精义，则心之体用全矣。"① 在胡寅的语境中，本心或心，与理是等同的，心与理同为本体："心即是理，理即是心，以一贯之。"② 胡寅受二程理学影响，更是将理上升到天的高度，认为天即理，理作为万事万物的根本法则，与天一样永恒存在，既是最高的本体，又具有道德伦理的内涵，这样的理无所不在，在人则为人心，"天即理也，理无不在，在人则人心之昭昭者是也"③。概括而言，胡寅认为心即理，天即理，最高本体的理无所不在，在人体现为人心，亦即人之本心。

一方面，就义理与本心的关系而言，理为心之体，义为心之用，"处之当夫理，是义也"④。义的发用体现了理的存在。理作为胡寅哲学体系中至高本原的存在，义作为理的发用与体现，自然具有了比利更为重要的意义，这也解释了胡寅为何推崇义。另一方面，正是因为义理根植于人心，人们代代繁衍、生生不息，义理自然也不曾消亡。与此相反，权势、财利能够让人显赫一时，却难以长久。"天下之不穷者，惟义理而已，意气势利，皆有穷者也。"⑤ 义理对于势利而言，是更为永恒的存在，这同样是胡寅推崇义的原因。而义理作为人的本心，往往容易被利欲或私欲所遮蔽，"理义之心，人皆有之，方利欲炽然，而理义不胜，则如云兴而蔽日也"⑥。如何于义理、利欲之间归复本心，同样被胡寅置于心学下考量。

理欲范畴最先出自《礼记·乐记》："夫物之感人无穷，而人之好恶无节，则是物至而人化物也。人化物也者，灭天理而穷人欲者也。"人的欲望是无穷无尽的，一味追逐物欲而没有节制，会导致泯灭自我、被物同化，这就是泯灭天理而穷极人欲的后果。在这里，先秦儒家并不是要灭绝人欲，而是更强调对于物欲要有所节制。《礼记·礼运》又载："饮食男女，人之大欲存焉。"承认欲存在的必要性。由此也能够见得，先秦儒家"天理人欲"之辨，态度中和而不极端。对于自然之欲的必要性，胡寅表示认可，并认为不能够将其灭绝，这与他对利的认可的逻辑理路是相同的，他说："人非金石木土无情之物也，其饮食男女之欲，岂能绝耶？"⑦

在宋代，天理人欲则以《古文尚书·大禹谟》载"人心惟危，道心惟微，惟精惟一，允执厥中"为展开，程颐说："人心私欲，故危殆。道心天理，故精微。灭私欲则天理明矣。"⑧ 程颐以人心为私欲，以道心为天理，同样认为所要灭的是私欲。胡寅则以义利阐释道心、人心，将义利范畴纳入道心、人心之辨，这是他自身的一个创见。胡寅言："人心，谓利欲之私也。行乎私欲则背于义理，岂不危乎？道心，谓义理之公也。公与私在一念之间耳！私欲蔽之，虽离娄不能自见也，岂不微乎！"⑨ 在这里，与义理相对的是私利

① 胡寅：《斐然集·崇正辩》，岳麓书社 2009 年版，第 669 页。
② 胡寅：《斐然集·崇正辩》，岳麓书社 2009 年版，第 689 页。
③ 朱熹：《朱子全书》，上海古籍出版社 2010 年版，第 667 页。
④ 胡寅：《斐然集·崇正辩》，岳麓书社 2009 年版，第 689 页。
⑤ 胡寅：《读史管见》，岳麓书社 2011 年版，第 397 页。
⑥ 胡寅，《读史管见》，岳麓书社 2011 年版，第 445 页。
⑦ 胡寅，《读史管见》，岳麓书社 2011 年版，第 446 页。
⑧ 程颢、程颐：《二程集》，中华书局 2004 年版，第 312 页。
⑨ 胡寅：《斐然集·崇正辩》，岳麓书社 2009 年版，第 201—202 页。

与私欲。人心如果被私欲遮蔽、谋求私利，就会违背义理之公，则道心难以显现。

人心与道心的二分，并不代表人有二心。胡寅说："心有二乎？曰：一而二，二而一者也。"[①] 人只有一个本心，本心即义理之公的道心，为人人所固有。"一"是针对本心而言，"二"是针对过程而言。人从出生到死亡的过程，也是一个生命归复的过程。在此之中，当人们面临抉择时，以私利、私欲之利为动机，心便沉溺于利欲不自知，本心依旧存在，只是被蒙蔽，故心"一而二"；而当人们面对抉择时，以义理为动机，而将利、欲当作是到达义理之本心的工具，达成了实现义理的目的，最终完成对本心的归复，则是"二而一"。完成这种复归时，本心即到达了"一疵不存，万理明尽"的境界，那么在此程度上，"则其日用之间，本心莹然，随所意欲，莫非至理。盖心即体，欲即用，体即道，用即义"[②]。本心莹然时，理欲关系也从一方获胜、另一方被遮蔽的"二"的过程，转换为任何意欲都能够体现至上之理的关系。在这里，理欲并非对立，而是欲能够作为理的体现。理即心，心即体，欲即用，换句话说，就是理为本体、欲为发用，欲是作为发用的工具，本心的莹然、理的实现才是目的。到达这一本心境界可以算得上是圣人，圣人能够遵从本心之所欲而不逾越规矩，"圣人饮无定量，亦无乱态。盖从心所欲而不逾矩，是以如此"[③]。在此，理欲关系的不对立，也与义利不相对立的逻辑关系，内在达成一致。

与强调君子小人分判的动机相同，胡寅以动机诠释理欲，分判义利。他说"凡有所为而为善者，皆人欲之私，是利道也，异端邪说是也。无所为而为善者，乃天理之公，是本心也，孔孟之教是也"。[④] 有所为，即有私利图谋，有己之私欲；无所为，即无所图谋，无己之私欲。有所为和无所为都是以动机而言的。有所为而为善，是讲求私欲的利道；无所为而为善，是天理之公归复本心的义道。人们复归本心的过程，必然要把无所为的无己之私当作发端。这种动机的分判与张栻所类似，"张栻以无所为而为和有所为而为进行义利分判，有所为而为是有己私之为，故曰利；无所为而为是无己私之为，故曰义"[⑤]。而胡寅与张栻的区别在于，张栻认为只要行为的动机是为己为私，这个行为就是利；反之，即是义。即张栻将动机与结果视为一致，而胡寅对于行为与结果则有更为灵活的判断，这便是将义利、理欲衍生到政治层面，胡寅认为某些"利"的行动，能够达到"义"或"公"的效果。

三、公私："在利己、不利己之间"

以公私言义利，首推程颐言"义利云者，公与私之异也"[⑥]。义为公利，利为私利。胡寅以利己、不利己，对公私作了更为细致的划分，他说："公与私特在利己、不利己之

---

① 胡寅，《读史管见》，岳麓书社 2011 年版，第 221 页。
② 朱熹：《四书章句集注》，中华书局 2011 年版，第 54 页。
③ 朱熹：《朱子全书》，上海古籍出版社 2010 年版，第 782 页。
④ 胡寅：《斐然集·崇正辩》，岳麓书社 2009 年版，第 648 页。
⑤ 王丽梅：《张栻义利观钩沉》，《天府新论》2022 年第 3 期。
⑥ 程颢、程颐：《二程集》，中华书局 2004 年版，第 176 页。

间。”① 前文提及，胡寅并不排斥功利主义要素，他在此反对利己，这在逻辑上并不矛盾，原因在于功利主义与利己并不相等同。功利主义追求更大的利益，在胡寅的语境中表示为不利己、利公或利他，符合儒家对仁人爱民利物的提倡，“公天下”基于此得以实现。利己为私，往往导向对于自身利益的过度关注，进而演变为依据权势而“专利”，即垄断利益。利己的范围不仅是自己，也包含利及以私心主导的与自身有利益关系的他人，如“一家之私”，这会导致利己与利他界限的模糊。在胡寅的语境中，公与私、利己与利他的区分，可以引申为少数人利益的实现与多数人利益的实现的区别。就古代社会而言，少数人的利益的实现即为上层统治者获利，多数人利益的实现即为下层百姓获利。

在这里，胡寅以“利”划分公私，同样体现了他不将义利放置于绝对对立的境地，更进一步，胡寅以“利”来阐释“义”，这是他在公私之辨中的一大特征，他说：“封建与天下共其利，天道之公也，郡县之以天下奉一人，人欲之私也。”② “与天下共利”即多数人获利，是天道之公，故为义；“以天下奉一人”即少数人占利，是人欲之私，故为利。这与前文中，胡寅“义固所以利也”“利者义之和”的观点是一致的，基于“利他”的行为，达到了天下共利的“公天下”的效果，在此意义上，利义一体。

在胡寅所推崇的“公天下”的层面，不利己之公与利己之私并不矛盾，而是相反相成，经由利他之义为发端，实现天下公利必然也会实现个人私利。而胡寅所要反对的利己，更为确切的语义，是利己所造成的“专利”与损害他人的利益。具体落实到国家社会层面，最容易由于他人利己而受到侵害的，自然是底层百姓。胡寅在公私层面对义利展开，具有十分浓厚的民本思想特征，这基于他的民本观念。他认识到国家的运转来自百姓的供养。“有国家者，大则祭祀宾客，小则匪颁好用，常则百官有司，变则军旅馈饷。不从天降，不从地出，一本于农而已。”③ 君臣的设立，并非为了统治者的一家之私，而是为了天下万民之公。“以天下为政，则其政公……以一己为政，则其政私”，④ 君主为政的公私之分，就在于为民还是为己。“凡事皆本于有民，无民则无事，无事则无官，而民终不能无也。”⑤ 国家之事的根本在于有底层民众的支撑，可以无官，却不能无民。这是胡寅民本思想的理论依据。

上位者占据权势，如果过分谋求利己，那么垄断财利便为表现形式之一，胡寅将此表达为“专利”。“夫财利不可专于上，塞于下，古之君子，不尽利以遗民，均天地之生息，而聚之于上，而均于下。敛之不已，则人人困穷，弱者窘于利，强者丰于财，而国随以亡矣。”⑥ 胡寅认为，财利不能够被上层阶级垄断，一方面原因在于垄断利益会造成社会上过大的贫富差距，这并不符合儒家均平主义的理想愿景；另一方面，上位者谋求过分的利己，必然导致对于百姓更严重的剥削，百姓不堪重负，则会起义反抗，造成社会动荡、政权颠覆的后果。因此，胡寅推崇“不尽利以遗民”，即不因为自身的权势而垄断财利，而

---

① 胡寅：《读史管见》，岳麓书社 2011 年版，第 779 页。
② 胡寅：《读史管见》，岳麓书社 2011 年版，第 624 页。
③ 胡寅：《斐然集·崇正辩》，岳麓书社 2009 年版，第 428 页。
④ 胡寅：《读史管见》，岳麓书社 2011 年版，第 782 页。
⑤ 胡寅：《斐然集·崇正辩》，岳麓书社 2009 年版，第 210 页。
⑥ 胡寅：《读史管见》，岳麓书社 2011 年版，第 457 页。

是要留有财利给予下层百姓。“势力可以专利而不专利，则利之所覃者广而受惠者多，复以法制行之，则可使匹夫匹妇均被尧、舜之泽。”① 财利被垄断，则获利者少，而财利不被垄断，则受恩惠者多，以此为基础，再用法来辅助推行，这样做就算是平民百姓，也能够受到王道仁政的恩泽。这种从不利己层面出发的不垄断财利的行为，反倒能够带来利他的实现，君主的政权也得以稳固，实现自利。

对于利己的过度追求，在国家层面会导致社会动乱，在个人层面则表现为对他人利益的损害。胡寅将矛头对准对儒家地位造成冲击的佛教。他说：“西方有幻师，以利行幻术。利他乃甘言，自利则其实。”② 在胡寅看来，佛教虽言普度众生，却名为利他，实为利己。这一方面表现在佛教以利为道，诱骗百姓布施、皈依。释氏将富贵不足、寿命不长、忧虑与病痛的难以免除、愿望难以实现等人们寻常难以避免的情况，归向于今生修其因，来生必获得其果报，并以福报为诱饵，获取财利，“彼师之术以利为道”③。于是无知的百姓轻则布施财物，重则不司其职、皈依佛教。佛教徒这样做，最后只是让自身受饮食居住等供养之利。“彼舍财者有福，而受施者亦有福，则害归于无知之百姓而利入于至奸之僧人，其术如此。”④ 损财之害由无知的百姓承担，财利则落入僧人手中。另一方面，宋代佛教兴盛，僧侣众多。这些僧人不劳作，却能够免于赋税与徭役，“诚为有国之大蠹”⑤，这更是加重了百姓的负担。基于此，胡寅提出财物授受时应当以礼义作为获取他人财物的标准，“取物于人必有礼义，非义不取，非礼不受”⑥。不符合义则不获取，不符合礼则不接受。并且建议君主“先罢释老，以纾百姓”，通过拒斥佛老之徒，免除其特殊待遇，纾解百姓供养的压力。

总体而言，在胡寅的义利观中，他肯定利用的不可或缺性，并不将义利对立，而是把利与害对立，将义利视为一体，真正与义相对立的是私利与私欲。理欲被胡寅置于心学下考察，以理为本为儒家尚义提供了理论依据，以欲为用则与胡寅对于利的逻辑一致。义利、理欲置于公私范畴，则为政治层面的讨论，胡寅反对垄断财利与损害他人利益的利己之私，认为以不利己为出发点的公利的实现，能够带来自身利益的实现。

---

① 胡寅：《读史管见》，岳麓书社 2011 年版，第 192 页。
② 胡寅：《斐然集·崇正辩》，岳麓书社 2009 年版，第 210 页。
③ 胡寅：《斐然集·崇正辩》，岳麓书社 2009 年版，第 395 页。
④ 胡寅：《斐然集·崇正辩》，岳麓书社 2009 年版，第 395 页。
⑤ 胡寅：《斐然集·崇正辩》，岳麓书社 2009 年版，第 644 页。
⑥ 胡寅：《斐然集·崇正辩》，岳麓书社 2009 年版，第 681 页。

论王夫之对王安石及其变法的评价

——以《宋论》为中心的考察

魏福明*

摘　要：王夫之在《宋论》中审视两宋的政治得失，对王安石及其变法进行了重点评价。在王夫之看来，王安石利用了宋神宗励精图治、富国强兵的功利心态，以申、韩之术，结小人朋党实施苛政，故王安石变法虽不是导致北宋灭亡的直接原因，却加速了北宋衰亡的政治局势。事实上，王安石变法肯定儒家礼乐刑政的价值、尊崇法制和以义理财、重视时务性人才的培养，并且在改易更革的过程中已显露出一定的改革成效，所以王夫之对王安石及其变法的评价并不客观，其思想在总体上还停留在道学家空谈道德心性的中世纪阶段。

关键词：王夫之；评价；王安石；变法；思想局限

王安石是北宋时期著名的思想家，同时又是一位极具开创精神的“伊周式”① 的政治改革家。作为思想家，王安石的学术思想在北宋熙宁、元丰年间成为官学，在北宋中后期的思想界占据主导地位长达六十年；作为政治改革家，王安石主持“熙宁变法”，针对北宋社会政治、经济、文化等一系列方面进行了改革。然而随着北宋的灭亡，南渡的南宋政权将北宋灭亡的原因皆归责于王安石变法，自此之后，原本就饱受争议的王安石变法就更被盖棺论定、全盘否定了。王夫之身处明末清初、政权更迭的社会动荡时期，故对两宋政治之兴衰也格外地关注。王夫之在《宋论》中对王安石本人，对王安石变法的措施、用人、效用都给予了批评。客观来看，北宋后期的政治衰亡并非缘于王安石变法，王夫之对王安石及其变法的批评有失公允，这也暴露出王夫之思想的局限性。

一、王夫之对王安石及其变法的批评

在《宋论》中，王夫之对王安石及其变法进行了激烈批评。他认为王安石大言欺主，利用了宋神宗励精图治、谋求富强的功利心态，推行以敛财为目的的“申商之术”，加之任用奸佞小人，排斥正人君子，使得新政“害民以烈”。

---

* 作者简介：魏福明，东南大学人文学院教授。本文为国家社科基金项目“王安石义理诠释学研究”（项目编号：21BZX070）的阶段性成果。

① 张学智编：《贺麟选集》，吉林人民出版社2005年版，第199页。

1. 王安石以“大言震神宗”

王夫之在《宋论》中认为北宋政治的衰弱是大势所趋，不可完全归罪于王安石变法，他说：“宋自神宗而事已难为矣。仁宗之弛已久，仍其弛而固不可，张其弛而又已乖。然而酌其所自弛以渐张之，犹可为也，过此而愈难矣。安石用而宋敝，安石不用而宋亦敝。”① 在王夫之看来，神宗时期社会、政治、经济的疲敝其实由来已久，面对北宋的困局，仁宗时期采取了相对宽松的政治政策，到了神宗时期，王安石采取有为的变法措施并没有逆转北宋衰弱的势态。在王夫之眼中，有为的改革措施非但不能缓解时弊，反而是激化北宋的社会矛盾。

王夫之在《宋论》中将王安石定论为“小人”，他说“王安石之允为小人，无可辞也”②，认为王安石之过首在于以“大言震神宗”，诱导了神宗渴望通过变法图强的功利之心，而功利性的政策使得原本应当“自弛以渐张之”的社会局势变得愈发紧张，难以收拾。他认为：

> 王安石之入对，首以大言震神宗。帝曰：“唐太宗何如?”则对曰：“陛下当法尧、舜，何以太宗为哉?”又曰：“陛下诚能为尧、舜，则必有皋、夔、稷、契，彼魏徵、诸葛亮者，何足道哉?”③
>
> （王安石）扬尧、舜以震其君，而诱之以易；揭尧、舜以震廷臣，而示之以不可攻。言愈高者志愈下，情愈虚者气愈骄。④

王夫之显然将王安石“致君尧舜”的政治理想视作挟持皇权和清除异己的政治权术，并断言王安石言高志下，情虚气骄。王夫之认为，欲实现尧舜之治，必须以尧舜之学、尧舜之德为基础，“夫尧、舜之学，与尧、舜之治，同条而共贯者也。安石亦知之乎？尧、舜之治，尧、舜之道为之；尧、舜之道，尧、舜之德为之”⑤。言下之意，王安石主张变法改革的经世致用之学并不合于尧舜之学、尧舜之德。事实上，王安石为推行变法而编制《三经新义》，其创建的荆公新学就是以道德性命为内核，以经世致用为实践旨归的，故其经济之学和道德之学是内外统一的。王夫之依旧是站在道德性命之学的立场上批判王安石的经济之学，遮蔽了其经济之学本就涵有的道德之理和性命之意，可见王夫之仍未走出宋明理学家空谈道德心性的窠臼。

王安石“言称尧舜”绝非以“大言震神宗”。首先，“致君尧舜”本就是北宋士大夫的共同理想，除了王安石之外，北宋的文人士大夫多有“言称尧舜”的传统。与王安石同朝为官的范祖禹在其著作《帝学》中就多次提到帝王之学就是学尧舜之道，认为：“帝王之学，所以学为尧舜也”⑥，“人君读书，学尧舜之道，务知其大指，必可举而措之天下

---

① 王夫之：《宋论》（上），刘韶军译注，中华书局 2013 年版，第 453 页。
② 王夫之：《宋论》（上），刘韶军译注，中华书局 2013 年版，第 441 页。
③ 王夫之：《宋论》（上），刘韶军译注，中华书局 2013 年版，第 431—432 页。
④ 王夫之：《宋论》（上），刘韶军译注，中华书局 2013 年版，第 437 页。
⑤ 王夫之：《宋论》（上），刘韶军译注，中华书局 2013 年版，第 434 页。
⑥ 范祖禹：《帝学校释》，华东师范大学出版社 2015 年版，第 74 页。

之民，此之谓学也。”[①] 程颐在《上仁宗皇帝书》中亦言：“臣观陛下之仁，尧舜之仁也。”[②] 可见，“致君尧舜”是北宋文人士大夫之间共同的文化习惯，而王夫之认为王安石“言称尧舜”是以“大言震神宗”，这无疑是错误的。其次，王安石在年轻时即以稷、契作为人生楷模，希望能够得君行道，他在《上仁宗皇帝言事书》中就“言称先王”，还说“然臣以谓今之失，患在不法先王之政者，以谓当法其意而已”[③]，要求朝廷法先王之意进行政治改革，故王安石“言称尧舜”显然不是一时的政治权术。第三，王夫之称王安石不知尧舜之道德，这也是错误的。其实在北宋，王安石对道德性命之学有首倡之功。根据蔡卞的记载：“宋兴，文物盛矣，然不知道德性命之理。安石奋乎百世之下，追尧舜三代，通乎昼夜阴阳所不能测而入于神。初著《杂说》数万言，世谓其言与孟轲相上下。于是天下之士始原道德之意，窥性命之端。”[④] 正是由于王安石的倡导和推动，道德性命之说才成为北宋文人热衷的话题。

2. 王安石变法是实行“申商”苛政

王夫之对北宋政权的统治总体评价不高，却对宋初的政事颇为认可。他认为宋初的统治者具有忧患意识，在政事上不谋求事功。所谓“惧以生慎，慎以生俭，俭以生慈，慈以生和，和以生文。而自唐光启以来，百年嚣陵噬搏之气，寖衰寖微，以消释于无形”[⑤]，“得失之枢，治乱之纽，斯民生死之机，风俗淳浇之原，至简也。知其简，可以为天下王。儒之驳者，滥于申、韩，恶足以与于斯!”[⑥] 王夫之认为，正因为宋初统治者的警惕和审慎使他们在治理上能够无为而治，故君主无为，百姓则自然得以休养生息。而到了北宋中期，宋神宗一改过去无为而治的统治政策，谋求变法图强，所以：

> 当其始也，开边之志，聚财之情，如停水于脆土之堤而待决也。王安石乘之以进，三司条例使一设，而震动天下以从其所欲。于是而两朝顾命之老，且引退而不能尽言；通国敢言之士，但一鸣而即逢贬窜；群小揣意指而进者，喧不可息也。[⑦]

王夫之认为，神宗“震动天下以从其所欲”的有为政治，是导致北宋后期政治衰弱的首要原因。王夫之将王安石的变法措施视作“申、商之术”，认为王安石变法是扰民、疲民的苛政。他说：“神宗有营利之心，安石挟申、商之术，发乎微已成乎著，正其恩怨死生独任而不可委者。”[⑧] 又说：“惟是苛政之兴，众论不许，而主张之者，理不胜而求赢于势，急引与已同者以为援，群小乃起而应之，竭其虔娇之才、巧黠之慧、以为之效。于是泛滥波腾，以导谀宣淫蛊其君以毒天下，而善类壹空，莫之能挽。民乃益怨，衅乃倏

① 范祖禹：《帝学校释》，华东师范大学出版社 2015 年版，第 74 页。
② 程颢、程颐：《二程集》，中华书局 1981 年版，第 512 页。
③ 王安石：《王文公文集》（上），上海人民出版社 1997 年版，第 2 页。
④ 马端临：《文献通考 卷四十一》，华东师范大学出版社 1985 年版，第 960 页。
⑤ 王夫之：《宋论》（上），刘韶军译注，中华书局 2013 年版，第 10 页。
⑥ 王夫之：《宋论》（上），刘韶军译注，中华书局 2013 年版，第 23 页。
⑦ 王夫之：《宋论》（下），刘韶军译注，中华书局 2013 年版，第 502 页。
⑧ 王夫之：《宋论》（上），华东师范大学出版社 2015 年版，第 486 页。

生，败亡沓至而不可御。”① 可见，宋神宗有牟利之心，王安石才得以申、商之术推动变法。为了推行变法，王安石又任用小人结成朋党，使得朝堂上小人胜君子，改易更革也逐渐变为苛政，苛政一兴则败亡沓至。视王安石变法是“申商之术”的说法，在当年熙宁新政时期就甚嚣尘上，故王夫之的指责属于老调重弹，也有失公允。事实上，王安石的政治改革是以“法先王之意”为思想基础，从根本上肯定了儒家礼乐刑政的价值。王安石既反对法家严刑峻法的苛政，又反对道家放任自然的无为而治。王安石在入朝为相前，即对朝廷的法令提出过批评，他说：“今朝廷法严令具，无所不有，而臣以谓无法度者，何哉？方今之法度，多不合乎先王之政故也。”② 王安石的政治主张是行先王之政，对北宋朝廷不合“先王之意”的法令尚且批评，又岂会以法家思想为指导而专行“申商”之苛政？

不过王安石是具有开放包容精神的大儒，他并不讳言对法家某些思想的肯定，如曰“今人未可轻商鞅，商鞅能令政必行”③，又曰“秦晋区区等亡国，可能王衍胜商君？”④事实上，在王安石的施政特别是在熙宁变法期间，他的确借鉴了法家的一些治国理念，如对君主集权和统一思想的强调，对国家操纵轻重敛散之权的阐述，对法度和官僚行政制度效率的重视等，但这并不能否定王安石的儒家立场。儒家的圣贤，历来重视经权之辨，王安石曾说：“圣人所以贵乎权时之变者也。”⑤ 在熙宁变法时期，王安石多次论及王道之正与权、经与变，以权时之变为新法辩护。据《长编纪事本末》载：

> 熙宁二年五月，……上曰：“轼又言兵先动者为客，后动者为主。主常胜客，客常不胜。治天下亦然。人主不欲先动，当用静以应之于后，乃能胜天下之事。此说何如?”安石曰：“轼言亦是，然此道之经也，非所谓道之变。圣人之于天下，感而后应，则轼之言有合于此理。然事变无常，固有举世不知出此，而圣人为之倡发者。譬之用兵，岂尽须后动然后能胜敌？顾其时与势之所宜而已。”上曰：“卿言如此，极精。”⑥

又据《宋史全文》载：

> （熙宁二年九月）戊辰，初开经筵。王安石独奏事，上问曰：“程颢言不可卖祠部度牒作常平本钱，如何?”安石曰：“颢所言自以为王道之正，臣以为颢所言未达王道之权。今度牒所得，可置粟凡四十五万石，若凶年人贷三石，则可全十五万人性命。卖祠部所剃者三千人头，而所可救活者十五万人性命，若以为不可，是不知权也。”⑦

---

① 王夫之：《宋论》（上），华东师范大学出版社 2015 年版，第 486 页。
② 王安石：《王文公文集》（上），上海人民出版社 1997 年版，第 1 页。
③ 王安石：《王安石全集》第 5 册，复旦大学出版社 2016 年版，第 645 页。
④ 王安石：《王安石全集》第 5 册，复旦大学出版社 2016 年版，第 648 页。
⑤ 王安石：《王安石全集》第 6 册，复旦大学出版社 2016 年版，第 1215 页。
⑥ 杨仲良：《皇宋通鉴长编纪事本末二》，黑龙江人民出版社 2006 年版，第 1108 页。
⑦ 无名氏：《宋史全文》第 11 卷，文渊阁四库全书刻本。

王安石从经权之辨出发，认为王道是经与变、正与权的统一。故对法家思想的借鉴，在王安石看来乃属权时之变的范畴，并不违背儒家的经旨。

王安石亦反对道家放任自然的无为而治，他在《太古》一文中说："太古之人不与禽兽朋也几何，圣人恶之也，制作焉以别之。下而戾于后世，侈裳衣，壮宫室，隆耳目之观，以嚣天下，君臣、父子、兄弟、夫妇皆不得其所当然，仁义不足泽其性，礼乐不足锢其情，刑政不足纲其恶，荡然复与禽兽朋矣。"① 王安石认为圣人的政教就是礼乐刑政的有为政治，道家放任自然的无为而治否定了儒家礼乐刑政的价值，如果没有政府的政教，百姓又会因人欲而"复与禽兽朋矣"。王安石在肯定儒家礼乐刑政价值的同时，亦认识到顺应时势进行政治改革的重要性，他说："夫因循苟且，逸豫而无为，可以侥幸一时，而不可以旷日持久。晋、梁、唐三帝者，不知虑此，故灾稔祸变，生于一时，则虽欲复询考讲求以自救，而已无所及矣！以古准今，则天下安危治乱，尚可以有为。有为之时，莫急于今日。过今日，则臣恐亦有无所及之悔矣。"② 王安石对北宋的社会形势有很明确的判断，北宋建国以来一直采取宽松的政治政策，然而伴随着北宋政府无为而治的却是社会矛盾的积压，到神宗时期进行改易更革已经是迫在眉睫了。王安石说："法其意，则吾所改易更革，不至乎倾骇天下之耳目，嚣天下之口，而固已合乎先王之政矣。"③ 在王安石看来，古代圣王也会顺应时势作出相应的改革，但政策背后的根本精神却是不变的，所以王安石变法旨在法先王之意重建儒家的政治宪章，并顺应时势改革具体的礼乐刑政制度。

3. 王安石变法行敛财之术

王夫之认为，宋神宗错误地判断了北宋积贫积弱的原因在财用不足，因此任用王安石作聚敛之谋，使得百姓的财富流向官府而导致了国富民穷。王夫之说："夫神宗之误，在急以贫为虑，而不知患不在贫，故以召安石聚敛之谋，而敝天下。然而无容怪也，凡流俗之说，言强国者，皆不出于聚财之计。太祖亦尝为此言矣。"④ 又说"安石之所必为者，以桑弘羊、刘晏自任，而文之曰《周官》之法，尧、舜之道；则固自以为是，斥之为非而不服。"⑤ 显然，王夫之对王安石以经济为手段的开源政策是持批判态度的。在他看来，财政政策最大的危害就是聚民之财，"财之所大患者，聚耳。天子聚之于上，百官聚之于下，豪民聚之于野"⑥。统治者要聚敛财货，其中必经过天子—百官—豪民的层层盘剥，最终损伤的是底层百姓的利益，所以王夫之认为王安石变法在实施过程中就已经"害民以烈"。他说：

熙、丰新法，害之已烈者，青苗、方田、均输、手实、市易，皆未久而渐罢；哲、徽之季，奸臣进绍述之说，亦弗能强天下以必行；至于后世，人知其为虐，无复有言之者矣。其元祐废之不能废，迄至于今，有名实相仍行之不革者，经义也，保甲

① 王安石：《王文公文集》（上），上海人民出版社 1997 年版，第 332 页。
② 王安石：《王文公文集》（上），上海人民出版社 1997 年版，第 18 页。
③ 王安石：《王文公文集》（上），上海人民出版社 1997 年版，第 2 页。
④ 王夫之：《宋论》（上），华东师范大学出版社 2015 年版，第 447 页。
⑤ 王夫之：《宋论》（上），华东师范大学出版社 2015 年版，第 441 页。
⑥ 王夫之：《宋论》（上），华东师范大学出版社 2015 年版，第 266 页。

也；有名异而实同者，免役也，保马也；数者之中，保马之害为最烈。[①]

王夫之认为王安石行聚敛之术，显然是误读了王安石变法的财政政策。首先，王安石的理财措施，并非完全是针对北宋政府的财用不足而采取的急功近利的聚敛方法，而是要解决当时理财无道的问题。王安石说“未尝以财不足为公患也，患在治财无其道尔”[②]，又说“今天下财用窘急无余，典领之官拘于弊法，内外不以相知，盈虚不以相补”[③]。王安石对当时北宋朝廷理财无术的现状有着清醒的认识，对百姓的生命和生活境遇有着深切的关切，而理财有道恰恰是通过优化政府的财政政策，使百姓的生命和生活境遇得到延续和改善的最有效的方法。其次，王安石并非为北宋统治者的私欲行聚敛之术，而是在为天下理财。王安石在《乞制置三司条例》书中明确指出：“盖聚天下之人，不可以无财；理天下之财，不可以无义。夫以义理天下之财，则转输之劳逸，不可以不均；用度之多寡，不可以不通；货贿之有无，不可以不制；而轻重敛散之数，不可以无术。”[④] 王安石的理财确实以益财政、抑兼并、均贫富为手段，然其要旨并不在与民争理财，而在聚天下之人理天下之财，在经济开源的同时理财有术，实现富国和强民。第三，王安石的理财政策目的在“法先王之意”，并且在改革过程中已经显露出一定成效。王安石在《答曾公立书》中明确指出：“孟子所言利者，为利吾国，利吾身耳。至狗彘食人食，则检之，野有饿殍则发之，是所谓政事。政事所以理财，理财乃所谓义也。一部《周礼》理财居其半，周公岂为利哉？奸人者因名实之近，而欲能之，以眩上下，其如民心之愿何？”可见，王安石的理财思想是以儒家经典和先王政典为基础的，其核心就是在法先王之意。王安石法《周礼》之义，以义理财，其理财政策其实是要国家来统治经济，加强政府对农业、商业以及信贷的管控，从而提升总体的社会生产收益和效率。事实上，王安石变法在实施过程中已经取得了一定成效。

4. 王安石变法任用小人

王夫之认为王安石所代表的改革派，与韩琦、富弼、司马光等守旧派之间的争斗是所谓的君子、小人之争。王夫之说：“谓宋有人哉？无大臣而小臣瓦解；小臣无可效之忠，而宵小高张；皆事理之必然者。司马、范、吕诸公强挽已发之矢而还入于彀，宜其难已。然则宋之亡也，非法也，人也。无人者，无大臣也。李太初、王子明而存焉，岂至此乎？”[⑤] 显然王夫之具有变法就是急功近利、驰骋物欲的前见，在王夫之眼中凡是支持变法的时务性人才都是小人，而反对变法的守旧派都是君子，王夫之将复杂的社会政治问题简化为君子小人之辨无疑是浅薄的。王夫之说：“夫欲使天下之无小人，小人之必不列于在位，虽尧、舜不能。其治也，则惟君子胜也，君子胜而非无小人。其乱也，则惟小人胜也，小人胜而固有君子。其亡也，则惟通国之皆小人。通国之皆小人，通国之无君子，而

---

① 王夫之：《宋论》（上），华东师范大学出版社 2015 年版，第 461 页。

② 脱脱：《宋史》，中华书局 1986 年版，第 10542 页。

③ 王安石：《王文公文集》（上），上海人民出版社 1997 年版，第 364 页。

④ 王安石：《王文公文集》（上），上海人民出版社 1997 年版，第 364 页。

⑤ 王夫之：《宋论》（上），华东师范大学出版社 2015 年版，第 489 页。

亡必矣。"[①] 在王夫之看来王安石变法的推进就是朝堂上的小人战胜君子的结果。

王夫之说王安石所代表的改革派与守旧派是君子小人之争的说法，显然是极其表面的。事实上，王安石为了推动新政的实施，极重视人才的培养，王安石说："然而臣顾以谓陛下虽欲改易更革天下之事，合于先王之意，其势必不能者，何也？以方今天下之才不足故也。"[②] 王安石认为在仁宗时期北宋朝廷吏治宽松、人才缺乏，宋仁宗即便想要推行变法也势必不能成功，而唯一的解决办法就是培养经世致用之才。王安石在《上仁宗皇帝言事书》中说："人之才，未尝不自人主陶冶而成之者也。"[③] 又说："所谓陶冶而成之者何也？亦教之、养之、取之、任之有其道而已。"[④] 改易更革天下之事和国家的人才培养应该是相配套的，君主应该有意识地为国家治理培养人才，并且朝廷应当建立"教、养、取、任"一整套的人才培养制度。王安石在入朝为相后，主张变革科举制度，将过去的诗赋取士改为经义取士，同时亲自编制《三经新义》作为科举考试的教科书，《三经新义》的编制意味着荆公新学的创立，新学不仅是王安石变法的理论资源，同时还培养了一批新学家和革新派。显然，王安石在人才培养和人才选拔方面更重视时务性人才和制度化选拔，这无疑推动了北宋官僚制度的进步。

二、王夫之的思想局限

总体来看，王夫之对王安石及其变法的评价并不客观、中肯，他的很多认知依旧停留在宋明理学家空谈道德性命的中世纪阶段。王夫之的思想局限主要表现在法制观念落后，理财观念淡薄，以及浅薄的君子小人之辨三个方面。

1. 法制观念落后

王夫之批评王安石行"申商之术"，认为王安石变法是苛政。在王夫之看来，法制是靠不住的，"法之必敝矣，非鼎革之时，愈改之，则弊愈丛生。苟循其故常，吏虽贪冒，无改法之可乘，不能托名逾分以巧为吹索；士虽浮靡，无意指之可窥，不能逢迎揣摩以利其诡遇；民虽强可凌弱，无以启之，则无讦讼之兴以两俱受毙，俾富者贫而贫者死；兵虽名在实亡，无以乱之，则无游惰之民以枭张而起，进则为兵而退则为盗"。[⑤] 王夫之认为伴随着时势的变化，法度必然会日渐疲敝，统治者的有为措施就会引发一系列的社会问题。因此，王夫之赞赏宋初的无为而治，而事实上，宋神宗时期的诸多社会问题恰是北宋建国以来无为而治的政治策略所滋生的。长期的吏治宽松、以文制武以及防弊之制使得北宋朝廷一直为冗官、冗兵、冗费的问题所困扰，到了宋神宗时期，改易更革已经是势在必行了。王夫之对王安石变法的社会政治因素认知不清，更喜从道德的角度空谈国家治理，轻视法制，说什么"求之已者，其道恒简；求之人者，其道恒烦。烦者，政之所繇紊，

① 王夫之：《宋论》（上），华东师范大学出版社 2015 年版，第 484 页。
② 王安石：《王文公文集》（上），上海人民出版社 1997 年版，第 2 页。
③ 王安石：《王文公文集》（上），上海人民出版社 1997 年版，第 2 页。
④ 王安石：《王文公文集》（上），上海人民出版社 1997 年版，第 2 页。
⑤ 王夫之：《宋论》（上），华东师范大学出版社 2015 年版，第 306 页。

刑之所繇密，而后世儒者恒挟此以为治术，不亦伤乎！子曰：‘道之以政，齐之以刑’。政刑烦而民之耻心荡然，故曰不谓之凉德也不能”。[①] 求之己者即是道德性命之学，求之人者即是礼乐刑政之学，王夫之重道德而轻法制，仿佛通过道德修身的手段一切社会矛盾、社会问题都可迎刃而解，可见王夫之的法制观念是极其落后的。

2. 理财观念淡薄

王夫之以为王安石以义理财的财政政策是聚敛之术，可以看出王夫之对经济维持社会稳定、促进社会分配、创造社会财富的功能认识不足。王夫之对经济的理解还停留在百姓日用之财货的层面，“天下之财，自足以应天下之用，缓不见其有余，迫不见其不足。此有故存焉：财盈，则人之望之也赊；财诎，则人之谅之也定。见有余者，常畏其尽；见不足者，自别为图。利在我，则我有所恋，而敌有所贪；利不在我，则求利于敌，而敌无所觊。”[②] 在王夫之看来，农业生产的财货已经足够天下人使用，相反财之在我反而会受到敌人的觊觎，因此政府并不需要刻意理财，认为王安石“因天下之力，以生天下之财”[③] 反而是乱了人心，可见王夫之理财观念之淡薄。王夫之还批判了北宋制定纸币流通的交子之制，他说：“以方尺之纸被以钱布之名，轻重唯其所命而无等。则官以之愚商，商以之愚民，交相愚于无实之虚名而导天下以作伪。”[④] 王夫之并没有看出北宋纸币发行的进步意义，认为纸币的发行是官愚商、商愚民的欺诈，导天下以作伪。即便是北宋的百姓也未对纸币流通的进步意义有如此的无视，不然交子也不会如此大面积流通，此处亦足见王夫之经济思想之幼稚。

3. 浅薄的君子小人之辩

王夫之对王安石变法所面对的客观形势认识不清，而习惯以君子、小人的二元对立解释复杂的政治现象。“君子之道，有必不为，无必为。小人之道，有必为，无必不为。执此以察其所守，观其所行，而君子小人之大辨昭矣。必不为者，断之自我，求诸己者也。虽或诱之，而为之者，必其不能自固而躬冒其为焉……以此思之，居心之邪正，制行之得失，及物之利害，其枢机在求人求己之间，而君子小人相背以驰，明矣。”[⑤] 王夫之认为君子因其人格高洁而无必为之事，小人因其人格执利而有必为之事，将具有时代担当和创新精神的改革者一概盖棺论定为执利小人，凡是支持王安石变法的具是小人，凡是反对王安石变法的守旧派具是君子，这种简单的道德评价，显然虚化了王安石变法过程中所面临的复杂的政治形势和政治关系，也遮蔽了王安石变法的进步性。此外，王安石在人才的培养上极重视事功性、时务型人才培养，在选拔机制上更重视制度化选拔，这显然是极具进步意义的，然而在好言道德、空谈政治的王夫之眼中，事功、时务、制度这些都是枝末，这种浅薄的认识，表明王夫之并没有走出道学家陈腐的思想窠臼。

---

① 王夫之：《宋论》（上），华东师范大学出版社 2015 年版，第 21 页。

② 王夫之：《宋论》（上），华东师范大学出版社 2015 年版，第 92 页。

③ 王安石：《王文公文集》（上），上海人民出版社 1997 年版，第 9 页。

④ 王夫之：《宋论》（上），华东师范大学出版社 2015 年版，第 316 页。

⑤ 王安石：《王文公文集》（上），上海人民出版社 1997 年版，第 438 页。

毛泽东“古为今用”思想人民主体性的四重意蕴

夏小凤*

摘　要：毛泽东“古为今用”思想人民主体性立足马克思主义人民观，是对中国古代传统“民本”思想的扬弃，也是对中国近代“民主”传统的扬弃。其精义体现为：人民是毛泽东“古为今用”思想的历史主体；人民是毛泽东“古为今用”思想的实践主体；人民是毛泽东“古为今用”思想的创新主体；人民是毛泽东“古为今用”思想的评价主体。理清毛泽东“古为今用”思想人民主体性的意蕴，有助于在新的历史实践中坚持以人民为中心的发展思想，凝聚民心、形成合力，满足人民美好生活需要、实现人民幸福，最终达致全人类解放。

关键词：毛泽东；古为今用；人民主体性；意蕴

从资料梳理来看，毛泽东于1964年9月27日在《关于〈对中央音乐学院的意见〉的批语》中首次完整提出“古为今用”的文化发展方针，具体是针对中央音乐学院学生陈莲在致毛泽东的信中提到的中央音乐学院教材与课堂充斥着大量古代的曲目、缺乏现代气息以及“学生政治观点模糊，不热爱工农兵”、“形形色色个人主义学习目的”、“对音乐革命化、民族化、群众化有抵制情绪”和学校“只教继承，不教批判”① 等问题所作的批示。批示如下：

定一同志：此件请一阅。信是写得好的，问题是应该解决的。但应采取征求群众意见的方法，在教师、学生中先行讨论，收集意见。

古为今用，洋为中用。此信表示一派人的意见，可能有许多人不赞成。②

1966年3、4月间再一次更为详细地论述了“古为今用”方针：

“古人、外国人的东西也要研究，拒绝研究是错误的，但一定要用批判的眼光去

---

* 作者简介：夏小凤（1989—），女，湖南邵阳人，湘潭大学哲学与历史文化学院（碧泉书院）讲师，从事毛泽东哲学思想研究。

① 孙国林：《毛泽东“古为今用，洋为中用”批示的来龙去脉》，《党史博采》2010年第11期。

② 中共中央文献研究室：《建国以来毛泽东文稿》第11册，中央文献出版社1996年版，第172页。

研究，做到古为今用、外为中用。”[①]

以上是两次毛泽东完整论述“古为今用”方针的有关记载。学界对毛泽东“古为今用”思想的研究并不多见但也不乏佳作，主要从以下三个方面着手：一是将“古为今用”和“洋为中用”一起，作为毛泽东文化思想的核心原则，阐述其坚持辩证唯物主义和历史唯物主义的世界观、方法论，既反对复古主义也反对“全盘西化”，无论对中国传统文化还是外来文化，都立足社会主义新文化建设实践的需要进行辩证取舍。[②] 二是从“非遗”活态传承的角度揭示其现实意义。如谭宏认为“古为今用”方针对于当下的非物质文化遗产保护工作具有重要指导意义，具体表现为：非物质文化遗产活态传承的传承、选择和创新都需要“古为今用”为指导。[③] 三是从毛泽东创作诗词的角度，认为毛泽东诗词是“古为今用”的典范。[④] 其实综观毛泽东思想发展历程，“古为今用”作为批判、继承中国传统文化的指导性方针，贯穿其青年时期到晚年。内涵因具体历史语境的差异而有别，但其中蕴涵的丰富人民主体性品质经历史沉淀而熠熠生辉。但是现有文献未有从这一角度切入的。理清毛泽东“古为今用”思想人民主体性的意蕴，有助于在新的历史实践中坚持以人民为中心的发展思想，凝聚民心、形成合力，满足人民美好生活需要、实现人民幸福，最终达致全人类解放。

一、人民是毛泽东“古为今用”思想的历史主体

从历史唯物主义的形成和发展看，人民群众创造历史的主体地位始终贯穿于历史唯物主义发展全过程，表达了哲学历史理论最为深刻和根本的原理，实现群众史观对黑格尔所代表的唯心主义英雄史观的颠倒。“黑格尔所代表的历史哲学，认为历史人物的表面动机和真实动机都决不是历史事变的最终原因，认为这些动机后面还有应当加以探究的别的动力”[⑤]，它不在历史本身中寻找这种动力，反而从外面，从哲学的意识形态把这种动力输入历史，即将社会历史的发展归功于上帝、绝对精神等理论观念，没有认识到上帝、绝对精神等都是人自身及其物质生活条件的产物和反映；如此一来，世界上过去发生的一切和现在还在发生的一切，就是他自己的思维中发生的一切。其只关注历史舞台上的英雄，将创造历史活动的群体限定为历史中崭露头角的英雄人物或领袖。

人民群众是历史的主体，是指人民群众是历史发展的根本动力，是历史的创造者。马

---

① 中共中央文献研究室：《建国以来毛泽东文稿》第 12 册，中央文献出版社 1998 年版，第 26 页。

② 朱继东：《毛泽东坚持“古为今用”“洋为中用”的基本思想及其时代意义》，《毛泽东思想研究》2020 年第 1 期；丁青：《挈其瑰宝而绝其缁磷——毛泽东思想的诞生是古为今用、洋为中用的成功典范》，《南京政治学院学报》1993 年第 1 期。

③ 谭宏：《“非遗”活态传承的另一种表达：“古为今用”——学习毛泽东文化遗产观的启示》，《毛泽东思想研究》2017 年第 2 期。

④ 沈学：《古为今用：透视毛泽东的诗词世界》，《南京邮电学院学报（社会科学版）》2003 年第 4 期；张延：《毛泽东诗词是“古为今用”的典范》，《承德民族师专学报》1995 年第 1 期。

⑤ 中共中央马克思恩格斯列宁斯大林著作编译局：《马克思恩格斯文集》第 4 卷，人民出版社 2009 年版，第 303 页。

克思认为，主体非理性、精神或独一无二的“我”，而是现实的、活生生的在“社会历史中行动的人”，是在社会中生活、被社会化的人类。人类历史上所有活动都是“人民群众”的活动，人类历史上的一切思想都是“人民群众”的思想。“历史活动是群众的事业，随着历史活动的深入，必将是群众队伍的扩大。”① 马克思主义群众历史观认为，人民群众对历史的发展起着决定性的作用，是社会精神财富、物质财富和社会变革的根本推动力。千百万人民群众才是国家和民族命运的根本决定者。

毛泽东继承马克思主义群众史观理论立场，结合中国革命和建设实际与文化传统，遵循“古为今用”“取其精华，去其糟粕”的原则，提出剔除古代封建统治阶级的腐朽内容，发掘古代和近代文化思想中蕴涵丰富人民主体性的精华内容，形成了中国共产党人区别于西方文化个体价值理论的人民历史主体观，并在中国革命和建设实践中，使这种新的人民历史主体观从理论变成现实，为社会主义文化建设提供思想资源。

毛泽东在扬弃先哲关于人民群众的历史作用思想的基础上，将其思想资料予以融合、加工制作和升华，成就了他的“历史是人民创造的”这一伟大的唯物主义历史观。他不仅科学地阐明了“人民群众”这一概念，而且全面地论证了人民群众在创造历史中的伟大作用。在我国革命时期、社会主义建设时期，毛泽东都再三强调历史是人民群众创造的，人民群众在社会发展中起着决定性的作用。毛泽东指出：“历史是人民创造的，但在旧戏舞台上（在一切离开人民的旧文学旧艺术上）人民却成了渣滓，由老爷太太少爷小姐们统治着舞台，这种历史的颠倒，现在由你们再颠倒过来，恢复了历史的面目，从此旧剧开了新生面”②，“人民，只有人民，才是创造世界历史的动力。”③ 在新民主主义革命时期，毛泽东在《新民主主义论》中鲜明指出：“这种新民主主义的文化是大众的，因而即是民主的。它应为全民族中百分之九十以上的工农劳苦民众服务，并逐渐成为他们的文化。”④ 这种文化运动和实践运动都是属于群众的，都是反对帝国主义和封建主义的群众的文化。中国几千年的文化主要是封建文化，但也不全是封建文化，有关于人民的，也有关于反封建的。我们要把古代封建统治阶级的一切腐朽东西和古代人民的多少有些民主的、革命的优秀文化区别开来。在社会主义建设时期，毛泽东对“人民”概念作了明确界定，在1957年，他在《关于正确处理人民内部矛盾的问题》这篇文章中指出，在建设社会主义的时期，一切赞成、拥护和参加社会主义建设事业的阶级、阶层和社会团体，都属于人民的范围；社会主义建设时期人民的具体组成，即农民阶级、工人阶级、城市小资产阶级、民族资产阶级和知识分子。这种坚持以政治态度来界定人民的历史唯物主义标准无疑是正确的。而且，根据我国民族资产阶级的双重特点，把民族资产阶级纳入人民的范围，是对马克思主义人民观的创造性发展。人民作为历史主体的价值目标是实现人的全面发展。在这里，人既是目的，又是手段，“人”是历史发展的主体和动力，而不是被安抚的对象。它体现了尊重社会发展规律与尊重人民主体地位的一致性。正因为历史是人民的

---

① 中共中央马克思恩格斯列宁斯大林著作编译局：《马克思恩格斯文集》第1卷，人民出版社2009年版，第287页。

② 中共中央文献研究室：《毛泽东文集》第3卷，人民出版社1996年版，第88页。

③ 毛泽东：《毛泽东选集》第3卷，人民出版社1996年版，第1031页。

④ 毛泽东：《毛泽东选集》第2卷，人民出版社1991年版，第708页。

历史，世界是人民的世界，所以，毛泽东一般并不像五四新文化运动那样粗糙地全盘批判历史传统，而是把历史文化一分为二：反动的统治阶级的文化和进步的广大劳动人民的文化。“前一种就是所谓的朝廷文化、士大夫文化或曰精英文化，后一种就是所谓的稗野文化、乡里文化和市井文化。这两种文化的区分，就是雅文化和俗文化的区分。”① 毛泽东的文化态度使他形成了独特的观点：中国的几千年的历史，不应该写成朝代相继更换的历史，不应该写成帝王将相的历史，而应该写成一部农民革命史，应该以各个时期的农民起义和农民战争作为中国历史的基本线索和基本内容。毛泽东借鉴马列主义的“人的解放”思想，继承了古代俗文化中的“平等”“博爱”“平均主义”等，形成了自己的平等观、平均主义观和阶级集体思想，强烈反对中国传统文化中的封建等级观念。同时，更重要的是，“毛泽东从根本上颠倒了中国传统文化中的上下关系、尊卑关系、贵贱关系和大小关系。”②

二、人民是毛泽东“古为今用”思想的实践主体

马克思哲学世界观的革命以实践为基石，从本质上讲，其揭露了费尔巴哈的唯物主义以及所有以前的唯物主义的根本缺点，即它们的消极直观的性质，对人的革命的、“实践批判的”活动的意义不了解。马克思强调指出革命的实践活动在认识和改造世界中的决定作用：实际上对共产主义者来说，全部问题都在于使现存世界革命化，实际地反对和改变事物的现状。“哲学家们只是用不同的方式解释世界，问题在于改变世界。”③ 全部社会生活在本质上是实践的。马克思主义是实践的理论，指引着人民改造世界的行动。人应该在实践中证明自己思维的真理性，离开了实践，人的主体性也就无从谈起。实践是认识的唯一来源，而社会实践是社会中千千万万人的实践，社会实践的主体是人民群众。马克思主义应运而生，是为了改变人民群众的历史命运，在人民群众争取解放、求得发展的社会实践中得以形成，也在人民群众解放斗争的社会实践中得以不断丰富和发展，反过来又为人民群众认识、改造客观世界提供了强大精神动力。它从人民群众的实践活动出发，科学把握理论的实践性、真理的价值性和社会发展的人民主体性，必然得出人民群众是实践主体的结论。

毛泽东秉承马克思哲学鲜明的实践品格，坚持了实践的主体性原则，即主体人在实践活动中能动地把握和改造客体的原则，将之运用于中国革命实践和社会主义建设实践，形成中国化的人民实践主体思想。

毛泽东认为，人们的社会实践除了生产活动，还包括阶级斗争、政治生活、科学实验、科学和艺术等。④ 人民群众作为社会实践活动的主体性存在，是一切社会实践活动尤其是物质生产实践活动的主体性力量。离开了人民群众的社会实践尤其是物质生产实践活

① 李鹏程：《毛泽东与中国文化》，人民出版社 1993 年版，第 375 页。

② 李鹏程：《毛泽东与中国文化》，人民出版社 1993 年版，第 375—376 页。

③ 中共中央马克思恩格斯列宁斯大林著作编译局：《马克思恩格斯文集》第 1 卷，人民出版社 2009 年版，第 502 页。

④ 毛泽东：《毛泽东选集》第 1 卷，人民出版社 1991 年版，第 283 页。

动，任何社会的存在和发展都是不可能的。结合中国革命的实际情况，在《新民主主义论》中，毛泽东指出："这种文化运动和实践运动，都是群众的"，"革命的文化人而不接近民众，就是'无兵司令'，他的火力就打不倒敌人。为达此目的，文字必须在一定条件下加以改革，言语必须接近民众，须知民众就是革命文化的无限丰富的源泉"①。接着，他更进一步阐述了如何向群众学习和学习什么。"要向人民群众学习语言。人民的语汇是很丰富的，生动活泼的，表现实际生活的。""我们还要学习古人语言中有生命的东西。"②古人语言中的许多有生气的东西应该充分合理地为现在利用。精通它，精通的目的全在于应用，用来指导行动。文化建设和文化选择的"本体"是什么，文化建设和文化选择的基础是什么，文化选择和文化吸收利用的基础又是什么？毛泽东坚持历史主义反映论的文化观，阐明了对传统文化和外来文化的正确态度，对这个问题作出了科学的回答，即坚持主体性原则和现实主义态度。即：新民主主义或社会主义的政治经济建设是文化选择的目标主体，群众是文化选择的实践主体，具有创造和消费的需求，选择、吸收文化都应聚焦在"用"字上。这个答案具有深刻的科学意义，它不仅从根本上打破了中国文化本位主义的思维模式，也打破了欧洲文化中心主义的意识模式。中国文化建设既不是用西方文化来压倒中国传统文化，也不是用中国传统文化来抵制西方文化，而是一切都为了中国革命和建设的客观实践需要。这个实践，"是古今中外从未有过的独特的实践，由此产生的新的文化，在本质上，自然也就是古今中外从未有过的新文化。"③

历史唯物主义认为，文化是一个社会的经济和政治在观念上的反映，一定的文化与一定的生产方式之间有着密切联系。因此，传统文化在其形成和发展过程中，不可避免地会受到当时的时代条件即生产力发展状况、社会经济制度以及人们的意识水平的局限性的制约和影响，因而也不可避免地会存在迂腐陈旧或已成为糟粕的东西。这就要求人们在学习、研究和应用传统文化时要确立基本的原则、正确的态度、合理的标准和科学的方法。要坚持古为今用、推陈出新和革故鼎新，以新的时代条件和实践要求为依据正确地取舍，批判地总结、继承和创新，剔除其封建性的糟粕，吸收其民主性的精华，而决不能一股脑儿都拿到今天来照套照用，决不能无批判地兼收并蓄。

三、人民是毛泽东"古为今用"思想的创新主体

创新是在实践基础上的创新，人民群众是理论创新的主体。马克思主义和其他一切社会主义理论的不同之处在于，它出色地把以下两方面结合起来："既以完全科学的冷静态度去分析客观形势和演进的客观进程，又非常坚决地承认群众的革命毅力、革命创造性、革命首创精神的意义。"④ 马克思列宁主义不是僵死的封闭的、神圣不可侵犯的理论教条和理论闭环，对于马克思列宁主义真正的科学态度就是善于总结提炼革命运动的新经验来丰富这个理论，善于发展新原理和新结论来发展这个理论，不断根据新形势、新语境实现

① 毛泽东：《毛泽东选集》第 2 卷，人民出版社 1991 年版，第 708 页。
② 毛泽东：《毛泽东选集》第 3 卷，人民出版社 1991 年版，第 838 页。
③ 陈晋：《毛泽东的文化性格》，中国青年出版社 1991 年版，第 191 页。
④ 中共中央马克思恩格斯列宁斯大林著作编译局：《列宁全集》第 16 卷，人民出版社 1988 年版，第 20 页。

新原理和新结论对于旧原理和旧结论的新陈代谢。实现某种空想的体系并不能推进马克思主义理论的发展，问题的根本在于自觉地投身于历史地改造社会的火热的实践。“新的社会思想和理论在社会物质生活的发展所提出的新任务的基础上一经产生，就为自己开拓道路，成为人民群众的财富，它们动员人民群众，组织人民群众去反对社会上衰颓的势力，从而有助于推翻社会上衰颓的、阻碍社会物质生活发展的势力。”①

毛泽东立足于唯物史观，认为人民群众是文化的创造者。过去的文艺作品不是源而是流，是古人根据他们彼时彼地所得到的人民生活中的文学艺术原料创造出来的东西。“我们必须继承一切优秀的文学艺术遗产，批判地吸收其中一切有益的东西，作为我们从此时此地的人民生活中的文学艺术原料创造作品时候的借鉴。”② 创新是发展的不竭动力，这动力来源便是新事物对旧事物的不断扬弃。新时代对旧时代的否定，是新时代对旧时代的扬弃，是辩证的否定，不是“一刀切”式的否定或全盘否定，而是站在旧时代的肩上，创造性地开启新的征程，即新事物战胜旧事物的征程。发展不仅仅是在旧的基础上发生的，而且就是这个基础本身的发展。理论创新的主要实践者和检验者是人民群众，理论创新的根本动力是人民群众的现实需要，理论创新的生长点是人民群众在实践中提出的新问题。“必须到群众中去，必须长期地无条件地全心全意地到工农兵群众中去，到火热的斗争中去，到唯一的最广大最丰富的源泉中去，观察、体验、研究、分析一切人，一切阶级，一切群众，一切生动的生活形式和斗争形式，一切文学和艺术的原始材料，然后才有可能进入创作过程。”③ 马克思主义理论创新所需的丰富的原材料是在人民群众伟大的实践创造中被提供出来的，马克思主义理论创新取之不尽、用之不竭的思想源泉是在人民群众伟大的实践创造中被开掘出来的。在理论创新过程中，人民群众的主体地位得以凸显，人民群众的首创精神受到尊重，人民群众社会实践新经验得到提炼升华，古代优秀文明成果得以返本开新，马克思主义理论的发展得以不断开拓新视野、作出新概括、增添新内容。

毛泽东熟谙马克思主义唯物史观，并运用这一思想武器对文化现象进行分析，洞彻文化的本质。即首先需要认识产生文化的政治和经济条件，作为观念形态的文化的上层建筑是其反映，但是，承认政治和经济条件对文化的决定作用的同时，也不否认文化的相对独立性及对经济的反作用力。这是看待一切文化现象的根本观点。运用唯物史观，则可对文化自由主义者的“全盘西化”和文化保守主义者的“全盘复古”进行釜底抽薪式的批判，因为中华民族的独特发展道路有其历史文化渊源，所谓“全盘西化”是罔顾国情的空谈，近现代以来各式各样的“全盘西化”的变种如“西体中用”或“中体西用”，都是无源之水、无本之木，终在历史尘烟中云散水流去，则是铁的事实；而文化保守主义者的“全盘复古”则固执地、形而上地抱持文化的上层建筑，将文化现象的相对独立性过分夸大而脱离、抛弃其产生的物质土壤，终究也只是空中楼阁，昙花一现，不成气候。文化的继承从来就不是全盘继承或者彻底摧毁重建，而是一个选择、改造、推陈出新的过程。每

① 中共中央马克思恩格斯列宁斯大林著作编译局：《斯大林全集》第1卷，人民出版社1953年版，第291页。

② 毛泽东：《毛泽东选集》第3卷，人民出版社1991年版，第860页。

③ 毛泽东：《毛泽东选集》第3卷，人民出版社1991年版，第861页。

代人总是要根据他要对付的问题（其中有些是新的，有些则是老问题），根据他所达到的新认识和获得的新知识，对传统作出新的理解和解释，而这种新的理解和解释便构成了他对传统进行选择、改造与推陈出新的基础。

四、人民是毛泽东“古为今用”思想的评价主体

客体对主体是否有价值、是否有益是衡量评价问题的根本尺度。不同的主体具有不同的利益诉求和价值评判标准，因此，不同的价值主体决定了不同的利益出发点和不同的价值评判标准。马克思主义价值观诉诸于人民利益的价值取向，把价值主体的至高尺度赋予人民，以人民的利益和需要为标准去进行价值评价。这里的“人民”，在马克思主义理论谱系中指认的是一定的阶级关系和利益的承担者。无产阶级运动捍卫的是无产阶级和广大劳动群众的阶级利益，使之不受雇佣他们的人侵犯。“革命的利益，工人阶级的利益——这就是最高的法律。”①

毛泽东在长期中国革命和建设的实践中，坚持和发展了历史唯物主义以人民为主体的价值论，坚持和发展人民群众是价值活动的评价主体的原理。他始终强调坚持人民的利益高于一切，以人民利益为最高的、最根本的价值目标，坚持以人民群众的评价以及是否对人民群众适用来判定传统文化中的精华或糟粕，自觉地把人民群众放在价值评价主体的位置，继承优秀的文学艺术遗产，批判地吸收其中有益的东西，遵循于人民有益、适用的原则，从而为人民利益服务。凡是有利于推进新文化建设的，都要吸收。“我们必须尊重自己的历史，决不能割断历史。但是这种尊重，是给历史以一定的科学的地位，是尊重历史的辩证法的发展，而不是颂古非今，不是赞扬任何封建的毒素。”② 如何鉴别和评价哪些是糟粕，哪些是精华？毛泽东更进一步指出：“洋八股必须废止，空洞抽象的调头必须少唱，教条主义必须休息，而代之以新鲜活泼的、为中国老百姓所喜闻乐见的中国作风和中国气派。”③ 区分为精华和糟粕两部分，糟粕排出，精华吸收，使之对身体有益，而不是囫囵吞下。今天，在广大人民群众看来，我们区分花香和毒草的标准是什么呢？在人民的政治生活中，我们应该怎样判断自己言行的是非？毛泽东在著名的“六条政治标准”中，第一条就提到“有利于团结全国各族人民，而不是分裂人民”；进而，第三条指出“有利于巩固人民民主专政，而不是破坏或者削弱这个专政”④，毛泽东不仅把群众的利益放在一切之上，而且强调，是否符合广大群众的最大利益，是判断共产党人一切言行的最高标准，是我们党克服困难、战胜敌人的法宝和根本保证。他深谙马克思主义的唯物史观，把占百分之九十以上人口的最广大人民的根本利益作为工作的出发点。他认为，“一切空话都是无用的，必须给人民以看得见的物质福利”⑤，强调“这就是我们党的根本路线，根

① 中共中央马克思恩格斯列宁斯大林著作编译局：《列宁全集》第 33 卷，人民出版社 1985 年版，第 189 页。

② 毛泽东：《毛泽东选集》第 2 卷，人民出版社 1991 年版，第 708 页。

③ 毛泽东：《毛泽东选集》第 2 卷，人民出版社 1991 年版，第 534 页。

④ 中共中央文献研究室：《毛泽东文集》第 7 卷，人民出版社 1999 年版，第 234 页。

⑤ 毛泽东：《毛泽东著作选读》下册，人民出版社 1986 年版，第 563 页。

本政策”[①]，还说“任何一种东西，必须能使人民群众得到真实的利益，才是好东西”[②]。因为群众是最实际的。唯有满足人民日益增长的物质和文化需要，才能更好地贯彻落实党的群众路线，实现全心全意为人民服务的党的宗旨。在现实的生产关系体系中，人的利益是人的需要在生产关系中的表现。

结语

马克思在《路易·波拿巴的雾月十八日》中如是说：“人们自己创造自己的历史，但是他们并不是随心所欲地创造，并不是在他们自己选定的条件下创造，而是在直接碰到的、既定的、从过去承继下来的条件下创造。一切已死的先辈们的传统，像梦魇一样纠缠着活人的头脑。”[③] 历史不外是各个世代的依次交替。每一代都利用以前各代遗留下来的材料、资金和生产力；由于这个缘故，每一代一方面在完全改变了的条件下继续从事先辈的活动，另一方面又通过完全改变了的活动来改变旧的条件。而从已有的思想材料和物质条件出发的这种承继、改变、实践、创新和评价，都是依靠人民的伟力。社会中发生的变革愈深入愈广泛，完成这一变革的群众也就愈众多。毛泽东继承马克思主义群众史观，坚持马克思实践哲学品性，尊重社会各阶层在社会发展中的贡献和作用，结合我国国情和文化传统，实践群众观点和群众路线，以实现人的自由而全面的发展和全人类解放为己任，把为人民谋幸福作为根本使命，全心全意为人民服务，尊重人民主体地位和首创精神，始终保持同人民群众的血肉联系，凝聚万众一心的强大力量，团结带领人民共同创造历史伟业。在新时代，坚持和发展上述思想，并落到实处，有助于人民的富裕幸福和实现美好生活；有利于消除各种干扰，纠正各种错误认识，清除长期以来笼罩在重大思想理论问题上的迷雾。

---

① 毛泽东：《毛泽东著作选读》下册，人民出版社1986年版，第563页。

② 毛泽东：《毛泽东选集》第3卷，人民出版社1991年版，第864—865页。

③ 中共中央马克思恩格斯列宁斯大林著作编译局：《马克思恩格斯文集》第2卷，人民出版社2009年版，第470—471页。

中国哲学研究

《庄子》自然主义道德观引论

曹晓虎[*]

摘　要：将道德与自然内在地联系在一起的道德观可以统称为自然主义道德观。这种思想倾向内部是分化的，在中国古代主要包括两种类型，即“道德自然论”和“自然道德论”。前者认为人伦道德是自然而然的、内在的，这是自然主义道德论中的一种常见类型，包括孟子性善论等。后者认为自然的才是道德的，这是自然主义道德论中较为罕见的一种类型，《庄子》是典型代表。

关键词：《庄子》；自然主义；道德

“自然主义”是一个宽泛概念，在不同领域，其有不同的涵义。在道德论领域，自然主义道德论强调自然状态对道德的重要性（自然蕴含道德）。但是中西方的自然主义道德观又有不同的类型。《庄子》道德论是（当然其整体思想都是）自然主义的，这几乎是公论，然而，这种道德观极具独特性，与其他自然主义道德观都有很大差异。该问题涉及较广泛，本文只是引论。

一、两种自然主义道德观

儒家道德论也有自然主义的特征[①]，而与《庄子》道德观也有较大差异，乃至于相互之间有激烈论争。道家主张自然而然，儒家孟子的道德论也主张自然而然，区别在于道家推崇人的主观性最小化的自然而然，孟子认为人发挥主观能动性就是自然而然，思孟学派具有道德理想主义的特点。

《庄子》哲学主张“自然的”即是“应当的”，具有“强自然主义”的特点。比如，庄子的“自然”包含“无为”之意，而孟子性善论的自然主义则不是，而是“为仁由己”，强调有为，反身而诚。孟子性善论认为善根源于人的自然本性，但是这种自然的善会由于后天的因素而衰减或消失，需要进行道德教育和道德修养以保持人的善性。相比之

---

* 作者简介：曹晓虎，南京师范大学公共管理学院副教授，主要研究方向为道家思想、比较宗教学。

① 一般认为，儒家是人文主义的，道家是自然主义的。这种观点是合理的。同时，儒家也有自然主义的一面。陈来先生曾提及荀子思想的几个特征，其中包括自然主义、现实主义、理性主义、人文主义。（陈来：《孔子·孟子·荀子：先秦儒学讲稿》，三联书店 2017 年版，第 210 页。）黄勇先生指出朱熹道德本体论是自然主义的，而笔者认为，朱熹的自然主义来源于孟子，孟子性善论就是自然主义的。

下，道家道德论有“强自然主义”的特征，《庄子》甚至认为人对自然状态的改变往往不具有道德价值，还会败坏道德。这种独特的自然主义很容易引发争议甚至批评。

道家的自然主义道德观从古至今一直饱受批评，其中以儒家为甚。荀子批评庄子“蔽于天而不知人”（《荀子·解蔽》），“天”就是天然，自然之意，“蔽于天而不知人”就是过分强调自然而遮蔽了对人的认识，轻视或否定人的主观能动性的作用和价值。很多宋明理学家以儒学为正统，以“辟佛老”为己任。所谓“佛老”就是佛、道两家，包括道家的《庄子》。近现代新儒家和现代中国学术界也有较为强大的反对《庄子》思想的呼声。杨泽波先生甚至呼吁“拒萨庄”——反对以萨特为代表的存在主义和《庄子》思想：“认清以萨特为代表的存在主义的谬误、清理庄子思想隐含的消极意义，旗帜鲜明地提出‘拒萨庄’的口号，是今后很长一段时期的重要任务。”杨先生所认为的“庄子思想隐含的消极意义”，就包括《庄子》自然主义道德观，比如杨先生批评了《庄子》“不谴是非”之主张。[①] 究其原因，主要在于自然主义思想有时候倾向于用自然界的规律解释世界，而自然界的状态往往被视为野蛮状态，不具有文明属性——包括道德属性。因此，《庄子》自然主义思想自古以来所受的批评，其中最主要的领域就是道德观。另一方面，道家尤其是《庄子》的自然主义思想极具思想性和批判性。从古至今也有很多思想家推崇《庄子》。而《庄子》的推崇者最重视的领域也包括其道德观。实际上，自然主义追求自然而然的状态，不等于追求自然界的状态，道家对自然状态的推崇也不等于鼓吹回归丛林状态或野蛮状态。其自然主义的“合理内核”对魏晋玄学、中国佛教和宋明理学都产生极其深刻的、重要的影响，在当代中西方也备受重视。

魏晋玄学借助道家思想而追求人性自由、倡导个性解放，有其理论上的必然性。在道家《庄子》自然主义思想的影响下，禅宗最终成为佛教中国化的典型。阳明后学也因道家自然主义的影响突破了理学的局限性，开启了思想解放运动。《庄子》的自然主义道德观在历史上产生深刻影响，并且具有现实意义。对《庄子》思想的评价能够引发激烈争执，并且这种局面从古代一直延续至今，本身就显示出这个思想体系的研究价值。《庄子》自然主义思想最具争议性的领域是道德观，因此有必要对《庄子》自然主义道德观进行专门的系统研究，从争议最集中的领域揭示《庄子》思想的内在价值及其适用边界。

二、《庄子》的自然主义——一种价值观念

为了更好地理解《庄子》的自然主义道德观，首先要对于《庄子》的自然主义和自然主义道德观进行精确的界定。“自然”是道家的最高范畴。根据罗安宪教授的统计，道家三大著作《老子》《庄子》《列子》中“自然”出现的频率明显超过同时期其他学派的著作：

> “自然”一语，《老子》5见，《庄子》8见，《列子》6见。儒家的十三经，无一提及“自然”。先秦儒家者中，只有《荀子》2见。其他重要典籍，《孙子兵法》无

① 杨泽波：《为什么要旗帜鲜明地“拒萨庄”——儒家生生伦理学对当前一种社会现象的批评》，《孔子研究》2022年第2期。

见；《墨子》1见，见于《经说上》，为后期墨家著作；《国语》无见；《战国策》1见。[①]

可见，道家对“自然”的重视程度远远超过同时期的其他学派。道家思想的核心概念是“道”，“道”是对世界发展规律的最高概括，而世界最本质的规律是“自然”，因此，“道”的特点就是“自然”（ziran/nature）。老子说“道法自然”[②]，可见“自然”是道家的核心概念，因此也是道家教育思想的哲学基础。

学术界对于道家“自然”的概念界定有各种观点，然而，道家“自然”之内涵离不开三个层面，这三个层面构成了道家“自然”理论的核心：第一，“自然”指自然界（nature/natural world）。道家没有“自然界”的概念，但是经常以具体的自然界事物来指代自然界，对于我们说的“自然界”是尊敬的，道家有保护自然界的思想。当惠施抱怨樗树木质不好、对人无用的时候，庄子反问，“今子有大树，患其无用，何不树之于无何有之乡，广莫之野，彷徨乎无为其侧，逍遥乎寝卧其下。不夭斤斧，物无害者，无所可用，安所困苦哉！”[③] 庄子在这里不是提倡有计划、有目的地去植树造林、绿化荒漠——《庄子》时代没有面临荒漠化问题——他只是说人不应该从自己的价值立场去评判自然事物，因为自然界的事物有其独立于人的价值依据。所以道家保护自然界并不是按照人自己的意志去改变，而是让自然界的事物按照自己的规律去生存、发展。第二，“自然”指自然状态（natural state）、自然而然（being natural），就是事物存在和发展的本来状态和应有状态。这是自然规律，或者说客观规律。在道家看来，事物应有的状态是自身的状态，或者说，事物自身的状态就是应有状态。与此相反的就是人刻意而为，或者人只是基于自己的判断而强行干扰事物自身状态的行为。这两者是不同的，甚至是相对立的。《庄子》将其分别概括为“天”和“人”，“天”就是“天然”“自然”；“人”就是人为。《庄子》主张“无以人灭天”，反对人自以为是地去破坏事物的自然状态。第三，“自然”是顺应自然（to do something naturally/ following the laws of nature）、无为而治。《老子》从人对道的遵从之角度提到自然的重要意义：“人法地，地法天，天法道，道法自然。”[④] 上文提到该文本内容，主要讲述自然概念的重要性，这里要论述这种重要性对人的意义——人遵道而为就是顺应自然、无为而治。《老子》云“希言自然”[⑤]，陈鼓应将其解释为“少发教令是合于自然的”[⑥]，揭示了老子无为而治与自然的关系。《庄子》认为，道德的最高境界是自然达到的，经过人刻意而为的反而伤害道德。《庄子》描绘了一个古代的“至德之世”——拥有最高道德水平的社会状态：人们“居无思，行无虑，不藏是非美恶”“财有余而不知所自来，饮食取足而不知其所从”，社会富庶，生活安乐，人们无私无欲，不慕荣利；“不拘一世之利为己利分，不以王天下为己处显”[⑦]。人们不刻意追求任何事物，

---

① 罗安宪：《存在、状态与“自然”——论庄子哲学中的“自然”》，《现代哲学》2018年第3期。

② 陈鼓应：《〈老子〉注译及评介》，中华书局1984年，第159页。

③ 郭庆藩：《庄子集释》，中华书局2012年版，第46页。

④ 陈鼓应：《〈老子〉注译及评介》，中华书局1984年，第159页。

⑤ 陈鼓应：《〈老子〉注译及评介》，中华书局1984年，第153页。

⑥ 陈鼓应：《〈老子〉注译及评介》，中华书局1984年，第155页。

⑦ 郭庆藩：《庄子集释》，中华书局2012年版，第46页。

"民居不知所为，行不知所之，含哺而熙，鼓腹而游"①。虽然仍存在君臣、官民关系，但帝王就像生长在一棵树上的树枝一样，地位虽高，却无所作为，人民像野鹿一样自由自在，到处游荡。人们甚至不需要外在的道德规范，道德行为自然而然，"行为端正却不知道把它看作义，相互友爱却不知道把它看作仁，诚实无欺却不知道把它看作忠，办事得当却不知道把它看作信；无心而动，彼此相帮相助，却不以为这是恩惠。所以大家率性而行，不留痕迹，事情当做就做，无须传扬。"② 其实，道家"自然"的这三个内涵是内在地关联在一起的——"自然界""自然而然地"具有"自然状态"，自然界本身就拥有自然状态，其无目的性就是自然而然。自然界最能够体现出自然而然的状态。也就是说，自然界本来就具有客观规律，而不会去试图改变这种规律。而人的思想行为和人类社会都很难达到或保持这种状态，因此应该回归自然——保持自然状态。

道家的"法自然"是内在论和整体论。"自然"作为事物存在和发展的根本规律，也是人效法的最高原则。《老子》用"道法自然"来表达这个原则，"道法自然"建立在道家的内在论哲学基础上。尊重内在于事物的规律，是一种自然主义的价值论。这种价值论的方法论基础最早来源于《周易》思想。《周易》用阴阳来表达事物发展的内在动力——只有内部有差异性，才能具备发展（更准确讲，是运动——哲学意义上的运动）的条件。《易传》将"一阴一阳"的规律称为"道"："一阴一阳之谓道"。不知道《易传》的这种概括是否源于道家，但可以确定的是，道家最根本的内在规律就是道，而道家同时也将"阴阳"作为事物的内在属性，老子表述为"万物负阴而抱阳，冲气以为和"。可见，道家继承了《周易》的内在论。内在的"道"是根本规律，也是最高原则，因此是衡量价值的根本标准。道家的价值论是内在论的，因此必然具备自然主义的特点，内在的才是有价值的，在这个意义上，道家推崇"顺其自然"和"无为"。

另一方面，"顺其自然"不是随顺个体虚妄的追求和狭隘的欲望，因为道家对"自然"或"道"的体认不仅仅是内在论的，而且是整体论的。人们很容易误以为随顺自己的欲望是"顺其自然"，而道家恰恰是反对人执着于自己的欲望的。老子说"少私寡欲"（《道德经》第十九章），《庄子》也继承了整体上的自然过程，而不是个体随机产生的各种主观的东西才称之为"自然"。所以《庄子》讲"无以人灭天""无以故灭命"（《庄子·秋水》）。

道家"自然"理论决定了道家思想"自然主义"的价值观念，成为道家思想的最重要的哲学基础。但自然主义的价值观是容易引发各种争议的。《庄子》有时候说有用是危险的，比如大树因为材质佳而被砍伐；有时候又说无用是危险的，比如一只鸡如果既不会下蛋又不会打鸣，就会先于其他"有用"的鸡被吃掉。《庄子》的读者可能会对于这种形式上矛盾的论述感到困惑，不知道庄子究竟是认为"有用"好还是"无用"好。其实庄子对于从狭隘立场对事物进行价值评价本身就持批判态度。

《庄子》的自然主义承认事物具有不依赖于人的评价的"内在价值"。事物的内在价值是否存在？持不同价值观的人答案是不一样的。有人不承认自然事物的内在价值，有人

① 郭庆藩：《庄子集释》，中华书局2012年版，第349页。
② 郭庆藩：《庄子集释》，中华书局2012年版，第451页。

承认自然事物的内在价值。自私的人只将其他人作为自己可能利用的工具，而利他主义者将他人本身视为目的而非工具。由此可见，评价价值的标准取决于人的立场。价值观的争议会持续下去，但这本身恰恰是人的价值观念的局限性的表现。《庄子》通过各种寓言故事，表明人的价值评价的主观局限性。在《逍遥游》中，惠施对庄子说："吾有大树，人谓之樗。其大本拥肿而不中绳墨，其小枝卷曲而不中规矩，立之途，匠者不顾。今子之言大而无用，众所同去也。"《庄子》却用动物的能力并不能确保其安全为例，说明人以为有用的能力、品质不一定能够带来实际用处，而人以为没有用的事物不一定没有价值：

> 子独不见狸狌乎？卑身而伏，以候敖者；东西跳梁，不辟高下；中于机辟，死于罔罟。今夫斄牛，其大若垂天之云。此能为大矣，而不能执鼠。今子有大树，患其无用，何不树之于无何有之乡，广莫之野，彷徨乎无为其侧，逍遥乎寝卧其下。不夭斤斧，物无害者，无所可用，安所困苦哉！（《庄子·逍遥游》）

庄子表面上的意思是说人应该从不同的角度看待事物的价值，会有不同结论，但是实际上是以此证明人在任何情况下的价值判断都具有特定性，从而具有主观局限性。"无所可用"就表明事物不依赖于人的评价而具有"内在价值"。这显然是一种自然主义的态度。这种自然主义很容易引发争议。因为"价值"本身是关系，是评价的结果，如果离开人的评价，价值如何可能呢？一个显而易见的悖论是，对于任何价值观念的反对都必须以一种价值观念为基础。所以《庄子》的自然主义本身也是一种价值观念，但这是一种特殊的价值观念，特殊之处在于，《庄子》主张对人的评价的主观性进行彻底的批判。《庄子》的观点是，事物的价值不依赖于人的评价。经过批判之后的清醒只能立足于超越主观局限性的、"超越"的立场，即"道"的立场。这种立场使得他不立足于任何狭隘立场的价值观成为可能。但既然是一种价值观念，就具有其适用边界，因此，《庄子》的自然主义也是有适用边界的。尽管如此（也正是如此），《庄子》自然主义价值观念在其适用领域当然有其价值。这种特殊价值观的价值，也能体现在道德论领域。

三、《庄子》的自然道德论——一种特殊的自然主义道德观

将道德与自然内在地联系在一起的道德观可以统称为自然主义道德观。然而，这种思想倾向内部是分化的，在中国古代主要包括两种类型，笔者称之为"道德自然论"（主张人伦道德为自然而然的，强调道德之自然而然性）和"自然道德论"（主张自然的才是道德的，强调自然之道德性）。前者认为人伦道德是自然而然的，内在的，这是自然主义道德论中的一种常见类型，包括孟子性善论、宋明理学很多思想家主张的良知论等（学术界对于宋明理学的自然主义倾向关注较少，但是最近已经有学者揭示了宋明理学相关思想的"自然主义"特征。黄勇先生明确提出，朱熹的道德本体论"在自然主义与反自然主义之争中持自然主义立场"①）。后者认为自然（类似于自然界的自然而然，非强目的性的）才是道德的，这是自然主义道德论中较为罕见的一种类型，《庄子》是典型代表。二

① 黄勇：《美德伦理学——从宋明儒的观点看》，商务印书馆2022年版，第246页。

者的共性在于都主张道德内在论。

先秦时期，道家和思孟学派是自然主义道德论两种形态的代表。孟子虽将道德赋予自然属性，但其道德仍为人伦道德，属于伦理（人伦）自然主义。当孟子说性善的时候，他只肯定了人性自然属性中的一部分——就是异于禽兽的那一部分——具有道德价值，而“人之异于禽兽者几希”，就是人性中大部分内容不具有道德价值，当然，也不具有负面价值，否则就不能说“性善”了。孟子以“禽兽”骂人，并不是说禽兽恶，而是禽兽相对于人的道德价值低，人如果自甘于行禽兽之行为，就是自贬身份，自降人格。《庄子》自然主义道德观不是伦理自然主义，而是以“自然的”作为最高标准，超越人伦，超越以人为中心的道德观。

虽然庄子和孟子作为自然主义道德观的代表都承认道德的内在性，但是，二者在人性论上是不同的。孟子是性善论，将人的自然本性视为善的。但是庄子的情况就比较复杂了。作为“天人合一”思想的代表，孟子和道家都应该有自然主义的特点，在人性论上都“应该”倾向于性善论的，但是，庄子主张“无以人灭天”（《庄子·秋水》）。这很容易引起误解，以为庄子认为人是恶的，自然是善的。但是实际上，人也是自然的产物，更何况庄子自然主义的道德观不可能否定人的自然本性的道德价值。实际上，“无以人灭天”的“人”是特指人后天的因素，与孟子将恶归于后天不保养天性有相通之处。区别只在于，庄子认为后天人为因素越少越好。人与动物的区别在孟子那里很受珍视，而在庄子那里备受警惕。

四、结语

《庄子》秉持一种相对论的道德观念。相对论不等于不具有普遍解释力。道德相对论不是道德虚无主义或道德怀疑论，在道德领域可以具有普遍解释力。其普遍解释力就是对于任何道德独断论的批判。

道德独断论是这样一种观点，即依据与道德相关的某一个因素去评价所有道德现象，如以利益或情感或理性等为道德评价的根本标准，从而以这种标准建立统一的道德观念。黄勇先生曾提到道德两难问题在不同的具体道德观体系中存在的普遍性①。这种现象的存在，根本原因就是，古今中外的道德思想往往都是独断论的。这使得几乎任何道德体系都会面临难题。

庄子的道德观（包括道德标准和道德观点等）既具有普适性，又不是道德独断论。庄子的道德论固然是一种价值观念，却是一种特殊的价值观念，不是孤立地以某一个或一些事物、或者以某一个或一些领域作为根本价值标准，其价值观是建立在整体论（道论）的基础上的，不具有片面性。因此，《庄子》道德观不仅具有普适性，而且对于批判道德独断论具有特殊的价值。

价值观往往不是普适的，这使得作为价值观念的具体的道德观体系往往都具有各自的局限性。价值观具有主观性，因此，越具有客观性的价值观，越具有普适性。而《庄子》

① 黄勇：《再论〈庄子〉中的以行为对象为中心的道德相对论》，《道德与文明》，2022年第1期，第146页。

整体论的自然主义能够为道德观的“客观性”提供坚实的理论基础，这使得《庄子》思想能够从根本上驳斥道德独断论。

《坛经》中的唯识学思想

刘　飞*

摘　要：《坛经》与唯识学似有易简与繁复之别，但其实二者有共同的思想渊源，《坛经》本身也蕴含丰富的唯识学思想。首先，《坛经》中关于“三身四智”的论述，对比《成唯识论》等相关内容，可以发现两者皆认为三身不离四智、三身本身不即不离。其次《坛经》“八识转四智”偈与《成唯识论·四智相应心品》的论述亦基本一致。最后，《坛经》所阐述的“三科法门”则与《成唯识论》卷三关于第八识的论述保持一致。从契机的角度看，《坛经》是契合中国的文化环境而产生的禅宗经典；而从契理的角度看，《坛经》和印度唯识学在一些核心思想上具有一致之处。正是在契理和契机作为不可分的整体之下，《坛经》成为佛教中国化的重要成果。

关键词：《坛经》；唯识学；惠能；三身四智；阿赖耶识

《六祖坛经》和唯识学虽然是佛教分别在中国和印度所开展出的思想和法门，前者侧重直指人心、见性成佛，后者侧重繁复唯识教理的安立，二者似乎有着巨大差别。但实际上，二者也不无关联。首先，二者的思想都与《楞伽经》有重要关联。《楞伽经》是《成唯识论》所宗“六经”之一，也是中国禅宗传承的重要经典。初祖达摩曾以四卷《楞伽经》交予二祖慧可印心②，四祖道信亦说：“我此法要，依《楞伽经》诸心佛第一”③。在《坛经》中也曾记载五祖弘忍要请卢珍在墙壁上画《楞伽经变相》，并在《机缘第七》记载了六祖向智通解释《楞伽经》中的“三身四智”之义。可见《楞伽经》的传承从禅宗初祖到六祖，并未中断。其次，二者都和般若类经典有着千丝万缕的关系。惠能因《金刚经》而悟道，并以般若的“无念”“无相”“无住”思想作为顿教法门之本。而唯识学的祖师们，也多据般若经典发挥自宗义理，如无著和世亲曾作同名论典《金刚般若波罗蜜经论》；中国唯识学的实际创宗者窥基则写过《金刚般若经赞述》、《金刚般若论会释》和《般若波罗蜜多心经幽赞》等。近代以来，亦有不少学者试图沟通《坛经》与唯识学，如民国时期的太虚就曾用唯识教理解析《坛经》而写成《曹溪禅之新击节》《赞扬六祖功

---

* 作者简介：刘飞，湘潭大学哲学与历史文化学院（碧泉书院）讲师。

② 其事载于《景德传灯录》卷三：“师曰：‘吾有《楞伽经》四卷，亦用付汝，即是如来心地要门，令诸众生开示悟入’”。（道原：《景德传灯录》卷3，《大正新修大藏经》第51册，第219页下。）

③ 净觉：《楞伽师资记》，《大正藏》第85册，第1286页下。

德以祝南华之复兴》等文章，香港学者罗时宪则在《〈六祖坛经〉管见》一文指出《坛经》“自性”“自心”等词多兼指真如与阿赖耶识。[①] 袁经文则从“见道”入手，认为《坛经》和禅宗所说“本心”即是指阿赖耶识实性，从而沟通唯识与禅宗。[②] 由此可见《坛经》与唯识学虽然看似有着差别，但其实在思想上有一定的共通之处。本文将系统性、全面性地挖掘《坛经》本身蕴含的唯识学思想，这或将有利于我们从另一个角度解读《坛经》的内在思想。

一、《坛经》“三身四智”思想与唯识学观点一致

《坛经》和唯识学都论及“三身四智”，通过对比《坛经》和《成唯识论》《佛地经论》《摄大乘论》的相关论述，可知二者在此思想上具有一致性。在《坛经·机缘第七》中记载，智通看了《楞伽经》千余遍，却不会三身四智，于是来请六祖惠能解义。惠能大师说：

> 三身者——清净法身，汝之性也；圆满报身，汝之智也；千百亿化身，汝之行也。若离本性，别说三身，即名有身无智。若悟三身无有自性，即名四智菩提。……若离三身，别谈四智，此名有智无身。即此有智，还成无智。[③]

三身指法、报、化三身佛，四智指大圆镜智、平等性智、妙观察智和成所作智。此段意为：清净法身即是众生自心之真如佛性，圆满报身是自心之智慧，化身即是自心之种种造作行为，三身四智都不离自心本性。而且，这三身与四智并非相互独立的二者，而是一个非一非异的关系。这里，很明显有着三身、四智等唯识学术语。那么唯识学又是如何理解三身、四智之间的关系呢？

在《成唯识论》卷十和《佛地经论》卷七都对三身、四智有较为详细的描述。法身在《成唯识论》中被称为自性身，指“如来真净法界”，是受用身和变化身之所依，也是“一切法平等实性”[④]。其实质是指真如法性，这和六祖所说“清净法身，汝之性也”——众生的真如本性是一致的。唯识学所说之报身则是指自受用身，“谓诸如来三无数劫修集无量福慧资粮所起无边真实功德”[⑤]，即佛陀修行无量劫所成就之智慧功德，这与六祖所言“圆满报身，汝之智也”相符。化身则是指为度化众生所变现之种种形象，其实质就是诸如来由成所作智应众生之机感而起种种心行。中国唯识宗实际创宗者窥基大师在《金刚般若经赞述》中提及三身佛时亦有“然佛有三种，一者、法身，谓离妄之真

---

① 罗时宪：《〈六祖坛经〉管见》，载《六祖坛经研究》（一），中国大百科全书出版社2003年版，第271—283页。

② 参见袁经文：《见道与参禅》，《深圳大学学报（人文社会科学版）》2014年第4期。袁经文：《禅宗“悟”义索隐》，《社会科学研究》2011年第1期。

③ 宗宝编：《六祖大师法宝坛经》，《大正藏》第48册，第356页上—中。

④ 玄奘译：《成唯识论》卷10，《大正藏》第31册，第57页下。

⑤ 玄奘译：《成唯识论》卷10，《大正藏》第31册，第57页下。

理；二者、报身，会真之妙智；三者、化身，应物之权迹”①。窥基所言“真理”即是真如理体，“会真妙智”即是证真如之般若智，“应物权迹”则是指佛菩萨为度化众生而权巧显示的身行。这些与六祖的说法在本质上是一样的。只是惠能所言法、报、化三身是站在众生心的角度来说，而唯识学则是站在佛果的角度来说。关于三身与四智之间的关系，《成唯识论》卷十以清净法界、大圆镜智、平等性智、妙观察智、成所作智等五法性摄三身，其中有两种不同的看法。第一种为：

> 有义：初二摄自性身，《经》说真如是法身故，《论》说转去阿赖耶识得自性身，圆镜智品转去藏识而证得故；中二智品摄受用身，说平等智于纯净土，为诸菩萨现佛身故，说观察智大集会中，说法断疑现自在故，说转诸转识得受用身故；后一智品摄变化身，说成事智于十方土现无量种难思化故。②

“自性身”即是指法身，“经”指《佛地经》，“论”指《摄大乘论》。意为：清净法界和大圆镜智二者摄法身，因为《佛地经》认为真如是法身，《摄论》认为大圆镜智转舍藏识证得自性身；报身又称受用身，平等性智和妙观察智则摄报身，因为平等性智能为地上菩萨现纯净土和佛报身，报身佛以妙观察智为菩萨说法断疑；成所作智则于十方世界随顺众生因缘示现种种变化身。第二种观点认为：

> 有义：初一摄自性身，说自性身本性常故，说佛法身无生灭故……四智品中真实功德，镜智所起常遍色身，摄自受用；平等智品所现佛身，摄他受用；成事智品所现随类种种身相，摄变化身。③

意为：自性身（法身）不生不灭，非断非常而强名曰“本性常”，即是指如来清净法界；受用身（报身）分为自受用身和他受用身，大圆镜智所起佛陀之常、遍色身摄自受用身，平等性智则摄他受用身；成所作智则摄变化身。这两种观点虽然稍有出入，但都认为：三身不离四智，四智并非离开三身而独立存在，三身与四智是互相融摄的非一非异关系。这与《坛经》所说的“若离三身，别谈四智，此名有身无智”的思想具有一致性。对此，近代太虚大师在《赞扬六祖功德以祝南华之复兴》一文中亦认为：“此显身智不二之理，与《成唯识论》《佛地经论》等所明三身、四智之理，极为吻合。因法身即是四智所证清净法界的理体，四智即是法身理体上所成之德用。”④ 法身与四智构成体用不二关系，太虚的这种观点与上文所举《成唯识论》第二种观点一致。因此，《坛经》中所述的三身不离四智的思想与唯识学具有一致性。

此外，《坛经》除了认为三身不离四智、三身不离自性之外，还认为法、报、化三身佛本身亦不即不离。这一点在《坛经·付嘱第十》中有较为明确的指出：“法身报身及化身，三身本来是一身。”⑤ 这句话蕴含着这样一个意思：既然有法、报、化三身，那么三

---

① 窥基：《金刚般若经赞述》，《大正藏》第33册，第135页中。
② 玄奘译：《成唯识论》卷10，《大正藏》第31册，第58页上。
③ 玄奘译：《成唯识论》卷10，《大正藏》第31册，第58页上。
④ 太虚：《太虚大师全书》第16卷，宗教文化出版社2005年版，第371页。
⑤ 宗宝编：《六祖大师法宝坛经》，《大正藏》第48册，第362页上。

身便不是相即的一；但同时三身也不是相离的三。在无著所造之《摄大乘论本·彼果智分》中分别从相、证得、自在、依止、摄持、差别、德、甚深、念、业等十个方面详细阐释了法身的广大甚深之义。如《摄论》中谈到的法身之德为："应知法身几德相应？谓最清净四无量、解脱、胜处、遍处、无诤、愿、智、四无碍解、六神通、三十二大士相、八十随好、四一切相清净、十力、四无畏、三不护、三念住、拔除习气、无忘失法、大悲、十八不共佛法、一切相妙智等功德相应。"① 这里法身之"德"其实是描述报身的种种智慧与功德。法身本来无可言说，但是《摄论》却从十个层面来言说法身的特点，这其实是以体摄用、借用显体，将报身佛和化身佛都包含在内，可谓三身本不相离。而《摄论》在阐释了法身的十个方面之后，紧接着又从六个层面论述了报身非自性身（法身），从八个角度阐释了变化身非自性身（法身）。兹举其中的报身非自性身为例："何故受用身非自性身？由六因故，一、色身可见故；二、无量佛众会差别可见故；三、随胜解见自性不定可见故；四、别别而见自性变动可见故；五、菩萨、声闻及诸天等种种众会间杂可见故；六、阿赖耶识与诸转识转依非理可见故。佛受用身即自性身，不应道理。"②也即受用身佛有色身，而法身佛只是色身之实性；受用身佛为度化地上菩萨可显现为无量清净众会，法身佛则无差别相；地上菩萨可随各自胜解不同见到不同受用身佛，法身佛则平等周遍；每一位菩萨随着自身功德智慧的前后变化，见到的受用身佛也不一样，而法身佛则无有变异；在受用身佛的众会中，有菩萨、声闻、天、龙等不同众生间杂在一起，而法身无此间杂；阿赖耶识转为法身佛，前七转识转为受用身佛。由这六种情况，法身不能等同于报身（受用身）。也即《摄论》此处是对用显体，突出了法身佛的无为特点，可谓三身本不相即。这与《坛经》认为三身非即非离的思想具有一致性。

综上所述，《坛经》和唯识学皆认为三身不离四智、三身不离自心本性，三身本身非一非异。虽然惠能大师对于三身四智只有寥寥数句的描述，却高度概括了佛教经论中三身四智的深义，契合了中国文化喜好简易直接的特点。而唯识学则侧重于法相的安立与解析，以完成对三身、四智之间关系的解释。二者虽然在表述形式上差距甚大，但在对"三身四智"的解释上却保持着思路的一致性。

二、《坛经》中"八识转四智"与《成唯识论·四智相应心品》一致

在《坛经·机缘第七》中，惠能大师除了给智通开示了三身四智的相互关系，更重要的是惠能大师所讲的八识转四智的偈子：

大圆镜智性清净，平等性智心无病。
妙观察智见非功，成所作智同圆镜。
五八六七果因转，但用名言无实性。
若于转处不留情，繁兴永处那伽定。③

① 玄奘译：《摄大乘论本》卷下，《大正藏》第31册，第150页上—中。
② 玄奘译：《摄大乘论本》卷下，《大正藏》第31册，第151页中—下。
③ 宗宝编：《六祖大师法宝坛经》，《大正藏》第48册，第356页中。

这首偈子依然有着八识、四智等唯识学术语。而且此偈的思想，对比《成唯识论》卷十《四智相应心品》的内容来看，完全符合唯识学思想。

第一，“大圆镜智性清净”。此处“性”指佛性，太虚大师认为《坛经》这里的“‘性’可看作完全佛性——即行佛性究竟出染及理佛性究竟显现”。[①] 而《成唯识论》卷十认为，大圆镜智是“性、相清净离诸杂染”[②]。这里的“性”即指真如理佛性，“相清净”则指第八识中的有漏种子被完全对治，无漏种子（也即行佛性）的完全现行。“性、相清净”即是真如理佛性之显现和行佛性之出染而产生现行，即是惠能说的“大圆镜智性清净”。第二，“平等性智心无病”。此处“心”特指末那识，《成唯识论》卷四认为：“谓从无始至未转依，此意任运恒缘藏识，与四根本烦恼相应。其四者何？谓我痴、我见并我慢、我爱。……此四常起，扰浊内心，令外转识恒成杂染，有情由此生死轮回，不能出离，故名烦恼。”[③] 也即凡夫位时，末那识恒缘阿赖耶识见分为内自我，恒与我痴、我见、我慢及我爱四根本烦恼相应，使得众生无法出离生死轮回，这就是众生之心病。圣者转依之后，末那识则转为平等性智，也即末那识从有我转为无我思量，从现行上看就是无有我、法执等一切烦恼之病。《成唯识论述记》解释平等性智云：“此昔因中，有我故，自他差别；今我无，故无住，自他平等。”[④] 因位众生有我执故，所以有自他差别，也即有种种烦恼病；悟道之后末那识转为无我思量，自他平等，所以便没有烦恼之病。《坛经》中惠能大师以“心无病”三字显平等性智，极为扼要，又不失本义。第三，“妙观察智见非功”。妙观察智是如实知见一切万法，任运自然，不须加功用行。《成唯识论》卷十说妙观察智云“善观诸法自相、共相，无碍而转”。[⑤] 也即指后得智远离能所，而又如实分别，这和惠能说的“见非功”是同样的意思。第四，“成所作智同圆镜”，指成所作智同大圆镜智一样，是在成佛果地的时候顿转。《成唯识论》卷十亦认为成所作智“成佛方得初起，以十地中，依异熟识所变眼等，非无漏故，有漏不共必俱同境，根发无漏识理，不相应故，此二于境，明昧异故。由斯，此品要得成佛，依无漏根，方容现起”。[⑥] 十地菩萨依靠异熟识变现眼识等五识，并不是无漏的，而是有漏的，此智要到成佛时依靠无漏的五根才能生起。此外，前五识与第八识一样，在因位时都是缘现量性境。故《坛经》以“同圆镜”三字概括平等性智，简明扼要。第五，“五八六七果因转”。指前五识转为成所作智，第八识转为大圆镜智，都是到了成佛的果地才能顿圆；第六识转为妙观察智，第七识转为平等性智，则是从悟道登地时即分转。《成唯识论》卷十亦认为：大圆镜智“解脱道时初成佛故，乃得初起”，成所作智也是“成佛方得初起”；而妙观察智在二乘的我空观或菩萨的二空观时皆能生起，平等性智则“菩萨见道初现前位，违二执故，方得初起”，也即在见道位即可以生起。[⑦] 换言之，“五八”是果转，“六七”是因转，这

① 太虚：《太虚大师全书》第5卷，宗教文化出版社2005年版，第433页。
② 玄奘译：《成唯识论》卷10，《大正藏》第31册，第56页上。
③ 玄奘译：《成唯识论》卷4，《大正藏》第31册，第22页上—中。
④ 窥基：《成唯识论述记》卷10，《大正藏》第43册，第599页上。
⑤ 玄奘译：《成唯识论》卷10，《大正藏》第31册，第56页上。
⑥ 玄奘译：《成唯识论》卷10，《大正藏》第31册，第56页中。
⑦ 玄奘译：《成唯识论》卷10，《大正藏》第31册，第56页中。

与《坛经》的说法一致。第六，“但用名言无实性”。丁小平注译的《坛经 心经 金刚经》认为此处的“名言”指一切万法，这里专指第八识。[①] 因为第八识摄藏一切名言种子，以第八识指“名言”是比较合理的。“实性”指真如实性。此句意为，这四智只在心识作用上转得，在真如实性上无所谓转不转。太虚大师亦认为此处“实性，即指平等法身，从本以来不增不减、不垢不净、无动无摇、无转无不转。故虽明‘五八、六七果因转’，唯转生灭之法而成，此实性本无转变也”。[②]《成唯识论》卷十亦认为有二种所转得：

> 一所显得，谓大涅槃。此虽本来自性清净，而由客障覆令不显，真圣道生，断彼障故，令其相显，名得涅槃。此依真如离障施设，故体即是清净法界……二所生得，谓大菩提。此虽本来有能生种，而所知障碍故不生。由圣道力，断彼障故，令从种起，名得菩提。[③]

换言之，真如是本来自性清净，只是由客尘障覆不显，由修行证道便能显得，所以此涅槃或真如不是无中生有，也不是由某物转变而来。因此真如只是“显得”而不是“生得”。因此真如从在缠转为出缠，便可以方便说为离染得净，实际上，真如无所谓净与不净。如《成唯识论》卷九云：“如虽性净而相杂染，故离染时假说新净，即此新净说为转依。”[④] 但四智菩提是由第八识的无漏种所起而生得。因此在第八识之相上，可以转杂染为清净；但在真如实性上，本来就是清净法界，无需转变。可以说，惠能大师的这句偈子与唯识学思想是一致的。最后一句，“若于转处不留情，繁兴永处那伽定”。“繁兴”，繁杂多起，比喻为一切万行；“那伽”意译为龙，龙潜深渊，定力大，“那伽定”比喻为与法性相应的大定，也即《坛经》中所强调的“一行三昧”。整句意为：如果八识转为四智，彻底圆满，情识永断，那就行住坐卧都处在与法性相应的大定中。也即八识彻底转为四智之后，佛安住于法性大定中而尽未来际恒润众生。《成唯识论》卷十将涅槃分为四种：本来自性清净涅槃、有余依涅槃、无余依涅槃、无住涅槃，而以无住涅槃为大乘归旨。其中的无住涅槃是以“大悲、般若常所辅翼，由斯不住生死、涅槃，利乐有情穷未来际，用而常寂，故名涅槃”[⑤]。即是说佛菩萨转识成智之后，无止境地度化众生，而本身则处于法性大定中，用而常寂，寂而常用。

从《坛经》八识转四智的偈子与《成唯识论·四智相应心品》的对比分析中可以看出，惠能大师的这首偈子与唯识学的四智思想是相通的，也即两者在解释“八识转四智”时具有同等的解释效力，只是唯识学的阐释比较深细清晰，而《坛经》的表述更为简易扼要。

---

① 丁小平导读、注译：《坛经 心经 金刚经》，岳麓书社 2018 年版，第 135 页。
② 太虚：《太虚大师全书》第 16 卷，宗教文化出版社 2005 年版，第 374 页。
③ 玄奘译：《成唯识论》卷 10，《大正藏》第 31 册，第 55 页中—56 页上。
④ 玄奘译：《成唯识论》卷 9，《大正藏》第 31 册，第 51 页上。
⑤ 玄奘译：《成唯识论》卷 10，《大正藏》第 31 册，第 55 页中。

三、《坛经》中的“三科法门”与第八识缘起一致

《坛经》中除了这首偈子，在《付嘱第十》中，惠能大师所举的“三科法门”亦含有丰富的唯识学思想。三科，指五蕴、十二入、十八界，惠能大师认为：

> 三科法门者，阴界入也……自性能含万法，名含藏识。若起思量，即是转识。生六识，出六门，见六尘，如是一十八界，皆从自性起用。自性若邪，起十八邪；自性若正，起十八正。若恶用即众生用，善用即佛用。用由何等，由自性有。①

这里，依然是有五蕴、十二入、十八界、含藏识等唯识学术语。《成唯识论》卷二认为阿赖耶识“具有能藏、所藏、执藏义故，谓与杂染互为缘故，有情执为自内我故。此即显示初能变识所有自相，摄持因果为自相故。此识自相分位虽多，藏识过重，是故偏说。”② 阿赖耶识具备多个名称，从有情执为内自我的角度，可名为藏识，所以《坛经》这里说的“含藏识”即指阿赖耶识。学者罗时宪曾在《〈六祖坛经〉管见》一文中详细分析了《坛经》中的“自性”“本性”“性”等词，共列出五十五条，认为此处的“自性”也是指含藏识，也即阿赖耶识。③ 而这里的转识是第七末那识，因为末那识以恒审思量为特征。太虚大师在《曹溪禅之新击节》一文中对此处的“自性”一词亦有非常精辟的论述：

> 自性若邪，起十八邪——有漏异熟识缘有漏种起有漏现行；自性若正，起十八正——无漏无垢识缘无漏种起无漏现行；若恶用即众生用，善用即佛用——“由此有诸趣及涅槃证得”。用由何等，由自性有——“无始时来界，一切法等依”。依此观之，曹溪确指第八识名自性，明矣！④

结合太虚大师的解释来看，《坛经》这里所说的“自性”一词确指第八识，摄藏一切有漏、无漏种子。但第八识有诸多异名，如《成唯识论》卷三曰：“然第八识虽诸有情皆悉成就，而随义别立种种名……或名种子识，能遍任持世、出世间诸种子故，此等诸名通一切位；或名阿赖耶，摄藏一切杂染品法令不失故，我见、爱等执藏以为自内我故，此名唯在异生有学，非无学位不退菩萨有杂染法执藏义故。或名异熟识，能引生死善不善业异熟果故，此名唯在异生二乘诸菩萨位，非如来地犹有异熟无记法故。或名无垢识，最极清净诸无漏法所依止故，此名唯在如来地有……⑤”也即从“种子识”的角度，第八识摄藏一切染、净种子，故说“如是一十八界，皆从自性起用”；而在异生有学位，第八识偏我爱执藏义则名阿赖耶识，所以有“自性能含万法，名含藏识”；在佛位之无垢识，则完全是清净妙用，故有“善用即佛用”。

---

① 宗宝编：《六祖大师法宝坛经》，《大正藏》第48册，第360页中。
② 玄奘译：《成唯识论》卷2，《大正藏》第31册，第7页下。
③ 罗时宪：《〈六祖坛经〉管见》，载《六祖坛经研究》（一），第271—283页。
④ 太虚：《太虚大师全书》第16卷，宗教文化出版社2005年版，第365—366页。
⑤ 玄奘译：《成唯识论》卷3，《大正藏》第31册，第13页下。

其中“自性若邪，起十八邪”指第八识的杂染缘起，也即种子识中的有漏种子（世间种子）遇缘产生有漏现行；“自性若正，起十八正”则指第八识的清净缘起，也即种子识中的无漏种子（出世间种子）遇缘产生清净的无漏现行。在《阿毗达磨大乘经》有偈曰：“无始时来界，一切法等依，由此有诸趣，及涅槃证得。”① “界”是因义，即是指第八识。第八识无始时来辗转相续亲生诸法，此“界”是杂染、清净等一切万法之所依。《成唯识论》对该偈颂有三种解释，第一种解释认为第八识作为种子识可为一切法之因缘，而现行的第八识又作为一切法之增上缘；第二种解释认为第八现行识为一切法之总依，也是染净法之别依；第三种观点认为第八识是依他起性、遍计所执性、圆成实性等三性的所依，三性总摄一切法，那么第八识也就是一切法之所依。这三种解释，虽有侧重不同，但皆认为第八识为一切法之依止。兹举第一种解释为例加以说明，《成唯识论》卷三云：

> 颂中初半显第八识为因缘用，后半显与流转还灭作依持用。界是因义，即种子识，无始时来辗转相续亲生诸法，故名为因。依是缘义，即执持识，无始时来与一切法等为依止，故名为缘。谓能执持诸种子故，与现行法为所依故，即变为彼及为彼依……“由此有”者，由有此识；“有诸趣”者，有善恶趣。谓由有此第八识，执持一切顺流转法，令诸有情流转生死……“及涅槃证得”者，由有此识，故有涅槃证得，谓由有此第八识故，执持一切顺还灭法，令修行者证得涅槃。②

该偈颂的初半句指第八识作为种子识无始以来辗转相续，亲生诸法（种子生现行），是一切法之亲因缘；次半句指现行的第八识无始以来作为一切法之增上缘依，所谓：变为彼（现行诸法），及为彼依；再次半句指第八识执持杂染种子，可以作为众生流转杂染法的因缘以及增上缘依；最后半句指第八识执持无漏种子，可令众生修道证灭，依然指的是第八识可作为清净法的因缘和增上缘依。可以说，该偈颂前两个半句是总说，后两个半句是别说。通过对比《坛经》的说法，可知有情众生依第八识之杂染种子而成杂染现行，由此有三界六道之流转因果，也就是《坛经》说的“若恶用即众生用”；圣者依第八识之清净种子而成清净现行，由此有修行者证得涅槃之还灭因果，这即是《坛经》所说的“善用即佛用”。而这一切染、净诸法都是自性（第八识）的作用。对比《成唯识论》卷三关于第八识的描述，可见《坛经》中所说的“三科法门”与唯识学的思想完全一致。

四、结语

《坛经》与唯识学虽然各有特色，但两者有共同的思想渊源，《坛经》本身也包含了丰富的唯识学思想。实际上，除了上述的三身四智、八识转四智偈和三科法门之外，《坛经》在许多地方都暗合唯识学思想。比如惠能大师对“佛性”的观点便暗合唯识学的理、行佛性之说，惠能在《行由第一》对印宗说佛性非断非常、非善非恶则是站在真如理佛

---

① 《阿毗达磨大乘经》早已亡佚，此处的偈颂转引自《成唯识论》卷3（《大正藏》第31册，第14页上）。

② 玄奘译：《成唯识论》卷3，《大正藏》第31册，第14页中。

性的角度来说佛性是不二之性；在《付嘱第十》把佛性比喻为种子，弟子听闻佛法则如种子遇雨而能增长获菩提之果，则与唯识学通过正闻熏习能够熏增或熏生无漏种子（行佛性）具有一致之处。当然，两者在思想上虽有不少相通之处，但差别性仍是主要的，任何两者的相同点都是以差别作为前提。《坛经》侧重顿悟成就法身佛，故多直指本心，提倡言下见性，教导弟子往往不拘一格，拈槌竖拂、扬眉瞬目皆是接人之法，契合中华文化喜好简易、潇洒随性的特点；而唯识学则主张修行三大阿僧祇劫成就圆满报身佛，安立八识、种子、三自性等学说，在教理的解说上更加深细圆满，这也契合了当时印度各学派喜好思想辩论的特点。又《坛经》倡导菩提自性，本来清净，用此自性清净心即可成佛；唯识学则立足于众生心而广明阿赖耶识之杂染缘起，修行则在于熏习无漏种子以对治有漏种子，从而离染得净。这些都是《坛经》与唯识学的核心不同之处。

唐代窥基在《大乘法苑义林章》曾言："摄法归无为之主故，言一切法皆如也。摄法归有为之主故，言诸法皆唯识。摄法归简择之主故，言一切皆般若。"① 也即真如佛性思想、般若以及唯识思想是在不同的侧面对佛法的开显。由此可见，唯识学、般若学以及如来藏学不过是佛陀针对不同众生的特点，应病与药而开出的不同法门。事实上，唯识学与侧重如来藏学和般若学的《坛经》只是从不同角度对同一佛法的开显。一如"除掉金矿石的杂质"和"获得本就在矿石中的真金"，两者只是在不同角度说明"销矿成金"这一事件过程。佛教在中国的传播一直遵循着契理与契机两大原则，契机与契理如鸟之双翼、车之双轮，缺一不可。从契机的角度看，《坛经》是契合中国的文化环境而产生的，带有较深的中国特色；而从契理的角度看，《坛经》和印度唯识学在一些核心思想上又具有一致之处。正是在契理和契机作为不可分的整体之下，《坛经》成为了佛教中国化的重要成果。

---

① 窥基：《大乘法苑义林章》卷1，《大正藏》第45册，第260页中。

《太上玄元道德经解》心性观及其修养论刍议*

雷定京**

摘　要：作为内丹派道教经典著作，《太上玄元道德经解》以“道体心用”为核心范畴，对《道德经》中的心性修养论作了富有新意的阐发。《太上玄元道德经解》以心性为核心的道德修养论的基本观点为：道为心体，心为道用，体用结合；《太上玄元道德经解》揭示了道教内丹修养论的三种类型及实践方法：保精固气的修养论，推崇以魂驭魄、以精正气之修炼方法；无身返心的修养论，修炼方法为“忘身”“不贵于身”而“返于心”；虚中入道的修养论，修炼方法为“使中心虚”且“自返入道”，要求“道不离心，心不离道”。

关键词：《太上玄元道德经解》；心性观；修养论

《太上玄元道德经解》是收录在《道藏辑要·道德经解》“心集”中的一部解释《道德经》奥义的内丹派道教经典。此书体例复杂，但结构清晰、内容丰富，作者题为“孚佑上帝全经阐义”“八仙洞祖分章合注”。[①]“孚佑上帝”即“八仙洞祖”，上述二者皆是指“孚佑帝君”，指八仙之一的吕洞宾，其原名吕岩，字洞宾，也称“吕仙祖”“纯阳祖师”“纯阳子”“仙公”“吕祖仙师”等。此书第一卷卷首有苏朗与柳守元所作序言。苏朗，传说为吕岩弟子，唐代著名道士。柳守元，学者王烨在专著《中国古代道士》中认为他是清代著名道教学者，著有《清微宏范道德功课》。[②]但根据日本学者森由利亚研究，“柳守元”不是生活在清代的一位名道，而是唐代传说中飞鸾降笔的神仙道士柳棨。[③]学者朱展炎考证，将“柳棨”写作“柳守元”很有可能始自清代乾隆年间刘体恕等编著的《吕祖全书》。[④]而《太上玄元道德经解》卷首记载了柳棨仙秩为“玉枢右宰宏教真君”，又记载了苏朗仙秩为“大罗班首同袍道弟”，仙秩与《吕祖全书》一致，说明此书很可能脱胎于清代《吕祖全书》。卷首最后又载有“明太祖皇帝御制”字样，则表明此书应当作

---

* 本文系湖南省研究生科研创新项目（CX20230538）、湘潭大学研究生科研创新项目（XDCX2023Y001）阶段性研究成果。

** 作者简介：雷定京，湘潭大学哲学与历史文化学院（碧泉书院）博士研究生。

① 《太上玄元道德经解》，道藏辑要二仙庵刻本，第1页。

② 王烨：《中国古代道士》，中国商业出版社2015年版，第93页。

③ 森由利亚《清朝全真教的传戒与吕祖扶乩信仰——天仙戒现行本的成立》，载《福井文雅博士古稀纪念论集》，春秋社，2005年版。

④ 朱展炎：《驯服自我王常月修道思想研究》，巴蜀书社2009年版，第250页。

于明代以后，很可能是清人附会吕洞宾所撰。无论如何，此书应当属道教吕祖一系，从某种程度上反映了明清时期先贤试图运用内丹派道教思想以及心学理论阐释《道德经》的尝试。

一、道体心用的体用观

《太上玄元道德经解》对于道教理论的最大创新主要体现在心性论。“心性”是唐代以来道教理论构建的核心范畴。前代道教学者虽力图全面地阐述道体与心性二者的辩证关系，但存在大量疏漏之处。《太上玄元道德经解》篇首便开宗明义地指出了其道教心性修养理论之核心“道体心用”；并且揭示了“保精固气”“无身返心”“虚中入道”的修养次第。《太上玄元道德经解》认为世人学习道教理论尚且未得要领，他们在解释道教经典《道德经》时“流其于邃深奥秘之言”，喜好运用纷繁复杂的语言进行精密的论证。但对于基本义理，这些学者却对《道德经》原著“心”及“性”思想“不求深解”。①更有甚者，在理解道教经典时“甘坐于幽暗中”“而不求见天日之光”，忽略《道德经》之本义。②《太上玄元道德经解》善在微言中暗含深邃之幽思、于隽语中寄寓灵动之感悟；且此书善于借助道家经典思想建构道教心性理论，在书中大量用道家先贤的思想见解，偶在章句解释中间杂己意。其中关于“道”与“心”的体用关系、“炼精”与“还气”的修养方法及“致虚”与“入道”的修养路径等论述，蕴含着作者对于心性修养论极其丰富精微、深刻幽眇的思考。

道为心体。《太上玄元道德经解》非常重视对《道德经》中道体的道教化阐释，并且善于将道体与“心”有机联系起来，在其独特的道教思想体系当中赋予“心”极为重要的地位。这也体现了此书受明清时期心学思潮的影响，重视发掘主体心灵功能的特色。此书将《道德经》的第一章命名为《体道章第一》，在阐释第一章章句时，借用“正阳帝君”钟离权的口吻作出了如下论述：

> 以太上言，则道字乃先天之道矣，惟有道而后有天，所谓道生天地是也。故是经开端便云：“道若可道，非常道也。”可道即后天之道。③

可言之道，是以孔子为代表的儒家之道，这种“道”乃是随天而生，是先有天而后有道，所以名之为“后天之道”。而以老子为代表的道家、道教之“道体”，则是“先天之道”，因为此种道乃是创生之道，是宇宙、天地、万物化生的源泉。所以道家、道教的“道体”是不可言说、浑盖包罗的神秘高妙之道，比儒家之“道”高出一截。唯有道教之“道体”，才能够真正体认天地万物的奥秘。可见此书借助道家经典建构完善道教理论体系，融摄了大量儒家思想丰富自身思想理论。

与其他阐释《道德经》的道教经典类似，此书也高度重视道体的作用。但其最大的

① 《太上玄元道德经解》，道藏辑要二仙庵刻本，第3页。
② 《太上玄元道德经解》，道藏辑要二仙庵刻本，第3页。
③ 《太上玄元道德经解》，道藏辑要二仙庵刻本，第1页。

特色在于详细而又严密地论述了“道体”与“心”二者之间的关系。在解释《微明章第三十六》中“鱼不可脱于渊”这一章句时，此书随注曰：“心不离乎道。”① 在解释下一章《为政章第三十七》“侯王若能守”章句时，此书亦随注云：“心主于道。”② 在《玄德章第五十六》中，作者更是旗帜鲜明地提出了“道者心体”的思想。③ 道体主导心，心亦不离于道体。心不能脱离道体，正如鱼儿不能脱离水一般；道体主导心，正如自然顺化的无为之道主导王侯将相的治理方式一般。道体与心紧密无间、不即不离，道体主导空灵剔透的心，同时道体亦存在于主体之心中，通过主体心灵彰显出来。此书《归根章第十六》言：

> 虚无者，道之体；清静者，道之根。世人只从实处著脚，遂尔动作，纷纭不已，所以生出无限烦恼。④

“虚无”便是道之本体，“清静”便是道之根。因此“道为心体”便是以虚无、清静之道陶冶、修炼主体心灵。作者认为，世人的心性修炼只是尊崇儒家之道，从实处落手，遵循儒家工夫论的修行次第，因此非常纷繁，难以落实道德践履，由此将会产生无限烦恼。故必须以道体统摄主体心灵，主导主体的心性修养。

心为道用。《太上玄元道德经解》在提出“道者心体”的同时，还提出了“心者道用”。⑤ 这表明作者吸收了宋明理学中的心性论思想，并将其进行道教化改造，构建了一套完整丰富的“道体心用”心性论思想体系。作者十分重视“心”在道教个体论述中的地位与作用，在此书中，“心”字就出现了251次。在作者看来，心乃是肉体的统帅，因此作者在《厌耻章第十三》中指出：“心犹人君。”⑥ 心不仅是肉体的主导与统帅，更是宇宙万法之王、天地万物之宗。在解释《重德章第二十六》中“重为轻根”句时，作者提出“心为万物之宗”；⑦ 在解释《后已章第六十六》中“江海所以能为百谷王者”时，作者注曰“心为万法之王”。⑧ 这突出地彰显了《太上玄元道德经解》“心为道用”的思想。此处之“用”，就含有“运用”“发用”等内涵。作者认为，心灵既是道体的发用，更是道体在世俗生活当中的运用、体现。主体能够发挥心灵的能动作用，统摄、涵融天地万物，并为天地万物设立秩序、制定法则，并进一步将所有法则、秩序统为一体。这些都需要依靠主体心灵的能动作用才能得以实现，而心灵的所有价值与功能又正是道体所赋予的。心的性状空灵、高妙。作者在解释《异俗章第二十》中的“乘乘兮若无所归”章句时，作如下论述言：

> 岂解有心潜算计。又曰：乘乘者，即落落之谓。言此心廓落不羁，无离无著，一

① 《太上玄元道德经解》，道藏辑要二仙庵刻本，第42页。
② 《太上玄元道德经解》，道藏辑要二仙庵刻本，第42页。
③ 《太上玄元道德经解》，道藏辑要二仙庵刻本，第67页。
④ 《太上玄元道德经解》，道藏辑要二仙庵刻本，第16页。
⑤ 《太上玄元道德经解》，道藏辑要二仙庵刻本，第67页。
⑥ 《太上玄元道德经解》，道藏辑要二仙庵刻本，第13页。
⑦ 《太上玄元道德经解》，道藏辑要二仙庵刻本，第29页。
⑧ 《太上玄元道德经解》，道藏辑要二仙庵刻本，第79页。

若鲜所归宿。①

正因道体具有空灵高妙、无离无著、辽阔不羁的性质，因而作为道体之用的心灵也必然是无用无拘、天然虚静的。因此作者在训诂《巧用章第二十七》章“不贵其师，不爱其资”句时提出：“道无可学，心无可用。”②“道体”是万物生成之根本，心灵乃是道体的发用，心之所用便是万物本性之发用。《太上玄元道德经解》认为：心灵的最终之用乃是“无用”，这也体现了无用之用的大道之特性。故在《巧用章第二十七》中，作者提出了“弃巧用”而“崇无为”的主导思想。作者如此论述道：

> 而体立于无为，用运于无心，淡泊浑穆，虽智犹如大迷，是即大智若愚之谓。而道之所以为道者，要妙即在乎此矣。③

正因道体本身即具有无为无用的特性，因此作为道体之用的心灵亦应当处于无心无思、淡泊浑穆的境界。即使心灵涵融智慧，也应体现出大迷的状态，这便是所谓的“大智若愚”。而道体的挺立与其高妙之处，正在于将心灵之用化为“无心无思”。

二、虚中入道的修养论

《太上玄元道德经解》不但分明了“道体心用”的体用观，而且还将体用观作为基础，阐述了由“保精固气”至“无身返心”，进而再到“虚中入道”这一次第分明的修养论。这一修养次第与道教内丹修养论体系的次序基本一致，说明其建立在道教心性论的坚实基础之上。作者正是在道教内丹派理论思想的指导下，结合明代心学理论发展延伸出独特完备的心性修养体系。

第一，保精固气的修养论。《太上玄元道德经解》认为，“保精固气”便是“神凝志道，不为物迁；二物混成，如母携婴”。④“精”便是“魂”，“魂”与“魄”相混成，就如同母亲背负着婴儿。这是作者在《太上玄元道德经解》中所提出的最为基础的修养方式。以魂正魄、以精观魂、以气驭精的修养论，这一次第鲜明地体现了作者的道体心用论。“以魂正魄”的核心是“以魂载魄”。作者认为只有依据精气之本源即“魂”“魄”，体察事物之动静仪态，方能深切洞察“精”与“气”、“魂”与“魄”之异同，进而衍发保精固气之修养学说。主体修养应当“保精”。作者模拟正阳帝君之口吻论述道：

> 魂魄，人之所各丽于身者也……魂属阳精而神焉，魄属阴杂而止焉，是之谓营魄。“载”者，以魂载魄也。魄载魂，则魄为政而嗜欲攻取，将漓其性；若魂载魄，则魂为政而虚灵不昧，日见其天。⑤

---

① 《太上玄元道德经解》，道藏辑要二仙庵刻本，第 22 页。
② 《太上玄元道德经解》，道藏辑要二仙庵刻本，第 31 页。
③ 《太上玄元道德经解》，道藏辑要二仙庵刻本，第 31 页。
④ 《太上玄元道德经解》，道藏辑要二仙庵刻本，第 9 页。
⑤ 《太上玄元道德经解》，道藏辑要二仙庵刻本，第 9 页。

作者延续了道教内丹派修养理论思想，将“魂”与“魄”看作内丹修炼的基础。魂与魄分别附丽于人的肉身，作者引用《周易》“精气为物”的思想，意在说明“精”乃是由魂与魄所组成。“魂”在性质上属于“阳精”，处于主导地位；“魄”在性质上属于“阴精”，处于附属地位。“魂”之本性纯然天成，而“魄”之性质杂糅不纯，因此必须以“魂”营“魄”，以“魂”主导“魄”。除此之外，还应当以“魂”载“魄”，所谓“载”，即“负载”“主宰”。如果以“魄”负载“魂”，“魄”为主导便会嗜欲求取而无止境进而浇漓其本性；如果以“魂”负载“魄”，“魂”为主导便会促使虚灵生光、心灵逐渐澄澈。因此主体的修炼必须以“魂”负载“魄”，促使二者融合为一、不离不杂，“精”的神妙变化与“魂”“魄”二者之间须臾不离。作者在此基础上，还将“魂”“魄”与心性修养相结合：“收视返听，乐在其中；眼被色眩，妄视泄精；见性明心，闻声悟道。”① 主体只有收敛视听感官等功能，才能逐步发掘内在心性修养的乐趣。如果恣意放纵自身的外在感官，使之追随外物的变化而变动，则将亏泄体内元精。因此主体的修养应当注重其内在心性，唯有“明心见性”方能使“魂”“魄”乃至内在元精得以安顿。

主体修养还应当“固气”。“固气”是对“保精”进一步发展完善。在阐释《能为章第十》“专气致柔能婴儿”这一章句时，作者提出了“真息悠悠，如保赤子”的思想。②作者将如同婴孩一般顺柔专注地吐气纳息，作为“固气”修养的最高境界。“固气”便是要使得自身的气息悠长绵柔，如同襁褓中的婴儿一般纯正、真实。作者认为“固气”首先应当懂得如何“用气”：“气”即形气之气，而利害美恶分焉。③

“气”本是指使得万物成形之形气，万物本是由形气变化聚合而生成。然而形气自身也有利害美恶之分，如果能恰当地“固气”便能使自身修养达到“美而利”的效果，如果不能合理地“固气”便有可能使得自身获得“恶而害”的结果。与其使得自身气息任意驰骋、失其居所，还不如收敛气息使之宁静平和，宁静平和便是“专气”。并且如果气息过盛则可能造成刚直，刚直至极端则容易被折断，正如牙齿过于刚直而容易折断。因而须向襁褓中的婴儿学习，学会调节自身气息使之宁静平和。婴孩的气息纯粹、真实，并且能够安于不识不知万物的“无知”状态。道教的圣人也能安定于“无知”“无能”“无心”的状态，正是因为他们也永葆婴孩一般纯真的心灵。“固气”便是达到“能如婴儿”的境界，即是指成年人永葆婴孩一般的赤子之心。作者将道教经典《生神章》中的“熙颐养婴童者”与《道德经》中的“能如婴儿”思想相结合，阐述了其独特的“固气”理论。

第二，无身返心的修养论。《太上玄元道德经解》善于以“心”“性”等修养论范畴自形上之维阐发其独特思想。此书作者重虚而轻实，在阐释“何谓贵大患若身”句时，作者注曰：“安危累心，得丧累性。”④ 这是说世俗之中的安危得失会使得主体心性承受苦累，只有主体将外在的祸患置身度外，方能达到心性的平和与安定。接着作者又论述道：

① 《太上玄元道德经解》，道藏辑要二仙庵刻本，第12页。

② 《太上玄元道德经解》，道藏辑要二仙庵刻本，第9页。

③ 《太上玄元道德经解》，道藏辑要二仙庵刻本，第9页。

④ 《太上玄元道德经解》，道藏辑要二仙庵刻本，第13页。

“迷却本来，劳形自苦；秽质不堪，众生被瞒；幻缘放下，依然澄澈；天真自然，毋固毋我。”① 在作者看来，“俗人”在尘世当中迷失本源，日益膨胀的欲望只会使得自身形体遭受劳苦。污秽不堪的欲望世界中，众生不能明晓生命的真谛。只有将基于肉体所营造的幻缘放下，才能找寻到依然澄澈的心灵。心性修养的秘诀在于，放弃肉体欲望所带来的种种痛苦，达到天真自然的美好境界，不执着于俗物，也不贪恋肉体的世俗欲望。“圣人”是以“无身”体察“无欲”，“凡人”是以“肉身”体察“有欲”。“无欲”与“有欲”之分，便是圣人与凡人之别。圣人“毋固毋我”以达无欲，“放下幻缘”以称贤能。圣人能目空一切、悠然自在地致达“澄澈天真”。在作者看来，主体修养的关键在于“忘身”“无身”：与其有身而患及身，何如无身之为愈也。吾苟无身，夫复何患?② 世间尚且还没有不看重其肉身的人，正因为看重其肉身，因而世人才争相为自身谋取福利，然而为自身谋取福利所带来的祸患也就接踵而至。正是因为世人都过分看重自身的肉体，因此才纷纷追求满足自身的肉体欲望。与其因为过分看重肉身、寻求满足肉体欲望而招致祸患，不如以“无身”的态度来看待其肉体。如果真正达到了“忘身”“无身”的境界，那么还会招致什么祸患呢？作者在此处将世人的欲望产生归结于肉身，因此告诫世人不宜过分看重肉体而忽视心性的修炼。唯有修养心性使之澄澈明净，方能真正体悟生命的真谛。只有做到“忘身”“无身”，才能进一步修养自身心性。因为在道教的心性修养理论看来，肉身只是阴阳幻化而成的浮气凝结魂魄组合而成；所以道教理论家大多认为个体肉身皆虚妄缥缈，唯有心灵纯正晶莹、生意无穷。故个体修炼除却做到“忘身”“无身”尚还不够，还应保存元精使之内返于心灵，这便是《太上玄元道德经解》等道教心性修养经典所提倡的“体元”“返元”。“体元”便是体证领悟心灵之“元”，以提升自身修炼境界；“返元”便是自反于心灵，摒弃肉身种种俗念欲望的阻碍，真正达到心灵高妙无碍的超然境界。如何“体元”“返元”呢?《太上玄元道德经解》认为：

> 心者，神明之宰，自是要虚，而腹则何以要实？盖腹者，心所宅也。宅弗安，则天君乱。故虚心而实腹。③

“体元”“返元”需要处理好“心”与“腹”的虚实关系。心灵是个人肉体与灵魂的主宰，只有清淡寡欲地修炼心灵，才能达到清虚高妙的境界。然而作为心灵所居之处的“腹”却需要将修养工夫落到实处。这是因为“腹”乃“心”之宅处，只有修好“实”的工夫，才能使作为“天君”的心灵得到安定；如果“腹”的实处工夫不能得到落实，则心灵的宁静状态必然也将被扰乱。“虚心实腹”的工夫要求主体做到“弱其志，强其骨”。按照道教养生理论，意志乃是由肾脏之精华所滋生育养，而骨骼则属于肾精之余。主体肆意放纵肉体欲望，是因为其随意妄动而使个人意志受到扰乱，继而其骨血便由此萎缩衰败。道教圣人老子正是眼见于此才向世人宣扬“弱其志，强其骨”的思想。由此可见，《太上玄元道德经解》倡导“体元”“返元”，并不是鼓励世人在摈弃肉身的情况下

① 《太上玄元道德经解》，道藏辑要二仙庵刻本，第13页。
② 《太上玄元道德经解》，道藏辑要二仙庵刻本，第13页。
③ 《太上玄元道德经解》，道藏辑要二仙庵刻本，第4页。

修炼心灵；而是教导世人学会“厚生”“养生”“爱身”却不拘泥于肉身，在延长个体寿命的前提下使心灵达到无欲无碍的境界。“忘身”“无身”实际上是“不贵于身”，告诫世人应当“贵于心”，在满足肉体基本需求的基础上进一步“虚心”“养心”。

第三，虚中入道的修养论。在《太上玄元道德经解》的心性论体系中，“心灵”只是通达于道教最高本体“道体”的一种媒介。“心灵”的圆熟与完善并不是道教修炼的最终目的，亦不是其个体修炼的最高境界。毕竟，“心灵”只是“道体”之发用与衍生，通达“道体”才是道教修炼者的最终目标。因此，修炼者不仅要“忘身”“无身”而“返心”，更需要通过“返心”而达到“虚中”的境界。“虚中”实际上是对于“道体”状态的一种基本描述与形容，是主体在“返心”工夫的过程中，不断涤荡心灵杂念以达到“空洞虚中”的境界，进而感悟“太和充溢”的状态。① 《太上玄元道德经解》讲求“虚以待之”的心灵修炼工夫，是因为“虚中”乃是“无为之先”。② 意欲实现“无为而无不为”，则必须先达到“虚中”之境。然而“无为”“虚中”，不是愤世嫉俗而超凡脱俗，而是要以“虚中”的态度对待世间的万千纷扰，在众声喧哗之中使得宁静的心灵得到安顿。只有这样，才能真正落实“虚中”工夫。对此，《太上玄元道德经解》如是论述道：

> 虚中以应旷然，若谷之有神也。至浑兮若浊，则亦和光同尘之意。必曰“众皆浊而我独清”，则是矫激之徒，大道不尚乎此。③

“虚中”就是以超然虚渺的态度应对实践的旷然纷争，就好像道体绵绵不绝、默默无语地生养世间万物的一切那般。即使沦落于混沌、污浊的不堪境地，也应当持守和光同尘的心态与之平和相处。“众人皆浊而我独清”的激愤态度，不符合道体的“虚中”境界。可见，《太上玄元道德经解》认为道体本亦“虚中”，“虚中”亦本涵摄“和光同尘”之意。值得注意的是，“虚中”并不一味要求在纷扰的世间追寻绝对的虚静：

> 虚无者道之体，清静者道之根……必致虚到极，守静到笃，方谓之虚，方成个静，而实与动胥范围于其中。④

“虚无”才是“道体”之本身，“清静”则是“道体”之根本。如果世人在修炼过程中，一味地从实处工夫落脚，则有可能导致其修养工夫纷纭繁杂，使得主体本身应接不暇，反而为主体增添无限烦恼。“虚中”工夫虽然要求做到“虚静”，但如果心灵之中仍旧存有追求虚静境界的念想，则必将为主体修炼增添挂碍；如果心灵中仍旧残存追求虚静境界的执念，则必将为心灵的修炼增添烦扰。以上种种，都是表面上追求“虚静”的肤浅修养，自根本上而言却仍旧未达到“虚中”的境界。只有将“空虚”亦看作“虚”、将“宁静”也视作静，在“虚中”工夫中连虚静工夫本身都忘却，才能最终通达真正的“虚静”境界。“致虚极，守静笃”工夫，实际上即是“忘虚”“忘静”的心无挂碍工夫。

① 《太上玄元道德经解》，道藏辑要二仙庵刻本，第 5 页。
② 《太上玄元道德经解》，道藏辑要二仙庵刻本，第 16 页。
③ 《太上玄元道德经解》，道藏辑要二仙庵刻本，第 16 页。
④ 《太上玄元道德经解》，道藏辑要二仙庵刻本，第 16 页。

“虚中”工夫最终仍需要通达“道体”本身。《太上玄元道德经解》对于“道体”本身之面目也作了精辟的论述。作者认为“道体”是“不可形容”的，只能“因物立名”，在空间上“无边”，在时间上“无著”，在形态上则“无尽”。因此，通达大道的过程，实际上是一种由“魂魄”“精气”上达于“虚中”“大道”的“收拾归来”之过程。①“道体”最终还是只能在“心灵”上求，道不离心，心不离道：

> 浑沌太无，道何所名乎？吾不知其名也，而第见万物皆由之弗越，则亦字之曰“道”而已。②

世界初创混沌一片之时，道体尚未有其名字。因此老子才言“吾不知其名”，继而根据天地万物产生的井然次第将之命名为“道”。可见道体不仅是宇宙万物产生的源泉，而且还为宇宙万物的秩序作出了严格规范。天地万物都由道体而诞生，在空间形态上，没有比道体更大的事物存在。因此依据空间形态上的广大，将道体称之为“大道”。然而道体既然具有“大”的特征，则必将在时空方面流逝不居，这就是孔子所感慨的“逝者如斯”。在道体的映照下，新的事物逐渐累积变幻为旧的事物，旧的事物也有可能逐渐蜕变为新的事物。世间万物的变幻就是如此往来复返，这便是道体的流逝不居。正因为道体无时无刻不变动发展，因而其运动亦将逐渐不断远离主体。尽管道体因其广大而流逝，因其流逝而变得遥远，但只要主体能够“返元”“体元”，不断自返于内心、于心灵中求道，则道体将永远不离不弃。综上所述，作者认为主体只有不断向下内返，安顿自身的“魂魄”与“精气”，才能做到“忘身”而“返心”，最终方能“虚中”而“体道”。可见，个体修炼的关键之处在于“返心”，心灵的静谧不仅能使主体的“魂魄”“精气”得到合理的安顿，更能提升其修炼境界，不断“体虚”以达到“入道”之境界。

---

① 《太上玄元道德经解》，道藏辑要二仙庵刻本，第28页。

② 《太上玄元道德经解》，道藏辑要二仙庵刻本，第28页。

杨简“明德慎罚”的治民进路

于宏伟*

摘　要：“明德慎罚”是儒家重要的治民方式。杨简从其心学角度，将赏与罚含于“罚”当中，而“明德”则解为“显用有德者”。“显用有德者”并非单指用人，而是更强调君德及君德与臣德的相互关系和作用。杨简认为“德”不仅指内在的德性，更是外在的德行，即要能够真切地躬行其德，他称为“实德”，并由此展开其以心含德的治民路径。人性自善，之所以为恶，在于与物相接时所起之意，因而君的作用就在于导民复善。但在复善的过程中，一是以德对人民进行引导；二是通过“罚”的方式去除恶。而在治民过程中，杨简极注重对于人心的考察与辨别。但不论是德还是罚，其目的都在于使民摆脱旧习而为“新民”，即内心充之意善且能够行之以善。

关键词：杨简；《五诰解》；明德慎罚；意；新民

杨简（1141—1226），字敬仲，号慈湖，慈溪（今属浙江宁波）人，南宋心学代表人物，“淳熙四先生”之一。撰有《慈湖诗传》《杨氏易传》《先圣大训》《五诰解》及《慈湖遗书》等。其中《五诰解》是对于《尚书》中周初“五诰”，即《康诰》《酒诰》《梓材》《召诰》《洛诰》进行章句解读，传本缺《梓材》一篇。而《康诰》又是非常重要的一篇。《康诰》虽以“诰”为体，但是其内容旨趣却是一篇“政令”之文，即周公并非训诫与劝勉康叔，而是从政治的角度要求其该如何治民。因为康叔所封之地多为殷商遗民，故而治理应当慎之又慎。其中又以文王之“明德慎罚”为主要治民方式。

一、“明德慎罚”的历代诠释

“明德慎罚”虽然是作为整体而存在的治国理民的方式，但是在理解上却要从“明德”和“慎罚”两个面向来理解。“明德慎罚”出自《尚书》，在后期的诠释与使用中，产生了多层次、多角度的运用空间。如《春秋左传·成公二年》载楚庄王想出兵讨伐陈夏氏且想要纳夏姬。此时申公巫臣谏楚庄王并引用“明德慎罚”一词。其言：“不可。君召诸侯，以讨罪也；今纳夏姬，贪起色也。贪色为淫，淫为大罚。《周书》曰‘明德慎

* 作者简介：于宏伟，四川大学博士研究生，研究方向为儒、道生命哲学。

罚’，文王所以造周也。明德，务崇之之谓也；慎罚，务去之之谓也。若兴诸侯，以取大罚，非慎之也。”[①] 这里“慎罚”被训为“去罚”，所谓“去罚”为远离和去除惩罚。依语境，其意在劝诫楚庄王要谨慎，不可因为自己的行为而招致惩罚。此处作者将“谨慎使用”转成“谨慎去除”，即将具体的治民理国方式转换成更具警惕意味和道德意涵的行为标准。

《荀子》当中亦引用过“明德慎罚”。《成相》有：“治之经，礼与刑，君子以修百姓宁。明德慎罚，国家既治，四海平。”[②] 《荀子》认为治理国家的两大纲领性方式：一是礼，二是刑。“礼”是从文教角度对人民进行教化；“刑”是从政治和法律角度对人民之行为进行限制和禁止。而这里所理解的“明德慎罚”之德、罚便是从此种礼与刑中引申而来。《荀子》认为“人之性恶，其善者伪也”。[③] 如果一个人顺其本性而长，则会趋向于恶。所以《荀子》提出“师法之化”与“礼义之道”。他认为古代圣人之所以建立“法”，就在于人的本性并不能保证秩序稳定，所以才需要君主“势以临之，明礼义以化之，起法正以治之，重刑罚以禁之”。[④] 但是不论是“德”还是“罚”，其基本的操作仍然是建立在对“恶”的肯定之上。

《尚书正义》中引汉代孔安国解“明德慎罚”为：“能显用俊德慎去刑罚。”[⑤] 明被解为显用，德释为俊德。唐代孔颖达疏为“用可用，敬可敬”。[⑥] 所谓“俊德”，在《孔传》解释为“能明俊德之士任用之”[⑦]。《孔疏》为：“尧之为君也，能尊明俊德之士，使之助己施化。”[⑧] 这里，不论是孔安国还是孔颖达皆认为明德之德为有德之士。明德即表示君主任用有德之臣帮助自己施化于臣、施化于民，以使之和睦。而“慎罚”，《疏》认为是“威可威者”“刑可刑”，即是强调对于罚要谨慎，要可威者威，可刑者刑，否则就会出现混乱。依《疏》之意，“明德慎罚”主要在于选择德者辅君治国，以达到“除恶行善”[⑨] 的目的。

至宋林之奇《尚书全解》在解“明德慎罚”时，更强调告诫康叔如何治民。康叔所在之地多殷顽民，所以在其治时，必然会用到刑罚。但是以刑罚治民时，不可妄用。刑罚其所面对殷之顽民，如果刑罚过重，不仅不会使之宾服，反而会出现更大的祸乱，从而影响周国的基础。所以治民时要“慎刑敬罪”。而且其还强调，文、武立国的基础就在于“修仁行义”，从而达到上得天心，下得民意。林之奇认为，君是上天所派对民进行管理和教育者。然民皆有知好恶之心，所以君主应同民之好恶，顺民之情感，并且以德治民，不敢侮鳏寡，以此展现其爱民之道。除此之外，林之奇认为君主之德还应该包括“进贤

---

① 杨伯峻：《春秋左传注》下册，中华书局 2020 年版，第 688 页。
② 王先谦：《荀子集解》，中华书局 2012 年版，第 445 页。
③ 王先谦：《荀子集解》，中华书局 2012 年版，第 420 页。
④ 王先谦：《荀子集解》，中华书局 2012 年版，第 425 页。
⑤ 孔安国等：《十三经注疏》上册，上海古籍出版社 2019 年版，第 203 页。
⑥ 孔安国等：《十三经注疏》上册，上海古籍出版社 2019 年版，第 203 页。
⑦ 孔安国等：《十三经注疏》上册，上海古籍出版社 2019 年版，第 119 页。
⑧ 孔安国等：《十三经注疏》上册，上海古籍出版社 2019 年版，第 119 页。
⑨ 孔安国等：《十三经注疏》上册，上海古籍出版社 2019 年版，第 203 页。

退不肖以尽其觌民之道”。[①]

朱熹在其《大学章句》中解释“明德”时认为“明德者，人之所得乎天，而虚灵不昧以具众理而应万事者也”。[②] 明德即是一种天所赋予的光明的德性，其包含万理。“但为气禀所拘，人欲所蔽，则有时而昏。”[③] 德性有昏暗处，并不是因为德性自身的昏暗，而是因为被所禀受的气所遮蔽。“然其本体之明，则有未尝息者。”然而因为它本身自是光明的，所以人可以借助其所散出的光辉，即苗端，扩充并发扬，以去蔽而使其复归光明，这即是明德的工夫。因此，“明德”所要达到的是人人都能够自明其德。对于“慎罚”，朱熹说：“康叔为周司寇，故一篇多说用刑。此但言‘非汝封刑人杀人’，则无或敢有刑人杀人者。盖言用刑之权止在康叔，不可不谨之意耳。”[④] 其更重于“明德”之意，而对于“慎罚”则失之过简。

蔡沉《书集传》引《左传》明崇德、去罚之意，且认为“明德、谨罚，一篇之纲领”。[⑤] 并以此将全文分为五部分。依蔡沉而言，“明德慎罚”就是一个由“明德”到“谨罚”再到“以德行罚”，最后达到“不用罚而用德”的治民过程。而此处之“德”很明显为君王自身之德，即强调以君德化民。由此可见，历代对于“明德慎罚”的解释，多重于“明德”。其中“德”又有君之德、己之德和俊德之士。而对于“慎罚”或理解为对己之罚、又或对民之罚。可又略显含蓄，总有扬德抑刑之意。

二、“明德”及其心学治国论展开

杨简在注解“明德慎罚”时言：“赏善罚恶，为治大端。赏不及善，罚不当罪，则人心大不服矣。明德，显用有德者。”[⑥] 杨简在诠释“明德慎罚”时，将“明德”“慎罚”分开来解释，且在解释时有其诠释上的侧重。他这里以“慎罚”涵盖“赏”“罚”两种治理人民的方式。而“明德”则更突出其对君的要求。对于杨简来说，君不仅仅是抽象之德的代表者和彰显者，更是现实之德的践行者和操作者。作为君，不但要拥有德性，更要有德行，杨简称其为“实德”，即要以德修其身，更要以身行其德。杨简认为德如衣服，不仅是内在的修养，更是外在的展现。如果没有德之行，就如身不着衣一般，只是在空言、空行。而且杨简认为“是德之在人心，人皆有之，非惟君天下者独有之也”。[⑦] 故而杨简强调觉心。此心不是个体之心，而是天地人一贯之心。“心”包含着完满的道德意涵，如果人人觉得此心，社会自然向善。以此，杨简通过自己的诠释，将德逐渐归摄于心，即由德政推出其心政思想。对于具体的操作，我们可以从三个方面进行论述。

首先，君主要有恫瘝之情，即在治心与治民时，就如同对待自身病痛一样小心谨慎。

---

① 纪昀：《影印文渊阁四库全书》第55册，台湾商务印书馆1986年版，第55—549页。

② 朱熹：《四书章句集注》，中华书局2012年版，第3页。

③ 朱熹：《四书章句集注》，中华书局2012年版，第3页。

④ 黎靖德编：《朱子语类》第五册，中华书局1986年版，第2056页。

⑤ 蔡沉：《书集传》，中华书局2017年版，第145页。

⑥ 杨简：《杨简全集》，浙江大学出版社2015年版，第370页。

⑦ 杨简：《杨简全集》，浙江大学出版社2015年版，第2083页。

《康诰》云："恫瘝乃身，敬哉天畏，棐忱。民情大可见。小人难保，往尽乃心，无康好逸豫，乃其乂民。"杨简解释"恫瘝乃身"为"汝身自视，当如有病痛也"。① 杨简认为，治民当以善政治之，而善政又是由善心所导出。所以在用心治民时，当以"克艰""兢兢业业""战战兢兢"及"诚实无伪"对待。只有如此，才能使其善心行善而不至放逸。因为对于治民，杨简认为"道善则得之，不善则失之也"。② 这里得与失的主语都是"天命"，所谓天命即是顺承天意而治理人民的资格。而上天选择统治者有其自身的评判标准，这个标准就是治民的情况。而结果的形成主要在于治民者治民之心及治民时的具体措施，所以杨简说："天视自我民视，天听自我民听，天命之去来，由人心之向背也。"③ 他认为一个政体是否能够长久，统治能否继续，就在于人心之向背。总之，杨简认为治民应当尽其善心，顺民之情。而且在治民过程中，要时刻警醒与反省自身，不因为拥有政权及安康而放逸自己的行为而致失去天命。由此我们可以看出杨简的民本思想和强烈的忧患意识。杨简很清楚，天命并不是恒常不变的，如果统治者的"心"出现了问题，其政治、人民及天命都会出现问题。因此他多次强调，临民治国应当时刻谨慎自己的心及行为。

其次，君主应有宽裕之气及敬忌之心。杨简在其解"惟文王之敬忌，乃裕民"时言："汝既克敬典，当严于修身，至于临民，则当用宽裕。舜御众以宽，孔子曰：'居上不宽，吾何以观？'汝虽敬典，又当学文王敬忌也。文王'小心翼翼，不闻亦式，不谏亦入，不识不知，顺帝之则'，此文王之裕民敬忌也。"④《尚书》中周公告诫康叔要敬重先人所留之德，并要学文王之德。杨简在这里将文王之德分成两大部分。一是"裕民"，二是"敬忌"⑤。杨简将"裕民"解释为以宽厚之心临民。所以他提出"宽裕则民宁"⑥。如果压迫人民，难免会与人民形成对立的局面，甚至使其产生反乱之心。此在于说明君王在临民当有宽裕、宏大的气象。这种气象就是非我之心，即"公心"。其不受任何情感和外物的滞碍，能够顺民之情而行。而在临民时，除了具有施之于外的宏大气象，还需要内心的谨慎与敬畏。他以《诗经·大雅》中的三句诗以阐释文王"敬忌"之德。其一为"小心翼翼"。"上帝"为将天命于周王朝者，周之所以能够代商治民，正是因为其有善心。所以应该以"小心翼翼"的态度对待自己的善心，并以善心治民；其二为"不闻亦式，不谏亦入"。此即突出文王"自敬自善"之德，即文王能够自觉其敬、善之心，而非向外探求，此则以德治民之"文德"；其三为"不识不知，顺帝之则"。杨简指出临民之心不但要有所敬，更要"静"。"静"是不被外物所迁其心。只有静其心，才能够真切地知道自己的心之所向，而不被声音、颜色所引诱，更不会依仗国家势力以私意发怒而产生无谓的战争。此又是从"武德"的角度来诠释文王之敬忌。

最后，要显用有德者。这是杨简在解释"明德"时所提出的治国方式。选"显用有

---

① 杨简：《杨简全集》，浙江大学出版社 2015 年版，第 374 页。
② 杨简：《杨简全集》，浙江大学出版社 2015 年版，第 374 页。
③ 杨简：《杨简全集》，浙江大学出版社 2015 年版，第 374 页。
④ 杨简：《杨简全集》，浙江大学出版社 2015 年版，第 380 页。
⑤ 杨简：《杨简全集》，浙江大学出版社 2015 年版，第 383 页。
⑥ 杨简：《杨简全集》，浙江大学出版社 2015 年版，第 383 页。

德者”从注疏角度承于《尚书正义》。如《洪范》篇中有“贤臣显用，国家平宁”。[①]“明德”之意为用贤德之臣任重要职位以辅助君主治国。这既突出了臣之德，同时也表达出了君选择臣的基本标准，这亦是君德的体现。杨简强调“君有实德，民应如响”。[②]实德所指的是君不仅要有德性，更要有切实的德行。实德所表现的是一种由内心到行动的一贯行为，只有这样人民才会有所响应。但是如果想真正地做到乂民，只有君是不够的，还需要有臣的辅佐。杨简认为选用辅臣是治理事务中最重要的。他在《家记十・论治务》中明确写道：“方今治务其最急者五：一曰谨择左右大臣，近臣、小臣。”[③]此中仍然是在强调君德与臣德的相互配合。杨简认为王左右及近臣都为贤德之人是治理乱政的机要。王左右之臣皆为国家重臣，如果任用为恶奸邪之人，整个国家系统就会出现问题以致伤害到人民，而这就会使人民怨恨集聚，从而怨及朝廷。所以杨简一再强调，选官用官当以德为主，而德以善为主要内容。但杨简提出“显用有德者”，亦是在强调君主的重要性。从杨简的角度来看，作为君主，应当拥有很好的德性。君之德除包括以上所提到的恫瘝、裕民和敬忌之外，还有评判的标准，即通过观察以评判官员之德与官员之心，并且能够以其德浸染周边的官员。杨简认为不论是君主还是大臣都应该以国为家，当尽心竭力。同时杨简还指出君、臣在治民时，一定要知道为政的艰难，为政者如果没有“艰难”的意识，就会产生懈怠之心，无法治理好人民。

三、“慎罚”及其治民工夫论展开

“慎罚”并非只针对“罚”而言，其中自然包含着对于善的肯定。之所以以罚含善，正在于“罚”相较于“善”更容易引起祸乱。其言：“其施行，慎罚为重务。赏之有差，利害犹轻；罚不当罪，则善无所劝，恶无所惩。沮善长恶，为害甚矣。”[④]“赏善”是政治施行的必要方式，但即使有所偏差，其产生的影响不会很大。但是“慎罚”却不同，其所蕴含的是对于正确的肯定和对于错误的否定，是一种导人以善的方式，所以一旦出现问题，其结果将会是有害的。同时“慎”不仅是君主治民之工夫，也是学者成圣的重要工夫。杨简认为心体澄然，其自然发用。而“慎”就在自然发用当中自然而出。慎必有所慎之对象，但慎并不是有了对象再去慎，而是自然去慎，只有这样，才能时刻警惕其意之动。

1. 罚以导善的治民工夫

杨简认为治理国家、治理百姓最重要的部分就在于合理地运用“赏善罚恶”的方式使民觉察其善心，进而继续保养其善心，使不善之人觉其善心而复之。在具体操作时，当以“慎”对待。“慎”所体现的是一种对于生命、对于国家、对于天命的谨、诚态度。而

① 孔安国等：《十三经注疏》上册，上海古籍出版社2019年版，第192页。
② 杨简：《杨简全集》，浙江大学出版社2015年版，第376页。
③ 杨简：《杨简全集》，浙江大学出版社2015年版，第2202页。
④ 杨简：《杨简全集》，浙江大学出版社2015年版，第381页。

这种态度正是由“畏”而产生。杨简说：“微有过失，民即怨矣，可畏哉。”[①] 所谓的“畏”是对于可能会出现，且会对自身产生影响的人或事的畏惧状态。而从杨简的论述来看，作为统治者，其所畏之事当为因自己的过失而使民产生怨仇。之所以会出现差失，而至怨仇，其原因就在于“意”之起动。《尚书》中周公告诫康叔要想让人民安于统治，一定要去除“汝”。所谓的“汝”就是指康叔的个人意志，即以“我”之意采取刑罚。

在杨简看来，“慎罚”有两个向度。其一，统治者之心当无私，即能够时时止绝其意，因为“意”有所动，在处理事务时就会出现过失，一旦有过失就会使民产生怨仇。其二，统治者所要做的是以“罚”来复民之善。《康诰》一文在论述治民的方式时，除需要借鉴以往的治理经验外，更多的都是在强调如何对待“刑罚”这个问题。但这并不是在肯定“刑罚”的强制功用，而是在告诫康叔应该谨慎地使用刑罚，因为“夫刑者，所以治民之不善，使复于善尔，彼怙终不善，则杀之也宜，杀一人而众人畏惮，不敢长恶，善心兴起者，不知其几也”。[②] 刑罚的意义不在于罚不善，而在于使复于善，即“不得已而用刑，皆所以左右斯民，使归于正”。[③] 罚之所以能够成为一种治民的具体措施，其理论依据就在于杨简认为人皆有意，但人本“自善”，所以他认为“人心易感化”。[④] 因此杨简的止绝工夫正在于能够觉得此心虚明自善，而非刻苦剥落却不识得心之本体。故而，杨简在解释“宅心知训”时说：“宅心者，安乎本心。心既安而不起私意，则能知古人之训旨矣。”[⑤]“私意”如前所说，就是“我”之意，因为有“我”的存在，所以会影响自我对于事物的理解。而只有不起私意，才能够真正认识古人训诫的要旨，才能真正采取刑罚，进而导人向善。

2. 慎罚非无罚

但“慎罚”并不是“无罚”，《尚书》很明确这一点。在解释“元恶大憝”时他说：“周公前既告康叔以赦宥慎罚，可谓详复矣。至此又虑康叔一概宽宥，反滋凶恶，故又及此数条大恶也。”[⑥] 周公在告诫康叔时，要其以宽裕之气待民，即使需要动用刑罚，也要“原情定罪”。但是对于破坏国家大法之人，则不能赦免。所谓“原情定罪”，即作为一种“慎”的具体标准，主要在于考察犯罪者之本心发用。他说：“其有罪虽大，而旋即知悔，不终成其事，乃因眚灾适尔得罪，非其本心，虽辜罪至于极，是则不可杀。”[⑦] 在判罪时，主要考察罪犯的本心。本心包括犯罪前的发心如何，即是否自愿或者是否受形势所迫及犯罪时是否有悔意，且最终是否完成犯罪等。如非其本心或有悔意且没有完成犯罪，这就需要根据具体情况来判定其罪。

对于不能采用“赦宥”之人，杨简从社会、伦理和政治三方面进行了论述。首先从

① 杨简：《杨简全集》，浙江大学出版社 2015 年版，第 374 页。
② 杨简：《杨简全集》，浙江大学出版社 2015 年版，第 2021 页。
③ 杨简：《杨简全集》，浙江大学出版社 2015 年版，第 2021 页。
④ 杨简：《杨简全集》，浙江大学出版社 2015 年版，第 2221 页。
⑤ 杨简：《杨简全集》，浙江大学出版社 2015 年版，第 372 页。
⑥ 杨简：《杨简全集》，浙江大学出版社 2015 年版，第 379 页。
⑦ 杨简：《杨简全集》，浙江大学出版社 2015 年版，第 375—376 页。

社会角度，破坏社会秩序且无悔意者无赦。所谓“元恶大憝”，依杨简的理解，从行动上为盗寇、攘夺、奸宄和杀人越货之民；从心理上则为自得罪和暋然不畏的民。“自得罪”为“非他人使作”的“自作”。“暋不畏死”意为强横而不畏惧死亡。说明此等人在心理上并没有悔意，而由此心理行罪恶之事，导致人民怨恨，而且还破坏了社会秩序大法。所以杨简认为这种人“是不待教而诛者也”①。

其次从伦理角度，扰乱伦理纲常者不赦。杨简认为，对于破坏社会秩序的元恶之人不可赦，而对于破坏伦理之人更应如此。他认为“夫天降衷，以彝性与民。民乃大泯乱，至于如此数条大恶，断无疑虑，当速用文王所作罚法刑之，不可赦也”。② 上天将美好的善德和常性降给人民。这里的“衷”与“彝性”就包括上天所赋予人并使之自然而有序的伦理关系。所以父不养子，子不孝父、兄不亲弟，弟不敬兄等都是“大恶”，对于这种破坏伦常之人，就不可以赦免。而且杨简认为，人无伦常之法正是祸乱的开始，所以治乱先定大伦，即“彝伦大法，断不可乱”。③

最后从政治角度，为官不勤、惑乱民心、诱众为恶，致国家不稳者不赦。因此他认为官职责应当是“播敷教令”④。“教令”这里一是指天子之令，二是指典常之教，三是德教。其目的就在于使民慎其言行并谨其心。而且作为治民之官，同样要具有模范性和引导性，所以应该严格要求自身。反之，违于教令，因富贵而放肆，以威虐于民，致上下不相和，如此则是君、国之祸患，是引诱众人为恶。故官之责为辅君治民，引其为善，使之上下和睦。一国之政体有其大法大伦，为官者当以此治民。而对于乱国之大纲，惑民之善心等于国不利之官，无需再用德对其进行教化，而应该“速杀之”。

3. 由慎罚到做新民

“慎罚”的根本目的，还是在于“做新民”。对于“新民”的解释，历来不同。《正义》中《孔传》为“为民日新之教”。《疏》在解释此句时曰：“谓渐致太平，政教日日益新也。”《正义》主旨在于行以善除恶之政，“新民”就在于并消民怨而致太平。这里民怨所指为周统治殷民，但在殷民中有因周伐殷而心生怨恨的，所以需要以德善化解其怨。王安石更是明确地说：“敬明乃罚者，教康叔以作新民之道也。民习旧俗，小大好草窃奸宄，卿士师师非度，而一日欲作而新之，其变诈强梗，将无所不为，非有以惩之则不知所畏，故当‘敬明乃罚’也。”⑤ 所以王安石认为“新民”就是修正人民的旧习，包括偷盗等犯法作乱的行为，并让旧民有所畏惧。《正义》强调以德新民，而王安石更强调以罚新民。

杨简或继承二者之意，而又有所深入。其言：“助王作新殷民，俾脱旧习。”⑥ 杨简认为以惠懋之心弘大王道，就可以保有殷民。虽然殷民有其“旧习”，但是治民者应该帮助

① 杨简：《杨简全集》，浙江大学出版社 2015 年版，第 379 页。
② 杨简：《杨简全集》，浙江大学出版社 2015 年版，第 379 页。
③ 杨简：《杨简全集》，浙江大学出版社 2015 年版，第 379 页。
④ 杨简：《杨简全集》，浙江大学出版社 2015 年版，第 379 页。
⑤ 王安石：《王安石全集》，复旦大学出版社 2016 年版，第 203 页。
⑥ 杨简：《杨简全集》，浙江大学出版社 2015 年版，第 375 页。

他们摆脱掉旧习，而成为新的殷民。因为依杨简来看，人民有“旧习”并非人民之过，而是统治者的所染。故而殷民有旧习且不愿归顺周或心有不服者，皆是因为“以纣恶所染”①。同时杨简认为，治民时统治者并不应该完全以主体的身份来对待人民，而要时刻保有自省的态度，并且要能够及时更正自己的错误，即要有时刻省察自己内心和行为的能力，以保证治民的效果。统治者对于臣民有极强的引导性，因为君主之德可以感染其臣民。君以善行政，民则为善；君以恶行政，则民为恶。所以杨简在论述如何治民时，更强调“君之德”的重要性。君之德包括君内在之德性及外在之德行，同时辅以赏、罚等具体手段。

总之，本文由杨简所解《康诰》中的“明德慎罚”进行展开，从中阐发其政治理论，并逐渐推出其治民的工夫进路。从“明德慎罚”的诠释角度来看，“德”更倾向于内在之心，而“罚”则更注重外在之行。但是从杨简来看，不论是“德”还是“罚”，都应该是内外的综合体现，以达到儒家所说的“中和”。德不仅要修于内更要显于外。罚也不仅仅是对于行为的限制，更是起到对于内心的引导作用。以此可以看出杨简的心学系统，不单在于心性上用力，其在政治角度依然保有着儒家的为政、治民之心，并付诸行动。

① 杨简：《杨简全集》，浙江大学出版社 2015 年版，第 382 页。

从“以用为体”到“物外无物”

——王阳明的心体存在论和关系实体观

周丰堇*

摘　要：一个独立存在的实体应当是由其自身而不因他者存在。阳明心学的本体不是孤悬独立的本体，而是依存于发用当中，并以发用展示自身的体段。在“心无体，以用为体”的存在方式中，心可以展开为知、意、身、物等关系实体和“共时性”体用关系。关系实体是不同于形质实体和恒常实体的新实体观，意味着一切存在者都是在相互关系中展开和存在，没有绝对客观独立的实体。即便是处于心之展开最底层的物，其实也依存于他者构成的关系中。“心外无物”本质上不是指独立的心包含物，而是指心与物都在相互关系中存在。“心外无物”只是从心的角度来表达“物外无物”的存在事实。

关键词：心无体；以用为体；关系实体；心外无物

按照斯宾诺莎的思想，作为自因的实体是不因他者而独立存在的绝对完满者。但这种实体观并不适用于儒学中的道德本体，儒学中的道德本体并非独立存在的实体，因为至善需通过亲民来实现，理要依存于气，心要通过感应活动才能显现。以心为例，无论是阳明、龙溪等人描述的心体和知体，还是刘师泉、王时槐等人描述的性体，都指示出道德本体是无形象的虚体，其存在需要通过发用活动来体现。王阳明说：“心无体，以天地万物感应之是非为体。”① 钱德洪认为：“心无体，以知为体……知无体，以感应之是非为体。”② 欧阳德说：“性无体，以知为体；知无实，事物乃其实地。”③ 心学家表达心体（性体、知体）之存在的语言结构可提炼为以下命题：“心无体，以用为体”或“本体无体，以用为体”，其意义是说心（性、知）等道德本体虽然无形体，但其存在仍然脱离不开“体”。这一命题既指出了心体的存在方式，又表明心体不是独立的实体。

在王阳明的思想中，心体之存在可以展开为“心—知—意—身—物”等层层落实的过程，其中每一层的存在者都非独立实体，而是处于纵向的体用关系及横向的与感应事物的相互关系中，可称之为“关系实体”。也就是说，心体的存在方式影响并导致了“关系实体”的内涵。这种存在论和实体观并不局限于心学内部，如果悬置“从心说物”的前

---

* 作者简介：周丰堇，湘潭大学哲学与历史文化学院（碧泉书院）副教授，研究方向为儒家哲学、宋明理学。

① 王守仁：《王阳明全集》卷3，上海古籍出版社1992年版，第108页。

② 黄宗羲：《明儒学案》卷11，中华书局2008年版，第232页。

③ 欧阳德：《欧阳德集》卷3，凤凰出版社2007年版，第109页。

提，这种受制于纵向之体用关系和横向之感应关系的存在论与实体观，同样适用于客观世界的自然事物。常识哲学中所谓不依赖于意识而独立存在的“物质”，事实上也需要各种条件聚合才能成为“物体”，即便不依赖意识，也需要依靠他者才能存在和显现。可以说，“关系实体”才是存在的真相。“关系实体”可以为“心外无物”提供新的理解，如果物非独立实体，那么“心外无物”不过是从心的角度表达“物外无物”的存在事实而已。以下从本体的存在方式、心体的展开和“心外无物”三方面来阐述“关系实体”及存在论问题。

一、“以用为体”的存在论和关系实体

在常识中，物是独立存在的，精神需要依赖物质才能存在。但在王阳明看来，精神实体和物质实体皆不能孤立独存，需要通过感应活动来体现。王阳明认为：

> 目无体，以万物之色为体；耳无体，以万物之声为体；鼻无体，以万物之臭为体；口无体，以万物之味为体；心无体，以天地万物感应之是非为体。①

此处是王阳明阐述耳、目、口、鼻、心的存在方式，虽然重点不在耳、目、口、鼻上，但五者共同表达了“本体无体，以用为体”的思想，展示出心学的本体存在论和关系实体观。本体的存在方式为“本体无体，以用为体”，“无形体”的“本”和“为形体”的“用”共同构成体用关系中的实体。如果说心无形体，以感应是非为形体，是没有问题的。但耳目口鼻其实有形体，而王阳明说耳目口鼻无体，似乎与常识相悖，故需辨析“体”的含义。

1. “体”之诸义

文中的“体”有多重含义，包括形体、载体、体段、本体和整体等。

（1）“体”的最初意义是“形体”，指以气质为构成基础、具有特定时空属性，也能表现出一定形态的具体事物，如身体、物体等。在上文中，心固然是无形体的，而耳目口鼻则有形体，故王阳明说耳目口鼻心“无体”不应是说它们无“形体”。同样，声色臭味是无形体的，故以声色臭味“为体”不应是说以它们为“形体”。

（2）“体”可以指“本体”，指能产生活动、发起作用的初始、本然状态、所以然依据或能动主体。能发起作用的本体包括“见在本体”和“终极本体”，“见在本体”一般是秉受一定道理且能当下产生作用的形质实体，比如朱子说：“譬如此扇子，有骨，有柄，用纸糊，此则体也；人摇之，则用也。”② 而“终极本体”指具有终极价值且能主宰发用的宇宙本体，如道、理、太极等。“见在本体”与“终极本体”的共同性是能发起作用，朱子说：“体是这个道理，用是他用处。如耳听目视，自然如此，是理也；开眼看

---

① 王守仁：《王阳明全集》卷 3，上海古籍出版社 1992 年版，第 108 页。

② 黎靖德：《朱子语类》卷 6，中华书局 1986 年版，第 102 页。

物，着耳听声，便是用。"[①] 只要具备一定道理且能产生作用，耳目口鼻和心皆可成为本体，只不过耳目口鼻属于有形的本体，而心却是无形的本体，且在心学语境中等同于具有终极价值的道德本体。根据这个理解，文中的耳目口鼻心本身就是本体，它们的"无体"和"为体"不应指"无本体"或"为本体"。

（3）"体"有"载体"之义。载体可以是形体或发用，形体能承载不同于自身的事物，如骨架承载筋肉，也能承载规定自身的本质或理念，如理学家将"上天之载"理解为天承载天理[②]；而发用则能承载本体，如大化流行的现象承载着道体之本然。据此，文中说耳目口鼻心无体，而以声色臭味和感应是非为载体，于义尚可。

（4）"体"有"体段"之义，指能展现本体的存在状态，"体段"即所"体现"者。"形体"和"体段"的不同之处在于，"形体"偏重于事物自身固有的属性（第一属性，如广延、大小、形相等），可能不向他者体现出来；而"体段"偏重于事物向"他者"所"体现"的属性（第二属性，如声音、颜色、气味等），并在主体与对象、体与用的关系中展示出来。若以"体段"解释文中的"无体"和"为体"，则可以说"耳目口鼻心无体段，而以声色臭味和感应是非为展示自身的体段"，于义最洽。

（5）"体"有"整体（统体）"义。如果以"体段"解释"本体无体，以用为体"，其实表达了体用相互依存的整体关系。耳目口鼻心不是独立的实体存在，而存在于感应活动中，即：耳目口鼻心无体段，以视听嗅味觉为体段；视听嗅味觉无体段，以万物之声色臭味和感应是非为体段。据此，"本体无体，以用为体"的思想，不仅揭示了本体存在于发用，而且说明了本体不是外在于发用的独立实体，而与发用共同构成一个整体。

此则文献的"体"常易引起误解。（1）误解之一是混淆"体段"和"本体"的含义。钱德洪曾言"知无体，以感应之是非为体"[③]，但罗洪先批评道："先生又曰：'知者意之体，物者意之用。'未尝以物为知之体也……绪山乃曰：'知无体，以人情事物之感应为体。无人情事物之感应，则无知矣。'……人情事物感应之于知，犹色之于视，声之于听也。谓视不离色，固有视于无形者，是犹有未尽矣，而曰'色即为视之体，无色则无视也'，可乎？"[④] 罗洪先认为良知一定是人情事物的本体，正如视听是声色的本体发动处，而钱德洪的"知以人情事物之感应为体"属本末倒置。罗洪先的思想存在两个问题：其一，他只看到阳明说过"知者意之体，物者意之用"[⑤]，却没有注意阳明也说过"目无体，以万物之色为体……心无体，以天地万物感应之是非为体"，钱德洪之论其实是秉承阳明而来。其二，罗洪先之所以认可"知者意之体，物者意之用"，而不认可"知以人情事物之感应为体"，是因为他没有区分"本体"和"体段"的含义，故而将"知以人情

---

① 黎靖德：《朱子语类》卷6，中华书局1986年版，第101页。

② 朱子将载体的范围从具体事物扩大到大化流行，认为"上天之载，无声无臭，其体则谓之易"的"体"是体质，"犹言骨子"。其中上天是最大的形体，而易则是变化流行的实体，皆是理的载体。参见黎靖德：《朱子语类》卷95，中华书局1986年版，第2423页。

③ 黄宗羲：《明儒学案》卷11，中华书局2008年版，第232页。

④ 罗洪先：《罗洪先集》卷3，凤凰出版社2007年版，第73—74页。

⑤ 佐藤一斋和陈来均认为"知者意之体，物者意之用"出自阳明《大学古本旁释》。参见陈荣捷：《王阳明传习录详注集评》，学生书局1984年版，第179页；陈来：《有无之境——王阳明哲学的精神》，人民出版社1991年版，第52页。

事物之感应为体”误认为“物为知之本体”。“知者意之体”的“体”是本体，指良知是意念的本然状态；而“知无体，以人情事物之感应为体”的“体”是体段，指良知无体段，而以人情事物之感应为显现的体段。（2）误解之二是颠倒了“无体”和“为体”的因果关系。东正纯道：“王子常喜主心提醒，而往往又生着心之弊。所以有此说。大抵会得则心即事，事即心。合下无寸土。”① 他认为，心以感应是非为体，会导致心有执着的弊病，所以需要以“无体”来纠偏。这种解释只从境界论上指出因为有“为体”之弊所以需要“无体”之功夫，而没有从存在论上明确“心无体”才会有“以用为体”的存在方式。（3）误解之三是将“为体”视为外在之体。但衡今质疑道：“此节所云，与阳明教相违。色为目之体。声为耳之体……感应为心之体。体在外。然则物犹在外也。”② 但衡今先入为主地将“色声臭味和感应”理解为外在对象的表现，如果以外在对象为体，会得出心外有体（物）的论断。但阳明的“心无体，以万物之感应是非为体”其实指“为体者”构成了心体的外在表现，而不是外在对象的表现，这在“从心说物”的视域中将主体与对象关系转换成体用关系，仍然是心物一体的整体观。（4）误解之四是从反向理解“为体”的逻辑。但衡今云：“度阳明之意，万物之色非色也，以目为色。”③ 但衡今以“从心说物”的视角认为万物的第二属性（声色臭味）离不开身心的感应，但阳明认为耳目口鼻心无体段，而以色声臭味和感应为体段，其实是从存在方式上指耳目口鼻心不是独立实体的存在，而是体在用中的关系存在。但衡今将存在方式上的“本体以发用为体段”反向理解成主客关系上的“事物属性离不开身心”。（5）东正纯和但衡今之论虽未明“为体”之意，但其所谓的“不著心”和“造心无心”④ 却指出心“无体”的虚寂无碍境界。王畿曰：“夫良知之于万物，犹目之于色、耳之于声也。目惟无色，始能辨五色；耳惟无声，始能辨五声；良知惟无物，始能尽万物之变。”⑤这是说，身心皆无执着对象，才能应对各种感应是非活动。王阳明的“心无体”具有存在论和境界论的双重意义，“无体”不仅从存在论上指出“心无体段，以发用为体段”，也从功夫论上指出心无所执，方能有无滞碍的境界。

2. 体段与关系形体

虽然以“体段”来解释“本无体，以用为体”是于义最恰当的，但这种解释也会带来一个问题：“心无体”在否定心有形体的同时，又将发用视为展示自身的体段。形体和体段虽然分别偏向于自身属性或关系特征，却皆与形质有关，说到底，体段还是形体的外在表现。那么心到底是有形体还是无形体？这需要进一步明确形体的含义。

从易学、朱子学到阳明学，形体经历了“方位形体”、“流行形体”和“关系形体”

① 陈荣捷：《王阳明传习录详注集评》，学生书局 1984 年版，第 333 页。
② 陈荣捷：《王阳明传习录详注集评》，学生书局 1984 年版，第 333—334 页。
③ 陈荣捷：《王阳明传习录详注集评》，学生书局 1984 年版，第 334 页。
④ 陈荣捷：《王阳明传习录详注集评》，学生书局 1984 年版，第 333—334 页。
⑤ 王畿：《王畿集》卷 9，凤凰出版社 2007 年版，第 214 页。

的意义转变。易学认为“神无方而易无体”①，韩康伯将“方体”视为形器②，指具有时空方位和外形体质的“方位形体”。朱子将形体含义从方位形体扩大到变易流行，他认为“上天之载，无声无臭，其体则谓之易”③，“体”不仅是有方位体段的形质实体，而且是阴阳五行的变易，可作为道的形体，这时形体就是以大化流行为表现的“流行形体”。而王阳明的“本体无体，以用为体”的思想，则明确将形体转变为“关系形体”。“体段”其实就是本体与发用或主体与对象相互关联中的“关系形体”，使“为体者”成为“无体者”存在的体现，并结合成一个关系整体。事实上，朱子常用“与道为体”说明形质实体和道体的关系，已经开始在体用关系中使用“形体”。朱子答“如何是与道为体”：“与那道为形体，这体字却粗，只是形体。”④ 所谓“与道为体”是指形而下的存在者以自身构成道的形体。朱子说：“道无形体可见，只看日往月来，寒往暑来，水流不息，物生不穷，显显者乃是与道为体。”⑤ 道本身无形体可见，而世间万象乃道体的显见者，此显见者将自身“给与”道而成为道的形体，这就是“与道为体”的意义。要之，“与道为体”的逻辑是从形而下之象论形而上之道的存在，是指万物以其形质流行构成道体的实际存在。而“以用为体”的逻辑是从“形而上之本”来论“形而下之体”，指本体以发用为其存在的体现。当说“与道为体”或“以用为体”时，应看到形体背后的承载关系和展现关系，而不应将形体僵化地理解为具有广延、位置、形态等特征的独立实体。

3. 关系性存在与关系实体

“本体无体，以用为体”既说明本体的存在要依存于发用，也表明本体和发用都不是孤悬独立的实体，而是相互依存的关系实体。

存在是一种关系的存在。存在的实质不是孤立独存，而意味着在体用或主客的相互让予关系中展开和体现。体用关系是以主宰者（理、心）的视角所展现的特殊存在方式，即“本体无体，以用为体”。本体的存在就是体用关系的展现，在其存在中蕴涵了所要显现的发用（现象）及其与发用（现象）的不离不混的关系，既保持了先天的超越性，又依存于发用（现象）之中。本体和发用构成一种共时性的存在“整体”。本体无形体，以发用为展现自身的体段，这是本体朝向发用的存在特征；发用作为本体的外在展现，非独立于本体之外，这是发用回向本体的存在特征。二者相互关联的存在方式，阳明将其称为“即体而言用在体，即用而言体在用，是谓体用一源”。⑥ 以心为例，“心无体”指本心的虚寂和未发特征，“以天地万物感应之是非为体”指本心的展现和已发活动。然而在实际存在中，并无孤立的未发与虚寂，若未发与虚寂独立实体化则不可谓之未发与虚寂，只能是未发之中在已发之和中，寂在感中，虚在生中的关系存在。

---

① 王弼、韩康伯注，孔颖达疏：《周易正义》，北京大学出版社 1999 年版，第 276—268 页。

② 韩康伯曰：“方、体者，皆系乎形器者也。”（王弼、韩康伯注，孔颖达疏：《周易正义》，北京大学出版社 1999 年版，第 268 页。）

③ 黎靖德：《朱子语类》卷 74，中华书局 1986 年版，第 1895 页。

④ 黎靖德：《朱子语类》卷 36，中华书局 1986 年版，第 975 页。

⑤ 黎靖德：《朱子语类》卷 36，中华书局 1986 年版，第 975 页。

⑥ 王守仁：《王阳明全集》卷 1，上海古籍出版社 1992 年版，第 31 页。

实体是一种关系实体。无论是耳目口鼻以声色臭味为体段，还是心以感应是非为体段，都表明存在者离不开关系。在没有引入关系之前，实体主要分为两种：一是凭感觉把握、能引发实存感的形质实体，如具体事物和阴阳变易等大化流行实体；二是以理智把握的恒常实体，如太极之理、至善。张岱年认为实体含义有二，一是客观的实在，二是永恒的存在。① 前者就指能引发感受实在性的形质实体，后者指“理”这种恒常实体。感觉主义者偏重于认为形质实体是客观实在的，而理性主义者偏重于认为恒常不变的存在是终极实在的。但是据“本体无体，以用为体”，不仅心依存于和发用的关系中，而且眼耳鼻舌乃至万物都不能独存，而必须依靠活动和对象才得以展现。在对万物的“静观”中，万物似乎被视为“自得”之实体，但事实上，此“静观自得”之万物仍然处于对象化活动中，并通过体用或主客之间的相互关系体现。阳明所谓的“耳目口鼻无体，以万物之声色臭味为体”，以及但衡今所谓的“万物之色声臭味非色声臭味，以目耳口鼻为色声臭味”，正是指色声臭味是心与物之间相互关系的体段。同样，心与身也是相互依存的，阳明认为：“耳目口鼻四肢，身也，非心安能视听言动？心欲视听言动，无耳目口鼻四肢亦不能，故无心则无身，无身则无心。”② 心通过身的感应活动来展示自身，而身也需要心的支配才能发出活动。这说明，从逻辑而言，有独立实体的设定，如身、心、万物，主体与对象，本体和发用；但从实际而言，从来不存在单子般的独立实体。换言之，实体非常识所理解的独立事物，而是关系实体。

常识中的形质实体能凝聚各种属性而成为一个独立事物，而恒常实体被视为现象（发用）背后的独立本体。而王阳明“本体无体，以用为体”的思想对传统实体观有所扬弃，“恒常实体”与“形质实体”的实体意义被保留，却将它们从独立实体转化为关系实体。常识中的形质实体具有多重属性，而在心学中，形质实体的属性（尤其是第二属性）被理解为体用或主客之间相互关系中的体现。常识中的恒常实体是与现象隔绝的物自体，而心学中的恒常实体总是存在于气质活动或发用中。总之，实体是一种关系实体，而不是单子般的独立存在，现实世界不是独立实体的总和，而是关系实体之网，这是心学中的关系世界观。

二、心体之存在及多重关系实体的展开

在“本体无体，以用为体”的思想中，王阳明重点在论“心无体，以天地万物感应之是非为体”。从思想形成而言，阳明早年《大学古本旁释》，答徐爱的四句理，后来答顾东桥而提出的“心知意物”关系，已经阐发了“心无体，以万物之感应是非为体”的思想。“心无体，以万物之感应是非为体”可体现为“心—知—意—身—物”层层落实的存在过程，也体现了共时性的体用关系和“心、知、意、身、物”等关系实体。以下通过分析《大学古本旁释》、徐爱录阳明的“四句理”、陆澄录阳明答问和阳明答顾东桥问、答罗整菴和答陈九川问，来揭示心知意身物的存在方式和关系实体性质。

① 张岱年：《张岱年全集》卷 5，河北人民出版社 1996 年版，第 498 页。

② 王守仁：《王阳明全集》卷 3，上海古籍出版社 1992 年版，第 90—91 页。

心者身之主，意者心之发，知者意之体，物者意之用。①

身之主宰便是心；心之所发便是意；意之本体便是知；意之所在便是物。②

问：“身之主为心，心之灵明是知，知之发动是意，意之所着为物，是如此否？”先生曰：“亦是。”③

心者身之主也，而心之虚灵明觉，即所谓本然之良知也。其虚灵明觉之良知，应感而动者谓之意；有知而后有意，无知则无意矣。知非意之体乎？意之所用，必有其物，物即事也……无是意即无是物矣。物非意之用乎？④

以其凝聚之主宰而言，则谓之心，以其主宰之发动而言，则谓之意。以其发动之明觉而言，则谓之知……⑤

但指其充塞处言之谓之身，指其主宰处言之谓之心，指心之发动处谓之意，指意之灵明处谓之知，指意之涉著处谓之物：只是一件。意未有悬空的，必著事物。⑥

1. 主宰之心和虚实有无之心体

上述六则文献共同认为，心具有主宰义，是主宰知、意、身、物等存在者的本体。主宰心不是生理学意义中的血肉之心，也不是心理学意义上的认识活动，而是以至善之理为本体的道德心，是能以一定生理和条理让眼耳鼻舌身活动的本体，阳明称为“所谓汝心，却是那能视听言动的，这个便是性，便是天理”。⑦ 若失去心之主宰，则已死之人其心脏虽在，而其身体意识却不能再循理而动。这是阳明“从心说物”乃至从心说一切的理论基础。主宰心虽非质料形体，而其存在却依赖于身体和意识活动的展开。“心无体，以天地万物之感应是非为体”即是对心之展开的总体描述：“心”即主宰本体；“无体”指心本来是虚明之良知，是无气质形体和无经验杂染的虚灵明觉状态；“万物”即心的存在结构中处于最实地的事物；“感应”指心以身体为中介，与物交感后所形成的意念活动，即“其虚灵明觉之良知应感而动者谓之意”，“感”是心物（知物）的交接，“应”是心物交接后的意识反应活动；“是非”既指意念活动的道德属性，也指意念活动中的良知的道德判断，这时知不是作为意之本体（有知而后有意）的本然良知，而是在意识活动中保持明觉照察的是非之知，即“以其发动之明觉而言，则谓之知”⑧；“为体”指以主宰心为第一本体而层层展开，其过程就是“心无体，以知为体”“知无体，以意为体”“意无体，以身与物为体”，从而使得心知意身物构成一个关系整体。

心还具有凝聚义，在“以其凝聚之主宰而言则谓之心”中，主宰心指心之本体，凝

① 王守仁：《王阳明全集》卷32，上海古籍出版社1992年版，第1193页。
② 王守仁：《王阳明全集》卷1，上海古籍出版社1992年版，第6页。
③ 王守仁：《王阳明全集》卷1，上海古籍出版社1992年版，第24页。
④ 王守仁：《王阳明全集》卷2，上海古籍出版社1992年版，第47页。
⑤ 王守仁：《王阳明全集》卷2，上海古籍出版社1992年版，第76—77页。
⑥ 王守仁：《王阳明全集》卷3，上海古籍出版社1992年版，第91页。
⑦ 王守仁：《王阳明全集》卷1，上海古籍出版社1992年版，第36页。
⑧ 王守仁：《王阳明全集》卷2，上海古籍出版社1992年版，第76—77页。

聚心指心之统体。阳明曰："盖身心意知物者，是其工夫所用之条理；虽亦各有其所，而其实只是一物。"① "各有其所"指身心意知物五者是心体在不同条理下的体现，也是功夫的不同阶段，此处心指主宰心；"其实只是一物"表明，主宰之心又能凝聚身心意知物五者为一个统体，此处物指统体心。具体的事物等形质实体能凝聚各种属性以及形式与质料而为一个整体，而心则能凝聚心知意身物为一个整体。心之凝聚义表明，本心虽不是形质实体和意识活动，而其存在整体却不能离开身意知物，心能凝聚本体与发用而为一整体，即"心无体"和"以用为体"的结合。

可以说，心既不是独立的"悬想本体"②，也非极端唯名论所谓的抽象概念，而是虚实有无的心体。"心无体"指心虚寂的一面，"以用为体"指心实有的一面，在这种虚实有无结合的关系中，可以睹见心的关系实体特征。心的实在性不体现在与形质实体相对的属性上，而是体现在与本体相对的发用上。形质实体可以通过第一属性（如广延、形状、运动等固有属性）和第二属性（如色、声、味等非固有属性）来显现和被认知，但心并无形质实体的属性，而是以其发用为显现和承载之体。有无非对立的绝对有或绝对空，而是心所展现的两种面向。"心无体"只是说心不像具体事物那样有形质体段，而非绝对空无，作为心之体段的发用就是"无中之有"，所以论心之无，其实是"无而未尝无"③。心"以用为体"只是说心是于发用流行中体现和存在，而非指心绝对形质化而沦为大用流行本身，心的虚寂本性是始终存在的，本性就是"有中之无"④，所以论心之有，其实是"有而未尝有"⑤。要之，心不是一个在发用之外孤悬独立的本体，也不是用于说明发用的假设前提，更不是发用流行本身，而是以虚寂无形为"本"，以感应流行为"体"的有无之体。自其无形质体段、虚寂无滞而言谓之"虚无"，自其应感流行而言谓之"实有"⑥。心其实是虚实有无统一的关系实体，这是从"心无体，以用为体"得出的结论。

2. 心无体，以知为体

主宰心的展开首先体现为灵明的状态或作用，即"心之虚灵明觉，即所谓本然之良知"（答顾东桥）。《大学古本旁释》和"四句理"皆未明确知和心的关系，而陆澄录和《答顾东桥书》则认为知是心的灵明本质。阳明晚年之《大学问》曰："何谓心？身之灵明，主宰之谓也。"⑦ 身之灵明即身之主宰，只不过言心强调主宰义，言知则强调灵明义。所以在心的展开中，良知不是本心之后的发用，而是心的本然状态。灵明往往伴随着觉，觉是心对周遭世界保持醒觉知晓的性能。根据由理而觉还是因气而觉，又分为明觉和知

① 王守仁：《王阳明全集》卷 26，上海古籍出版社 1992 年版，第 971 页。

② 王守仁：《王阳明全集》卷 3，上海古籍出版社 1992 年版，第 118 页。

③ 王守仁：《王阳明全集》卷 7，上海古籍出版社 1992 年版，第 262 页。

④ 按：状态是一种体现，虚寂本无状态，若有状态就不能是虚寂，只有在发用中才有虚寂无碍的状态，所以是"有中之无"。

⑤ 王守仁：《王阳明全集》卷 7，上海古籍出版社 1992 年版，第 262 页。

⑥ 按：以发用流行为心的实体，只是就实体的承载义和显现义而言，心的实体还可以指天理。阳明虽然主心学，但是他仍然以理为实在本体，诚即为心之实理，心之实理也是实体。此义另当别论，此处提及只是避免将心之实体简单化。

⑦ 王守仁：《王阳明全集》卷 26，上海古籍出版社 1992 年版，第 972 页。

觉。虚灵明觉是心具理而展现的本然良知，如知是非善恶之类；知觉是由气质活动而产生的感官知觉，如知痛痒寒热之类，朱子谓之“气之精爽”的活动。① 良知即理之澄明性在心上所体现的“明觉”状态，具理而不明是不可想象的。朱子曰：“所谓明德者，只是一个光明底物事。如人与我一把火，将此火照物，则无不烛。”② 心若具至善之理，则在道德世界如以火照物一般能让事情明白，这种性能即心之明觉，表现为“心自然会知。见父自然知孝……”的道德活动。③ 而知觉只是由于气质活动而对物质世界的局部知晓，表现为“耳目之知视听，手足之知痛痒……”的感知行为。④ 故而欧阳德认为“良知者，天理之灵明，知觉不足以言之。”⑤ 在生理学和心理学意义中，认知活动和心理活动的开始阶段是感官知觉，但在道德实践中，主宰心首先展开的是良知明觉，这种展开被钱德洪明确表达为：“心之本体，纯粹无杂，至善也。良知者，至善之著察也。良知即至善也。心无体，以知为体，无知即无心也。”⑥ 道德本心无体现，而以良知为自身展开的体段。

除了以“心之虚灵明觉”解说本然良知外，阳明还继承了孟子“是非之心”的良知说，并将“知是知非”的良知视为本然良知的进一步展开。虽然阳明在《大学古本旁释》、“四句理”和《答顾东桥书》中一再强调良知是意的本体，但是良知（本心）不是一旦演变成有对象的意识活动就不复存在了。良知明觉在意识活动中还继续存在，即“以其发动之明觉而言则谓之知”（答罗整菴）和“意之灵明处谓之知”（九川录）。意之本体是本然良知，在意识活动中持存的是对意识保持监察、判断和反省的良知。这两种知被王畿和邓定宇区分为本然良知和知之发端⑦。耿宁从道德意识现象学的角度，将阳明的这两种良知提炼为两种意义：前者属于“心之本体”或“理之灵”，是向善的禀性，表现为见父自然知孝、见孺子入井自然知恻隐等自然倾向；后者属于对“心之发动的意”的觉知或意念的自身意识，表现为知是非、知恻隐、知羞恶等情感。⑧

3. 知无体，以意为体

主宰心的存在必然要体现为有内容的活动，即“知无体，以意为体”。心（知）的活动状态即为“心之所发便是意”（徐爱录）或“知之发动是意”（陆澄录）。意不是外在于主宰心的意识，而是主宰心有对象的活动。阳明关于心知意物的关系虽有不同表述，但具有内在一致性。《大学古本旁释》以体用关系界定心知意物，一方面说“意为心之所发”，则心是意的本体；同时又说“知者意之体”，这个“体”不是“体段”而是“本体”，那么意似乎有两个本体。在“四句理”中，阳明按照《大学》八条目的顺序论“心意知物”，故意在知前，由于没有指出知和心的关系，所以有两个体用层次：心—意—物或知—意—物。而陆澄录和《答顾东桥书》则明确了心和知的关系，知是心的灵明

① 黎靖德：《朱子语类》卷5，中华书局1986年版，第85页。
② 黎靖德：《朱子语类》卷14，中华书局1986年版，第265页。
③ 王守仁：《王阳明全集》卷1，上海古籍出版社1992年版，第6页。
④ 王守仁：《王阳明全集》卷1，上海古籍出版社1992年版，第121页。
⑤ 黄宗羲：《明儒学案》卷17，中华书局2008年版，第358页。
⑥ 黄宗羲：《明儒学案》卷1，中华书局2008年版，第232页。
⑦ 王畿：《王畿集》卷7，凤凰出版社2007年版，第166—167页。
⑧ 耿宁：《心的现象——耿宁心性现象学研究文集》，商务印书馆2012年版，第167—187页。

本质，那么所谓“心之所发”即“知之所发”。《答顾东桥书》又重申了《大学古本旁释》以体用关系界定心知意物的传统，这就将“四句理”的体用层次整合为：心（知）—意—物。这个体用层次的意思是，主宰心的本质体现是虚灵明觉（本然良知），而虚灵明觉之知即体现在感应活动上（意），意之活动必有对象（物），则意必然体现在对象化活动中，而这种主客关系中的对象化活动被阳明转化为体用活动，因为“意之所在便是物”被阳明反复指认为“物者意之用”。所以，心的展开层次明确为：心—知—意—物。不难发现，阳明逐渐将《大学》“心意知物”的顺序调整为“心知意物”的体用层次，而更重视四者的内在逻辑结构。

意在心的展开中具有活动性、意向性、对象化三重意涵。其一，活动性指意是良知（本心）的活动。阳明“心之所发便是意”使用了朱子的表述，但其所谓的心和意与朱子语境有所不同。但朱子“意者心之所发”的心是整体心，意是心中发起的比泛泛之情更有方向感的私意①。而根据“其虚灵明觉之良知，应感而动者谓之意”和“其主宰之发动而言则谓之意”可以看出，阳明“心之所发便是意”中的心指的是良知或主宰心，阳明强调意是良知（本心）一般性的感应活动，和朱子强调意是整体心所发出的私意有所不同。其二，意向性指心的活动是有意向的活动。阳明认为“意未有悬空的，必着事物”②，这种必然附着事物的特性接近现象学所谓的“意向性”。这样一来，知（本心）就从纯粹的灵明状态开始朝向经验而活动。其三，心的活动是有对象的活动。《答顾东桥书》言“其虚灵明觉之良知，应感而动者谓之意……意之所用，必有其物”，意必有对象物，而不会独立悬空地活动。这样一来，知（本心）就从朝向经验的趋势进一步落实为经验活动。如果将意视为知的发用，那么良知（本心）似乎有两个发用：一是有对象的意识活动，一是在意识活动中继续持存的知。这说明，心展开到意识这一阶段，不仅形成关于对象的意识，同时还有关于意识自身的判断或内在于意念中的自身判断。

4. “意无体，以身为体”和“意无体，以物为体”

心的展开最后阶段是“意无体，以物为体”，物是心的展开结构中最实际的一层。阳明分别使用“意之所在”“意之所着”“意之所用”来形容物，“所在”指物是意识活动的体现，“所着”指物是意识的经验对象，“所用”则将物从意识对象转化为意识的发用。阳明自始至终带着“从心说物”的角度，物即是事，凡是“‘意用于’一切的行为事件，都构成具体的‘物’”③，事物不一定是客观现成的，“既可以是实物，也可以是意识之流的对象极”。④在常识中，心物关系一般被视为主客关系，而在王阳明“从心说物”的视域中，由于主体之对象也属于心之发用（意之所在便是物，物者意之用），所以主客关系其实从属于体用关系。

但如果仅仅以为“心无体，以感应是非为体”只展开为心知意物四者，那就将心的

---

① 朱子曰：“心，言其统体；意，是就其中发处。”参见黎靖德：《朱子语类》卷 15，中华书局 1986 年版，第 304 页。

② 王守仁：《王阳明全集》卷 3，上海古籍出版社 1992 年版，第 90—91 页。

③ 吴震：《传习录精读》，复旦大学出版社 2012 年版，第 82 页。

④ 陈来：《有无之境——王阳明哲学的精神》，人民出版社 1991 年版，第 54 页。

展现简单化了。因为心不能直接感物而动，必须有身体作为感物之中介。薛侃和陈九川录曰：

> 汝心之视，发窍于目；汝心之听，发窍于耳；汝心之言，发窍于口；汝心之动，发窍于四肢。若无汝心，便无耳目口鼻。[①] ……耳目口鼻四肢，身也，非心安能视听言动？心欲视听言动，无耳目口鼻四肢亦不能，故无心则无身，无身则无心。[②]

心的实际载体是身（耳目口鼻四肢），心之活动必然体现在耳目口鼻四肢的作用上。身与物交感，心才会作出反应并产生是非判断。身心关系既是充塞与主宰的关系（九川录：指其充塞处言之谓之身，指其主宰处言之谓之心[③]），也是运用与主宰的关系（何谓身？心之形体，运用之谓也；何谓心？身之灵明，主宰之谓也[④]）。所谓心之运用，指心发窍于耳目口鼻的视听言动活动，身就是心的发用。如同作为意之对象的物被转化为“意之所用必有其物”一样，作为心之载体和形体的身，也被阳明转化为“心之运用必有其身”。可见，感应活动中的对象皆被王阳明视为发用，王阳明按照从心出发的角度，将主客关系中的对象和身心关系中的载体，都转化为体用关系下心的发用或意之运用，如“意之所在为物”中的物，既是主客关系中的对象，也是体用关系中的发用。由于身直接关联对象物，所以对身的感知活动作出直接反应的是意识活动，那么心的展开其实是心—知—意—身—物的顺序。

根据这个层层落实的存在方式可知，心是主宰本体和活动整体，知意身物不是外于心的独立存在，而是心在应感活动中展开的体现。结合钱德洪“意也者，以言乎其感应也；物也者，以言乎其感应之事也，而知则主宰乎事物是非之则”[⑤] 的论述，心、知、意、身、物的含义和关系分别是：（1）心是具有凝聚性和主宰性的心体，凝聚理（道德本体）、知（心的虚灵明觉）、意（心的意向和思量活动）、身（气质载体）、物（对象）为一体，并主宰一身之活动。（2）心的本然状态是良知。知分为两个层次：一是心之本体，指心的虚灵明觉本质和心本具的自然条理，这时知也是意之本体（有知而后有意）；二是在意识活动中持存的照察能力和是非判断能力，知的作用是对感应活动作出是非判断。（3）意是心（知）的意向性活动，也是心物交感后有对象的意识活动。（4）身是心的气质载体，是意识活动的气质体现，是心与事物交感的实际中介。（5）物是心知意的活动内容和存在的最基础实地。同时，心的展开结构也揭示出以下问题。其一，“心无体，以某为体”就是“心外无某”的外在体现，所以不仅可以说“心外无物”，而且可以说“心外无知、意、身”。正如“心外无某”的语言结构可以被理解为“没有脱离心的某”[⑥]，“心无体，以某为体”的语言结构也可被理解为“没有脱离某的心”。这两种命题共同揭示了心和身、知、意、物是不可分离的关系整体。在心体的展开中，以与形质的紧

① 王守仁：《王阳明全集》卷 1，上海古籍出版社 1992 年版，第 36 页。
② 王守仁：《王阳明全集》卷 3，上海古籍出版社 1992 年版，第 90—91 页。
③ 王守仁：《王阳明全集》卷 3，上海古籍出版社 1992 年版，第 91 页。
④ 王守仁：《王阳明全集》卷 26，上海古籍出版社 1992 年版，第 971 页。
⑤ 黄宗羲：《明儒学案》卷 11，中华书局 2008 年版，第 232 页。
⑥ 陈来：《有无之境——王阳明哲学的精神》，人民出版社 1991 年版，第 56 页。

密关系而言，心知意身物是纵向的层层落实的体用关系，但从存在整体而言，这五者不存在时间的先后和空间的内外，而是横向的共时性关系。比如，虚灵明觉之应感而动者谓之意，但实际上心（知）与物的感应必须以身体为中介才能发生意，这并非说身在意前或身在意外，这二者的发生是共时性和一体性的。其二，心知、心意（知意）、心身、心物（意物）等关系不一定是单纯的体用关系，其中可能包括主客（如心物），主宰与质料（如心身）的关系，但都被阳明整合为体用关系，心知意身物都是体用关系中的关系实体。其三，在“心无体，以用为体”的展开中，体段主要分为两种：一是有形色的，包括客观事物和身体；二是无形色的，包括心的灵明作用和感应是非活动。无论哪种体段都能引发身心的存在感。

三、从关系实体看“心外无物”与“物外无物”

物处于心体展开结构的最底层，那么物是否也会以“物无体，以某为体”的方式进一步展开？物是否独立于关系之外，决定了“关系实体”是否具有彻底性，也意味着“心外无物”的理论是否经得起考验。虽然阳明强调身心是一种“无心则无身，无身则无心”[①]的整体性关系，也一再申明他是“从心上说物”，物不一定指山川草木等客观事物，而是指意识的展开（意之所在为物）和实践行为（事），而现代哲学研究也从胡塞尔现象学的意向性和存在之澄明等理论解释“心外无物”[②]，但是始终无法摆脱外界事物（尤其是形质实体）的客观独立性的挑战。所以需要进一步思考是否有绝对客观独立的物，即，物是否有自体（自性）。常识反对“心外无物”的依据是：存在不依赖于心且独立于心之外的客观事物。可是严格而论，第一，“心外无物”或“心外有物”的心是个体意识还是集体意识？[③] 如果指个体意识，那么这个反对依据只是指出了某些事物是不依赖于某些心而独立存在的，其“独立性”和“客观性”只针对它们没有被某些个体的意识所感知，但并未肯定所有事物是绝对不依赖所有人心“感知”而客观存在的；第二，即便承认存在某些不依赖集体意识的客观独立事物，也只是指出了它们存在于人的生活世界之外，但并未肯定它们绝对不被其他事物所感。如果能被其他事物所感，则这些事物仍然缺乏绝对客观独立性。

在这种问题背景下，需要在阳明“以心说物”的视角，以及胡塞尔现象学的意向性等理论之外，重新反思物的客观独立性。在此仅提出问题，以供进一步思考。如果一个事物具有绝对独立性，那么它必须是绝对独立存在的物自体。如果一个事物有绝对客观性，那么它不会依存于任何关系之中。通常所谓的“物体”，“体”既是事物保持相对独立整体的特征，可以指使物独立自存的“自体”，又是证明此物存在的“体现”（向他者展现出来的体段）。事物在保持自身相对整体的同时，又对其关联者有所体现，方可谓之物体。

---

① 王守仁：《王阳明全集》卷3，上海古籍出版社1992年版，第90—91页。

② 陈来：《有无之境——王阳明哲学的精神》，人民出版社1991年版，第53—60页。

③ 陈来：《有无之境——王阳明哲学的精神》，人民出版社1991年版，第56—57页。

然而，事物是否有独立存在的自体？这个问题针对独立性而言。常识认为心外有物，是因为这些事物是不依赖人的意识而独立存在的。可是经验告诉我们，任何事物都是有生灭变化的。物若是有生灭，则有两种可能：若其生灭是它生或因它灭，则物非独立自体；若其生灭是自生自灭（如郭象所云独化），则其存在不是永恒的，而无恒常自体。若恒常而无生灭，则此物等同于理；若有生灭而不能恒常，则此物必然与其他事物发生关系（在感应中被主宰、生灭），那么此物必然是无绝对独立性的。同时，事物都是由诸多因素和属性聚集而成的实体，那么哪些因素或属性能作为事物的自体呢？如果以形色为自体，形色离不开他者视听言动的作用。如果以质料为自体，质料不能以一定条理形式凝聚成物。如果以条理形式为自体，则此条理形式是理而非物。分析事物的存在要素，皆需要理、气之结合，需要形色之属性，物体本身并无让其绝对独立存在的自体，而只有相对的整体独立性。

其次，事物是否有体现？这个问题是针对客观性而言。常识认为心外有物，是因为这些事物可以不对人心体现而存在。可是日常经验中的事物总处于感应之间，如果事物和感应无关，则其为何有声色臭味等属性？即便不被心感应，也会被他者感应。所谓物不依赖人的感知而存在，只是针对某些没有发生关联的心和物的关系论断，而非绝对地指所有物永远不和所有的心灵发生关联；甚至，所谓物不依赖心灵而存在，只是针对某些物永远和人心没有关联的关系判断，而非绝对地指所有物永远不和所有存在者发生关联。换言之，所谓的客观独立性具有相对性，一切存在者都是在相互关联中存在，而没有绝对客观独立的物。这种存在事实可谓之“物外无物”。如果说存在一种永远不和任何他者发生联系的事物，那么这属于“六合之外”而可以“存而不议”的情况。

若物有自体却不能恒常自在，若物无自体却有所体现，那么说物有自体或物无自体皆不可，只能说物在有自体和无自体之间，只具有相对的独立性和客观性，而必然在关系中有所体现，而“体”所关联两端的存在者总是在相互关系中体现。这样看来，物的存在真相是“物外无物”，没有脱离他者而绝对独立自存的物。“心外无物”不过是在心的视角下表达“物外无物”的局部理论。之所以对“心外无物”产生质疑，是因为总是从客观独立实体来理解物，但事实上不仅心知意身，而且物皆是缺乏绝对客观独立性的关系实体。从彻底的“关系实体”思想来看待“心外无物”，则“心外无物”实质上是一种基于心之投射的存在关系，而非静态的实体包含关系。

外国哲学研究

生态伦理视角下的同情论*

孙金波**

摘　要：人类是情感动物，所有情感的发生机制具有类似特征。将人之情感移情于对象，可以培育出同情心、同理心。自在自然不论有情抑或无情，其生存机制具有内在规定性，同情能够在人与自然之间建立有机联结。自然界不需要过度祛魅，应保持它的自在性、先在性、自然性，人类要敬畏自然。

关键词：同情；动物伦理；祛魅

一、生态伦理中的同情

随着现代化进程的加速，生态问题的广度与深度同时扩大。生态问题的实质是人与自然的关系问题。在这种关系之中，人具有特殊性，人是唯一一种具有自我意识从而使自然对象化的类群体。在一定程度上可以说人是“万物之灵”，具有统治驾驭自然、并为之立法的地位，然而这种应然性不是天然形成的。人在与自然打交道的过程中，主体性逐渐生长进而膨胀及至狂妄自大。尽管主体性发展让我们取得了巨大成就，但我们所生活的环境被破坏确实与之俱来，东西方均如此。西方生态哲学是在全面反思人与自然关系之后所产生的，目的在于调适人与自然之间的关系，生态伦理从中衍生而出，这种伦理学意在把人与人之间的伦理理念扩展到人与自然的宏大叙事之中，用伦理学视角解决生态危机系列问题。

大地伦理、整体主义、生物权利理论甚至是生态权利理论已经把自在之物作为我们的一部分，也把我们视为与之一起的共同体。然而，在“我们”与“它们”之间尚未建立起有机联系，显然缺乏沟通和连接的桥梁。同情具备这个品质，同情以移情作用为基础，是指面对他者的苦难、不幸能够产生关怀、理解的情感反应。同情可以从“我们”中来，进入“它们”的世界，而且在二者之间建立有机联系。之所以如此，在于人不仅具有社会性动物特征，而且是具有同情情感的类群体，且这种特征体现在人类与他者（无论是

---

* 本文为教育部规划课题（21YJA710031）“生态文明视域下现代性反思与重构”的阶段性成果。

** 作者简介：孙金波，温州大学马克思主义学院副教授，主要研究方向为中国传统哲学、马克思主义生态哲学、宗教学。

人类还是非人类）的持续性的相互影响之中，如韩非子所言“参名异事，通一同情”即如此。叔本华对同情的定义：“当为了做某事或停止做某事的终极目的，明确而完全地是为了另外一个仅起被动消极作用的人之祸福打算时；那就是说，当主动一方的人，以其所为或所不为，纯粹、完全地关心另一个人的祸福，并且除去设法使他的家庭不受伤害，甚至提供扶助救济使他得益以外，绝对没有其他目的时。”① 因此，生态伦理中的同情、同情心，可理解为对他者的感同身受，该情感会合乎逻辑、合乎自然地发生。同情的发生属于主体的择善行为，同情心归属于善的大范畴，善是有秩序的安排。苏格拉底强调，善是自由、自制、自主。从人的心灵成长起来的善，其发作如果不曾受到阻碍和压制，那么最终会自觉成为一种美、一种秩序，如此，保护与尊重自然便自然而然地发生。善是心灵自由生长，不受约束。从类群体的演变可见，凡属善的必然促进社会的进步，或其中蕴藏推动社会进步的内核，最终为社会所接受并成为一种共识。原本我们也是大自然的一部分，大自然并未成为“他者”从而是活泼泼的自在状态。随着人类思维的所谓进步，人类的主体性力量发挥到极致，随心所欲开发索取或者将其对象化为人类的一部分，因而把自然的自在状态破坏殆尽，正如我们现在所不能承受之重，都是人类自己肆意作为的结果。

同情的发生机制在人的类群体之间、人与非人类之间具有可推衍性。如休谟所言，人与人之间的同情或移情要经过复制、回忆等过程才能发生。同理可证，对于大自然尤其是动物群体而言，同情的发生也应遵循此机制。譬如，当我们观察到动物受到伤害，动物的表情也是痛苦不堪的，只是它不能用系统化的语言来表达而已。当我们看到一些虐待动物的行为出现时，一张张照片也会引起心理或生理上的某种反应，这种情感可能来自我们的学习、认知或者从社会性活动中得到的经验，一旦触发的因素再次出现，则相应地会产生“同情之默应”的心理或情感，久之，这种情感会固化下来成为人类群体的一部分。可见，同情始自于人类的社会活动之中并得以丰富，同时可以被人类扩充开来，进而扩展到动物界。这需要人的良知良能以及仁爱之心的养成，更需要主体的生态自觉。只有具备了生态自觉，具备生态德性的厚重涵养，才能在处理人与自然（动物）的关系上自觉发挥同情的作用，进而扩展到其他非人的生命体。同情不仅仅是情绪、情感的一种表象，它更是一种实践——情感实践。人通过接纳“他们”认同他者的存在地位，从而移情（其实，动物也许也存在情感）到对方，从而具有共同体的感受。如法布尔所歌颂的蝉，蝉在地下生活四年，也只能在阳光下存在几个月而已。然而这也是动物的一生，也是它们存在的意义。既然人作为共同体之一极而存在，那么他就应该担负“看护”“保护”的责任，如海德格尔所谓即便是“栖居”的过客，也要为子孙后代的可持续发展贡献力量。自然先于人类存在，具有先在性，本体性，则其存在有一定权利。人，诗意栖居的过客而已，没有理由按照自己的意志随意去改变自然的自在状态，这样可能会破坏存在。或者按照主体自我设定的有用、好等价值去开发利用，可最终结果未必符合善与美的要求。所以，同情先在的一切，实质即正确认识自我，认识自我类群体所处的地位、所应采取的态度。

---

① 叔本华：《伦理学的两个基本问题》，任立、孟庆时译，商务印书馆 1996 年版，第 235—236 页。

二、自在之物与同情

阳明先生在其《大学问》中有言“盖天地万物与人原是一体，其发窍之最精微处，是人心一点灵明。风雨露雷、日月星辰、禽兽草木、山川土石，与人原是一体”。自然的一切自在活泼，不依赖于人类。每一事物的荣枯按照自己本来的规律去进行，它们不自觉地发挥着合乎善、美的规定性而整体性地运行发作，就在这种无意识之中，其物种却得以延续。自在之物无目的性、无主体性地自我成长、自我延续，它们不会“入侵”人类的存在范围，而我们在面对它们时应报以同情心、同理心，将其纳入“我们”的视域，所谓“民胞物与”是也。再者，自在之自然物是我们存在的前提条件，人类群体之所以能够繁衍生息、代际不绝，均赖于自然提供的一切支撑。因此，若要使自然永远能够成为我们的来源，必须培养同情心，此同情心不是一般心理层面而是哲学层面上的本体。用同情将主体与客体有机联结和贯通，自然自在与人类之间不是“非此即彼”的关系，而是“即此即彼”不一不二的状态。

那么，必然引发非人的事物是否具有主体性的问题，这也是生态伦理中的难题。笔者认为自然、自在之物有自己的权利。首先，自然先于人类存在，具有先在性，本体性，则其存在有一定权利。人自作聪明地祛魅也可能破坏了存在。即便是按照主体自我设定的有用、好坏等价值去开发利用，最终结果未必符合善与美的要求。再者，非人动物也有情感主体性。不同的事物具有不同水平的能动性。在地球生物圈诸物种中，人类的能动性水平无疑是最高的。人类追求的价值则源自人的意向性活动（包括向往、思恋、评价、欣赏、使用等）。大乘佛教佛性论一切众生皆有佛性甚至草木亦然，可成佛说把“无情有性”发挥到顶点。借鉴此种佛性观念，不仅使人类对无情世界的草木国土不再以万物之灵的征服者自居，还可以使人对有情世界的其他众生平等视之，从而将自然界视为“生命共同体”。草木等可以通过自己的“生住异灭”从而展现其状态，即它们也是有感觉、知觉的，有自己的“情绪”变化。斯尼德用佛教教义与美国印第安原住民的自然观架构建构其生态伦理学说。他认为“草木和动物都是人（people）”，就像人有人权，自然界的一切万物也有其基本权利，如动物有“动物权”，草木有“草木权”，他也相信草木有“解脱的潜力”。佛教认为草木瓦石不但自身有性可成佛，甚至能对有情众生产生启悟的作用，如禅宗所讲的“无情说法”。无情有性和无情说法，可谓是对自然界最高的尊重，与现代人剥削和破坏自然真是不可同日而语。

《道德经》第十六章说“知常曰明，不知常，妄作，凶”。“知常”即了解自然运行规律，否则必然是“凶”的结果。还主张人应时时有关爱、克制的品质。《道德经》六十七章有：“我有三宝，持而保之。一曰慈，二曰俭，三曰不敢为天下先。”慈，即慈柔地对待天下万物；俭，即俭素，克制自己的欲望、保持朴质的本性。这一点对今天的生态主体而言尤其具有警示意义，人应该适当克制自己的欲望，不要肆意掠夺资源，要有“不敢”的境界才行。

如果人类发动情感，自觉体认对方的“感觉”，把各种不舒服都能自觉反射到自身，产生对应的不舒服体验，那么，显然人类的滥杀行为就会减少。这是将动物权的基础建立在对痛苦与快乐的感知上。彼得·辛格（Peter Singer）主张：凡是有感觉能力的动物，不论是人类或非人类，都应该视为在道德上平等的；因此，对于它们的相同利益，都应该给予平等的关心。这里的平等原则是关心的平等，不是对待的平等抑或权利的平等。尽管有时，动物之间的厮杀对我们感官而言是残酷的，其实那是自然自身选择的一种美，唯其如此，整个自然界才能生机勃勃地向前发展。所以，自然的一切存在向我们昭示的就是一种自我的状态，我们只要感同身受也就能体认大自然的深情。从人类自身而言，同情是合乎人性之善的，是一种必然力，它内在于人，自觉推动社会向前。

三、同情而不祛魅

韦伯所谓“祛魅”也即人类在理性驱动下逐渐使自然的秘密被打开，进而使主体性愈加泛滥，终于导致了严重的环境问题。然而，纯客体或者客体的本来存在状态能否被我们所认识？我们认识某一客体所得到的知识是否就是该客体的实际面目？或者说，我们运用所谓科学技术自以为认识客体，所得出的结论能够在何种程度上接近真实？客体是否永远仅仅给我们呈现了某一个侧面？人能否认识自在客体？迄今为止，人类已经依赖于科学技术认识了我们生存世界的很多方面，但笔者以为，我们所认识的只不过是经验到的部分，如佛学所言，只不过是我们心识所感受、所统摄的部分。我们用来分析概括所认识事物的工具具有强烈的主观性，物自体的实际存在状态与我们的认识尚有距离，或许更远。物自体中无情事物如何认识，目前依然没有定论。就自然本身而言，有有生命的部分（动物、植物），也有无生命的部分例如木石山川，有生命、有情识的部分，其感受性容易被我们理解，而另一部分即无情识的部分其具体的感受性无从得知。就世界的整体性而言，生态伦理所关注的对象也涵括这些无生命的部分。从何种角度切入，从何种层面关注这个部分的情况，我们无从得知。它们是否具有存在的权利？谁能站在它们的一极去考量？

康芒纳提出把“自然最了解它自己”作为生态学的第三条规律，不作为比作为要好得多，因为对生态系统的操纵或者干扰常会造成无法预见的灾难性后果。彼特·辛格在《动物解放》一书中推崇不改变环境的方法：“根据过去的记录判断，从长远角度看，改变生态系统的努力所带来的害处都超过益处。缘于此，如果没有其他原因，可以准确地说，除了在极少数和有限的案例中，我们不能，也不要企图去改变自然。”其后，利奥波德在《沙乡年鉴》以及《圆形的河流》中都有较多篇章包含了这种不改变自然、维持现状的思想。利奥波德在《大地伦理学》中提出，尽管普通市民相信科学家是知道自然奥秘的，但“科学家却相信，他不知道，他知道的是，生物机能是如此复杂，以致它的运行原理也许永远都不能被完全理解”①。科学能够解决一部分问题，但永远不能解决所有问题。维特根斯坦在《逻辑哲学论》中也隐晦地表达了类似的观点，他说：“这本书的全部意义可以概括如下：凡能够说的，都能够说清楚；凡不能谈论的，就应该保持沉默。”“说清楚”与“沉默”表明哲学家对人类能力的怀疑，也委婉批评了以人类自我为中心、

① 奥尔多·利奥波德：《沙乡年鉴》，侯文蕙译，译林出版社 2019 年版，第 240—241 页。

人类万能的思想。在《哲学研究》一书中，维特根斯坦宣称，哲学家处理一个问题就像处理一个疾病，此处的“处理”不是真正的治疗，而仅仅是说明问题而已。这种对语言的否定，对哲学虚无之强调，表明了维特根斯坦的“保守主义”倾向。

自然与人同源同体，本是同根生。唯物主义认为，人是进化的产物，人成为人的一切前提即为自然。人必须有机体的存在，有肉体的生命，有能够思维的能力，而且人能够存在，更依赖于空气、土壤、温度、粮食等等，哪一刻能够离开自然的存在？再者，我们所进行的文学、艺术工作也都来源于我们脚下的大地，来源于我们周围的自然。自然从未离开人，从来都在人之中，与人是不一不二的关系。只是在近代西方，人疏离了自然，视之为资源、能源，可任由我们采掘、利用、索取甚至破坏。海德格尔在其《论人类中心论的信》（1946）中说道：“人不是存在者的主宰，人是存在的看护者”，“反对迄今为止的一切人类中心论”。主体性本应是在生产力发展落后时，人应该大力张扬的内容，但如果过了那个度即自然的承受界限，那么其反作用也随之而来。伽达默尔认为，西方现代文明中物统治人，“沉醉于技术的迷梦”“重复强制”“消费强迫”“舆论强迫”“单项行驶的事实强迫”等一系列的“强迫”控制着人们。他批评西方主体性思想的过分膨胀，也盼望有一个“意识的变化”，认为人类不应一味地“沉醉于技术的迷梦”。不仅在环境实践中，在人类的一切现实行为实践中，自我中心的优越感一直在发挥作用，因而导致了生活上物化的消费主义盛行，精神上空虚颓废。同体同源共在的自然，我们应该去保护。因为自然最了解它自己。

中国哲学中的儒释道各家学说也多有同情而推之于自然之上的理论。儒家的“仁本体”论，基于仁体，统摄万物，一体之仁犹如月印万川，把纷繁的对象世界纳入主体视域。陆王心学之处，更加能够通过主体之努力，不但推致客体存在状况，而且视自然之宇宙世界与主体的小宇宙是不二的、相互贯通。道家通过审美、物化，将自然客体拉到主体，或将自己融入对方，或者完全依赖于自然，比如儒家传统伦理之内核的“仁、义、礼、智、信”（五常）实质上就包含了丰富的生态道德要求。“仁”要求将道德扩展到自然事物上，做到爱护自然；“义”要求禁止灭绝自然生物和铺张浪费，做到有益自然；“礼”要求效法天地自然，做到保护自然；“智”要求把握自然规律，做到认识自然；“信”则要求真心对待自然，做到与自然相协和。以“五常”为代表的中国传统伦理，为建设生态文明提供了坚实的哲学基础和思想源泉。中国佛教理论也有自己的圆融理论，比如吉藏在《大乘玄论》“佛性义”章第七门“辨内外有无”中明确声称“草木亦有佛性”，湛然根据天台性具学说，大力倡言“无情有性”。有情无情都可以纳入我们的视界中，不是选择而是一种必然。

人并不是最高存在者，也不是唯一主体，大自然才具有绝对的主体性，大自然是人类生存所绝对依赖的终极实在。自然具有创造性，有运化不已、生生不息、包孕万有的能力。自然永远隐匿着无限奥秘，人类之所知相对于自然所隐匿的奥秘永远只是沧海一粟。同情发自于人这个类主体，有必要且必须推致于它者（客体）之上，才能实现“生命共同体”的可持续存在和发展。

计算伦理学的逻辑基础和博弈模型*

赵　靓　王婧卉　刘伯潇**

摘　要：计算伦理学作为应用伦理学的一个研究方向仍然有很多不同的研究路径。伦理学的问题本质上不是真假判断，而是应该判断，所以模态逻辑中的道义逻辑天然地可以描述伦理问题。应该判断的问题理论上讲都可以使用效用理论来描述，并且伦理学问题的本质是社会参与人个体的应该判断和整个社会的应该判断的冲突，所以伦理学问题本来就是参与人策略互动的博弈模型所描述的问题，因而，伦理学问题可以用道义逻辑来描述，用博弈模型来计算模拟。

关键词：道义逻辑；效用理论；囚徒困境；电车难题

一、计算伦理学的现状和展望

1. 计算伦理学现状

尽管伦理问题可计算化的需求是真实而迫切的，但是“计算伦理学”（Computational Ethics）目前仍然是一个外延不断动态变化、内涵不断丰富发展的伦理学分支。不同的学者对“计算伦理学”研究对象的理解和研究工具的使用也不尽相同。近年来人工智能（AI）再次兴起，国内学者有不少“计算机伦理学”（Computer Ethics）的研究①②，但都

* 本文为湘潭市哲学社会科学规划项目“协议达成的博弈模型在湘潭推动矛盾纠纷预防化解中的应用研究”（2024031）的阶段性成果。

** 作者简介：赵靓，湘潭大学哲学与历史文化学院（碧泉书院）讲师；王婧卉，湘潭大学哲学与历史文化学院（碧泉书院）研究生；刘伯潇，湘潭大学哲学与历史文化学院（碧泉书院）研究生。

① 王正平：《西方计算机伦理学研究概述》，《自然辩证法研究》2000 年第 10 期。

② 詹姆斯·摩尔、正萍：《计算机伦理学中的理性、相对性与责任》，《上海师范大学学报（哲学社会科学版）》2006 年第 5 期。

实际上等同于现在的“人工智能伦理学”（AI Ethics）①②③，这些研究本质上都是把通用计算机或智能决策设备作为研究对象，而不是把逻辑结构、数学模型和计算机模拟作为伦理学的研究工具。这些研究和本文所描述的“计算伦理学”在研究对象和研究工具上截然相反。Segun 着重强调了“计算伦理学”和“人工智能伦理学”在研究工具上的区别④。Aaby 将伦理学可计算的尝试概括为：伦理概念形式化，伦理问题可计算化⑤。本文给出的逻辑框架和博弈模型也是此定义下把伦理问题可计算化的一种方案。

这个框架下的伦理可计算的尝试也有很多不同方案，Anderson 的方案是使用“归纳逻辑编程”（ILP）⑥ 也就是概率的方法训练伦理判断系统，并对一个特定的医疗伦理困境的问题给出了实验报告。其中，伦理判断“对”与“错”的思想来自 Rawls 的论文，其实质是把“允许”和“禁止”的道义判断归结为传统命题逻辑的“真”与“假”。⑦ 针对冲突的伦理判断之间孰对孰错的问题，Anderson 自然地通过以往经验，也就是通过以往人类判断的数据来训练伦理判断系统，从而使得智能决策系统的伦理判断和人类一致。这种智能决策系统的局限是只有在应对静态的伦理问题时才能依据人类的经验来作出判断，但是对于例如自动驾驶这样的复杂多变路况的动态伦理问题就很难发挥作用。

另一种伦理判断的方案是使用“风险管理”（Risk Management）来分析伦理问题，甚至有学者把伦理问题等同于风险管理⑧。风险管理本质上是概率方法在效用理论上的应用，但事实上，基于效用理论的风险管理根本没有解决“公平”和“效用”的伦理冲突，只是先入为主地认为“效用”优先，从而可以把先来的危重症病人的呼吸机撤下来，给次重症病人使用，因为风险管理给出的决策依据仅仅是救更多人可以使社会效用更大，而“先来后到”的公平则无从考量，这种决策显然不是伦理问题的解。即便假设自动驾驶系统可以瞬间计算出驾驶员和行人伤亡的概率和损失预期，那么应该是整体伤亡最小的社会效用最大化优先，还是车主伤亡最小的个体效用最大化优先的问题仍然不是风险管理理论能够回答的伦理问题。也就是说，即使完全不考虑“公平”，只考虑“效用”，那么“个体效用最大化”还是“集体效用最大化”的伦理冲突仍然无法解答。

2. 计算伦理学展望

以上提到的“效用”和“公平”冲突的伦理问题和“个体效用最大化”还是“集体

① 赵汀阳：《人工智能“革命”的“近忧”和“远虑”——一种伦理学和存在论的分析》，《哲学动态》2018 年第 4 期。

② 潘宇翔：《大数据时代的信息伦理与人工智能伦理——第四届全国赛博伦理学暨人工智能伦理学研讨会综述》，《伦理学研究》2018 年第 2 期。

③ 戴益斌：《人工智能伦理何以可能？——基于道德主体和道德接受者的视角》，《伦理学研究》2020 年第 5 期。

④ Segun S T. From machine ethics to computational ethics［J］. AI & Society, 2021, 36（1）: 263-276.

⑤ Aaby A. Computational Ethics. Creative Commons Nathan Abbott Way［J］. Stanford, California 94305, USA.

⑥ Anderson M, Anderson S L, Armen C. An approach to computing ethics［J］. IEEE Intelligent Systems, 2006, 21（4）: 56-63.

⑦ Rawls J. Outline of a decision procedure for ethics［J］. The philosophical review, 1951, 60（2）: 177-197.

⑧ Francis R, Armstrong A. Ethics as a risk management strategy: The Australian experience［J］. Journal of Business Ethics, 2003, 45: 375-385.

效用最大化”冲突的伦理问题，以及普遍意义上道义判断冲突所引发的伦理问题都不可能有一个非此即彼的解决方案。仅仅依靠人类以往经验判断的“归纳逻辑编程”和仅仅依靠风险管理的概率计算效用预期都不是伦理问题所追求的解，即使这两种方案结合也并没有给出问题的解。只有整个社会作为参与人进行充分博弈之后，上述冲突才能实现一个暂时的平衡，也就是说这种平衡是随着社会结构演进而动态变化的，而这个动态平衡才是道义判断冲突引发伦理问题的解。但是社会参与人充分博弈的过程很可能比较漫长并且要以实际的损失作为代价才可能实现暂时的平衡，所以计算机模拟伦理问题中的策略冲突，从而预测动态平衡的变化趋势就是节约社会运行成本的一种手段。

智能决策系统投放社会之前需要进行计算机模拟来预测社会影响的时候“计算伦理学”属于“描述性伦理学”，而政府推出智能决策设备评估标准的时候“计算伦理学”又属于“规范性伦理学”。本文提供的道义逻辑和抽象辩论的逻辑框架可以看成“规范性伦理学”的一种评估工具，而博弈模型的计算机模拟可以看成“描述性伦理学”中的一种预测工具。Ruvinsky 的论文中对“计算伦理学”的定义就是“计算机模拟伦理学理论”①，这实际上仅仅是给出了作为预测工具的“描述性伦理学”的可计算方案，而没有给出作为评估工具的“规范性伦理学”的可计算方案。

用计算机模拟冲突策略在伦理问题的演进过程属于“描述性伦理学”范畴。而政府作为公共管理机构可以参考计算机模拟结果来给出伦理冲突问题的评价标准，借以规范社会上的智能决策设备使用，从而把本来需要社会充分博弈导致的潜在的损失降到最小，这个过程属于“规范性伦理学”范畴。

实际上，“描述性伦理学”和“规范性伦理学”分别对应伦理问题可计算的“自下而上”（Bottom-up）方案和“自上而下”（Top-down）方案。这两种方案并不是互相对立的，而是互补修正的。②③④ 实际上“自上而下”和“自下而上”的过程是一个循环的动态最优化的过程：

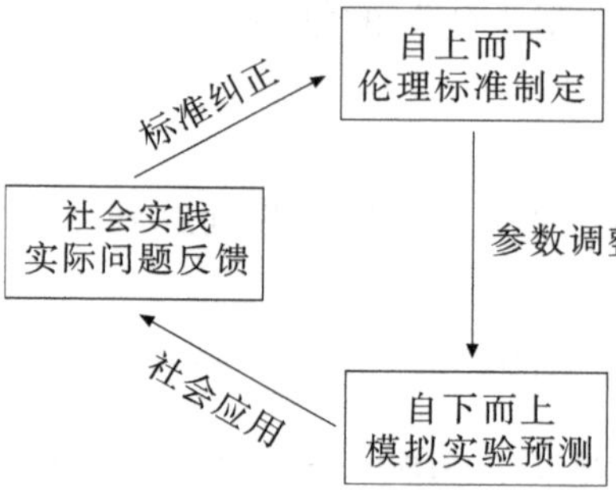

① Ruvinsky A I. Computational ethics [M] //Encyclopedia of information ethics and security. IGI Global, 2007: 76-82.

② Todorovski L. Introduction to computational ethics [M] //Artificial Intelligence, Social Harms and Human Rights. Cham: Springer International Publishing, 2023: 161-179.

③ Wallach W, Allen C, Smit I. Machine morality: bottom-up and top-down approaches for modelling human moral faculties [M] //Machine ethics and robot ethics. Routledge, 2020: 249-266.

④ Allen C, Smit I, Wallach W. Artificial morality: Top-down, bottom-up, and hybrid approaches [J]. Ethics and information technology, 2005, 7: 149-155.

伦理可计算理论的这个动态最优化的循环过程在 Awad 论文中有类似描述，其中，这个循环过程被称为“计算伦理学框架”（Computational Ethics Framework）①，这个框架实际上进一步详细描述了 Aaby 对计算伦理学的定义。本文提出的伦理学可计算方案本质上也符合 Aaby 的定义，但是上文所给出的可计算伦理学的动态优化框架和 Awad 的“计算伦理学框架”有所不同，因为本文并不关注具体伦理学问题的形式化，而是把伦理概念和伦理问题抽象化，只有在进行计算机模拟的时候才形式化具体的伦理概念。

伦理问题可计算的需求出现在“伦理标准制定”和“模拟实验预测”这两部分。本文并不特别关注某个具体的道义命题，而是首先通过道义逻辑中已有的道义模态词来把道义命题抽象成统一的逻辑范式，然后通过抽象辩论中的图论工具把每个道义命题抽象成一个结点，最后论证博弈论作为分析道义命题的计算模型的合理性和可行性。其中，“伦理标准制定”的可计算方案是抽象论辩理论，而“模拟实验预测”的可计算方案是博弈模型。

二、伦理学的逻辑基础

日常用语中伦理和道德是近义词，很多场景下可以相互替换。如果从语用上细分，伦理一般指的是一整套指导人们的行为原则和价值观，而道德则更为经常地用在指导个人行为的道德准则和价值观。换言之，伦理是一套共享的信仰和标准，而道德则更个人化。每一条道德准则实际上是一个“允许判断”或“禁止判断”，而不是一个事实陈述的真假判断。例如：

a. 机动车禁止超速
b. 机动车遇红灯不允许通过
c. 机动车过斑马线应该减速
d. 机动车应该避让行人
e. 机动车不能压实线

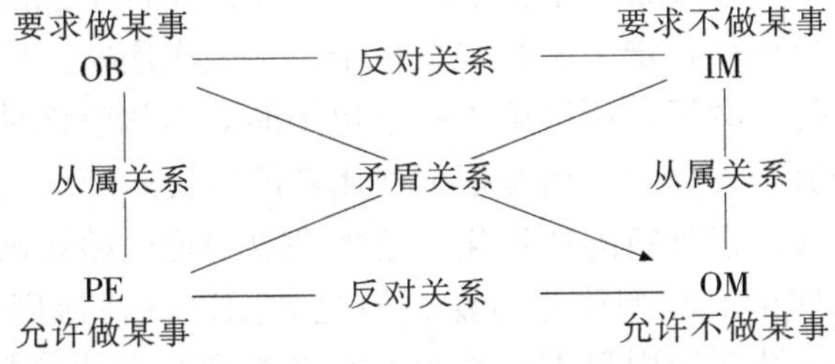

我们看到的这些表述都是日常用语中对道义命题的表述，而道义逻辑可以把这些命题统一归结到一个道义模态词“要求”（Obligatory），因为在给出“要求”这个模态词之后就可以衍生定义“允许”（Permission）：

---

① Awad E, Levine S, Anderson M, et al. Computational ethics［J］. Trends in Cognitive Sciences, 2022, 26（5）: 388–405.

OB Obligatory，即“要求做的”；

PE Permissible，不要求不做的，即“允许做的”，$PEp = \neg OB \neg p$；

IM Impermissible，要求不做的，即“禁止做的”，$IMp = OB \neg p$；

OM Omissible，即“不要求做的”，$OMp = \neg OBp$；

OP Optional，不要求做也不要求不做的，即“可选择的”，$OPp = \neg OBp \wedge \neg OB \neg p$

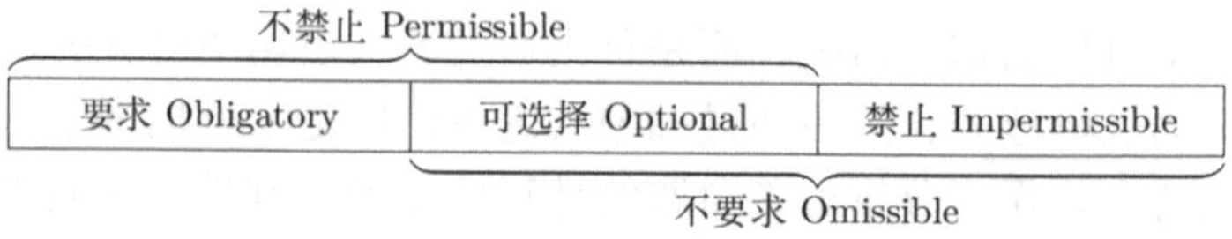

法律上所说的“义务”和“权利”，实际上分别对应的就是“要求做的”（Obligatory）和“允许做的”（Permissible）。我们平时说的“有权利做某事”意思就是“某事是允许做的”，而“有义务做某事”意思就是“某事是要求做的”。“很多人对目前我国刑事诉讼中的司法解释应不应该这么做，能不能这么做，争论很多，其中一个原因就是它有造法的功能。”① 其中“应该不应该”和“能不能”在日常用语中有时候表示“权利”，有时候表示“义务”，从而留下了巨大的司法解释空间，在司法实践中实际上起到了立法的作用。

三、伦理学的博弈模型

博弈论模型的实例经常是经济学中的效用理论给出的。经济学中的效用（Utility）在博弈论中也称为收益（Payoff），这个收益可以是正值，也可以是负值，当收益是负值的时候也就等于说是损失。经济学中的效用本质上衡量的是个体主观满意程度或者需求的紧迫程度，在经济学中最广为认知的一个关于效用的原理就是“边际效用递减”规则，而最经典的例子就是第一个包子和第十个包子的例子。在人非常饥饿的状态下，第一个包子带来的满足感和需求的迫切性肯定大于第二个包子，并依次递减。假设吃第十个包子时已经十成饱，再吃下去就是受罪了，所以第十一个包子的效用就应该是负值了。包子的效用并不是按照包子本身价值来计算的，而是根据使用者的感受来定义的。而现实情况中，个人对于某种情况的感受往往很难精准地量化，这也是效用理论始终被诟病的原因之一。博弈论中虽然借鉴了效用理论的模型构建方法，但是效用理论在博弈论中并不是不可或缺的。实际上，效用理论在博弈论中只不过是为了举例方便和量化分析而采用的一种工具，理论上讲，博弈论可以完全不使用效用理论而完全使用偏好理论来展开论述。

下面以博弈论经典的囚徒困境问题来说明效用和偏好的关系②。假设共犯参与人 1 和

① 王敏远：《2012 年刑事诉讼法修改后的司法解释研究》，《国家检察官学院学报》2015 年第 1 期。

② 赵靓、邹崇理：《伦理学视角下的囚徒困境——博弈论在伦理学应用一例》，《重庆理工大学学报（社会科学）》2017 年第 4 期。

参与人 2 都已经归案，现在分别审理。如果两个共犯都嘴硬，也就是保持沉默，那么证据不完整导致量刑定罪的结果只能是每个人都判刑 2 年；而如果一方主动坦白罪行，而另一方却仍然嘴硬保持沉默，那么坦白的一方可以减刑到 1 年，而由于一方坦白而获得更多的证据就可以给不配合的嘴硬一方判刑 5 年；而如果两个人都主动坦白罪行，那么双方都同样有减刑考量，但是双方的坦白使得证据更加完整，这样就可以共犯双方都判刑 3 年。(见表 1)

		参与人 2	
		沉默	坦白
参与人 1	沉默	$(-2,-2)$	$(-5,-1)$
	坦白	$(-1,-5)$	$(-3,-3)$

表 1　囚徒困境博弈

这个博弈总共有四种结果：

		参与人 2	
		沉默	坦白
参与人 1	沉默	(沉默，沉默)	(沉默，坦白)
	坦白	(坦白，沉默)	(坦白，坦白)

表 2　囚徒困境博弈的四种

从参与人 1 的角度来看（沉默，沉默）这个结果的效用是-2，（沉默，坦白）这个结果的效用是-5，（坦白，沉默）这个结果的效用是-1，（坦白，坦白）这个结果的效用是-3。从参与人 2 的角度来看（沉默，沉默）这个结果的效用是-2，（沉默，坦白）这个结果的效用是-1，（坦白，沉默）这个结果的效用是-5，（坦白，坦白）这个结果的效用是-3。

如果参与人 2 始终嘴硬保持沉默，参与人 1 也保持沉默，将实现结果（沉默，沉默），从而参与人 1 获刑 2 年；而如果参与人 1 坦白的话将实现结果（坦白，沉默），那么参与人 1 将获刑 1 年。为了利益最大化，参与人 1 此时就应该坦白。如果参与人 2 已经坦白，那么参与人 1 还保持沉默的话将实现结果（沉默，坦白），从而参与人 1 获刑 5 年；而如果参与人 1 也坦白，则将实现结果（坦白，坦白），那么参与人 1 将获刑 3 年，为了利益最大化，参与人 1 此时就更应该坦白。也就是说，无论共犯参与人 2 是坦白还是沉默，出于利益最大化的考量，参与人 1 都会坦白。同样的推理也适用于参与人 2，从而囚徒困境的唯一结果只能是（坦白，坦白）。

囚徒困境这个例子实际上每天都发生在我们身上，即使我们并不是囚徒。因为实现囚徒困境的条件只需要双方结果符合一个常见的规律就可以。人与人之间的合作或背叛的结果往往是背叛一方获得最大的收益，而另一方受到最大损失；互相背叛的情况下双方都有较小的损失；而互相合作的情况下双方都有较大的收益。具体到囚徒困境博弈而言，我们可以抽象地认为双方参与人组合出四种博弈结果：

		参与人 2	
		策略 1	策略 2
参与人 1	策略 1	结果 1	结果 2
	策略 2	结果 3	结果 4

表 3　囚徒困境博弈推广的一般策略和一般结果

那么，参与人 1 的结果偏好是：

结果 3 > 结果 1 > 结果 4 > 结果 2

而参与人 2 的结果偏好是：

结果 2 > 结果 1 > 结果 4 > 结果 3

也就是说，只要支付函数的效用设定符合上述偏好的设定，那么这个博弈就可以叫作“囚徒困境”，而不必一定是囚徒才会碰到的博弈。我们只不过用“囚徒困境”这个例子来代表所有人际交往之中符合相应偏好设定的博弈。这个博弈之所以被称为“困境”，是因为四个结果中对于双方参与人而言明明有比（坦白、坦白）更好的结果（沉默，沉默），但是在参与人个体利益最大化的假设下却无法实现。但现实中人与人之间并不会一直都是出卖和背叛，反而是忠实和协作更常见。那么，我们就需要了解协作出现的可能条件和社会中普遍存在的协作关系形成的动态机制，这方面的研究也是博弈论研究的一个热点，本文并不展开讨论，但是本文主题的研究并没有获得伦理学界的足够关注，却显然是一个明确而重要的伦理学问题。

通过前面道义逻辑的介绍，我们可以看到，伦理学实际上的研究对象是“道义命题”，也就是“应该判断”，“应该判断”不同于命题逻辑中的“真假判断”。伦理学中面对的问题都是“应该”和“不应该”的问题。老人摔倒了，扶还是不扶？问的不是真假，而是应不应该。有人觉得应该，有人觉得不应该，不同的人可能给出不同的判断，那么，整个社会作为一个判断主体能否给出一个应该或不应该的判断来反映社会中所有人不同判断的集体偏好就是伦理学要回答的问题。而博弈论中计算参与人收益的支付函数就是效用理论的应用。使用效用理论的好处是定性的偏好设置可以描述成定量的效用，虽然这个效用很难在社会调查实践中获得准确数据的支持，但是现代社会计算能力的爆发式增长使得单位或个人的研究有可能模拟所有可能的数据情况，不但能解释已经发生的博弈现象，还能够预测可能的博弈结果。

四、理论问题可计算的现实需求

1. “电车难题”的现实版本

“电车难题”是一个哲学思维实验，经常被用来探索在面对不可避免的伤害或损失的情况下给出决策的伦理问题。[①] 它最初由哲学家菲利帕·福特（Philippa Foot）在 1967 年

① Foot P. The problem of abortion and the doctrine of double effect [J]. Oxford, 1967, 5: 5-15.

提出，此后已成为伦理学和心理学中一个众所周知且广泛讨论的假想案例。但是，随着智能设备的不断普及和汽车自动驾驶系统的决策权限不断提高，“电车难题”已经不仅仅是一个抽象的哲学问题，而是一个我们现在每天都面对的现实问题。比如我们可以考虑下面的情况：

当一辆轿车处于自动驾驶状态，一辆失控的卡车迎面而来，左侧隔离带无法逾越，右侧便道上行人如织。要闪避卡车保护轿车唯一驾驶员的话，就只能到便道上紧急避险，但是将造成众多行人伤亡，比如说会造成五个行人死亡。要避免造成行人伤亡就只能牺牲轿车唯一驾驶员，也就是说，轿车要接受卡车的正面碰撞。

轿车驾驶员一个人是无辜的，而五个行人也是无辜的。面对不可避免的事故，如果自动驾驶程序决定避开行人而牺牲驾驶员，那么这样的汽车以后还是否有人敢开？如果自动驾驶程序为保护驾驶员而冲上便道紧急避险从而造成行人伤亡，那么车辆监管部门是否能允许这样的汽车上路？如果允许这样的车上路，是否还有人敢在便道上行走？

关于“电车难题”和汽车自动驾驶系统中紧急避险的智能决策系统具体应该符合哪种伦理体系，现在仍然没有一个标准答案。实际中复杂的交通情况使得“电车难题”有无数的变化形式。随着自动驾驶系统的自主决策权限的不断提高和应用的广泛普及，目前已经有不少相关研究在讨论这个既哲学又现实的问题。牛津大学出版社 2022 年出版的 *Autonomous Vehicle Ethics*: *The Trolley Problem and Beyond*（Jenkins）收录论文 26 篇，分为三个部分。第一部分 16 篇，具体讨论“电车难题”和汽车自动驾驶系统；第二部分 5 篇，从哲学视角进行讨论；第三部分 5 篇，从技术视角进行讨论。除了此书收录的论文以外，近年来相关研究也集中涌现。[①] 根据 Nyholm 的看法，他从认知角度区分了自动驾驶系统和哲学上“电车难题”的道义责任和法律责任[②]。而 Woolard 区分了在自动驾驶系统和“电车难题”中的“允许行为”和“实践行为”的关系，并着重讨论程序员、车辆厂商、驾驶员与车主的责任划分问题[③]。

2. 广义“电车难题”和通用人工智能

本文并不专门讨论现实自动驾驶车辆所引发的“电车难题”，因为电车难题代表了所有效用和公平的伦理学冲突。现实中还有很多这一类伦理冲突的问题。

印度新冠疫情刚暴发的时候，抢救重症病人的呼吸机相对短缺，如果一个重症病人占用 10 小时呼吸机能挽回生命，但是另外五个只需要 2 小时呼吸机就可以挽回生命的次重症病人就会死去，那么，呼吸机是按照“先来后到”的原则分配使用，还是按照能最大化救治人数来分配？这就是“电车难题”所描述的效用和公平的伦理冲突问题。如果再考虑被救治者的年龄、性别、身份等因素，那么就必须根据更多的参数给出医治顺序，而

---

① Jenkins R, Autonomous vehicle ethics: The trolley problem and beyond [M]. Oxford University Press, 2022.

② Nyholm S, Smids J. The ethics of accident-algorithms for self-driving cars: An applied trolley problem? [J]. Ethical theory and moral practice, 2016, 19 (5): 1275-1289.

③ Woollard F. The New Trolley Problem: Driverless Cars and Deontological Distinctions [J]. Journal of Applied Philosophy, 2023, 40 (1): 49-64.

这正是战地救护中广泛适用的“检伤分类”①。

智能系统已经在交通、医疗、商业、工业、军事等领域广泛应用。并且由于很多决策过程需要瞬间完成，所以人类不得不给智能系统更多的决策权限，这些智能设备的决策有些时候是生死攸关的。现代生活中智能设备的种类不断增多，智能系统的决策即使并不十分紧迫，决策结果也未必会有严重后果，但是这些智能系统也需要不断作出相应的道义判断，从而可能引发相关的伦理冲突。尤其是基于自然语言处理的通用人工智能（AGI）更是把这种伦理冲突扩散到人类生活的方方面面。

非营利组织 OpenAI 在 2022 年底推出 ChatGPT 之后，通用人工智能（AGI）立刻成为全球瞩目的焦点。AlphaGo 是谷歌开发的专门用来下围棋的人工智能。汽车自动驾驶系统是专门用来驾驶车辆的人工智能。而通用人工智能的目标并不是局限于专一领域的智能决策，而是有学习任何知识的能力，同时有解决任何问题的潜力。ChatGPT 已经被用来进行法律咨询、医疗咨询、健身咨询、旅游咨询等任何领域的咨询。ChatGPT 甚至可以比较出色地完成编写剧本、编写程序、绘制插图等更复杂的任务。2023 年 3 月份推出了 ChatGPT 的第四代语言模型 GPT-4。根据 OpenAI 官方报告②，GPT-4 以前 10%的优异成绩通过美国司法考试，同时在美国高考 SAT 中的各科成绩也名列前茅。GPT-4 不但在历史、生物等侧重知识类的科目中都拿到了最高档的考试成绩 5 分，而且相对于 GPT-3.5 而言，GPT-4 微积分预科和化学预科的成绩都有明显进步，拿到了 4 分。特别要说明的是 GPT-4 在这些考试中完全是“裸考”，也就是说 GPT-4 并没有专门使用考试内容的语料来训练。

当类似 ChatGPT 一样的通用人工智能面对“如何制造爆炸物”“如何每天瘦 1 公斤”“如何通过网络购买烟草”“安眠药的致死剂量”等问题的时候该如何判断潜在的风险，如何回应这类问题就需要进行道义判断。无论是进行专门工作的智能设备，还是有更广泛应用场景的通用人工智能，当这些智能系统给人类提供建议，甚至代替人类作出决策的时候，其实是在进行“允许”和“禁止”的判断，其中每一个这样的判断都是伦理中的一个道义命题。生活生产活动中智能决策设备的使用越来越普及，我们需要对这些设备在应用中的道义判断有政府统一的伦理评估标准，而制定这样的标准往往需要对智能系统之间的道义决策能够利用计算机模拟进行预测，所以伦理学有可靠的逻辑基础和可计算的数学模型就成为一个既有哲学思辨又有实际应用的研究热点。

五、结语

用效用和计算来研究伦理问题本身也是一个伦理问题。北宋李觏在《原文》中实际上直接回答了这个问题。

> 利可言乎？曰：“人非利不生，曷为不可言？欲可言乎？”曰：“欲者人之情，曷

---

① Baheti A D, Nayak P. Covid-19 in India: oxygen shortages and a real world trolley problem [J]. bmj, 2022, 376.

② Achiam J, Adler S, Agarwal S, et al. Gpt-4 technical report [J]. arXiv preprint arXiv: 2303.08774, 2023..

为不可言？言而不以礼，是贪与淫，罪矣。不贪不淫而曰不可言，无乃贼人之生，反人之情？世俗之不喜儒，以此。”

李觏认为孟子“何必曰利”的说法是自相矛盾，因为“仁义”二字本身就充满功利的算计。李觏不仅竖起了“理在欲中”的大旗，甚至直截了当指出儒家说的“仁义”本身还是功利。

宰我出，子曰：“予之不仁也！子生三年，然后免于父母之怀。夫三年之丧，天下之通丧也，予也有三年之爱于其父母乎！”

上文出自《论语·阳货篇》中著名的“宰我问孝”，其中孔子对“三年之丧”的解释是作为父母在自己出生头三年全身心养育的回报，先不说这种解释是否合理，这种“欠三年还三年”说法就显得功利算计得太计较，量化得有点太随意了。

儒家讲授孝道的《孝经》更是从规则制定者的角度说明了调节博弈中的收益和损失来实现预期博弈结果的思想：

先王见教之可以化民也。见因天地教化，民之易也。是故先之以博爱，而民莫遗其亲。君爱其亲，则人化之，无有遗其亲者。陈之于德义，而民兴行。陈说德义之美，为众所慕，则人起心而行之。先之以敬让，而民不争。君行敬让，则人化而不争。导之以礼乐，而民和睦。礼以检其迹。乐以正其心，则和睦矣。示之以好恶，而民知禁。示好以引之，示恶以止之，则人知有禁令，不敢犯也。

回顾前文囚徒困境的例子，可以发现各国都实践的“认罪协商”制度就是在调节博弈中的收益和损失，甚至“坦白从宽，抗拒从严”这句话本身就是在协商收益和损失来引导参与人的行为，最终实现预期的博弈结果。

总之，伦理问题的描述从逻辑上讲是道义命题的应该判断，伦理问题的论证从计算上讲是博弈论的数学模型，而效用理论天然的应用在于对伦理问题的分析。

“俄国问题”的复杂性阐释

喻　卿*

摘　要：“俄国问题”是指俄国能否跨越、如何跨越资本主义“卡夫丁峡谷”及其理论依据的问题。马克思主义经典作家对这一问题的理解体现出历史唯物主义的复杂性：在自组织性方面，它体现为其依赖于系统自身的社会历史特殊性及在其基础上形成的自组织能力；在开放性方面，它体现为其作为世界革命和社会发展系统的一部分，与西方革命之间是相互影响的关系；在不可预见性方面，它体现为俄国社会内部复杂的社会矛盾关系以及与西方相互影响的复杂关系决定了解决这一问题的不确定性。把握理解“俄国问题”的复杂性意蕴，对于人们在社会历史发展中处理好社会存在和社会意识、事物内部与外部之间的辩证关系，以及树立正确的历史观具有重要意义。

关键词：俄国问题；复杂性；自组织性；开放性；不可预见性

十月革命胜利后，世界上第一个社会主义国家诞生了，在理论上引起了众多西方学者对马克思主义关于人类社会历史规律论的责难和质疑，也开启了马克思主义学者对如何理解“俄国问题”的探讨。“俄国问题”即俄国能否跨越、如何跨越资本主义“卡夫丁峡谷”及其理论依据的问题，是指俄国能否在不经历资本主义本身带来的破坏性因素的同时，占有资本主义发展带来的一切优秀成果的问题。对于“俄国问题”的探讨，在哲学上关键是要认识到马克思对黑格尔辩证法“颠倒”的重要意义，“对于我们如何对待黑格尔的辩证法这一表面上看来是形式的问题，而实际上是本质的问题”①。马克思对辩证法的“颠倒”，体现了历史唯物主义的复杂性；虽然马克思主义经典作家在其文本中并没有明确提出“复杂性”这个词，但如埃德加·莫兰所言，马克思主义关于人类社会发展的认识一开始就建立在复杂性问题之上，包含着深刻的复杂性意蕴。② 对俄国问题的理解，生动地体现了马克思主义经典作家考察社会历史的复杂性维度。这对于当前进一步理解历史唯物主义和经济发展落后国家的社会现代化建设具有重要启示。

---

* 作者简介：喻卿，湘潭大学哲学与历史文化学院（碧泉书院）讲师。

① 中共中央马克思恩格斯列宁斯大林著作编译局：《马克思恩格斯文集》第1卷，人民出版社2009年版，第197页。

② 埃德加·莫兰：《复杂思想：自觉的科学》，陈一壮译，北京大学出版社2001年版，第272页。

一、自组织性：俄国跨越资本主义"卡夫丁峡谷"的基础维度

所谓自组织性指在面对各种复杂情况时，事物在不需要外界指令的前提下能够按照自身的情势和规则形成某种有序结构的特性。这表明作为独立存在的事物的发展具有它内在的特殊性。在进行科学研究时，人们往往习惯于回到事物的原点，找出决定其运动、变化和发展的确定联系和规律，以便据此为其所用。这是人以自己的主体维度，对事物预先作出主观判断的结果，即习惯于把事物看作被动的组织即一种他系统的过程，认为它们没有自己的主动性，仅仅把其看作主体客体化的结果。他组织系统原则是哲学上的机械决定论，认为事物必须靠外部的特定指令才能向有序演变和进化。但事实上，事物是客体和主体的统一，它有自己的自主性，它作出反应的过程是事物自组织的过程。因此，这在理论上不仅反驳了机械决定论的被动客体原则，也驳斥了哲学上的理性主义和人类中心主义；而在实践方面，"有时应想到为了适应于更好地改造对象首先必须改组自身"①，注重事物本身的自组织性考察，提高事物自身的自组织能力。

关于"俄国问题"即俄国能否跨越资本主义"卡夫丁峡谷"，马克思主义经典作家一致认为其根本依赖于俄国自身所存在的社会历史特殊性，依赖于其内含的自组织性和所拥有的自组织能力。1881 年在回复维·伊·查苏利奇关于俄国农村公社及其历史命运的问题时，马克思曾强调，俄国是"各种独特情况的结合"②，它的"历史环境是独一无二的"③。

第一，经济发展和政治制度，是考察俄国能否跨越资本主义"卡夫丁峡谷"的根本问题所在。虽然俄国的农村公社在欧洲作为与资本主义生产共存的唯一形式，是其占有资本主义积极成果、跨越资本主义"卡夫丁峡谷"的重要基础；但这一因素也可能成为公社走向解体的"直接推手"。在俄国经济、政治和社会等方面整体落后的背景下，公社成员成为备受国家和社会多方力量压迫的对象。对此，恩格斯曾在《流亡者文献（五）》即《论俄国的社会问题》中作了详细的分析。土地是农民生存生活之根本；但在俄国，农民在人均占有的土地数量和质量方面都要比贵族差很多；为了获得足够的粮食维持生活，农民有时不得不向土地投机商租借土地，但这些土地基本上是贫瘠的、不易产粮的小地块。重要的是，农民还需要向国家缴纳捐税；当农民无法缴纳时，粮商和高利贷者就想尽办法通过压低价格收购农民粮食和高额利息借贷给农民等方式来压榨农民。恩格斯感叹，"没有任何一个国家像俄国这样，当资产阶级社会还处在原始蒙昧状态的时候，资本主义的寄生性便已经发展到了这样的程度，以致整个国家、全体人民群众都被这种寄生性

---

① 陈一壮：《包纳简单性方法的复杂性方法》，《哲学研究》2004 年第 8 期。

② 中共中央马克思恩格斯列宁斯大林著作编译局：《马克思恩格斯文集》第 3 卷，人民出版社 2009 年版，第 571 页。

③ 中共中央马克思恩格斯列宁斯大林著作编译局：《马克思恩格斯文集》第 3 卷，人民出版社 2009 年版，第 579 页。

的罗网覆盖和缠绕”。[①] 正是俄国低下的社会发展程度和资本主义因素渗入的相互配合，构成对其农村公社保留下去的根本威胁。

第二，俄国社会生产生活中的劳动组合形式和相互合作方式，是其跨越资本主义“卡夫丁峡谷”，实现未来社会共同劳动的有利条件。在马克思恩格斯看来，在未来社会里，由于社会共同占有生产资料，因此在不同的部门中，人们都是以共同劳动的方式进行生产，并在此基础上进行生活资料的分配。虽然农村公社的土地公有制和在公共工程、公益事业方面通力合作的方式，提供了俄国人民进行集体劳动的必要性，加上土地平坦广袤的天然优势，也提供了进行集体劳动的有利条件；但“这种形式在俄国占有优势当然证明俄国人民有着强烈的联合愿望，但这还远不能证明他们靠这种愿望就能够从劳动组合直接跳入社会主义的社会制度”。[②] 因为这种劳动的组合形式只是社会处在极不发达的发展阶段时，人们为了维持自身基本的生存生活需要而自发形成的一种形式，是人们结合成社会共同体共担风险的保守性产物，掺杂着人们的私有观念。而工人劳动组合是这种不发达社会发展阶段劳动组合形式在现代社会的发展，虽然它具有资本主义非人道的剥削性质，但是其自担风险性和经营性特点却是俄国传统农村公社所不具备的。俄国社会生产生活的劳动组合形式和相互合作方式要真正成为跨越资本主义“卡夫丁峡谷”的有利条件，必须在汲取现代资本主义优势的基础上才是可能的；而这一点，才是考察它作为进入未来社会有利因素的关键问题之所在。

俄国在生产力和生产关系方面形成的独特历史背景造就了其特有的社会政治历史秩序，这体现了其在面对各种复杂情况的自组织能力，彰显了其作为相对独立的社会系统的自组织性。这也是马克思在讨论俄国问题时强调的，必须“把这一运动的‘历史必然性’（即人类社会历史发展阶段论，笔者注）限制在西欧各国的范围内”[③] 的原因所在。然而马克思恩格斯认为，虽然俄国的农村公社是被寄予厚望的、能够帮助俄国实现跨越的社会组织基础，但其实它并不是想象中那种完全符合未来社会的东西。虽然俄国的农村公社不是原始意义上的氏族公社，不再局限于血缘关系，耕地的公有化和房屋及其附属物的私有化有利于公社基础的稳固和人的个性发展，但公社本身还处在不发达的社会发展阶段。毕竟历史较低阶段的事物不可能直接成为解决历史较高阶段问题的“钥匙”，这也是马克思恩格斯批判特卡乔夫、赫尔岑和车尔尼雪夫斯基等人的原因所在[④]。而且，俄国农村公社具有原始公社共同的特征——孤立性，即它在社会经济方面是相对独立的生产生活共同体——这种特性使得它在特定的社会经济发展阶段能够自给自足，但是也造就它的软弱性，即它很容易受到外在因素的冲击——在这里，主要是指资本主义因素的渗入。因此，恩格

① 中共中央马克思恩格斯列宁斯大林著作编译局：《马克思恩格斯文集》第 3 卷，人民出版社 2009 年版，第 392 页。

② 中共中央马克思恩格斯列宁斯大林著作编译局：《马克思恩格斯文集》第 3 卷，人民出版社 2009 年版，第 395 页。

③ 中共中央马克思恩格斯列宁斯大林著作编译局：《马克思恩格斯文集》第 3 卷，人民出版社 2009 年版，第 570 页。

④ 特卡乔夫、赫尔岑和车尔尼雪夫斯基等人都是马克思、恩格斯在分析俄国问题时所批判的人物，他们基本上都直接把俄国的农村公社作为实现未来共产主义社会的基础。

斯说，"俄国的农民公社本身，在1861年就已经是这种共产主义的比较衰弱的形式"[①]，"这样，俄国在短短的时间里就奠定了资本主义生产方式的全部基础。但是与此同时也就举起了连根砍断俄国农民公社的斧头"。[②]

因此，为了防止俄国农村公社在资本主义的冲击下而瓦解、保留其作为实现"跨越"的社会组织基础，必须提高俄国作为独立社会系统的自组织能力；而要提高这种能力，"首先必须排除从各方面向它袭来的破坏性影响，然后保证它具备自然发展的正常条件"[③]。这种破坏性影响来自俄国内部落后的社会条件和外部的资本主义因素，虽然这两个方面本身也会自组织成一个系统而发挥作用，但是如果任由其自发发展，"它（指俄国，笔者注）将会失去当时历史所能提供给一个民族的最好的机会，而遭受资本主义制度所带来的一切灾难性的波折"。[④] 因此要从根本上改变俄国这一自组织系统发挥作用的方式和方向，必须发挥人们的自觉自主性和主观能动性，"要挽救俄国公社，就必须有俄国革命"。[⑤]

二、开放性：俄国跨越资本主义"卡夫丁峡谷"的关系维度

马克思恩格斯指出，在既有的社会历史条件下，资本主义的发展必然会导致俄国农村公社的瓦解，使其不能跨越资本主义"卡夫丁峡谷"；但是他们并不否认俄国作为落后国家要向前发展，必须学会吸收和占有资本主义的积极成果。当然为了不致再次遭受资本主义所经历的那些灾难，这种吸收和占有应该是有意识、有计划和有限度的。因此，俄国作为一个相对独立的社会系统，要提升自身的自组织能力以保留农村公社作为其实现"跨越"的社会基础，必须发挥自己的自觉能动性即进行社会革命，这是社会系统自组织地维持和进化的内在根据。虽然社会意识能够反作用于社会存在，但社会意识从根本上也受制于社会存在。因此对于俄国来说，它要进行社会革命，就不仅仅要发挥无产阶级自身的能动性，而且还要考虑到它当下所处国内和国际两个方面的客观历史条件；特别是要把它自己放到一个系统的复杂性视域中去考察，认识到社会要得到发展必须秉持它作为系统的那种开放性。

开放性是事物向外敞开的一种特点和状态，它表明事物并非一个内在封闭的结构和离群索居的存在，而是在与外界环境相互联系、相互作用的过程中得以产生和发展的。虽然事物总是作为一个独立的自组织系统而存在，但是这种独立性从根本上来说并不是绝对

---

① 中共中央马克思恩格斯列宁斯大林著作编译局：《马克思恩格斯文集》第4卷，人民出版社2009年版，第459页。

② 中共中央马克思恩格斯列宁斯大林著作编译局：《马克思恩格斯文集》第4卷，人民出版社2009年版，第464页。

③ 中共中央马克思恩格斯列宁斯大林著作编译局：《马克思恩格斯文集》第3卷，人民出版社2009年版，第590页。

④ 中共中央马克思恩格斯列宁斯大林著作编译局：《马克思恩格斯文集》第3卷，人民出版社2009年版，第464页。

⑤ 中共中央马克思恩格斯列宁斯大林著作编译局：《马克思恩格斯文集》第3卷，人民出版社2009年版，第582页。

的，而是相对的。事物相对独立性的呈现和自组织能力的形成，是建立在事物作为系统的那种开放性特征的基础上的。

就事物与高层次系统的关系来说，它表明具有自组织性的事物是高层次系统的整体中的一部分，高层次系统的整体功能和发展规律是组成该系统的一切要素、单元和子系统相互依存、渗透、融合和制约的结果。在谈到整个世界与俄国在社会历史发展方面的关系时，马克思指出，虽然不能教条地用一般社会历史发展理论来分析俄国的问题，但“俄国不是脱离现代世界孤立生存的”①；相反，它是与整个现代世界系统地联系在一起的，它的社会历史发展是整个世界社会历史发展不可分割的一部分。而在谈到世界革命与某个国家革命的关系时，马克思恩格斯主张“同时胜利论”，即“在世界政治事务相互作用法则的影响下，一国如果发生革命，必将迅速波及其他国家，形成一种普遍的革命链条，最后汇成国际社会主义革命的总浪潮”②。当然这里的“同时”，更多地指向世界历史的终极意义，而不是具体革命时间的“同时性”。因为从现实上来讲，这也是不现实的；而这恰恰与其所理解的建立在生产力高度发达和普遍的世界交往关系条件下的人类解放理论是一致的。这与列宁的“一国胜利论”并不是不一致的，后者更多地指向革命胜利的暂时性，这从后来苏东剧变的历史事实可以得到领会。在具体谈到世界社会主义革命与俄国革命的关系时，列宁则谈到，俄国无产阶级革命对世界社会主义革命具有前提性的重要意义：由于俄国当时历史条件的特殊性，“使得俄国无产阶级在某一时期，可能是很短暂的时期内成为全世界革命无产阶级的先锋”，而其大规模的社会革命也必然会使其“变成全世界社会主义革命的序幕，变成进到全世界社会主义革命的一级阶梯”③；而在俄共（布）第七次代表大会的开幕词中，列宁又再次明确世界革命对俄国革命的意义，“俄国无产阶级的运动和革命仅仅是世界无产阶级革命运动的一部分……只有从这个角度来看问题，我们才能确定自己的任务”④。可见，俄国革命与世界革命之间是相互依存、相互影响的关系，这体现出它作为具有自组织性的系统的开放性特征之一。

就事物与同层次系统的关系来说，事物必须“要与外界环境即自然生态环境不断地进行物质、能量和信息的交流，以便输入负熵流和向自然环境排泄熵流”⑤；只有这样，它才能够减少系统自身内部的不确定性，以便更好地得到维持和进化。虽然马克思恩格斯前面谈到吸收西方资本主义的先进成果对于俄国实现“跨越”具有重要意义，这是事物与外界进行要素交换以获得进化的物质基础，但是他们始终强调这种物质基础要发挥其应有的作用必须以社会革命为基点，这是俄国公社得以改造的“首创因素”和“先决条件”⑥。然而，社会革命的发生依赖于西方革命对俄国革命的影响。在《共产主义原理》中，恩格斯指出，“如果现在英国或法国的工人获得解放，这必然会引起其他一切国家的

① 中共中央马克思恩格斯列宁斯大林著作编译局：《马克思恩格斯文集》第 3 卷，人民出版社 2009 年版，第 571 页。

② 张光明：《关于所谓“跨越资本主义卡夫丁峡谷设想”的真相》，《当代世界与社会主义》2003 年第 1 期。

③ 中共中央马克思恩格斯列宁斯大林著作编译局：《列宁全集》第 29 卷，人民出版社 1985 版，第 90—91 页。

④ 中共中央马克思恩格斯列宁斯大林著作编译局：《列宁全集》第 29 卷，人民出版社 1985 版，第 339 页。

⑤ 李永胜：《关于社会系统复杂性的哲学思考》，《系统科学学报》2006 年第 2 期。

⑥ 中共中央马克思恩格斯列宁斯大林著作编译局：《马克思恩格斯文集》第 4 卷，人民出版社 2009 年版，第 457 页。

革命，这种革命迟早会使这些国家的工人也获得解放"①；而在《〈论俄国的社会问题〉跋》中，他进一步谈到了西欧无产阶级革命对俄国社会改造所具有的"榜样和积极支持"② 的作用。那至于为什么说西欧的革命能够发挥先锋和榜样作用，这是由社会历史发展阶段的不同程度所决定的，即较低社会发展阶段不能解决较高社会发展阶段所产生的问题，但是较高社会发展阶段却可以为较低社会发展阶段的问题提供借鉴和支持。虽然马克思恩格斯曾由于俄国社会的落后性而认为它不可能发生革命，但是到了19世纪70年代，随着俄国革命形势的加速发展，恩格斯又认为"这个革命单只由于……它会一举消灭欧洲整个反动势力的迄今一直未被触动的最后的后备力量"③，所以它必然会对欧洲社会的改造具有整体性和全局性的意义。后来列宁在分析俄国革命时，也强调它对于西方革命的补充和支持作用。俄国革命与西方革命之间的相互影响关系，体现了系统开放性特征的另一个方面。

由此可见，事物的自组织能力不是其系统内部单一运动的简单结果，而是在与外界多层次系统的相互影响和相互作用中得到改造和提升的；妄想仅仅依靠事物自身内部的力量来改造事物的方式，在哲学上是一种典型的形而上学。这说明理解一个国家或民族的社会历史发展时，应该赋予历史唯物主义的方法论以系统性的意蕴，而不是秉持一种历史哲学的狭隘视野，这正是马克思主义对待历史问题所坚持的正确主张。

三、不可预见性：俄国跨越资本主义"卡夫丁峡谷"的历史维度

马克思于1877年在《给〈祖国纪事〉杂志编辑部的信》中批判俄国民粹派学者米海洛夫斯基时，曾指出："他一定要把我关于西欧资本主义起源的历史概述彻底变成一般发展道路的历史哲学理论……他这样做，会给我过多的荣誉，同时也会给我过多的侮辱。"在这里，马克思用"荣誉"和"侮辱"两个意义相反的词极具讽刺地表达了他对米海洛夫斯基的批判，表明他无意去建构关于人类社会历史发展的一般理论，只想通过对具体历史的考察作出相应的概括和总结；而这"绝不提供可以适用于各个历史时代的药方或公式"④。所以我们看到，当俄国的革命者迫切要求马克思恩格斯对俄国发展问题给予具体指导的时候，他们始终没有给出确定性的答案，只是分析了在不同的历史条件下可能呈现出的历史后果。这彰显了事物作为"过程的集合体"在其历史发展中的不可预见性。

不可预见性是事物发生、发展的一种历史性特点和趋势，它表明事物在运动、变化和发展过程中的非线性状态和非确定性结果。在对事物的考察和研究中，虽然我们或多或少

---

① 中共中央马克思恩格斯列宁斯大林著作编译局：《马克思恩格斯文集》第1卷，人民出版社2009年版，第680页。

② 中共中央马克思恩格斯列宁斯大林著作编译局：《马克思恩格斯文集》第4卷，人民出版社2009年版，第459页。

③ 中共中央马克思恩格斯列宁斯大林著作编译局：《马克思恩格斯文集》第3卷，人民出版社2009年版，第409页。

④ 中共中央马克思恩格斯列宁斯大林著作编译局：《马克思恩格斯文集》第1卷，人民出版社2009年版，第526页。

能够发现事物存在和发展的因果联系，以此来预见事物的未来发展，但这种联系往往并不是单一的、固定的和静态的，事物本身是由多重因素交互作用的因果网络所构成的动态演化系统；也就是说，同样的事情处在不同的社会系统和历史进程中会具有错综复杂的环境和条件，其结果也会呈现出差异性、多样性和非均匀性。因此对于俄国能不能跨越资本主义“卡夫丁峡谷”的问题，马克思、恩格斯也是难以作出预测的。

就事物本身来说，其系统内部相互联系和作用的各因素的数量、性质和方式时刻发生错综复杂的变化，这使得事物的存在状态极不均衡，并造成其发展的不确定性。“现在的社会不是坚实的结晶体，而是一个能够变化并且经常处于变化过程中的有机体。”① 波普尔曾把马克思主义说成是“预测革命的未来进程”的“纯粹的历史理论”②，认为它仅仅通过经济基础来预测俄国革命的发展趋势，而无视上层建筑因素的相对独立性和历史影响，是一种社会工程学。但事实上，在考察俄国能否跨越资本主义“卡夫丁峡谷”之时，马克思不仅认识到政治上层建筑的相对独立性和历史影响，而且指出恰恰是它们造成了俄国经济社会基础的未来发展的不可预测性。马克思指出，农村公社能否成为社会的主要经济基础以及集体劳动能否成为分工协作的主要形式，它们要成为“跨越”的关键一环，必须“被置于正常的发展条件下”③，具有其保存和发展的现实改造需要。而俄国在1861年自上而下的农奴制改革之后走上了资本主义道路，这一直接的阻碍性社会因素会提供一个给予它们保存和发展的机会和条件吗？在马克思看来，这里的答案虽然并不是完全否定的，但至少是难以确定的，因为“没有一个资本主义国家内残存着这样多的旧制度，这些旧制度与资本主义不相容”④，但资本主义在给社会带来积极影响的同时，也制造了社会的多重矛盾，给下层民众带来了深重的灾难。这可能会为革命的成功和社会的“跨越”打开一个切口！这也就直接反驳了波普尔关于马克思主义是“经济的历史主义”和历史预测理论的观点。

就事物的外因来说，其系统外部条件形成的不确定性以及与外部环境发生作用的方式的不断变化，也会造成事物发展结果的不可预见性。虽然内因是事物发展的根据，但外因也是事物发展的重要条件；“破坏性影响的这种共同作用，只要不被强大的反作用打破，就必然会导致农村公社的灭亡。”⑤ 虽然俄国在1861年走上了资本主义发展道路，但是其落后的经济社会水平和农民占大多数的现实，给其创造了可能实现“跨越”的机会；甚至在恩格斯看来，俄国资本主义的发展促使了其国民部分地吸收了人类先进的文化成果，有利于社会的革命改造，这也就为系统的外部条件发挥作用奠定了基础。但是外部条件发挥作用的方式一开始也并不是完全可预见的。马克思、恩格斯一开始认为，上述所讲的

---

① 马克思：《资本论》第1卷，人民出版社2004年版，第12页。

② 卡尔·波普尔：《开放社会及其敌人》第2卷，郑一明、李惠斌、陆俊、黄书进等译，中国社会科学出版社1999年版，第142页。

③ 中共中央马克思恩格斯列宁斯大林著作编译局：《马克思恩格斯文集》第3卷，人民出版社2009年版，第571页。

④ 中共中央马克思恩格斯列宁斯大林著作编译局：《列宁专题文集（论资本主义）》，人民出版社2009年版，第43页。

⑤ 中共中央马克思恩格斯列宁斯大林著作编译局：《马克思恩格斯文集》第3卷，人民出版社2009年版，第577页。

"强大的反作用"即现实的革命活动仅仅依赖于西方无产阶级革命;"西欧无产阶级对资产阶级的胜利以及与之俱来的以社会管理的生产代替资本主义生产,这就是俄国公社上升到同样的阶段所必需的先决条件。"[①] 但后来恩格斯在《共产党宣言》1882年的俄文版序言又指出,这种革命的影响方式可能不是单方面的,而是一种"互相补充"的关系,即西方无产阶级革命不仅能够促成俄国革命的爆发,而且后者也可能作为前者的"信号"而给"以新的推动,为它创造新的更好的斗争条件"[②];列宁在后来的考察中也认为,由于俄国的农民性质"使俄国资产阶级民主革命具有巨大的规模"[③],因而也会使俄国革命进一步成为西方无产阶级革命的支持和补充。至于革命的具体方式和历史结果是怎么样的,马克思恩格斯更没办法作出预测,因为任何历史的发生方式和发展后果都内嵌于其具体的运行当中,这一过程本身会随着其内在和外在的复杂关系变化而表现出复杂性特点。

马克思他们对"俄国问题"的考察表明,他们无意获得确定的结论,这与他们对未来共产主义的理解和设想是一致的,即对实践的唯物主义者来说,对俄国未来社会历史发展道路的考察不是要成为建构历史哲学的一般理论,而是要落实到"消灭现存状况的现实的运动"[④] 中去;不是要推翻人类社会历史的发展规律论,而恰恰是对它的进一步补充和完善,这才是历史唯物主义的精髓要义和内在本质。

四、"俄国问题"复杂性阐释的重要启示

深刻认识和把握"俄国问题"所内含的复杂性,对于正确理解经济社会落后国家在进行现代化建设过程中主观能动性的发挥、辩证看待自身与世界的关系以及匡正西方学者对人类社会历史发展规律论和历史唯物主义的歪曲等,具有极其重要的意义。

第一,无产阶级政党既要立足现实,又要勇于进取,充分发挥自身的主观能动性,推动社会历史发展。俄国问题的提出,一方面是马克思他们在目睹资本主义对社会所造成的灾难后的思考,另一方面是因为俄国保留的农村公社具有共产主义组织雏形的重要意义。但是与俄国民粹派形而上学地把农村公社作为过渡到未来社会的基础不同,他们深刻地洞察了它的历史特殊性以及资本主义的发展壮大对它造成的冲击。因此他们认为,无产阶级要充分发挥主观能动性,适时地抓住历史时机进行革命,以阻止农村公社被进一步瓦解。这正是马克思他们"将辩证法从语言和逻辑领域转向现实的社会生活"[⑤] 的生动体现;这种辩证法是一种历史-结构的辩证法,即"既从人与物质存在的辩证结构中看到了中介性

---

① 中共中央马克思恩格斯列宁斯大林著作编译局:《马克思恩格斯文集》第4卷,人民出版社2009年版,第457页。

② 中共中央马克思恩格斯列宁斯大林著作编译局:《马克思恩格斯文集》第3卷,人民出版社2009年版,第466页。

③ 中共中央马克思恩格斯列宁斯大林著作编译局:《列宁全集》第29卷,人民出版社1985版,第91页。

④ 中共中央马克思恩格斯列宁斯大林著作编译局:《马克思恩格斯文集》第1卷,人民出版社2009年版,第539页。

⑤ 张静:《俄国道路的探索:马克思恩格斯与俄国思想家的对话和启示》,《马克思主义研究》2017年第7期。

的否定关系，也从历史的连续性中理解了中介性和暂时性”①。这为新时代中国特色社会主义建设提供了思想启示，即既要立足中国的特殊国情和社会矛盾，又要以更大的政治勇气和智慧，不失时机地和持续地全面深化和推进经济社会一些重要领域的改革。

第二，后进国家在现代化进程中既要坚持独立自主，又要保持对世界的开放态度；既要吸收全人类的一切积极成果，也要抵制外来的消极错误的东西。马克思恩格斯认为，“俄国问题”能否得到解决，关键在于能否通过革命对俄国社会进行改造，并在此基础上吸收资本主义中的先进成果为其所用。虽然特殊的社会历史条件决定了俄国革命和社会发展道路的特殊性，但是作为世界系统中的子系统，其必然不是某种离群索居的独立存在，而是与西方社会乃至整个世界之间存在着相互依存、相互影响和相互制约的关系；内因和外因的相互作用，推动着事物向前发展。在马克思主义基本原理与中国革命实践相结合的基础上，中国共产党在过去也探索出不同于西方和苏维埃俄国的革命道路，并在世界革命的浪潮中取得了革命胜利；而在社会建设方面，由于世界资本主义国家对新生社会主义政权的封锁以及自身对社会主义教条主义式的理解，使得中国的社会主义建设在一段时期内遭遇到了严重的挫折。在十一届三中全会后，随着改革开放和社会主义市场经济体制的建立，经过四十多年的发展，中国在社会各方面取得了令世界瞩目的成就；而随着中国特色社会主义进入新时代，中国在坚持中学为体、西学为用的原则基础上，以更加开放、包容的姿态与世界发生联系，实现互通有无、优势互补，进一步推动中国的社会主义现代化建设。

第三，秉持实事求是的科学态度，准确把握历史唯物主义的内在本质，树立正确的历史观。马克思恩格斯对俄国这一东方社会认识得越多，就越无法对“俄国问题”给出一个确定性的答案，毕竟他们无意“使用一般历史哲学理论这一把万能钥匙”② 去审视和预测历史。历史哲学创造的“意识的空话”，只是用意识形态来裁剪历史、用理论来遮蔽现实；但历史终究是“人们实践活动和实际发展过程”，“真正的实证科学”是对“人类历史发展的考察中抽象出来的最一般的结果的概括”③，它总是在种种前提的制约下去考察历史，因为“极为相似的事变发生在不同的历史环境中就引起了完全不同的结果”④。那种认为“十月革命的胜利是对马克思的人类社会历史发展规律论的现实驳斥”的观点，恰恰是对历史唯物主义的浅薄认知。十月革命的爆发具有历史的合理性，它是俄国当时的社会存在和社会意识、经济基础和上层建筑、内在环境和外在条件之间相互作用的结果，是历史的必然性和偶然性的辩证统一。言而总之，我们应该坚持历史唯物主义的基本观点，树立正确的历史观，用实事求是的态度去审视历史和现实。当前中国特色社会主义进

① 喻卿：《论黑格尔历史辩证法与马克思历史-结构辩证法的根本差异——基于历史终结论的视角》，《系统科学学报》2018 年第 2 期。

② 中共中央马克思恩格斯列宁斯大林著作编译局：《马克思恩格斯文集》第 3 卷，人民出版社 2009 年版，第 467 页。

③ 中共中央马克思恩格斯列宁斯大林著作编译局：《马克思恩格斯文集》第 1 卷，人民出版社 2009 年版，第 526 页。

④ 中共中央马克思恩格斯列宁斯大林著作编译局：《马克思恩格斯文集》第 3 卷，人民出版社 2009 年版，第 466 页。

入了新时代，面临的问题更加复杂，受到的挑战更加强大。通过认真分析和领会“俄国问题”所内含的复杂性意蕴，深化对历史唯物主义内在本质和精髓要义的准确把握，对于指导当前我国的社会主义现代化建设具有极其重要的意义。

论皮尔士的实用主义实在论

张端信[*]

摘　要：皮尔士的“实用主义实在论”是皮尔士哲学思想的核心。皮尔士在对笛卡尔主义批判的基础上，一方面放逐了康德的“物自体”，从而使传统的实在论观点无立足之地；另一方面通过对唯名论的批判，形成了自己独特的实用主义实在论思想。

关键词：“物自体”；唯名论；实用主义实在论

皮尔士是美国著名哲学家和实用主义的创始人，他在实在论方面的论述也是引人注目的。新实在论者就曾把皮尔士作为自己思想的理论先驱。皮尔士在对笛卡尔主义批判的过程中，深刻剖析了“物自体”的重大缺陷，用“实在”概念取代了康德的“物自体”概念。同时通过探究唯名论和实在论对于“实在的”（real）的不同态度，批判了唯名论，阐述了自己的实用主义实在论思想。本文分析了皮尔士这一思想的运思逻辑，对他的实用主义实在论的理论内涵作了初步的澄清。

一、对康德“物自体”的抛弃

同西方近现代哲学转型期企图开辟哲学发展新方向的其他哲学家一样，皮尔士把对笛卡尔哲学传统的批判当作其哲学探索的起点。早在1868年皮尔士就指出“笛卡尔是近代哲学之父”，而“多数近代哲学家都是笛卡尔主义者”。① 在“关于人的几种能力问题”和“四不能的一些推论”这两篇文章中皮尔士对笛卡尔主义进行了整体批判。在“四不能的一些推论”一文中皮尔士集中论证了心灵没有笛卡尔所赋予四种能力：“1. 我们没有内省的能力；2. 我们没有直观的能力；3. 我们没有不用符号进行思考的能力；4. 我们没有关于绝对不可知物的观念。”② 根据皮尔士的第四个论题“我们没有关于绝对不可知物

* 作者简介：张端信，湘潭大学哲学与历史文化学院（碧泉书院）讲师，研究方向为西方科学哲学与美国实用主义。本文为湖南省教育厅科研项目（21C0096）的阶段性成果。

① Peirce C S. The essential Peirce, volume 1: selected philosophical writings (1867-1893) [M]. Indiana University Press, 1992: 28.

② Peirce C S. The essential Peirce, volume 1: selected philosophical writings (1867-1893) [M]. Indiana University Press, 1992: 30.

的观念”，康德的“物自体”的观念就受到了沉重打击。在皮尔士看来，近代哲学作为最高真理的“物自体”（“自在之物”），其最致命的缺陷在于它脱离现实思维过程而呈现出不可认识的本性。不可认识的东西就是一种虚无的东西，“绝对不可认知的事物是没有意义的”。[①] 由于不存在有意义的绝对不可认知性概念，所以“实在的”或者“真实的”（real）必然是可认知的。“无知和错误只能被看作是真正的知识和真理的相关物，而后者是属于认识的特性的。与任何一种认识相对的是一个未知的但是可知的实在；但是，与所有的可能的认识相对的，只能是自相矛盾。简言之，可知性（在最广泛的意义上）和存在（实在）不仅在形而上学是相同的，而且是同义词。”[②] 其实从皮尔士关于认识的符号学的观点看，他不可能接受康德关于可知的经验对象和“物自体”之间的区分。康德所谓的“物自体”被假定为是可思想的并且存在着的，但根本上是不可知的。在皮尔士看来，说某一事物是可思想的而又是不可知的，这种说法是毫无意义的，“康德（我对他不仅是敬仰）只不过是糊涂的实用主义者……但是已有半打方法证明了‘物自体’的无意义……‘物自体’既不能被指称也不能被发现出来，没有任何命题能够指称‘物自体’，也决不能对它的真假做出断定。因此，一切对物自体的指称都是无意义的、多余的东西，都必须被抛弃”[③]。因此，皮尔士并未在不可知的与可知的对象之间设定差异，而是在“终究可知的实在和根本上具有可错性的实际认识的可能结果”[④] 之间做了区分。

皮尔士指出“迟早地，信念和推理将最终导致实在，而且，它独立于我和你的奇想”。[⑤] 皮尔士认为“笛卡尔主义的错误之一就在于它不停地假设事物是无法说明的”。[⑥] 在皮尔士看来，“任何无法理解的事物都能通过符号推理而得知。但是，对符号推论的唯一正当证明就是结论解释（说明）事实。假定事实是绝对无法解释的，这并不是对事实作出解释，因而这个假定是绝对不许可的”。[⑦] 因此，皮尔士虽然继承了康德的许多思想，却不认可康德的空洞而又具有神秘意义的“物自体”概念，而是站在可知性的立场上，建构了自己的“实在”概念。但是另一方面，皮尔士为了进一步说明“实在”的可知性如何可能，又接受了康德解决知识可能问题的根本策略。在他看来，康德解决知识如何可能的问题是一种实在论。他这样写道，“实际上，康德所谓的哥白尼式转向，准确地讲，乃是从关于实在的唯名论到实在论观点的过渡。认为实在对象是由心灵决定的，这一观点乃是康德哲学之本质。而这无非是认为，任何概念和直观都必然地进入到关于某个对象的

① Peirce C S. The essential Peirce, volume 1: selected philosophical writings (1867-1893) [M]. Indiana University Press, 1992: 51.

② Peirce C S. The essential Peirce, volume 1: selected philosophical writings (1867-1893) [M]. Indiana University Press, 1992: 25.

③ Peirce C S. Collected papers of charles sanders peirce, volume 5 [M]. Harvard University Press, 1974: 525.

④ Peirce C S. Collected papers of charles sanders peirce, volume 5 [M]. Harvard University Press, 1974: 257.

⑤ Peirce C S. The essential Peirce, volume 1: selected philosophical writings (1867-1893) [M]. Indiana University Press, 1992: 52.

⑥ Peirce C S. The essential Peirce, volume 1: selected philosophical writings (1867-1893) [M]. Indiana University Press, 1992: 28.

⑦ Peirce C S. Collected papers of charles sanders peirce, volume 5 [M]. Harvard University Press, 1974: 311.

经验中，它们并不是短暂和偶然的，相反都具有客观有效性……”① 皮尔士也要求自己完成这样一种“哥白尼式转向”，即从关于“实在”的唯名论观点转为实在论观点，以此来说明人们获得关于“实在”的知识的可能性。皮尔士的这种转变体现在他对唯名论的批判当中，他从“实在”概念入手，改造了传统的二元论哲学。

二、对唯名论的批判

在哲学史上，人们对实在论（Realism）的理解有两种：一是把它作为与唯名论相对立的一种学说；二是现在科学界和科学哲学界一般采用的，指与唯心主义（Idealism）相对立的一种观点，在某种意义上和唯物论（Materialism）相接近。各种形式的现代实在论学说大多采用的是第二种理解。与此不同的是，皮尔士对“Realism”的理解采用了第一种，他是在批判唯名论的基础上建构自己实在论思想的。皮尔士的实在论有着与普特南的“内在实在论（也叫趋同实在论）”相同的根本目的——就是打破传统的二元论哲学思维方式对人们“思想的桎梏”。这种二元论哲学思维方式在普特南的哲学词典中叫作“形而上学实在论”，而在皮尔士的哲学词典中称为“唯名论”。皮尔士把它看成“是近代哲学最不幸的错误之一”②。

皮尔士指出“实在”概念作为西方哲学史上一个极为重要的概念，也是西方传统的二元论哲学浸透得极为深入的概念，早在柏拉图和亚里士多德的时代，它就是哲学的中心和重点。在古希腊罗马哲学中，德谟克利特等唯物主义者把实在理解为物质之物，柏拉图等唯心主义者则把实在理解为精神之物。在中世纪，对实在的不同理解构成了经院哲学中的“唯名论”与“实在论”之争，这场旷日持久的争论是围绕着个别与共相的关系问题展开的。实在论是对“共相问题”做出肯定回答的一种理论，而唯名论则是对共相问题做出否定回答、仅仅肯定个别物的实在性的一种理论。皮尔士在其哲学思想发展早期就十分关注中世纪实在论（唯实论）与唯名论所争论的哲学问题。这场争论对许多近代哲学家来说，似乎是一场空洞冗长的争论。但在皮尔士看来，近代哲学家贬低这场争论只是因为他们早就选择了唯名论的立场，他们似乎认为它是自明的。皮尔士认为中世纪的这场争论仍很激烈，“实在论与唯名论之间的论争，不只是象牙塔中的言辞或文字抨击，而是这个时代的基本问题”。③ 皮尔士经常以实在论与唯名论为标准来定位他与其他哲学家的思想分歧。正如Buchler所说：“皮尔士一旦发现某一位思想家易受批判的地方，他可能迟早会附上‘唯名论’的标签，而且经常用一些细微的相关证据。”④ 所以从皮尔士的哲学著作中我们可以看到，从中世纪的罗瑟林、阿伯拉尔、奥卡姆，到近代几乎所有的哲学家，甚至连密尔、皮尔逊这些与他同时代人都被他称为唯名论者。皮尔士这样做到底是出于一种什么理由？原来与大多数哲学家对实在论与唯名论争论的解释不一样，皮尔士提供了一种

---

① Peirce C S. Collected papers of charles sanders peirce, volume 7［M］. Harvard University Press, 1974: 122.

② Ketner K L, Kloesel C J W. Peirce, Semeiotic and Pragmatism: Essays by Max H. Fisch［J］. 1986: 68.

③ Murphey M G. The development of Peirce′s philosophy［M］. Harvard University Press, 1961: 100.

④ Buchler J. Charles Peirce′s empiricism［M］. Routledge, 2001: 123.

全新的视角。

1871年皮尔士在《北美书评》上发表的一篇关于乔治·贝克莱文集（弗雷泽版）的书评中，展示了一种谈论实在的新方法。皮尔士认为传统哲学“对于实在论与唯名论争论的流行解释既是错误的又不可理解”。[①] 在传统的意义上，唯名论与实在论的争论被理解为是关于共相的问题。这个争论的中心问题是：共相是实在的吗？唯名论和实在论对于这个问题的回答是不同的：唯名论的回答是否定的，而实在论的回答是肯定的。皮尔士认为这种不同不是因为对于共相有不同的观点，而是对于什么可以被看作是实在的或真实的（Real）有不同的理解。在皮尔士看来，“共相是实在的吗？我们只要静下心来考虑一下词语‘实在的（Real）’是什么意思，那么整个问题很快就变得一目了然”。[②]皮尔士认为，“实在（The real）不是我们碰巧想到的任何东西，它不受我们思想的影响……实在独立于我们对它的看法。这是一种对实在的非常常见的观点”。[③] 在这一点上，皮尔士认为他是追随邓·司各脱所设定的道路。对于邓·司各脱而言，某物是真实的，只有而且仅有它是独立于或者不依赖于你、我以及任何个别人对于它的看法。“实在的（Real）和实在（Reality）都不是古字，它们被采用为哲学术语始于13、14世纪，它们被用以表达的意义也非常清楚，那就是具有如此这般性质的东西是实在的，不管人们是否认为它有这些性质。”[④]

但就是这样一个大家都很熟悉、常见的关于实在的独立性观点，皮尔士发现可以从两种意义上来理解：第一，人们可以把事物的独立性理解为人的思想意识无法控制的外在的制约，也就是把实在理解为外在于或绝对独立于心智并作用于它的东西，皮尔士把这种观点叫作唯名论的实在的观点。正是根据这种观点，皮尔士认为“绝大多数近代哲学家都是唯名论者”。[⑤] 在对《贝克莱文集》所作的书评这篇文章中，皮尔士追溯了唯名论思想的发展：从中世纪的唯名论者如奥卡姆，经过霍布斯、贝克莱、洛克到休谟，甚至把康德也看作是唯名论传统的继承者。虽然他认为康德所谓的哥白尼式转向是一种关于实在的唯名论到实在论观点的过渡，但由于康德坚持“物自体”与现象的二分，所以康德也是唯名论者。在皮尔士看来，近代哲学由于在唯名论传统——即在一种主客绝对二分的模式中思考知识问题，这样一种哲学将不可避免地走向不可知论。皮尔士在其著作中多处提到，唯名论将会直接导致把实在看作是“物自体”这个不可知的领域。[⑥⑦] 皮尔士自称为“经院实在论者”，他宣布要复兴邓·司各脱的实在论学说作为他反对这种唯名论式传统哲学的武器。这样皮尔士就在他的实用主义实在论中表达了他对实在独立性的第二种理解。

---

① Peirce C S. The essential Peirce, volume 1: selected philosophical writings (1867-1893) [M]. Indiana University Press, 1992: 87.

② Peirce C S. The essential Peirce, volume 1: selected philosophical writings (1867-1893) [M]. Indiana University Press, 1992: 88.

③ Peirce C S. The essential Peirce, volume 1: selected philosophical writings (1867-1893) [M]. Indiana University Press, 1992: 88.

④ Peirce C S. Collected papers of charles sanders peirce, volume 5 [M]. Harvard University Press, 1974: 430.

⑤ Peirce C S. Collected papers of charles sanders peirce, volume 1 [M]. Harvard University Press, 1974: 19.

⑥ Peirce C S. Collected papers of charles sanders peirce, volume 5 [M]. Harvard University Press, 1974: 312.

⑦ Peirce C S. Collected papers of charles sanders peirce, volume 6 [M]. Harvard University Press, 1974: 492.

三、实用主义实在论

在皮尔士看来，为了说明实在的可知性，关键在于对实在独立性的理解。皮尔士反对唯名论者所主张的实在绝对独立以致不可认知的观点，进而提出了实用主义实在论的核心命题：渐进地趋同实在。在他看来，这种对实在的实用主义观点“即使不常见，却甚至更加自然和显而易见”。皮尔士紧接着指出：“人的任何思想和见解，都包含着一种任意的、偶然的要素，这种要素依赖于个人的状况、能力和爱好给个人设置的限制。一言以蔽之，人的任何思想和见解，都包含着一种错误的要素。然而，一般说来，人的见解，从长远观点看，其趋向是获取一种明确形式，即在于获取真理。任何人，在他遇到问题时，只要给他提供足够的信息，促使他在思想上充分地考虑解决这个问题，那么，他就会得出结果，得出一个既定的、明确的结论；这个结论恰恰就是所有其他人在十分有利的环境中也将得出的那个结论。……因此，对任何问题，都有一个真正的回答，一个最终的结论；任何人的见解都会不断地得出这种结论。他可能在一段时间内得不出最终的结论。但是，只要给他以更多的经验和时间进行考虑，他将最终得出这种结论。个人不可能有足够的寿命去获取真理，因为任何个人的见解中，始终都有谬误的残余。不过不要紧，人世间存在着一种明确的见解，从整体上说和从长远看，人的精神正在趋向于这种明确的见解。在许多问题上，人们早已获得了最终的一致。假若人们拥有足够的时间，人们将在所有问题上取得这种最终一致性。任意的愿望或者一群足够数量心灵的个体特性可以无限地推迟在这个意见上的普遍认同，但却不能影响当取得普遍认同时，这个意见的特性应当是什么。由此可见，这个最终的意见是独立的，但并不独立于整个思想，而是所有任意的和个体的思想；只是独立于你或我或任何有限数量的人对它的设想。因此，每一事物，只有被认为存在于最终的意见中才是实在的，否则就是不实在的。”①

皮尔士认为：“很明显，这种观点必然是实在论的，因为一般的概念包含在一切判断中以及真正的见解中。所以，一个普遍的对象和一个具体的对象，都是实在的。所有白色的东西都含有白色，完全正确，因为这用另一句话说就是，所有白色的东西都是白的。但是，因为现实的对象包含有白色是真的，所以白色是实在的。实在的东西虽然只是借助于认识它的思维活动才存在，但是，这种思维不是一种随意的或偶然的思维，不是建立在个人特质的基础上的思维，而是从最终有效的见解中产生的。”②

由此可见，在皮尔士看来，实在虽然是独立的，但实在不是唯名论者所主张的与思想完全脱离的、完成了的世界。实在并不独立于整个思想，而只是独立于你、我或任何有限数量的人对它的设想。人的见解，从长远观点看，其趋向是获取一种明确形式，即在于获取关于实在的知识即真理。而且这种趋向，在皮尔士看来是注定的。皮尔士的这一立场也体现在他未出版的1872—1873年的逻辑学中。“研究不同于（其他）方法，原则上是由

① Peirce C S. The essential Peirce, volume 1: selected philosophical writings (1867-1893) [M]. Indiana University Press, 1992: 89-90.

② Peirce C S. The essential Peirce, volume 1: selected philosophical writings (1867-1893) [M]. Indiana University Press, 1992: 90.

于研究所得出的最终有效的结论的性质，在任何情况下，从一开始就是预先规定了的，它同最初的认识水平没有关系。因此，只需要让两个人相互独立地研究任何一个问题：如果研究过程进行得充分，他们的看法就会一致，任何进一步的研究都将不会损害这种一致性。”在1877—1878年皮尔士创立实用主义的论文中，他对这一思想表达得更加清楚。实际上，我们可以看到，皮尔士的这一思想其实不过是对实在这个不明晰概念的一种实用主义澄清。

在他看来，如果仅仅认为实在的东西就是其性质独立（不依赖）于人们的意见，那实在的含义还是不清楚的。确定实在的意义需要考察它所引起的行动和产生的效果。根据实用主义准则，“所谓实在，正如每一种其他的性质一样，就在于那些具有实在性的事物所产生的特定的可感知的效果。实在的事物所具有的唯一效果，就是引起信念，因为它们所激起的一切感觉，都以信念的形式出现在意识之中”。① 在皮尔士看来，在科学研究中，“实在的事物”以这样一种方式引起我们的信念：“不同的人尽可以从最对立的观点出发，但是研究的进展将以一种外在于他们的力量把他们引向同样的结论。思维活动就像命运的作用一样，它并不把我们带到我们所希望的地方，而是把我们带到预先注定的目的。无论怎样改变所采取的优点，无论怎样选择供研究的其他事实，无论人们有何种心灵的自然癖好，都不能使一个人逃避这种预定的意见。这一伟大的法则就体现在真理和实在的概念之中。这种注定最终要为所有研究者一致同意的意见，就是我们所说的真理，而在这种意见中所表现的对象就是实在。这就是我解释实在的方法。”②

如果科学研究能够不受阻碍地长时间进行下去，思想就会完全符合实在，认识到这点十分重要。皮尔士一方面提供给了我们一个真理和实在的定义，另一方面也告诉了我们获得真理与实在的认识途径。皮尔士自己也承认，这种对实在的实用主义说明也许违背了对实在概念所作的最初定义。但在皮尔士看来，按照邓·司各脱的定义，把某物看作是真实的或实在的，并不意味着它一定要独立于所有的思想，只要它是独立于任何人对于它的特别的看法就足够了。正如皮尔士所说：“实在是独立的，但并不独立于整个思想，而只是独立于你、我或任何有限数量的人对它的设想。在另一方面，虽然最终的意见的对象依赖于那种意见是什么，然而那种意见究竟是什么，却并不依赖于你、我或者任何人的想象。……实在东西的实在性是依赖于这样一个实在的事实，即：如果研究能充分继续下去的话，那么必然会达到对实在的信念。”③

皮尔士这种关于实在与真理的实用主义看法是他哲学思想的核心。皮尔士通过追溯唯名论与实在论之争的历史，以此为出发点，追问“实在的（Real）”的涵义，提出了一种独特的实在论与真理观。我们人类意见的最终趋同，就是实在所是，就是真理概念的全部涵义。真理的概念不是独立于探究的过程，而是要通过永无止境的探索、实验活动来理

① Peirce C S. The essential Peirce, volume 1: selected philosophical writings (1867-1893) [M]. Indiana University Press, 1992: 137.

② Peirce C S. The essential Peirce, volume 1: selected philosophical writings (1867-1893) [M]. Indiana University Press, 1992: 138-139.

③ Peirce C S. The essential Peirce, volume 1: selected philosophical writings (1867-1893) [M]. Indiana University Press, 1992: 139.

解。在皮尔士看来，既然“实在”是共同体“最后的趋同（Convergence）”，那么真理也只能是共同体最后的共识（Consensus）。

和所有的实在论或反实在论一样，皮尔士关于实在的探讨与对真理的看法是紧密关联着的。西方哲学史上有多种关于真理的学说，但占据统治地位的是“符合论”的真理观。按照这种理论，真理是观念对于外部世界（实在）的对应。这种理论的前提是世界的二元论，即外在的客观实在与内在的主观心灵的分化。这里的实在是外在于、独立于人们对于它的认识的。对此，在1900年的一个讲座中，皮尔士以不同的方式分析了真理符合论这种说法的矛盾。他指出：“实在作为表象与之一致的对象必然是这样一种东西，它具有某种特点，这种特点独立于表象是否认为它有这种特点，但我们只有借助于说某个东西是实在的真实的表象，才能解释具有这种独立于表象特点的实在包含了什么。这显然是种自我否定。实在有一种独立于表象的特点，它却不能不由表象说出。真理以实在为前提，而什么是实在又只能由真理来揭示，即以真理为根据。”① 也就是说，如果将真理看作是对世界的“实在图景”的真实反映。那么，必然存在以下的关系：（1）真理必须符合实在；（2）因此，为了确定真理，必须确定实在的本相；（3）离开被我们当作关于实在的真理，我们无法接近实在，从而无法认知实在。在这里（3）所说的是，我们唯有通过真理才能达到实在，而（2）则说唯有知道实在的本相才能确定真理。其中所包含的矛盾是一目了然的。这就是“符合论”的真理观所面对的最大困难。

皮尔士对真理的实用主义说明试图摆脱这种传统的符合论，虽然皮尔士也坚持真理是对实在世界如其所是之真相的描述的真理观，但是就真假的判断而言，传统的真理学说认为“真”“假”完全由外在于人的实在所决定，人只能接受来自实在的裁判。皮尔士抛开了这种谈论真理的方式，坚持从人的立场出发来谈实在以及对实在的认识，否定了超越人之上的真理，认为我们只能在人的探究活动中认识真理。真理无非是人们在长期的科学探究之后所达成的最终信念。从这里我们可以看出，就真理与实在的关系方面，皮尔士所主张的是一种内在论的思想，反对传统的真理学说所认为的真理完全由外在于人的实在所决定，人只能接受来自实在的裁判的看法。皮尔士将真理的问题化解为经探究而确立信念的问题，认为我们人类的意见的最终趋同（会聚），就是实在之所是，就是真理概念的全部涵义。

这样，皮尔士的实用主义实在论便以其趋同（收敛）概念避开了陷于相对主义处境的危险而保留了它的实在论性质。皮尔士在反笛卡尔主义的前提下始终保持着这样一种趋同信念，以此来避免相对主义和历史主义。它是皮尔士试图超越基础主义与相对主义的对立而走出的一条中间道路。皮尔士的工作表明，建立在传统二元论基础上的所谓客观知识是没有根据的，传统的以主客对应为基础的真理是不能成立的。人们只能转变谈论问题的思路，在实用主义的基础上重新理解真理与实在。于是，皮尔士哲学的核心就在于它为我们描述了一种通向真理与实在之路的可能性条件及过程。皮尔士一生漫长的学术道路所要试图揭示的就是这个趋同过程。皮尔士著作中的大量术语和理论，如实在（第一性、第二性、第三性）、共同体、实用主义、科学逻辑（方法）、假说推理（Abduction）以及进化宇宙论等等都为我们描绘了一条通向或者说趋同于真理与实在的道路。

① 陈亚军：《实用主义：从皮尔士到普特南》，湖南教育出版社1999年版，第44页。

法律系统理论的合法性问题

——基于对称性人类学的视角

刘　牧*

摘　要：卢曼的法律系统理论在合法性问题上受到了哈贝马斯的批评，这一系列批评可以在法律系统内部得到回应。在法律系统理论中，作为或然性信条的公正概念可以成为合法性的功能替代。此外，拉图尔对现代性的研究为法律系统理论对现代社会和法律子系统的描述提供了有效支持。因此，对法律系统理论的合法性批评应该被消解。

关键词：法律系统理论；合法性；现代性

合法性是政治哲学与社会哲学中的重要主题，它一般由法律承载，为社会运行提供着规范性参照。相较于一般的合法性概念，法律自身的合法性概念成为一个更加复杂的难题。传统的自然法理论上溯道德或权威的解释在现代社会已难以实现。现代经济社会与实证法的发展都使得法律自身的合法性问题处在了一个新的问题域，相应出现的是基于社会学路径的法律研究。而社会学家尼克拉斯·卢曼（Niklas Luhmann）基于现代社会的变化构筑了社会系统理论这一著名的理论体系。其中卢曼关于法律系统的研究又构成了他理论体系中的核心部分。然而法律系统理论遭到了哈贝马斯的批评，他认为基于社会学视角的法律研究并未直接涉及法律内部的规范性解释，并导致了一系列问题。其中法律系统的合法性问题成为哈贝马斯批评的焦点。本文尝试分析基于该批评的合法性问题，并引入学者拉图尔关于现代性的理论给出回应。本文认为卢曼的法律系统理论基于社会变革所给出的社会描述可以得到拉图尔关于现代性相关的理论的支持。因此，我们应当认为卢曼关于法律系统的理解所依赖的经验事实得到了辩护。这将使得哈贝马斯的批评成为一种“怀旧式”的无效批评。

一、法律系统理论与其合法性问题

法律系统理论的建立可以追溯到卢曼的早期著作《法社会学》。在这部作品中，卢曼

* 作者简介：刘牧，湘潭大学哲学与历史文化学院（碧泉书院）讲师。研究领域为心灵哲学、实验哲学、社会科学哲学。

试图以社会学的科学方法去研究法律，以此超越传统的自然法视角。[①] 卢曼以社会理论基础将法律的功能进行逐条分析，他分别检视了法律处理不同期望的功能以及功能实现的制度化操作。在完成理论建构后，他将研究视野转到社会中法律的实际境况，廓清了在实证法出现之前传统社会的法律与类似建制的图景。这一理论与历史的回顾都为现代法律系统的独特性的产生提供了条件。卢曼认为实证法的出现意味着法律系统的自我指涉（Self-referential）这一特征的出现，这使得对于法律的研究有必要与之前的自然法传统的范式保持距离。在结论"法律系统与法律理论"部分中卢曼指出"法律的进化已经导致了一个法律系统的分出"，[②] 这一子系统可以相对自洽地实现自己的社会功能。在卢曼看来，由于当时的一般系统理论已经在其余领域取得了成果，而对于法律系统以及社会系统的认识并不足够，这使得他尝试将法律中的实证化趋势作为系统自指涉性的标志对待，并因此将系统理论引入社会研究之中。

卢曼关于法律的早期研究使他注意到了系统理论的价值，这对他随后的社会学研究影响深远。之后他于 1981 年完成重要论文"作为世界社会的社会系统"并开始了他将系统理论引入社会学的重要工作，而这一篇文章的主要观点随后在他的中期代表作"社会诸系统"中得到了完整阐释。以上工作为法律系统理论奠定了基础。在卢曼后期的"社会的法律"中，他对法律系统理论有了更加成熟且系统的阐明。卢曼对法律系统的理解从曾经的功能及功能实现角度转移到了系统的自我生产的过程上，这使得他提出了法律的自创生（Autopoietic）这一核心特征。

自创生是卢曼提出的系统理论中的重要概念，它指一个系统"只有通过再生产那些作为系统组分的事件才能存在。因此，它们由事件——也就是行动——组成，这些事件是它们自身再生产的，而且必须当这种再生产可能时它们才能存在"。[③] 这一特征在法律系统理论中带来了一个显著的差异。传统的自然法理论并非一个自洽的系统，一个实存的法律体制在自然法视角下往往需要依附于其他因素（例如道德、习俗或者权力机构）来获得合法性。相比之下，法律系统理论所指出的法律的自创生性使得法律成为一个自洽的系统。正是这一点使得卢曼的法律系统理论在合法性问题上遭遇了诸多批评。其中以哈贝马斯基于民主法治国理论的法律理解提出的批评最为集中。

哈贝马斯的批评基于他个人关于民主法治国的理论构建之上。在其后期作品《在事实与规范之间：关于法律和民主法治国的商谈理论》中，他尝试构建关于民主法治国的商讨理论。这要求他首先缓解在作为一种客观事实的法律与作为一种规范性的法律之间的张力。前者是以卢曼为代表的社会学的法律理论，后者则是以罗尔斯和德沃金等人为代表的哲学的正义理论。哈贝马斯尝试用交往行动理论作为沟通两者的基础，并为社会实践中民主法治国的建制提供清晰的理论思路。换言之，哈贝马斯认为社会学进路的法律理论与哲学进路的正义理论各有缺陷，需要互相补充。其中在对社会学进路的考察上，他将矛头

① 尼克拉斯·卢曼：《法社会学》，宾凯、赵春燕译，上海人民出版社 2013 年版，第 50 页。

② 尼克拉斯·卢曼：《法社会学》，宾凯、赵春燕译，上海人民出版社 2013 年版，第 423 页。

③ Luhmann N. The world society as a social system [J]. International Journal of General Systems, 1982, 8 (3): 131-138.

对准了卢曼的法律系统理论。总的来说，哈贝马斯虽然承认系统理论在社会诸领域中运用的合理性，但唯独否认法律可以仅仅按照法律系统进行理解。实证法因此在哈贝马斯看来是某种不够完全的形式承载。他认为只有在民主法治国经过人民立法的程序之后才能保证合法性。正是这一分歧导致了哈贝马斯对于卢曼的法律系统理论的合法性问题的批评。

首先我们需要澄清哈贝马斯的合法性概念。在“法律有效性之诸向度”中，哈贝马斯首先就法律的有效性问题做出了一个明确区分：“一方面是根据其平均被遵守情况来衡量的社会有效性，另一方面是对于要求它得到规范性接受的那种主张的合法性”。[①] 这一来自康德法权论的法律有效性的双重观点构成了哈贝马斯所谓的事实性与规范性的张力：现代社会中的法律一方面是以实证法形式出现并被权力机构执行的，另一方面这些成文的法条系统需要得到法律共同体成员的认同。基于这一区分，哈贝马斯否认法律自创生理论是完全自治的。就社会有效性层面而言，一个自创生的法律系统的确可以在一个社会中稳定地发挥其功能，但这一法律系统必须同时拥有合法性的规范有效性的向度，换言之实证法也必须是合法（Legitim）的[②]。在此，哈贝马斯特别区分了合法律性（Legalität）与合法性（Legitimität），前者才是日常语境中人们更常使用的概念，后者则是哈贝马斯强调的可以衡量法律本身合法与否的规范性标准。

合法性因此被哈贝马斯视作理解和诠释法律的重要方面，而这一内在性的规范被他限定在了主体间的交往理性之中：交往的主体需要对某一规范达成共识，而这赋予了成文的法条系统以合法性。此外，合法性在现实中的实现也被认为是基于人民立法过程中规范性与事实性的统一：在法律有效性的向度中，因为法律规范是要被执行的，规范有效性或合理的可接受性的环节不管怎么样是同社会的事实有效性或社会的接受联系在一起的[③]。与此同时，法律的系统理论将交往理性的前身——实践理性消除殆尽。它将法律视作自指涉和自创生的系统，立法过程被纯粹理解为政治机构的功能实现。因此，在哈贝马斯看来，合法性在法律系统理论当中无法得到诠释。当然，哈贝马斯也认识到了卢曼的社会系统理论的完备性与所处理的问题域，他完全知道“在这种理论中，法仅仅是从稳定行为期待这种功能角度来加以考察的”。[④] 但因为法律系统理论这种极端客观主义缺乏规范性的自我理解，哈贝马斯进一步地认为该理论中的法律无法被外界干预和调节。这带来的负面影响就是社会性整合（Social integration）的意义无法在法律交往中实现，这使得它“对于整个社会系统所承受的问题，它既感受不到，也处理不了”。[⑤]

可见哈贝马斯对于法律系统理论的批评是以其缺乏合法性为核心，并伴生了其在外界

---

① 哈贝马斯：《在事实与规范之间：关于法律和民主法治国的商谈理论》，童世骏译，生活·读书·新知三联书店2003年版，第37页。

② 哈贝马斯：《在事实与规范之间：关于法律和民主法治国的商谈理论》，童世骏译，生活·读书·新知三联书店2003年版，第38页。

③ 哈贝马斯：《在事实与规范之间：关于法律和民主法治国的商谈理论》，童世骏译，生活·读书·新知三联书店2003年版，第190页。

④ 哈贝马斯：《在事实与规范之间：关于法律和民主法治国的商谈理论》，童世骏译，生活·读书·新知三联书店2003年版，第60页。

⑤ 哈贝马斯：《在事实与规范之间：关于法律和民主法治国的商谈理论》，童世骏译，生活·读书·新知三联书店2003年版，第64页。

调节以及社会性整合两个方面上的缺陷。在这一批评背后，需要指出哈贝马斯看待现代社会的一个内在视角。与卢曼的法社会学写于同一时期的《合法化危机》就对现代社会系统的形成以及弊端进行了探讨。相比于卢曼将其视作一个中性的革新从而倾向于抛弃一些解释传统，哈贝马斯则将这种社会转型看作合法化的危机。哈贝马斯在此时已经承认了社会系统的形成，但他仍然倾向于将生活世界这一现象学概念纳入并与社会系统构成一组对立的双重视角。在《合法化危机》中，法律作为规范性的现代承载，它在社会性整合中扮演着关键角色。不同于系统整合（System integration），社会性整合①是以法律为代表的社会建制对于主体在社会化过程中产生的整合性影响。这一视角独立于系统而存在，提供着有效性方面的需求，现代社会正是因为社会性整合的空缺而面临合法化危机。可见，哈贝马斯与卢曼在法律问题上的分歧可以追溯到两人对于现代社会采取的不同视角。

二、基于法律系统理论的回应

如上所述，法律系统理论因其自创生特征而有悖于传统对自然法的理解，从而遭受了哈贝马斯基于合法性的批评。这一批评首先应该被置于卢曼的社会系统理论内部进行回应，随后我们将发现两人在合法性问题上的分歧最终是基于两人对于现代社会所采取的不同理解。这一根本性的分歧将借助于对现代社会的实证考察得到评判。

卢曼并非没有察觉也并非刻意忽视了这一问题。实际上在《作为世界社会的社会系统》他就特别提及了法律中实证法的进化所遭受的批评："例如萨维尼对实证法理论的反对，这基于实证法理论如果被了解并运用，就将会损害人民的信任，而且会导致剧烈的法律改变并摧毁合法性。"② 这一段提及的对实证法的批评无疑与哈贝马斯的批评异曲同工。它们同样将合法性的问题视作实证法的缺陷。然而萨维尼的批评并未成为现实，实证法成为现代社会对于法律的基本理解，这意味着从社会的接受层面而言，实证法已经经受了考验。按照卢曼的系统理论的处理，实证法在完成规范性期待的功能角度是无可指责的。因此哈贝马斯的批评无异于是通过设置更高阶的标准来进行批评，如果实证法在合法律性上已经无可指责，那么关于法律本身的合法性便成了突破口。

需要指出的是，这一合法性批评是外部化的，它完全外在于卢曼的系统理论。卢曼对于萨维尼时期的批评几乎是一笔带过，所有需要的回应蕴含在了他开篇的背景概述之中："这个包围系统层级被视作特例，被命名为政治社会。随着现代国家和工业化经济成为无疑的事实，这一构想已经失去了它的意义。"③ 这一对于现代社会境况的事实描述是卢曼引入系统理论的重要原因，而正如同更早的"法社会学"中就已指出的，自然法的传统对于法律的理解已经不再有效，实证法本身作为法律进化的结果，对于它的评价是不能再

① 哈贝马斯将一般意义上的社会整合称为 Societal integration，而在社会整合之下又包括社会性整合（Social integration）与系统整合（System integration）。但社会性整合在哈贝马斯早期作品里也被翻译为社会整合，如在合法化危机中提及的社会整合其实是指后期作品中的社会性整合。参见哈贝马斯的《合法化危机》，刘北成、曹卫东译，上海人民出版社 2009 年版，第 6 页。

② Luhmann N. The world society as a social system [J]. International Journal of General Systems, 1982, 8 (3): 136.

③ Luhmann N. The world society as a social system [J]. International Journal of General Systems, 1982, 8 (3): 131.

以萨维尼的合法性这些自然法概念进行批评的。当然，这不意味着这一外部化的批评就失去了效力。就哈贝马斯指出的合法性作为法律自我理解的规范性这一效果，以及附带的外部调节和社会性整合问题而言，卢曼的法律的系统理论的确需要作出进一步回应。

在调节问题上，哈贝马斯对于系统理论下法律难以被外部干预与调节的看法是具有模糊性的。法律系统在卢曼看来的基本单位是沟通，不仅是系统内部的沟通，也是法律系统与其他系统进行的有意义信息交换行为。在《法社会学》中卢曼专门讨论了法律系统内部的控制问题，而控制正是基于功能分化的系统这一前提产生的功能。显然哈贝马斯的调节不是指社会系统内部自身的调节或者子系统之间的调节，这些都可以在系统理论中得到满足。他没有明确指出的这一调节更像是通过法律对社会进行人为的导控和干预，因此他会批评“对于法律系统来说，全社会范围的导控功能是没有余地的”。[①] 这一指责恰好落入了卢曼所反对的筹划社会的主张之中，而哈贝马斯也没有解释处于社会系统内部的行为者为何可以通过规范性的法律对于他们自身所在的系统进行有效调控。

哈贝马斯对于缺乏社会性整合能力的批判也可以说完全与卢曼的系统理论背道而驰。将社会性整合甚至整合这一功能视作卢曼的系统理论的内在需要无疑是巨大的误解。在《作为世界社会的社会系统》中卢曼就明确指出：“在遴选我们的社会的概念时，我们谨慎地避免任何对社会整合的指涉……在系统理论中，对于系统和环境的区分取代了传统对于认同作为指导原则和价值的强调……系统和环境间差异的敏锐度或许比整合（不论意味着什么）的程度更加重要……。”[②] 这充分说明了卢曼的系统理论开展的基础是不包括整合的，哈贝马斯在部分承认了卢曼的系统理论对于社会诸系统的解释后，却以他在系统理论中加入的社会整合这一传统概念来批评卢曼，显然这里出现了错误的理解。

哈贝马斯就合法性进行的批评是相对最具有挑战性的。的确，就现实的情形来看，对法律本身进行评价也是社会系统内部功能实现的一个重要组成。哈贝马斯注意到了这一法律规范性自我理解的问题，并以此作为缺失合法性的证据来批评系统理论。他将传统道德哲学以及自然法的资源视作这一合法性的来源，尽管他达到这种合法性来源的方式不再是一些神灵权威而是蕴含了交往权力的立法过程。问题在于，随着现代社会系统的形成，“自然法的指涉物必须被终止，而且被一种实证法的哲学（费尔巴哈）所取代”。[③] 卢曼后期关于法律系统的理论不仅涉及法条自身的再生产与自我描述，也成功地在法律系统内部解决了法律自我理解的规范性问题。这看上去充满了矛盾，因为在法律内部完成关于自身规范性的理解似乎陷入了哈贝马斯批评的循环论证的情形。但是通过引入或然性这一概念，卢曼成功地在指涉外部与自我循环之间找到了新的路径。

在《社会的法律》中关于公正的分析正是卢曼对于这一问题的最终答案。他的开展基于二阶观察在法律系统中的应用。因为观察总是基于一次区分，所以观察者对于他自身来说是不可见的，但社会学观察的中立性却又要求对这种涉入行为有所观察，因为这种涉入行为直接影响到了被观察的对象。二阶观察正是要求认识到这种观察者矛盾并再次作出

① 哈贝马斯：《在事实与规范之间：关于法律和民主法治国的商谈理论》，童世骏译，生活·读书·新知三联书店2003年版，第61页。

② Luhmann N. The world society as a social system [J]. International Journal of General Systems, 1982, 8 (3): 136.

③ Luhmann N. The world society as a social system [J]. International Journal of General Systems, 1982, 8 (3): 136.

区分来使自己得以再现，这一区分则是观察者与工具化的观察者的区分。这一二阶观察在法律系统中将法律系统自身作为观察者，而将关于正当与不正当的规则作为工具化的观察者，正当与不正当是就法条层面而言的合法律性判定，在法律被使用来判定一个行为正当与否时，它的中立性就像那个被工具化的观察者一样被默认为前提。公正性此时被提出，但却不是正当与否之外的选项也不是一个程序化过程（哈贝马斯的立法显然属于此类）。公正涉及的是整个系统的统一性，它隐约起着法律系统的准则的地位，不论是一阶区分中正当与否的判定，或是二阶区分中正当性规则与法律系统自身的区分，它们都尚未弥合整个法律系统的统一性。公正恰好是对此的解答，正如哈贝马斯所诉诸的合法性一般。在引入或然性概念前，卢曼率先指出了的确可能存在不公正的法律系统，这意味着法律系统的自我描述并不是如同哈贝马斯和萨维尼声称的缺乏对自身整体的判断。但是正如同卢曼也需要强调的："系统如何才能够在一种同时也可以在系统内使用，而且随时随地都可以使用的规范性程序中表达自己的统一性呢？"①

或然性此时作为王牌出现，正是因为"公正理念可以被理解为法律系统的或然性信条。由此我们不必费劲去确立一个价值概念"。② 在此之前关于法律系统的统一性的说明应该得到修正，公正并不是作为一种价值标准出现的，一旦如此它就会陷入循环论证与指涉外部两种困境之中。尽管关于公正的或然性信条以循环的形式出现，但它避开了任何确定性的标准，而更应该用自相矛盾或者同义反复进行表达。此外，在观察系统的理论中，这一或然性的公正恰好是那个不可见的观察者（法律系统的统一性），而它在二阶区分中浮现在了这种矛盾之间，这使得不可观察的统一性得以被观察。这一或然性信念因此完全驳斥了指向外部的公正标准："通过或然性信条概念我们首先从自然法的公正概念之前提并不存在这一洞见中得出结论。自然本身就任何可理解的意义上来说都不是公正的。"③ 而另一方面，或然性信条也不会是以循环论证的方式得出某种内部标准作为法律系统自我理解规范性，"或然性信条不能根据其功能确认自己的合法性"。④ 或然性信条带来不可确定性与可确定性这一组范畴间的张力，因此它处理的并非事实，而是事实的其他可能性。这在法律系统中的反映就是法律系统的实证化意味着它的公正是蕴含于它的每一次法律行为（立法产生的法条、一次判决或者一组证据以及一次论辩）的其他可能性之中的。而法律的公正效力则是在每次法律行为发生时出现在从不可确定性到可确定性的穿越之中的，这一切都基于那隐藏在法律系统背后的区分所产生的自我矛盾。

三、纯化与转译视角下的社会与法律

卢曼的法律系统理论以或然性作为功能替代完成了系统内部的规范性赋值，并终止了传统法律理论对外部的指涉。但问题不能仅仅局限在法律系统内部的自我解释之上。卢曼的法律系统理论的合理性基于他对现代社会变革的判断，正是在这一点上他与哈贝马斯在

① 卢曼：《社会的法律》，郑伊倩译，人民出版社 2009 年版，第 115 页。
② 卢曼：《社会的法律》，郑伊倩译，人民出版社 2009 年版，第 116 页。
③ 卢曼：《社会的法律》，郑伊倩译，人民出版社 2009 年版，第 116 页。
④ 卢曼：《社会的法律》，郑伊倩译，人民出版社 2009 年版，第 115 页。

《合法化危机》中作出的判断产生了巨大分歧。对于这一分歧的评判直接决定了法律系统理论能否豁免来自合法性层面的批评。在布鲁诺·拉图尔对于现代社会的考察中，法律系统理论对于社会描述的合理性将会得到支持。

拉图尔以其对称性人类学的方法论在诸多领域展开研究。这一研究方法的独特性在于它在社会与自然两侧保持了对称性，不仅像科学知识社会学一样重视社会对科学知识的建构，也对称地考察了自然对社会的组建作用。在这一方法论下，他对现代性的考察给出了一组清晰的定义。"'现代的'所指谓的是两组完全不同的实践形式，而且如果要想使其发挥效用，我们就必须要对之进行鉴别。"① 第一组实践形式是转译，第二组实践形式是纯化。前者使不同的杂合体之间可以在一个行动者的网络中互相关联，而后者是人为地在杂合体之间创造出人类的文化与非人类的自然两种不同的存在领域。此外，这两组实践密切相关且互相促进，但现代性在现代制度的担保下隔断了两组实践之间的联系，使得现代人只注意到纯化工作的成果。这带来的就是"现代制度表现出了在用以表征物的科学力与用以表征主体的政治力之间的区分"。②

现代制度因此区分了科学的自然与政治的社会两类不同的领域，但实际上它们在转译过程中从未分裂。在社会的维度里，自然的因素一直从未缺席，这反映为科学物体对于政治的介入。在引入史蒂文·夏平和西蒙·沙佛对于现代制度的一个重要案例分析——"利维坦与空气泵"——后，拉图尔还原了现代制度如何将社会与自然两个领域分裂开并使其分裂显得并非人为的实践。然而转译的工作从未停止，科学的自然与政治的社会之间的关联无法被抹除。相反，随着拟客体的增殖，"现代制度已经不堪自身重负轰然倒塌了"。③ 随着自然法的终结，一种用政治内部的规范性限制法律系统的神话已经破产。建立在实证法上的哲学在面临拟客体增殖危机时起到了调整现代制度的功能，而这在更加客观化的法律系统理论中得到继承。卢曼将系统理论引入社会学以及法律领域，正是将客观的自然科学理论引入社会的尝试："今日科学理论自身正在朝着自然化的（神经心理学的，生物学的，控制论的，社会学的）认识论方向改变，而这方向合并了自我指涉结构……不考虑许多逻辑的和方法论上的警告，对自我指涉系统的认识已经上路了"。④ 实际上，卢曼用来维持法律内部规范性和统一性的或然性概念正是依赖于科学的有效性。作为公正的或然性标准在事实与其他可能事实之间的穿越确保了法律系统的运行。而在不同的可能事实间，被实际的法律系统运行所确定的事实构成了法律系统的公正概念。公正概念不再来自自然法，也并非单单是由事实确定，是"'科学的'有效性的主张排除了自我指涉的开放准入和循环论证的情况"。⑤

拉图尔对于现代社会的分析为卢曼对于现代社会的判断提供了支持。政治的社会与科学的自然不再分裂，系统理论为法律在社会中的运行给出了一个科学的说明。此外，拉图

---

① 布鲁诺·拉图尔：《我们从未现代过——对称性人类学论集》，苏州大学出版社 2010 年版，第 12 页。

② 布鲁诺·拉图尔：《我们从未现代过——对称性人类学论集》，苏州大学出版社 2010 年版，第 34 页。

③ 布鲁诺·拉图尔：《我们从未现代过——对称性人类学论集》，苏州大学出版社 2010 年版，第 57 页。

④ Luhmann N. The world society as a social system [J]. International Journal of General Systems, 1982, 8 (3): 136-137.

⑤ Luhmann N. The world society as a social system [J]. International Journal of General Systems, 1982, 8 (3): 136.

尔不仅为卢曼对于现代社会的判断提供了支持，他自己的法律研究也充分说明了卢曼在法律这个特定领域展开科学分析的合理性。拉图尔的法律研究同样采取了人类学研究方法，然而不同于他之前研究的具有普遍性的科学和技术，一般观点认为“法律是如此地方性，如此本地化”。拉图尔因此强调他所研究的是法律推理，因此从一个现实的法律系统出发，他的工作仍然具有普遍性。在遴选他的研究对象时，他选择的法国行政法（French administrative law）恰好就是“一个完全自治且从司法分离的系统”。在接下来的部分，他按照人类学场所调查的方式对行政法系统在社会中的完整运行进行了细致的调查，正如同他在《实验室生活》所做的一样。结论是不出意料的类似，“他们（读者）被要求比较神经科学实验室与国务院”①，而且“读者们惊讶地发现客观性与分离定义了法律更甚于定义了科学”②。正如拉图尔在现代制度的分析中所指出的，转译的实践从未停止，法律的客观性一直受到了自然科学的影响，然而只有通过纯化的实践来分离，法律才会得到其传统定义。

四、结论：作为系统的现代社会和法律

在拉图尔对于现代制度与法国行政法系统的人类学考察中，卢曼对于现代社会的判断及对法律系统的分析都得到了支持。这一实证视角的研究为法律系统理论遭受的合法性批评提供了外在的论据。

法律系统理论首先在内部可以自洽地解释来自调节，社会整合等方面的批评，这些可以被认为是违背了法律系统理论的前提所强加的解释重负。而对于法律系统自身的规范性也就是法律的合法性的批评也在作为或然性的公正概念中得到了解决。或然性作为一种功能替代，在系统内部可以在不同的事实之间穿越以判断更加公正的事实。这使得系统之间可以在科学的有效性之下进行评判从而避免了盲目准入和自我循环。需要指出，科学的有效性并非自然法中的一些规范性概念，它本身内在于系统理论。一个自我组织、自我创生的系统，究其自身就是按照科学的有效性依赖沟通而存在。

而在外部，拉图尔的研究说明了政治的社会与科学的自然这样一组二分是现代制度的纯化实践所带来的，并且说明了在转译实践中二者的密不可分。他同样也说明了在法律领域，一个法律系统是如何依赖于科学信息的客观性并又与之分离从而获得定义。这对卢曼的法律系统理论起到了有效的补充。因此，可以指出的是在拉图尔基于纯化与转译的研究视角下，卢曼的法律系统理论得到了外部的支持。对于法律系统理论的合法性批评，将因为法律系统理论内部自洽的解释和外部实证研究的支持而消解。

① Latour B. The making of law: An ethnography of the Conseil d'Etat [M]. Polity, 2010: 198.

② Latour B. The making of law: An ethnography of the Conseil d'Etat [M]. Polity, 2010: 198.

文明交流互鉴

西方哲学中的慎独观念及其教育意义

——以苏格拉底、康德、马里坦、阿伦特为例

张晚林*

摘　要： 人若不能“慎独”，那么，就一定是“量的个人”而不是“质的个人”，而“量的个人”通过闲谈、好奇、两可诸种方式把人的人格性给拉空了，从而无法克服平庸的恶。“慎独”虽然为中国思想史所雅言，但西方思想史上，依然有潜存的“慎独”观念，由此而克服平庸的恶而完成道德教育。苏格拉底的“我与整个世界相矛盾比我作为一而与我自己相矛盾要好”的思想，康德的“不经别人的引导，就对运用自己的理智无能为力”的思想，马里坦的“作为主体性的主体性是无法加以概念化的；它是一不可知性的无底深渊”的思想，阿伦特的“无声的自我对话中的存在方式”的思想，都与中国传统的“慎独”观念是一个意思。在他们看来，只有在“慎独”中，才能让质的个人站立起来而克服量的个人的平庸的恶。所谓道德教育，就是让质的个人站立起来的教育。

关键词： 苏格拉底；康德；马里坦；阿伦特；慎独；量的个人；质的个人

现代社会的一个基本特征是极端的个人主义的，但又是站立不起来的个人，由此，整个社会充斥着平庸的恶，而这种平庸的恶乃是蕴藉大恶的温床。因此，道德教育的关键就在于如何克服这种平庸的恶。

现代社会因丰裕的财富、便捷的交通及发达的信息，使得人可以适性而为，他可以随便购买、出游，乃至与人对话。现今流行的网络词汇“任性”一词，正是这种个人主义的真实写照。表面上看，这种个人主义有相当程度的平等，亦有相当程度的自由。但因为这种自由并不是对人的本质的守护，而是完全由外在的物促成的，所谓“而蔽于物，物交物，则引之而已矣”（《孟子·告子上》），故这种自由人依然摆脱不了其本质上的奴隶状态。正如马尔库塞所描述的那样，“发达工业文明的奴隶是受到抬举的奴隶，但他们毕竟还是奴隶。因为是否是奴隶既不是由服从，也不是由工作难度，而是由人作为一种单纯的工具、人沦为物的状况来决定的。作为一种工具、一种物而存在，是奴役状态的纯粹形式”。[①] 现代意义上的自由人完全是一种物的存在，人的主体性还没有确立，这是一种不能站立起来的个人主义，故它需要在群体中得到扶持。无论是广场上赶热闹的市民，还是

---

* 作者简介：张晚林，湘潭大学哲学与历史文化学院（碧泉书院）教授、博士生导师。

① 赫伯特·马尔库塞：《单向度的人》，刘继译，上海译文出版社 2008 年版，第 28 页。

风景点好奇的观光客，甚或是超市里拥挤的购买者，都是这种个人主义的显著体现。笔者把这种个人主义称之为量的个人主义。这种个人主义，一方面可极端自由、自我，另一方面这种自由与自我又不能站立起来，而须走向群体，不然，个人即走向孤僻、空虚与无聊。由量的个人走向群体虽然具有一定的容摄性，可暂时克服个人的孤僻、空虚与无聊，但因这种群体纯粹由外在的个人在数量上的捆绑而成，而非质的涵养而得，故这种群体之于社会有相当的危险性。要克服这种危险性，必须由量的个人主义走向质的个人主义，即可站立起来的个人主义。质的个人主义，一方面成就了个人的德性；另一方面，涵容了真正的社群；而更重要的是，质的个人还可以养成人的宗教性存在，从而在人生的终极意义与目的上给予指引。

一、平庸的恶的形成及量的个人的空洞性

总体而论，量的个人看待世界总是“Aesthetic”的。英文中的这个词“Aesthetic”包含有多种含义，它意味着美学的、感性的、情感的，乃至是可变而不稳定的。因为“Aesthetic”地看待世界，总要有一个“Given”（给予者）作为对象出现。故群众看待世界不可能是理性的，更无法达到形而上的高度，他们的眼光总是停留在可感可触的地方。这也意味着量的个人看待世界是纯经验的、可变的。若质的个人没有站立起来，量的个人在多数情况下就会为恶。这里的恶未必是实质性的违法行为，一般是指道德水准低下、不善反思、鲜有形上的体悟等等。虽说世界上大多数的人并没有违法行为，但大多数的个人却一般具有道德水准低下、不善反思、鲜有形上的体悟等特点。人天生是社会性的动物，他有融入群体的天然欲望与潜能，而群体的氛围场又淹没了他的道德水准的低劣，乃至为他的恶行买了单。这样，群体使人陷于道德的恶而不自觉，怡然自得地活在群体的氛围场中，甚至理直气壮地面对别人的道德指责。这就是阿伦特所说的“平庸的恶”。虽说平庸的我们没有为大恶，但若质的个人没有站立起来，纯量的个人是很难逃离“平庸的恶”的。而当社会到处充斥着“平庸的恶”时，养成社会中的大恶岂不是必然的吗?！我们都痛恨社会上的大恶，但如实说来，大恶虽可恨，毕竟是很少的，其所之于社会的危害远不及平庸的恶，因为大恶危害的总是少数人，一旦危害发生，总有人被绳之以法。但平庸的恶危害的却是所有的人，且施害者不是别人，恰恰是我们自己，只是未反省深思耳。我们每个人都在伤害别人与自己，贡献着恶的因子，却没有一个人被惩罚，且安然自得。因此，平庸的恶之胶固性是不言而喻的，很难在社会中祛除。从这个意义上讲，平庸的恶更值得我们关注与警醒。

平庸作为恶有极大的隐秘性，让人不觉其恶，而安之若素。海德格尔以闲谈、好奇、两可三个概念来解释平庸是如何把质的个人彻底抽空打碎，只留下量的空壳的。由此，其隐秘的恶才从哲学上昭然若揭。

依海德格尔，所谓闲谈，就是人们在人云亦云、鹦鹉学舌中的一种平均领悟。这种平均领悟从不能够断定什么是源始创造，也从不在意在源始处所挣得的东西。于是，谁都可以振振闲谈，谁都乐于振振闲谈。这样，闲谈培养了一种莫无差别的理解力，似乎在大伙的谈笑风生之中，没有任何东西被隐秘闭锁了。“由于这种自以为是，每一新的诘问、一

切解释工作都被束之高阁，并以某种特殊的方式压制延宕下来。”[①] 但海德格尔认为，若闲谈者毫不关心源始性的根基，只是这种漠不关心的平均领悟，那么，闲谈就是原原本本的闭锁，一种抽离人的源始根基的飘浮。

> 作为在世的存在，滞留于闲谈中的此在被切除下来——从对世界、对共同此在、对“在之中”本身的首要而源始真实的存在联系处切除下来。它滞留在飘浮中……除根不构成此在的不存在，它倒构成了此在的最日常最顽固的“实在”。[②]

闲谈虽然把人的存在根基给切除了下来，但人并不自知，反倒是在闲谈中“实在”地存在着。无处不在的聚会、沙龙，乃至 QQ 群、微信群等，无不彰显着现代人的闲谈。

依海德格尔，好奇是一种“看”，但“看”并不仅限于眼睛的功能上，而是一种广义的觉知。作为好奇的“看”只就其外观看世界，只是为了在外观中把世界带到近前来，一任自己由世界的外观所收取。所以，好奇仅止于看。“它贪新骛奇，仅止为了从这一新奇重新跳到另一新奇上去。这种看之烦不是为了把捉，不是为了有所知地在真理中存在，而只是为了能放纵自己于世界。”[③] 在放纵中，宣泄自己的不安与激动，好奇因不能逗留而使人消失在不断涣散的可能性中。我们知道，亚里士多德曾说，哲学源于好奇。但这种好奇不同于海德格尔所说的好奇，它是叹为观止地逗留于存在者中直观其源始根基。但海德格尔所说的好奇却决不逗留，它“到处都在而无一处在。这种在世模式暴露出日常此在的一种新的存在样式。此在在这种样式中不断地被连根拔起”。[④] 拥挤的街道、喧闹的超市及鼎沸的景区，无不彰显着现代人的好奇。

闲谈与好奇使得世界“看上去都似乎被真实地领会了、把捉到了、说出来了；而其实却不是如此，或者一切看上去都不是如此而其实却是如此”。[⑤] 这就是两可。两可之模棱不仅伸及世界，更重要的是伸向了人向他自己的存在。在两可中，人们不负责任地预料一番，貌似在捕捉踪迹，实则是杂然群集，以便闲谈与好奇更好地进行下去。这样，人于“此”总是两可的，他“首先是从人们听说他、谈论他、知悉他的情况方面在‘此’”。[⑥]

闲谈、好奇与两可使得人不再是一个独立的个体，而是一种杂然的群集或共在，海德格尔称之为常人。海德格尔说：

> 人本身属于他人之列并且巩固着他人的权力。人之所以使用“他人”这个称呼，为的是要掩盖自己本质上从属于他人之列的情形，而这样的“他人”就是那些在日常的杂然共在中首先和通常“在此”的人们。这个谁不是这个人，不是那个人，不是人本身，不是一些人，不是一切人的总数。这个“谁”是个中性的东西：常人。[⑦]

---

① 海德格尔：《存在与时间》，陈嘉映、王庆节译，生活·读书·新知三联书店 1987 年版，第 206 页。
② 海德格尔：《存在与时间》，陈嘉映、王庆节译，生活·读书·新知三联书店 1987 年版，第 206 页。
③ 海德格尔：《存在与时间》，陈嘉映、王庆节译，生活·读书·新知三联书店 1987 年版，第 209 页。
④ 海德格尔：《存在与时间》，陈嘉映、王庆节译，生活·读书·新知三联书店 1987 年版，第 210 页。
⑤ 海德格尔：《存在与时间》，陈嘉映、王庆节译，生活·读书·新知三联书店 1987 年版，第 210 页。
⑥ 海德格尔：《存在与时间》，陈嘉映、王庆节译，生活·读书·新知三联书店 1987 年版，第 212 页。
⑦ 海德格尔：《存在与时间》，陈嘉映、王庆节译，生活·读书·新知三联书店 1987 年版，第 155 页。

海德格尔所说的“常人”实际上就是质的个人被打散，只剩下群体性人格。每个人都把这个群体性人格作为自我，但它从来都不是自我，但它又强烈地统治着自我。这便是量的个人的空洞性。

我们的一切教育所面对的正是这样一个空洞的自我，真正的自我从来都没有站出来过。面对这样的自我，教育的结果无外是勒庞所说的：“教育既不会使人变得更道德，也不会使他更幸福；它既不能改变他的本能，也不能改变他天生的热情，而且有时——只要进行不良引导即可——害处远大于好处。”① 的确，给这样的自我灌输强大的科技知识，诚如勒庞所言，“是让人造反的不二法门”。② 可以说，如果真实的自我即质的个人不站出来，则所有的教育可能都是失败的。难怪海德格尔说：“教育的时代已经结束，这并非因为无教育者登上了统治地位，而是因为一个时代的象征已经清晰可见。”③

现代社会是一个群体性社会，以平面的、网状的为其特征，为了保证这个平面的、网状的社会结构不至于松散，故雅言公德教育。由此，其基本的价值诉求只有两个——自由与平等。自由与平等都是在量的个体之间显现的，是一种相互限制的关系。过此以往，现代社会之公德并不过问，也不必过问。可见，公德不过重视量的个体之间的互相妥协与达成共识，并不具备形上品格，即质的个人从来都不是现代社会的公德教育所要关怀的。但问题是，质的个人没有站立起来，公德可以被执行吗？故当子贡说出“我不欲人之加诸我也，吾亦欲无加诸人”之交往公德时，孔子的回答是：“赐也，非尔所及也。”（《论语·公冶长》）说明子贡尚不具备执行这一公德的德性条件（质的）。荀子曰：“有后而无先，则群众无门。”（《荀子·天论》）这意味着，只有在后的公德教育而无在先的德性教育，则群体永远进不了公德文明之门。所以，教育不能只是针对量的个体，切就其关系而制定规则，须让质的个人站立起来。麦金泰尔说：

> 社会仅仅是一出永久的灵魂拯救剧的背景而已；世俗事务是在王公贵族和行政长官的治理之下，我们应当服从他们的统治。但我们灵魂的拯救所系之物与那属于恺撒的东西是完全不同的。④

如实说来，“灵魂的拯救所系之物”不能出现，则“恺撒的东西”亦必然毁弃。用本文的话说就是：质的个人必须站立起来，教育必须扶起质的个人。质的个人站立不起来，就意味着教育的终结，但从反面又意味着，教育就是让质的个人站立起来，这是教育的在先本质。

二、西方哲学家的慎独思想及对恶的克服

如何使质的个人站立起来呢？答曰：唯有在慎独教育中。我们知道，“慎独”一词出

---

① 古斯塔夫：《乌合之众——大众心理研究》，冯克利译，广西师范大学出版社 2007 年版，第 103 页。

② 古斯塔夫：《乌合之众——大众心理研究》，冯克利译，广西师范大学出版社 2007 年版，第 105 页。

③ 海德格尔：《科学与沉思》，孙周兴选编：《海德格尔选集》，上海三联书店 1996 年版，第 977 页。

④ 麦金太尔：《伦理学简史》，龚群译，商务印书馆 2003 年版，第 171 页。

自《中庸》，但这并不意味着，慎独只是中国传统的教育理念。可以说，慎独是中外教育发展史上的共通理念，尽管其表述或有不同，但不掩其实质之同也。

众所周知，阿波罗神庙上篆刻着德尔斐神谕——“认识你自己”。这句话并不是对散列的个人说，去认识各自的爱好、脾气与品性，而是对整个人类说，须让质的个人站立起来，即人类只有让质的个人站立起来了，才算是认识了人之为人之意。可以说，“认识你自己”，即让质的个人站立起来，是贯穿于西方精神的主线，无论是哲学的还是宗教的。下面我们分别以苏格拉底、康德与马里坦的思想略加说明。

苏格拉底在《高尔吉亚》篇中提出一条原则：“作恶比受恶更坏，逃避惩罚比接受惩罚更坏。”① 类似的话在同篇中多次出现。苏格拉底的意思是要告诉我们：作恶是比受恶更为不义的行为。苏格拉底为什么会这样告诫我们呢？苏格拉底首先质问他的对话者卡利克勒：“如果一个人有避免受恶的意愿，那么他能避免受恶吗，或者说只有在他获得力量的时候才能避免？”② 很显然，一个人只有获得了足够的力量以后才有可能避免受恶。这意味着在经验世界中，一个人是否可以避免受恶是不一定的，哪怕他拥有足够的力量，也不足以保证他避免受恶。这在人类历史上有不胜枚举的事例，不必赘言。③ 相反，对于作恶呢？苏格拉底再次质问卡利克勒：“如果一个人不选择作恶是否就够了，这样他就不会去作恶了吗？或者说他也必须用某种力量和以这种力量为基础的技艺来武装自己，如果他不学习和实践这种技艺，他就会去作恶？”④ 很显然，与受恶不同，一个人并不需要外在的力量与技艺就足够可以不作恶，在此，个人是自足的且具决定力量的。那么，此时人是怎样的一种存在呢？苏格拉底的这种看法似乎与我们习常之所见相违背，在我们看来，作恶似乎也是不能自主的，“情不自禁”“怒不可遏”皆为其表现。但在苏格拉底看来，在作恶处不能自主，表示质的个人没有站立起来，因为唯有质的个人才是自足且具决定力量的，外此，不但非自足而具决定力量，且根本没有完成人之为人之大义，故而不义。所以，苏格拉底所说的不义并不是说作恶比受恶之于社会有更大的破坏性而不义，而是指质的个人没有站立起来而完成人之大义而不义。苏格拉底这条原则有极大的深义，就是让我们明白人之为人从而让质的个人站立起来。阿伦特认为，苏格拉底的这条原则可诠释为：“我与整个世界相矛盾比我作为一而与我自己相矛盾要好。”⑤ “我作为一而与我自己相矛盾”表示我们还不明白人之为人，或者说质的个人还没有站立起来。若此，则“我与整个世界相矛盾”亦是必然的。因此，“我作为一而与我自己不矛盾”必然逻辑上在先于“我与整个世界不矛盾”。故“我作为一而与我自己不矛盾”具有价值上的优先性，若有人违而背之，则是更大的不义。作恶之所以更坏乃因为作恶者自己与自己的违背，即作恶者作为质的个人没有站立起来。

---

① 《柏拉图全集》第1卷，王晓朝译，人民出版社2002年版，第355页。

② 《柏拉图全集》第1卷，王晓朝译，人民出版社2002年版，第404页。

③ 《庄子·外物》云：“外物不可必。故龙逢诛，比干戮，箕子狂，恶来死，桀、纣亡。人主莫不欲其臣之忠，而忠未必信，故伍员流于江，苌弘死于蜀，藏其血，三年而化为碧。人亲莫不欲其子之孝，而孝未必爱，故孝己忧而曾参悲。”

④ 《柏拉图全集》第1卷，王晓朝译，人民出版社2002年版，第404页。

⑤ 汉娜·阿伦特：《反抗“平庸之恶”》，陈联营译，上海人民出版社2014年版，第149页。

那么，苏格拉底提出这条原则让我们明白人之为人到底意味着什么？或者说，质的个人站立起来意味着人是一种怎样的存在呢？不妨让我们回到苏格拉底的话中来：

> 幸福不仅是对恶的摆脱，而且是从来不染上恶。①
> 灵魂中没有恶的人是最幸福的，因为我们已经说明灵魂上的恶是最大的恶。②

最大的恶并不是现实中的恶行，而是灵魂中的恶，这意味着，“我作为一而与我自己相矛盾”。这是比现实中任何恶行更危险也更难以祛除的恶。世人多只知现实中的恶行，而不在意灵魂中的恶，故“我作为一而与我自己相矛盾”常发生而不自知，故“破山中贼易，破心中贼难”（王阳明：《与杨仕德薛尚谦》）。王阳明告诫我们“一念发动处便即是行”（《传习录下》），就是提醒我们要在意这种“与我自己相矛盾”的发生。正因为不自知，故“我作为一而与我自己相矛盾”这种不义之于人时常发生，故教育必须首先在这里要有所提防与作为。

我们再来看康德。康德最主要的思想“启蒙”实则就是慎独之意，这可以从康德对启蒙的定义中得到印证。康德认为，“启蒙运动就是人类脱离自己所加之于自己的不成熟状态”。而不成熟状态就是没有被启蒙，因为一个人“不经别人的引导，就对运用自己的理智无能为力”。③ 那么，启蒙的目的是什么呢？“除了自由而外并不需要任何别的东西，而且还确乎是一切可以称之为自由的东西之中最无害的东西，那就是在一切事情上都公开运用自己理性的自由。”④ 在这里，启蒙就是还给人以自由，但自由并非经验世界中选择的可代替性，而是运用理性。也就是说，自由就是让人停驻在理性之中，而不是在群体的可选择之中，而可选择性恰恰是不自由，也意味着人的不成熟状态。海德格尔对此有精辟的论述：

> 最本原的自我规定意义上的真正自由只存在于一种地方，在那里一种选择不再是可能的，也不再是必须的。谁恰正还在选择和意欲选择，就还不真正知道他意欲什么，他还完全不是本原地意欲。⑤

当人们还不知其本原的意欲的时候，自然跟随外在的经验与群体走，即孟子所说的“物交物，则引之而已矣”。这样，人的主体不见，自然就是不成熟状态。那么，自由意味着什么？谢林说：“真正的自由就是与一种神圣必然性的协调一致。诸如此类的东西我们在本质性的认识中感受得到，在那里精神和心灵，只是系于它自己的规律，才自愿地肯定那种必然的东西。”⑥ 康德所说的“运用理性”就是在慎独中与“神圣必然性的协调一致”，唯有如此，才能做到“任何时候都与自己一致地思维”。⑦ 若不能与“神圣必然性

---

① 《柏拉图全集》第1卷，王晓朝译，人民出版社2002年版，第363页。
② 《柏拉图全集》第1卷，王晓朝译，人民出版社2002年版，第364页。
③ 康德：《历史理性批判文集》，何兆武译，商务印书馆1990年版，第22页。
④ 康德：《历史理性批判文集》，何兆武译，商务印书馆1990年版，第24页。
⑤ 海德格尔：《谢林论人类自由的本质》，薛华译，中国法制出版社2009年版，第243页。
⑥ 谢林：《对人类自由的本质及其相关对象的哲学研究》，邓安庆译，商务印书馆2008年版，第108页。
⑦ 康德：《逻辑学》，李秋零主编：《康德著作全集》卷9，中国人民大学出版社2013年版，第55页。

的协调一致”，人类尚不成熟；若自满于一时的可选择性的成功，从总体上看，人类只不过是在撒谎或自欺。

康德认为，人类真正的且是最大的道德污点或罪恶不是盗窃或杀人，而是撒谎，特别是自己对自己的撒谎，即自欺；一个自欺而毫无恐惧与愧色的人，在道德上是非常可怕的。类似的观点在陀思妥耶夫斯基那里得到了同样的体现。在《卡拉马佐夫兄弟》一书中，德米特里问斯达洛夫“要赢得拯救我必须做什么”时，后者的回答是：“首要的是，绝不要对自己撒谎。”我们知道，就撒谎的直接危害性来说，不及盗窃和杀人之十分之一，乃至我们每个人一生中亦免不了撒谎，有时善意的谎言是可以被原谅甚至是值得推崇的。那么，康德为什么依然强调自欺是人类最大的道德污点或罪恶呢？就是因为没有做到“任何时候都与自己一致地思维”。我们还可以进一步回到苏格拉底那里去寻找答案。这个答案就是：撒谎或自欺就意味着“我作为一而与我自己相矛盾”，若人在此毫无恐惧与愧色，就意味着安于最大的不义，这样，当然就是人类最大的道德污点或罪恶。由此看来，康德与苏格拉底一样，把人对自己的义务置于对他人或世界的义务之前。这意味着人必须对自己作为质的个人尽义务，不然，就是最大的恶。这种意思可以关联到孟子的下面一段话来加以理解：

> 孟子曰：“人不可以无耻。无耻之耻，无耻矣。”孟子曰：“耻之于人大矣。为机变之巧者，无所用耻焉。不耻不若人，何若人有？”（《孟子·尽心上》）

作为一个人而站立起来是不能没有羞耻感的，而人之所以能够有羞耻感乃因为人希望尽内在义务而不撒谎，所谓“尽心”者也。一个人因为没有羞耻感而招致的耻辱，乃是最大的耻辱，因为这意味着他作为人还没有站立起来，故也是不可克服的耻辱。如此说来，羞耻感——即尽内在义务而不撒谎——之于人是意义重大的。那些完全依据经验之机变而行事而不顾及内在的义务的人，自然是没有羞耻感的，这样的人是没有什么价值乃至是极其危险的，因为他随时都有可能制造大恶。另外，孟子“人知之，亦嚣嚣；人不知，亦嚣嚣。……穷不失义，故士得己焉”（《孟子·尽心上》）之论述，亦同于苏格拉底与康德所说的“人对自己的义务置于对他人或世界的义务之前”之思想。观夫此，诚所谓“先圣后圣，其揆一也”（《孟子·离娄下》）。

康德的很多思想或原则都可以从尽内在义务得到解答。我们知道，康德在《实践理性批判》中有一段著名论述：有两种东西我们愈是思索它们，心中就愈是升起强烈的惊奇与敬畏。这两种东西就是我们头上的灿烂星空与我们内心的道德法则。这段话是如此隽永与深邃，乃至最后被篆刻在康德的墓碑上。但这两种东西之于人的意义是不一样的。前者以其无限的时空与无穷的物力映衬了人作为物质性存在的渺小，乃至随时可以一举将其歼灭之。但后者却使人类足够伟大，任何物质力量都无法消灭之。道德法则意味着人作为理性存在者能够自己与自己一致，自己对自己尽义务。这是宇宙中任何别的存在者所无法做到的，这不但让人对于人类这种存在者自身感到惊奇与敬畏，亦足以给人类带来尊严而与日月齐光。康德还告诫我们，一个人的行为若要是道德的，那么，必须符合以下原则：即他的行为准则可以成为普遍的立法原则。要理解这条原则的大义，亦必须回到“我作为一而与我自己不矛盾”这里来。任何人的行为如果能做到与那个“看不见的自己”不矛盾，那么他一定是道德的。至于那个“看不见的自己”到底是什么，正是我们后文所要重点探讨的。那个“看不见的自己”乃是一个神圣立法者，犯罪不再被定义为对外在的强制性的法律的不服从，而是被定义为对我作为神圣立法者的角色的拒绝。在此，人根本上不只是犯罪或者是违背了道德原则，而是拒绝了一个神圣者而不与这个神圣者保持一致。“我作为一而与我自己不矛盾”不但是道德的基础，根本上亦是宗教的基础。康德说：

> 因此，谁把遵循规章性的、需要有一种启示的法则，作为宗教所必需的，并且不仅是作为道德意念的手段，而且还作为由此直接让上帝喜悦的客观条件而置于前面。把对善的生活方式的追求置于这种历史性的信仰之后。他就把对上帝的事奉转化为一种单纯的物神化，实行了一种伪事奉。这种伪事奉将使趋于真宗教的一切修行化为乌有。①

只看到外在的上帝而不能体悟到那个“看不见的自己”，进而做到“我作为一而与我自己不矛盾”，则一切宗教式的膜拜与祈福皆是伪事奉，与本质的宗教相去甚远。对于宗教来说，对于上帝的事奉并非本质性的，“我作为一而与我自己不矛盾”才是本质性的。在这里，康德并不是要反对上帝，而是告诉我们如何走向上帝，聆听启示。这种走向与聆听之于人绝不是可有可无的，若是之缺如，则人由此作恶而陷入不义乃必然者。质言之，若质的个人不能站立起来，则是之缺如亦是必然的。不过，康德是由下往上讲，即由“我作为一而与我自己不矛盾”而至于走向上帝，聆听启示。而马里坦则从上往下讲，人必须聆听到一种超越的声音才能真正做到“我作为一而与我自己不矛盾”，道德生活才得以可能，进而消除作恶与不义。

我们不妨回到马里坦。马里坦认为，若我们要有稳定的道德生活而不作恶，人必须关联到一个超越的实体。如果没有这个超越实体的指引，道德生活就不会是稳定并且从根本上是正确的。因为此时的道德生活只是自然的倾向，不是真实而严格意义上的德行。马里坦把这种撇开超越实体而纯粹由人自身建立起来的道德哲学称之为纯粹的道德哲学。他说：

> 因此，如果一个人想要以这种纯粹的道德哲学来指导自己的生活，则他必然会误入歧途。这种纯粹哲学的道德哲学忽略了人与超自然领域的关系，这就会给人的生活以错误的指导。②

为什么在量的个人中，道德是极其不稳定而易变的，就是因为此时人只停留在现象界中，而罔顾那个超越的实体。尼采早就指出了其中的问题。他认为，若没有上帝，以为道德还能够延续下去，这种想法太幼稚了。要保存道德信念，上帝这个“超越者”是绝对必需的。若没有那个超越的实体，所有的道德哲学，无论其规定的原则是多么的完善与良好，只不过是一个盲人引导另一个盲人。纯粹的道德哲学乃切就人的自然秩序来考察与规

---

① 康德：《单纯理性限度内的宗教》，李秋零译，中国人民大学出版社 2003 年版，第 188—189 页。

② 马里坦：《道德哲学论》（选录），陈麟书、田海华：《重读马里坦》，四川人民出版社 1997 年版，第 146 页。

定人的行为，但若不服从于神圣天命或超时间的永恒方面来考察与规定人的行为，则人的自然秩序永远不可能有专有的正确性与一致性。故寄希望于纯粹的道德哲学来规范人的道德行为，不但不可能，且是一种误导。所以，真正的道德行为必然依赖于对那个超越实体的爱。同时，这种爱在每个人的生命力量之中，且这种力量来自人的主体性，成为道德行为的根本依据。马里坦说："理智所思虑再三的动机并不对于深刻的、最富于自由的道德抉择的行动具有决定性的作用；相反，这个角色被保留给了人的神秘莫测的主体性所产生的那种不可预知的冲动。"① 所以，人这种存在者尚有一个看不见的主体，这个主体足以感应超越实体，既而使道德成为真正的道德。马里坦说：

> 在每一个真正的道德行动中，人，为着运用法则并且当他运用法则时，他必须将这个普遍的东西体现并把握在他自己的独有的存在之中，他在他的存在中孤身一人面对上帝。②

若根本没有这个看不见的主体，则人不但不能面对超越实体，道德生活亦根本不可能。尽管马里坦认为，"作为主体性的主体性是无法加以概念化的；它是一不可知性的无底深渊"。③ 所谓"不可知性的无底深渊"是指其不可概念化、对象化，然其实有且可证会乃不可疑者。正是这个看不见的主体使得质的个人站立起来，从而使"我作为一而与我自己不矛盾"成为可能，进而使作恶与不义成为不可能。

三、质的个人的站立与道德教育的完成

对苏格拉底、康德与马里坦的思想与原则之讨论，我们都可以归结到"我作为一而与我自己不矛盾"这一句话上来。这里的关键问题是：什么是"我"？什么是那个"看不见的主体"？什么是"质的个人"？但三个问题其实是同一个问题，只是表述方式不同而已。这些问题清楚以后，阿伦特所说的平庸之恶的问题亦可迎刃而解也。

"我"是什么？这是哲学中的一个重要问题。一般以为"我"就是一个物质性的存在，可感知冷热、痛苦、饥饿等肉体感觉，亦可感知喜怒哀乐等情绪变化。若人只是这样的"我"，则"我"作为主体是不存在的，只存在一系列的感觉流，随时处在变化之中。建立在这样的"我"的基础上的道德当然也随时处在变化之中而不能定于一尊。但问题是，人作为主体就是依赖这样的"我"吗？"我"是否别有所在？当柏拉图告诫我们人的天性中一定有某种神圣性的存在，它使我们如此流畅地申诉不正义的事，且不相信它比正义的事情好，是否就把这个隐秘的主体带出场了呢？尽管人是一种物质性存在，但无论如何，谁也否认不了良知的存在。王阳明咏良知诗曰："人人有路透长安，坦坦平平一直看。……不信自家原具足，请君随事反身观。"（《王阳明全集》卷二十《示诸生三首》）此实质是说良知乃人人固有，此乃不可事，亦不须学者也。良知，使我们可以谛听超越之

① 马里坦：《道德哲学论》（选录），陈麟书、田海华：《重读马里坦》，四川人民出版社 1997 年版，第 196 页。
② 马里坦：《道德哲学论》（选录），陈麟书、田海华：《重读马里坦》，四川人民出版社 1997 年版，第 201 页。
③ 马里坦：《道德哲学论》（选录），陈麟书、田海华：《重读马里坦》，四川人民出版社 1997 年版，第 209 页。

音，而不只是俗世的规范与律则，从而使真正的道德得以可能。这个能谛听超越之音的良知使得人的存在不只是一种物质性的感觉流，更是一个超越性的精神主体。由此，人是二而一的（Two-in-one）结构。阿伦特说：

> 尽管我是一，但我不是简单的一个，我有一个自我，而且我与这个自我是联系着的。这个自我绝非一个幻觉，它通过同我谈话——我与我自己说话而不仅仅是意识到自己——而使自己被听到。在这个意义上，尽管我是一个，但我是二而一的，我与这个自我可以和谐也可以不和谐。如果我不赞成其他人，我可以离开；但我不能从自我那里离开，因此，我最好在作其他考虑之前，首先尽力与自己和谐一致。这同一句话也道出了遭受不义比行不义要好的实际原因：如果我行不义，那么我就注定要与一个行不义者生活在一种不可忍受的亲密关系中了；我永远也无法摆脱他。[①]

一个人之所以不作恶，乃因为在人之二而一的结构中，让那个超越的“自我”站立了出来，进而使其作主，谛听其说话。而行不义，就是那个“自我”没有站立出来，从而不能谛听一个超越的声音，只凭经验的我（休谟所说的“自我”）在世界中吠声吠影地感觉。这样，行善与作恶之间并无原则的区别，乃至人与动物的区别亦不大。罗素认为，在经验世界里，断定“一个欲望比另一个欲望更为可取”[②] 是不可能的，表达的就是这种意思。若说话是人与动物的区别，则人与超越自我的无声对话是其根本性的标志。由此，我们可以解答曰：人之二而一的结构中的那个超越的“自我”就是作为人之为人的真正的“我”，亦是那个“看不见的主体”，复为质的个人站立起来进行了形上奠基。

人之为人意味着质的个人站立起来，阿伦特把它叫作“独在”。“那种呈现在这种无声的自我对话中的存在方式，我现在把它叫做独在。……独在意味着，尽管独自一人，但我是和某人（即自我）在一起的。它意味着我是二而一的。”[③] 如果人不能在二而一的结构中让质的个人站立起来，即人不能独在，那么，即使在人群之中，依然是非常孤独的。阿伦特说：

> 如果在独在中，我的思想过程因某种原因停止了，我也再次变为一。因为我现在所是的这个一缺乏陪伴者，我可能会旁骛以寻求他者——人、书或音乐——的陪伴，而如果他们使我失望，或者我不能与他们建立关系，我就会感到无聊和孤独。但是，不一定独自一人时才会感到无聊和孤独。在人群中我也可能感到非常无聊和孤独，而这时我实际上就不是独在，也就是说，这时我实际上没有自我的陪伴，也没有自我意义上的另一个朋友的陪伴。这就是为什么相比于独在中的单独存在，人群中的单独存在要难以忍受得多的原因。[④]

若作为独在的质的个人没有站立起来，人便是量的个人之存在，此时，他需要寻找外

① 汉娜·阿伦特：《反抗“平庸之恶”》，陈联营译，上海人民出版社 2014 年版，第 106 页。
② 罗素：《宗教与科学》，徐奕春、林国夫译，商务印书馆 2000 年版，第 91 页。
③ 汉娜·阿伦特：《反抗“平庸之恶”》，陈联营译，上海人民出版社 2014 年版，第 113 页。
④ 汉娜·阿伦特：《反抗“平庸之恶”》，陈联营译，上海人民出版社 2014 年版，第 113 页。

在的朋友与依靠，但他与外在的朋友与依靠未必能够建立关系与对话。因此，量的个人总是孤独的，其程度甚至是不堪忍受的，之所以不堪忍受，乃因为生存之荒诞与意义之虚无。屡见不鲜的那些集体安全事故，这是不堪忍受的孤独者寻求依靠所致。然而，这一切都是徒劳的，他们寻错了方向，凭借外在物质力量的沉浊与绚丽，去占领那空虚的灵魂，外重而内轻，焉能不坏！

然而，孤独之于量的个人尚属小者，若质的个人不能站立起来，则作恶之于量的个人乃必然者。对于作恶者来说，最心安的并不是侥幸逃脱法律的惩罚，而是永不去面对自己，不去谛听良知之音。众所周知的“四知先生”杨震，他之所以拒绝了下属的贿赂，乃因为他能够面对自己，谛听良知之音，而其下属则不能，于是，妄作心安地说“暮夜无知者”。但经过杨震之“天知，神知，我知，子知。何谓无知?”之呵斥与开导以后，毕竟能“愧而出”（《后汉书》卷八十四《杨震传》），最终亦能面对自己而有所倾听，从而没有滑向罪恶的深渊。这个事例从反面说明了若不能面对那个超越的自我（看不见的主体）而倾听之，则人随时都有作恶的可能。因此，人必须与那个超越的自我生活在一起，“那么，对于他可以允许自己做的事情就有一些限制，这些限制不是从外部强加给他的，而是自我产生的。……只有在完全缺乏这些自发根基去自动限制各种恶的可能性时，无限制的、极端的恶才有可能”。[①] 一个行动，当行动者无法直面自己的时候，它一定是最不义的，或者说是极端的恶的。

可惜的是，现代科技已彻底打散了质的个人，遮蔽了那个超越的自我。这正如海德格尔所说：“但实际上，今天人类恰恰无论在哪里都不再碰到自身，亦即他的本质。”[②] 更可怕的是，现代人于此还安之若素，悠然自得。这就是真正的虚无主义。最本质的虚无主义根本不是人陷入了价值的谬误之中，而是人安居于平面的散列的量的现象世界中，而不作立体的质的追问以见超越的精神。正是在这里，存在着恶的平庸，也隐藏着可怕的恐怖。这就是为什么阿伦特说：“在我们每一个人的心中都有一个艾希曼。”[③] 而要救渡这个世界，必须从量的个人走向独在的质的个人。所以，阿伦特所说的量的个人的“不思”并非指不思考与分辨，但若不能面对超越的自我，则这些都不过是量的现象世界的分析、计算。故“思”是指面对超越的自我，让人安居于此而成为二而一的存在。以中国传统言之，就是“慎独”。而“慎独”才是教育的极功之所在，因为唯有在“慎独”中才能使质的个人站立起来而克服人之恶，乃至量的个人不能自知的平庸的恶，更重要的是，人处“慎独”之时，与神圣者面对乃至合一，从而开显出了人生的价值、意义，完成了人的宗教性存在，这是道德教育的究极完成。

---

① 汉娜·阿伦特：《反抗“平庸之恶”》，陈联营译，上海人民出版社 2014 年版，第 115 页。
② 海德格尔：《技术的追问》，孙周兴选编：《海德格尔选集》，上海三联书店 1996 年版，第 945 页。
③ 汉娜·阿伦特：《反抗“平庸之恶”》，陈联营译，上海人民出版社 2014 年版，第 81 页。

思想史视野下佛教融入中国文化的当代启示

魏厚宾*

摘　要：佛教作为外来文化融入并成为中国文化的一部分，经历了传入与立足、翻译与磨合、创造与繁荣以及本土化完成并成为中国文化一部分四个阶段。从儒释道融合的角度切入，立足于思想史“横通”“纵通”的视角，考察佛教融入中国完成本土化这一历史文化现象，可以确证中华文化的“会通”精神。佛教中国化完成后最终形成“儒释道”并称的文化现象。

关键词：思想史；佛教本土化；会通；儒释道；中西文化

一、佛教融入中国文化的阶段划分

佛教传入中国大概经历了四个阶段。第一阶段，传入与立足期（西汉至东汉末）；第二个阶段，是翻译与磨合期（魏晋南北朝）；第三个阶段，是创造与繁荣期（隋唐五代）；第四个阶段，本土化完成并成为中国文化一部分（宋元明）。在传入与立足期（西汉至东汉末），佛教作为一种起源于印度的宗教，于两汉之际初入华夏大地，开始崭露头角。这一时期，人们对佛教的认知还较为有限，但佛教的一些基本理念和教义开始传播，为后续的发展奠定了基础。尽管东汉时期的中国佛教发展步履蹒跚，但它确实成为佛教本土化的起点。在翻译与磨合期（魏晋南北朝），众多佛典被翻译为中文，佛教开始与中国的本土文化，如儒家和道家思想进行融合和借鉴。其中的代表人物是鸠摩罗什，各国君王及强人为了争夺他，竟不惜发动战争相互攻伐，乃至灭国。在这个阶段，佛教的教义和思想得到了更广泛的传播，理论体系更加清晰和系统，与中国文化的融合逐渐深入。因对般若思想理解不同，从而促使佛教内部出现了“六家七宗”从不同角度来解释般若学中“空”的争论。在创造与繁荣期（隋唐五代），佛教在中国达到了一个高峰。佛教各宗派纷纷形成，如禅宗、净土宗、华严宗、法相宗等，其中以禅宗的形成为代表，标志着佛教在中国的繁荣达到高潮，并确立了本土化进程。这些宗派结合了中国的社会和文化特点，形成了具有中国特色的佛教思想和修行方法。佛教深入到社会的各个层面，对中国的哲学、文学、艺术、建筑等领域产生了广泛而深刻的影响。例如，佛教艺术在石窟壁画、雕塑等方

---

* 作者简介：魏厚宾，中国社会科学出版社编辑，主要研究方向为中国思想史。

面取得了极高的成就。最后是本土化完成并成为中国文化一部分（宋元明），中国本土文化开始借鉴佛教的思想内涵完善自己的理论体系。宋明理学就吸收了佛教的心性论思想，强调通过内心的修养和觉悟来达到道德的完善。如朱熹的理学思想中，就有对佛教“佛性”观念的借鉴和转化，他完善了“天理”的概念，认为“理”是“月映万川”，通过对天理的追求和体悟，可以实现人格的升华。而王阳明则充分吸收、融摄佛理，会通儒释，建构起了新的心学体系。他将佛教顿悟渐修的思想转化为儒家的工夫论，强调悟后仍当起修，认为致良知工夫无有穷已；同时，还吸纳了佛门的无相无住思想，构建了良知境界。王阳明对禅定较为熟谙，曾在人生困顿时亲历从澄心静虑到明心见性的过程，龙场悟道就与这种体验紧密相关。阳明心学产生后的晚明，儒释道出现了一次彻底的大融合。其中，明末蕅益智旭作《周易禅解》形成系统的以佛解易思想，标志着佛教本土化的完成，即彻底融入中国文化。

基于以上的阶段划分，笔者立足于思想史视野，对佛教融入中国文化这一历史过程进行考察，思考中华文化根本精神所在。侯外庐先生在对思想史的研究中，提出了“横通”和“纵通”之说。横通指所研究对象与社会历史时代的联系，纵通指所研究对象的思想源流的演变。[①] 张岂之先生则在“横通”和“纵通”的基础上，提出中华文化具有“会通”精神的主张，他认为“中华文化中‘会通’之学的一个重要特点，就在于相互讨论、交流，相互吸收、提高，既能看到其他学派与自己学派的不同，又能看到其他学派的长处；既能坚持自己的理论原则，又能纠正自己理论上的不足，使之‘与时偕行’”[②]。而佛教作为外来文化，与中国儒道等本土文化进行碰撞并融入中国文化的过程，便是“横通”“纵通”和“会通”的过程。那么站在思想文化史的角度，来看待佛教融入中国的历史过程，则更能够发掘和理解其对当下中外文化，尤其是中西文化交流的意义。

二、“纵通”视角下中国佛教的融通发展

从“纵通”的角度看，“佛学最初传入中国时，就产生了“格义”之学，用来沟通当时流动的玄学和佛学原理”[③]。格义是用本土文化中的概念名词去对释翻译佛教中相应的概念名词，魏晋时期的僧人便是借用玄学的“无”来说佛家的“空”，《周易》作为玄学经典中的“三玄”之一，与佛学之间的交流是不可避免的，这初步为易佛、儒佛融通打下了基础。之后经过隋唐的发展，佛学成为显学并形成了具有中国特色的佛教宗派——禅宗，这一过程中，虽然出现了“三武一宗灭佛”等打击，但佛教逐渐被中国的主流文化所接受，与儒学、易学的沟通日渐频繁；又经过宋明的发展，理学等人物则开始暗中借鉴佛学思想来建立自己的思想体系，且与儒学、易学的沟通愈发深入。到晚明时期，佛教已然深入人心，由于阳明心学的影响，当时很多儒者、禅师公然提倡三教合一，儒佛、易佛的沟通已臻佳境。明末四大高僧之一的蕅益智旭的《周易禅解》《四书蕅益解》便是在儒

---

① 侯外庐：《侯外庐史学论文选集》，人民出版社 1987 年版，第 11 页。

② 张岂之：《中华文化的会通精神》，长春出版社 2016 年版，第 275 页。

③ 张岂之：《中国古代思想文化精华例举及其效用》，《西北大学学报》1991 年第 1 期。

佛、易佛融通臻于佳境之时产生的。智旭通过《周易禅解》《四书蕅益解》等著作，在学理上实现了佛学对儒学的“反向格义”，这标志着中国文化对佛教和佛学的全面而彻底的融合。智旭佛学易思想的形成，也代表着长达一千多年儒佛、易佛交流的完成。从此以后，儒释道三者之间的关系不再是竞争和对抗，而是成为一个互为表里的命运共同体，言中国文化自然“儒释道”并称。因此，我们将明末高僧蕅益智旭的佛学易思想的形成，看作是佛教与中国文化融合完成的标志。

就易学的形态来看，早在佛学传入之前，易学便已经确定了其基本的三种形态：儒门易、道家易、筮术易。其中筮术易又依附于儒门易和道家易而存在，所以这三种易主要以儒道二家为主，既稳定且联系紧密，自其形成以来，一直居于主导地位。而智旭佛学易思想的形成，则成为第四股易学力量登上舞台，它们之间具有很大不同：

儒道皆以《周易》为经，儒家将《周易》列入《五经》《十三经》，道家将《周易》列入《道藏》，兼具儒道的玄学则将《周易》列为“三玄”。虽然历来以《周易》为儒家著作，但是其作为道家经典的地位也是得到默认的，因为古人将《周易》视为“群经之首，大道之源”，儒家可以以之为儒，道家可以以之为道，所以儒道二家能够和平共享。从儒道作为中华文化源头的这个角度来思考，相对于外来文化的佛家，是可以将儒道视为一家的，正如智旭所说的“言儒，而老与孔皆在其中矣”。因此，儒道二家虽然有着明争暗斗，但彼此之间却一直能够包容、互补，和谐相处。反过来看，佛学作为第三股势力进入中国，必然导致儒道的反弹。佛学作为外来文化，从《周易》之中显然是生发不出来的，这就需要有志之学者对二者进行融合会通。智旭作为致力于儒佛融通的学者，其《周易禅解》就是以外来文化之“佛”，解本土文化之“易”的成熟著作。且他这种系统的解易方式完全不同于以往佛家人物援易释佛的方式，如李玄通以《艮》卦解《华严经》，南岳怀让一系借圆相说禅，青原行思一系主要借卦象说禅，石头希迁以纳甲炼丹说解说参禅之法等，都只是就《周易》中的某一理或某一卦来说明融会佛理；亦不同于以往儒家人物援禅解易的方式，如苏轼认为佛教戒定慧之学与《周易》相通，朱熹阴用禅理，杨简“以禅诂经”用心学说《易》等，都只是取佛教中的某些义理和为数不多的概念来解说《周易》。在智旭之前，无论是佛家的援易释佛，还是儒家的援禅解易，都只是零星的诠释和会通，并未形成系统全面的以佛解易之方。究其原因，要么是佛家人物没有系统的儒学、易学功底，要么是儒家人物没有系统的佛学功底，导致不能全面彻底地将易学从义理到卦象与佛学的佛理与法界相融通。而智旭的出现，不仅打破了儒不能彻佛法、佛不通易道的局面，还将儒佛系统全面地沟通起来，并形成一本足以与儒家解易、道家解易相抗衡的著作——《周易禅解》，从而确立了佛学易的地位。佛学易的形成，是“佛学的儒学化”的结果，也就是佛学与儒学“会通”的结果。①

三、“横通”视角下中国佛教的融通发展

从“横通”的角度看，蕅益智旭《周易禅解》《四书蕅益解》等著作的形成是晚明

① 张岂之：《中华文化的会通精神》，长春出版社 2016 年版，第 276 页。

儒佛相互借鉴取用的必然产物，是晚明三教合一思潮的必然结果。首先阳明心学兴起的很大一部分原因，便在于对佛教禅学的大力吸收。王阳明不仅肯定“‘无所住而生其心’，佛氏曾有是言，未为非也”①，而且还借鉴禅宗“不思善不思恶时认本来面目”之话头而构建其有名的王门四句教：“无善无恶心之体，有善有恶意之动，知善知恶是良知，为善去恶是格物。”② 所以对于禅学，王阳明并不讳言：“释氏之学，亦自有同于吾儒，而不害其为异者，惟在于几微毫厘之间而已。亦何必讳于其同，而遂不敢以言；扭于其异，而遂不以察之乎？”③ 其肯定佛教与儒家的自有相同，二者只是在细微处有差别而已，所以强调要摒弃儒佛之异，彰显儒佛之同，这为之后的儒佛融通、三教合一开了先声。智旭后来会通儒佛时所说的“儒释二学，到家虽别，入门大同”，与阳明所提倡的儒佛观基本相同。阳明的弟子黄绾亦记载王阳明曾用《坛经》开示群伦：“令看六祖《坛经》，会其本来无物，不思善，不思恶，见本来面目，为直超上乘，以为合于良知之至极。”④ 不思善不思恶而见本来的面目，就是此心所致的“良知”，可见王阳明对佛教禅门思想吸收的程度之深，故而，当时有学者直接称他的心学为“阳明禅”⑤。之后的阳明后学如王畿、王艮、何心隐、李贽等更是变本加厉而与禅学合流，所以有学者称：“如果没有禅学的充分发展和长期流传，没有禅宗提供的思想资源和实践经验，没有禅宗创造的学术风气和文化氛围，似乎较难形成特定的陆王心学，或者心学的面貌将有所不同，正是在这样的意义上，我们或许可以说，没有禅宗就没有心学。”⑥

同样的，晚明佛教界为了挽救佛学的衰颓之势，也在大力吸收儒道思想，其中以四大高僧为代表。与阳明心学援禅入儒的思路不同，四大高僧吸收儒道思想的方式是对儒道经典进行注解，并竭力宣扬儒释道三教合一。在注解儒道经典上，真可专门作有《解易》，德清专门作有《大学纲目决疑》《中庸直指》《道德经解》《观老庄影响论》《庄子内篇注》，智旭则直接注解《周易》成《周易禅解》，注解四书成《四书澫益解》。在三教合一上，袾宏主张儒佛配合、三教一家，但三教中以佛为最尊，其言：“佛者天中天、圣中圣，最尊，而儒 、道位在凡”⑦；真可认为儒释道三教“门墙虽异本相同”⑧，时人称其“最可敬者，不以释迦压孔老，不以内典废子史”⑨；德清则称“三教一理”“三圣一体”，他认为“若以三界唯心，万法唯识而观，不独三教本来一理，无有一事一法不从此心之所建立。若以平等法界而观，不独三圣本来一体，无有一人一物不是毗卢遮那海印三昧威

---

① 王阳明：《王阳明全集》，上海古籍出版社 2011 年版，第 79 页。

② 王阳明：《王阳明全集》，上海古籍出版社 2011 年版，第 117 页。

③ 王阳明：《王阳明全集》，上海古籍出版社 2011 年版，第 1232 页。

④ 黄绾：《明道编》卷一，中华书局 1959 年版。

⑤ 陈建（1497—1567 年）直呼“阳明禅”，云：“阳明一生讲学，只是尊信达摩、慧能，只是欲合三教为一，无他伎俩”“愚谓阳明亦一部禅矣”。(《学蔀通辨》卷九《续编》下《理》,《续修四库全书》子部 939 册)。

⑥ 方立天：《中国佛教哲学要义》，中国人民大学出版社 2002 年版，第 526 页。

⑦ 莲池著：《竹窗随笔》，北京图书馆出版社 2004 年版，第 192 页。

⑧ 钱谦益纂阅，紫柏大师著：《紫柏尊者别集》卷 1，清康熙二十三年径山寂照庵刻《径山藏》续藏本。

⑨ 钱谦益纂阅，紫柏大师著：《紫柏尊者别集》卷 4，清康熙二十三年径山寂照庵刻《径山藏》续藏本。

神所现”①；智旭则认为“三教会归一心”，其称“自心者，三教之源，三教皆从此心施设”②。从上可以看出，佛家的援儒入佛，与儒家的援禅入儒是大不相同的，佛家的援儒入佛严格上来讲不能叫援儒入佛，而应该称作以佛解儒，而儒家的援禅入儒则直接将佛家的核心概念作为自己的主要思想；佛家对儒道经典的注解，与其说是三教合一，不如说是儒与老“密为出世阶”，也即佛家欲借儒道在社会中的广泛基础来宣传自家的思想。不可否认的是，儒佛的沟通在这一时期才真正臻至佳境，三教之间的矛盾自佛教传入以来降至最低。智旭正是吸收了阳明心学的儒学思想和袾宏、真可、德清三位高僧的佛学思想而对佛教进行改进创新的，这一方面是佛教自身发展的需要，另一方面也是顺应时代的要求，即儒释道融合到一定程度后的必然结果。

因此，从“纵通”的角度看，《周易禅解》是一千多年易佛、儒佛融通的集大成著作，也是“迄今为止的唯一一部大量运用佛学思想全面注解《周易》的著作”③；从“横通”的角度看，《周易禅解》是晚明三教合一思潮达到高潮的重要标志；将“纵通”“横通”结合起来看，《周易禅解》的完成标志着佛教与中国文化之间格义的正式告罄。相较于唐宋时期儒佛、易佛之间在冲突缠斗中的融合，显然晚明时期的儒佛、易佛相互借鉴的融合才是佛学真正融入中国文化的标志。此后，佛学也正是作为中国传统文化的一部分而传承至今。

四、“会通”精神对当下中国的启示与借鉴

佛学自汉代传入中国，从魏晋南北朝开始大量翻译佛教著作，到唐宋禅宗的形成和光大，再到明末的重振并真正与中国文化融为一体，我们不难体会到中华文化“会通”精神之所在。中华文化“不排斥域外的思想文化，而是力求了解它，并吸收它的优长处，以与本土文化融合”④，这是中华文明源远流长，至今未曾断绝的根本原因。因此，这完全可以为我们当前如何看待和吸收西学提供一个良好的借鉴。此所谓“观今宜鉴古，无古不成今”，下面试对中西文化在当下的融合发展作一分析：

第一，中西文化的融合符合中华文化的“会通”精神。中华文化的“会通”精神，是从先秦时期就确立的，诸子百家相互吸收，相互借鉴，成为“会通”之学。⑤ 如孔子提出的“和而不同”、韩非的《解老》《喻老》、稷下的黄老学派等都具有“会通”的精神，其中以杂家的《吕氏春秋》最具有代表性。这种在文化源头便产生的会通精神，是中国文化的一种优秀特质。因此在佛教传进来时，中国的主流文化便持一种拥抱包容的态度，去主动学习、翻译、介绍佛教经典。虽然后来出现了“三武一宗灭佛”这样打击佛教的事件，但这并不是因为文化的原因，而是因为经济、政治的原因才遭到清算，故而即使遭受四次打击，佛教也依然兴盛，传承不绝。正是佛教的传入，在刺激儒道为主的中国文化

① 憨山大师著述，曹越主编：《憨山老人梦游集》，北京图书馆出版社 2004，第 333 页。

② 蕅益智旭撰，明学主编：《蕅益大师全集》第 16 册，巴蜀书社 2014 年版，第 133—134 页。

③ 金生杨：《佛教易学发展史综论》，《周易研究》2010 年第 1 期，第 19 页。

④ 张岂之：《中华文化的会通精神》，长春出版社 2016 年版，第 276 页。

⑤ 张岂之：《中国古代思想文化精华例举及其效用》，《西北大学学报》1991 年第 1 期。

的同时，也给其注入了莫大活力，其中最直接影响莫过于宋明理学的产生。宋明理学正是大量吸收借鉴佛教的心性、道统、修行工夫等思想，才实现了儒学的复兴。这种复兴一直持续四五百年，直到明末清初，儒释道融合完成，并使之成为中国文化的一部分。同样，自1840年以后近代西学传入，中国的有志之士便开始大量翻译介绍西方的文化典籍，号召学习西方的科学技术。这与佛学传入时，中国士人所具有的热情十分相似，由于时代的原因，这种热情比佛学传入时是有过之无不及。在某种程度上甚至可以说，中国近代史就是对西方文化的学习借鉴史，从“师夷长技以制夷”到“洋务运动”，从“戊戌变法”到“五四新文化运动”，从“中学为体，西学为用”到科学救国，从马克思主义塑造新中国到改革开放新时代，无不是与西方文化相关。同对佛学的拥抱一样，对西学的拥抱，也同样是中华文化所具有的“会通”精神在起作用，这正是中华文明的自信和底气所在。

第二，中西文化融合的路程必然充满反复。佛学传入中国不难，但是融入中国文化，确是有一段曲折的历程。这种曲折体现在两方面，一方面是政治上的曲折，其中最明显的莫过于“三武一宗灭佛”。魏太武帝、北周武帝灭佛主要是因为佛教僧众“政教不行，礼义大坏”“王法废而不行”①；唐武宗、五代周世宗灭佛则主要是国家为了补充财政而导致的排佛，由于寺院不纳税，对国家财政是一大损失，所以下令让大部分僧尼还俗，并没收其财产“充入两税徭役”②。虽然这些灭佛行为造成了佛教的很大损失，但是除了魏太武帝是从根本上铲除佛教外，其他三次则都给佛教留下宽容的退路，并未从根本上禁绝。另一方面则是文化上的曲折，即遭到以儒道为代表的本土文化的抵制、批判。像魏太武帝灭佛有很大原因便是受当时的道教人物崔浩、寇谦之蛊惑才下的决心；唐武宗的灭佛则受到持儒家立场的韩愈的《谏迎佛骨表》的影响。还有就是遭到如范缜、朱熹等人对佛教的批判。在文化上对佛教的抵制和批判，可以看作是佛教融入本土文化要必然经历的过程，唯其如此，才能将适合我们的优秀的思想彰显出来，我们可以将此称为“文化的淬炼”。那么由此来反观中西文化的融合，西学自鸦片战争后传入到现在还不到二百年，相较于佛教长达一千多年的融入时间来看，显然还处于中西文化交流的初级阶段。但在这初级阶段已经可以看到西学融入的曲折历程：首先在政治上，洋务运动、戊戌变法很大一部分原因就是遭到文化保守派的抵制和打压而导致失败的；其后辛亥革命的胜利虽然使西学得到了传播，但是军阀的混战又使革命的果实遭到毁弃；之后因为跟着苏联模式走，被牵扯进冷战的博弈中，导致与欧美彻底断绝来往。这些都可以看作是中西文化融合在政治上遭受的挫折。而在文化上，虽然也遭到抵制，如民国时期的章炳麟、刘师培、黄侃、马叙伦等国粹派虽然在政治上主张革命，但是在文化上对西学是持批判抵制的态度。这些在政治文化上对西学的抵制和批判，有的确实起到了暂时的作用，不过拉长历史来看，其并不能改变中西文化融合的历史潮流和方向，因为中华文化的“会通”精神是我们的文化本能，这种本能促使我们亲近和吸收优秀的外来文化。这亦可以从佛学融入中国文化的曲折过程中推演出来。

第三，西方文化中的某些优秀特质，必然会被我们吸收并变成中华文化的一部分。佛

---

① 魏收：《魏书》卷114《释老志》，中华书局1974年版，第3034页。

② 刘昫等：《旧唐书》卷18《武宗本纪》，中华书局1975年，第606页。

学在融入中国的过程中，是经过“文化的淬炼”，也就是说，我们对佛学的吸收，是时间的淘洗、历史的筛选，把精华留下，把糟粕去掉。中国的儒道文化不够注重心性，那么就吸收佛教的心性为我所用；中国的儒道文化不够注重道统，那就吸收佛家的祖师传承思想构建自己的道统；中国的儒道文化在工夫上讲得不够透彻，那就吸收佛教的修行观完善自己的工夫论，这便是宋明“新儒学”得以产生的重要原因之一。而这一过程就是中国文化将佛学本土化的过程，也是佛学融入中国文化的过程。与此同时，儒释道之间也形成了文化的兼济和互补。这对于我们审视当下的西方文化也同样具有借鉴意义。就文化来说，我们使用白话文、拼音、日历以及应用现代的学科体系等都是近代西方文化传进来导致的改变；就科技来说，西方世界经过工业革命的洗礼，科学技术迅猛发展，遥遥领先，我们正是通过改革开放去拥抱西方科学，才努力追赶上来，如电脑、互联网、手机、人工智能等高科技都是近四十年才得到的发展；就政治来说，马克思主义作为西方传来的文化，正是完成了中国化，才能够起到缔造新中国的力量。经济上，我们所实行的社会主义市场经济，也是吸收改造西方经济学以适应本土而来的。由此可见，我们的方方面面都与西方文化有着密切的联系。这种对西学的吸收借鉴，是中华文化“会通”精神的本能选择，我们现在的很多成就正是因为开放自己、吸收借鉴学习西方优秀的文化才少走弯路、迎头赶上的。目前中西文化还在融合交流中，这个过程是漫长的，可能还需要经历一些“文化的淬炼”，才最终能够将西方文化中的优秀特质彻底筛选出来，然后为我所用。因为“‘会通’不是轻易可以达到的，需要有长期艰苦的研究，开拓学术视野，在不同思想观点的论辩中才能逐步达到这个境界”。[①] 近代，佛学正是作为我们传统文化的一部分与西方文化进行沟通交流的，如熊十力、牟宗三、汤用彤等人的学术都有着明显的佛学与西学融合的影子。所以现在我们只要一提传统文化，必然会说儒释道。会通的最终结果，诚如鲁迅所言：“此所为明哲之士，必洞达世界之大势，权衡校量，去其偏颇，得其神明，施之国中，翕合无间。外之既不后于世界之思潮，内之仍弗失固有之血脉。”[②] 使内外文化达到“翕合无间”的同时，既不落后于世界潮流，又不失我们自己文化的血脉，这不就是中华文化的“会通”精神吗？一千年后，回过头来再看今天的西学，就如同我们今天回过头去看一千年前的佛学。

第四，中国文化依然起着主导作用。中华文化作为中国人民的根和魂，一直以来都起着主导性的作用。尽管西方的科学技术在近代中国的社会发展中发挥重要作用，但中华文化作为一个民族的精神支撑和共同认同，对于我们的价值观、行为方式和社会秩序一直都起着主导作用。尽管中华文化在近现代社会受到了来自西方文化的冲击和影响，但它依然扮演着中国人民认同和归属感的重要角色。以儒释道为代表的中华优秀传统文化依然是中国人民的精神家园，其仍然深深地影响着中国人民的价值观和行为方式，为我们保持文化传统的延续和身份认同的坚定。近代中国经历了一系列的文化复兴运动，如五四运动和新文化运动等，这些运动促进了对中国传统文化的重新审视和对外文化的吸收。这种审视和吸收并非简单的西化，而是通过对传统文化的再解读和发展，将中西文化深度融合，形成

---

① 张岂之：《中华文化的会通精神》，长春出版社 2016 年，第 277 页。

② 鲁迅：《文化偏至论》，载《河南》杂志 1908 年 8 月，第 7 期。

文化创新。而中国所拥有的庞大的文化市场和读者群体也为中西文化融合中中华优秀传统文化的主导作用提供了土壤。

中华文化在我们的历史、传统、价值观和信仰等方面都起着重要的作用。中华文化不仅是我们民族的精神支柱，也是我们文化自信的重要来源。同时，中华文化也在不断地创新和发展，以适应现代社会的需求和变化。佛教传入中国后，一度成为国教，不可谓不盛大，对比而言，其不输于近代西方文化初入中国时的强势。但无论其怎样强大，都是在调整自己以适应中国的文化土壤，譬如对“孝”文化的吸收。事实证明，还是需要形成以中国文化为核心的佛学才能为中国人所接受。时间证明，佛学最终融入中国文化，并成为中国文化的一部分。这应该也是中西文化博弈的最终命运。

五、结语

反观历史，中华文化之所以具有五千年的雄厚规模而不衰，向来都不是因为“抵制”外来文化“闭门造车”得来的，恰恰相反，正是因为我们具有包容吸收外来文化的气魄、心胸和自信才使得我们的文化具有强大的生命力，绵延至今，这便是中华文化的“会通”精神。正是中华文化的“会通”精神，使得汉唐在政治、经济、文化、军事、外交等各个方面不断吸收和融合外来的优秀成果，从而成就了气势恢宏的汉唐气象，成为中国古代文明的璀璨明珠。从古代丝绸之路的开辟，到佛教的传入与本土化，再到近代以来对西方科学技术和思想文化的借鉴吸收，都充分体现了中华文化的包容与开放。中华文化的“会通”精神，展现了一种强大的自信和智慧。这种自信并非盲目自大，而是建立在对自身文化的深刻理解和认同基础上。我们相信自己的文化具有足够的韧性和活力，能够在与外来文化的交流中不断丰富和发展。回归当下，中华文化的“会通”精神，与我们全面深化改革开放，为中国式现代化持续注入强劲动力的发展战略高度一致，是实现中华民族伟大复兴的文化根基。

日本江户时代中后期儒学史论中的尊王论

瞿　亮[*]

摘　要：18世纪儒家知识体系内部已经慢慢从以德配天的相对君主论转化为天皇为君、武家为臣的绝对君主论。无论是徂徕学派的先王之道即神皇之道，素行学派、闇斋学派的百王一姓说，还是山县大贰、雨森芳洲的皇室重新执政学说，他们解构了汤武革命的正当性，并依据尊皇论再度构建日本和中国评价，并在比照神皇血统神圣性基础上，在矮化了武家的同时将天皇视为代表国家的神圣继承者。它与日本型华夷意识一道，内外构架了尊皇理论与事实依据，并为19世纪国体论的形成打下基础。

关键词：江户时代；儒学；尊王论；先王之道；百王一姓；名分论

近世日本史学的民族主义思潮主要兴盛于18世纪中期，儒学者结合古今和汉的历史分别关于正统、圣教和皇统展开了论述、辨析、纠正中日历史记述中的君臣关系，以此来重新确立日本优位。他们的史著、史论承接了熊泽蕃山、山鹿素行的神国、中朝特殊论，进一步从儒学内部弱化了朱子学的绝对主义原理，强调了百王一姓的天皇制相比中国具有更为绝对的优势，也弱化了幕府的地位，为幕末更为彻底反对幕藩体制打下基础。

一、徂徕学派的斥宋学、尊先王

徂徕学派是古学的重要一支，在江户时代学术界和思想界占重要地位，该学派排斥宋学，回归三代之学，主张分离道德、自然，其思想被丸山真男视为类似霍布斯式的革新精神，[①] 自荻生徂徕开始就排斥宋儒理气学说和朱子学立场，强调回到先王之道，在《辨道》中就强调了先王之道本身就是先王所造，并非天地自然之道，突出“作为”在先王创业和守成中的关键作用，这种“作为”与“自然”的分离，和朱子学所倡导的遵循天理有明显不同，更凸显了先王的业绩和遵先王之道的必要性。他认为遵循先王之道需要人们敬天命各安其分，不主张僭越，“先王之道，安天下之道也，其道虽多端，要归于安天下焉，其本在敬天命，天命我为天子为诸侯为大夫，则有臣民在焉，为士则有宗族妻子在

* 作者简介：瞿亮，湘潭大学哲学与历史文化学院（碧泉书院）副教授。

① 丸山真男：《日本政治思想史研究》，王中江译，生活·读书·新知三联出版社2000年版，第191—194页。

焉，皆待我而后安者也，且也士大夫与其君共天职也”①，倡导君臣相和的理想状态。

太宰春台在《圣学问答》中也表明不仅要摒弃宋学，之所以如此排斥孟子以下的儒者学说，很重要一点就在于孟子之后，君臣观念从绝对不可更换变成了相对的以德配天说，而自朱子学以后，道统与正统的二分进一步削弱了君王的神圣性。太宰春台在《圣学问答》中进一步就历史上孟子与齐宣王关于君臣的对话进行了辨析，认为孟子“君君-臣臣”之论如果泛滥反而会招致天下人借此来弑君，引起天下大乱，“古语云‘君虽不君，臣不可以不臣’，乃先王之法言。孔子言‘君使臣以礼，臣事君以忠’，而依孟子之言，臣下如对君有怨，视如寇仇，即便行弑逆之大恶，引孟子之据，其罪可免矣”②。在其著《孟子论》中又进一步强化了即便是君不君，也不能臣不臣的主张，“夫君子不仕则已，仕则必敬其君，语曰：君虽不君，臣不可以不臣；父虽不父，子不可以不子。言尽其道也，故人臣者，不以夷险渝其心，乃若为君之无礼而怼焉，是不臣也，仲尼之言，可以语君，亦可以语臣，故谓之通之论也，如孟轲之言，唯可以闻之于君，绝不可使人臣闻之”③。由此可见，太宰春台强调的是君王统治并不会因为其失礼、失德而导致君位不保，臣子也不能借君王失德而起事。这种固化的君臣观实际上代表了18世纪日本儒者关于君臣秩序和君临天下合理性再解读的一大趋势。

服部南郭亦在《与严邑侯》中，援引晋文公重耳回复君位并重振晋国的史例，突出了君臣上下一心才能让国家泰平安定，“晋文公外游诸国，备尝艰难，惟不可常，于是乎有卿大夫命士为之二，以相辅佐，勿使国度，诸国有命卿亦天子使吏治其国之遗也，然后上下一体，手臂相使，庶政惟和，万国咸宁”④。在服部的逻辑中，晋文公之所以能够倚靠股肱之臣再振晋国，最关键在于承接了普天之下莫非王土的周天子命君臣的遗风，这表面上是对中国春秋时代君臣关系的评价，实则暗含德川氏之所以能够仰仗武士结束战乱并令天下处于长久的治世实际上是承接律令时代天皇执政时的君臣遗风所致。尾藤二洲在《素餐录》中多次表达了对叛臣的鄙夷，认为即便主君穷途末路也不能悖逆主君，认为武田胜赖、今川氏真的家臣在主君危难时刻背弃而去是禽兽之举，“武田胜赖之于长坂某，今川氏真之于三浦某，皆宠无二，迨其见危而逸去也，亦皆如一，余谓鸟兽见其所爱之主死，则多悲鸣踯躅，或不食死，若长坂、三浦等，谓之禽兽亦不可”⑤。正因为臣不可叛君、不可弃君，故他认为汤武革命并非忠义之举，“弑父与君，亦不徒，是极易知之理，谁谓不然，然因循苟且之间，不觉陷反贼中者，历代革命之臣，此类甚多，理之难明，于是见之；忠义二字，人之常言，而真知之者盖少矣，关于革命之间而可见也”⑥。

自徂徕和其弟子一直倡导的先王之道，于日本自身而言是他邦久远之道，异国经验是如何被徂徕学派变为本国思想资源的呢？徂徕在《太平策》中就巧妙地将先王之道与本邦意识连接起来。徂徕首先强调圣人之道与日本的神道在上古时代具有相同之处，“学圣

---

① 吉川幸次郎等：《日本思想大系36》，岩波书店1972年版，第201页。
② 吉川幸次郎等：《日本思想大系37》，岩波书店1972年版，第63页。
③ 吉川幸次郎等：《日本思想大系37》，岩波书店1972年版，第416页。
④ 吉川幸次郎等：《日本思想大系37》，岩波书店1972年版，第440页。
⑤ 吉川幸次郎等：《日本思想大系37》，岩波书店1972年版，第460页。
⑥ 吉川幸次郎等：《日本思想大系37》，岩波书店1972年版，第460页。

人之道亦必须致力于神道。物忌、祝祓之类皆巫祝之业也，神代卷所载天神七代、地神五代之说，无论异国与吾国，皆乃洪荒之世之事，类似者多”①。他认为日本所推行的神道就是夏商古道，在中国由于后世儒学多致力于周代之后的学问，故已经与先王之道相距甚远，而真正的古道唯独在日本得以了保留和弘扬，“吾邦之道即夏商古道也，今儒者所传独详周道，据见于周殊，而谓非中华圣人之道”②。徂徕指出后世儒者反复对三代之治进行了各种诠释和理论已经和日本的朴素之风有了差别，“唐虞三代之世，后世儒者亦有精微之论，于吾国淳朴风俗而言，亦不再为相通之道”③，他进而主张要致力于祭祀和依鬼神之命行事，“唯吾国神道，以祭祀祖考配天，天与祖考合而为一，何事皆依鬼神之命而行，文字虽与以前不通，但此又为唐虞三代之古道也。后世理学之见识，落著毕竟鬼神为何物，故当世儒者无圣人之妙道”④。在徂徕看来，先王之道、三代之治并没有与鬼神疏离，日本上古神代之时恰好与之契合，“吾邦之美有此，何必传会论语妄作无稽之言乎？夫配祖于天，以神道设教，刑政爵赏，降自庙社，三代皆是尔”⑤，“生于吾国，敬吾国之神，合圣人之道之意也”⑥。太宰春台也在《辨道书》中指出神道与宋儒、佛道皆有所不同，它才真正符合圣人、先王之意，“元本神道乃圣人之道……一切万物依神而起，倚神助而成就，圣人以神道设教，故圣人之道皆奉天意、受祖先之命而行事，古之先王治天下，重祭祀天地、山川、国家、祖先之宗庙，或祷或祭，倚求神明，为生民祈丰作，祓灾、听神意而卜，凡事皆以敬神为第一要义也”⑦。

徂徕学派的先王之道具有三个层面的意义。第一，排斥宋儒之学更迎合享保、天保之后的幕藩情势，尊先王即包括绝对忠诚于天皇，也包括各藩服从于幕府，它弱化了道德的作用，更强调了体制的权威性。第二，徂徕学派试图把君不君，臣亦不可不臣作为日本自古以来存先王之道的依据，并将神道、三代之道和殷商古道连接起来，突出先王之道即尊王之道，这直接绕过了朱子学道德主义的纲常理论，更突出了君臣之间不可逆的上下等级关系。第三，贬斥宋儒之说实际上也否定了盛行宋学的中国，在徂徕学派看来，中国的先王之道已经被宋儒所遮盖，在宋学滋长下弑君和易姓革命频繁发生，早已经不复三代之治，而日本则保留了神道、殷商古道，使君王治世连绵不绝，故更具有优越性。而这种突出了皇统的连绵不绝特殊性与优势的理解，在同时代的百王一姓论中进一步得到强化。

二、从“皇统延绵”说到“百王一姓”论

“万世一系”虽然是在江户时代末期公卿岩仓具视的《王政复古议》“皇家连绵，万

① 吉川幸次郎等：《日本思想大系 36》，岩波书店 1972 年版，第 452 页。

② 荻生徂徕：《论语征：戊》，大和屋孙兵卫写本（1737），第 14 页，早稲田大学古典総合データベース藏书，https://archive.wul.waseda.ac.jp/kosho/i17/i17_00221/i17_00221_0005/i17_00221_0005.pdf

③ 吉川幸次郎等：《日本思想大系 36》，岩波书店 1972 年版，第 452 页。

④ 吉川幸次郎等：《日本思想大系 36》，岩波书店 1972 年版，第 452 页。

⑤ 荻生徂徕：《论语征：戊》，大和屋孙兵卫写本（1737），第 14 页。

⑥ 吉川幸次郎等：《日本思想大系 36》，岩波书店 1972 年版，第 452 页。

⑦ 大日本思想全集刊行会编：《大日本思想全集》第 7 卷，1933 年版，第 172 页。

世一系，礼学征伐出朝廷”① 中以文字的形式出现的，但在这之前已经具有了皇统连绵不绝的历史观念，江户时代中后期逐渐兴起的“百王一姓”论则进一步接近了“万世一系”观念。

首先强调“皇统延绵”具有优越性的是山鹿素行。他在《中朝事实》中提出了日本是外朝所不能比拟的“中国”，“本朝之为中国，天地自然之势也，神神相生，圣皇连绵，文武事物之精秀，实以相应”②，并在其中追溯了日本皇统的起源，称在古代日本就实现了政治理想也就是“百王一姓”。在《中朝事实》皇统章中，山鹿素行依据神代史的记载，将神皇之间血脉相承以及天孙奉神命降临作为皇统连绵的根据，“宝祚之隆当与天壤无穷，十字祝天孙用祚，合天地之德也”③，他进而指出皇祖受命于神与中国的尧舜之间并没有联系，“天照大神手持宝镜，祝之神敕至尽矣，圣主万万世之严鉴也，此时虽未有教学授受之名，谨读此一章以详其义，则帝者为治之学，唯在用力于此，乎尧舜禹受授之说，亦岂外乎此矣”④。

在山鹿看来，自古以来日本有三大基本条件能够保证皇统延绵，第一是有序的君臣关系，他指出自古以来尚无人篡夺天皇政权，无人发动类似于中国的易姓革命，“夫外朝其地博而不约，治教盛则所书惟泛，守文不明，则戎狄据之……而乱臣贼子弑君父，大臣世臣行妖事，犹战是非治道变化微言隐之失乎。惟中国反之，卓立于巨，域自有天险，自神圣天立极乐，四夷竟藩，馆亦不得窥，皇统连绵，神代之治悠久，人皇之秩永算，优于周之末也……且往古之神话，皇之圣治，神刺之明，世之法，知仁之行，威武何事乏乎外朝”⑤。第二个理由是神道与朱子学的天理相同相通，故能够接受吸纳圣人之教，保证文教的发展，而文教的繁荣又进一步巩固了圣教与皇统，“故神授之圣受之，建极垂统，天下之人物各得其处殆千年，而后往吉大神赐三韩于我，初外国之典籍相通，以知其后，其日神教其日圣教，其皇极之授天下之治政，独合得节，自是通信修好”⑥。第三，皇统延续得到保证还在于自神代以来就一直倡导用兵用武，以武备来防止匈奴、蒙古等外族的入侵，“况中国者，所其天神以天征，赐天孙以况神武帝之东征以部，其武威不服乎，中华之武：终不可议之，武之德神，而文之教惟圣，阳生机妙，致任义生成化一矣”⑦。作为兵学家的山鹿，结合了儒学、神道和武家兵学，多面性地论述，使得皇统连绵无穷的观念具有更为立体和多元的说法支持。

主张与宋学结合起来的山崎闇斋学派则主要从儒学与神道两个方面强调皇统延续不更迭的长处。在儒教层面上，闇斋学派反复就文王事纣、汤武放伐和伯夷、叔齐不食周粟的命题进行了辨析，认为中国历代在殷周鼎革问题上存在误解和偏差，才导致改朝换代，君位无法像日本一样延续下来。“呜呼放伐之事一行，则千万世无穷之下，凡乱臣贼子弑君

---

① 《岩仓具视关系文书》卷1，第301页。
② 山鹿素行：《中朝事实》，明治书院1942年版，第8页。
③ 国民精神文化研究所编：《山鹿素行集》第6卷，目黒书店1943年版，第27页。
④ 国民精神文化研究所编：《山鹿素行集》第6卷，目黒书店1943年版，第27页。
⑤ 国民精神文化研究所编：《山鹿素行集》第6卷，目黒书店1943年版，第108页。
⑥ 国民精神文化研究所编：《山鹿素行集》第6卷，目黒书店1943年版，第159页。
⑦ 国民精神文化研究所编：《山鹿素行集》第6卷，目黒书店1943年版，第140页。

窃国者，未尝不以汤武为口实，而忠义之士就义致命者，又未尝不以夷齐而自处也”①，从浅见絅斋总结山崎闇斋作《拘幽操附录》的用意可以看出，闇斋学派认为汤武放伐并不是顺天命之举。

山崎闇斋在《拘幽操》中强调周文王已经具有强大实力和威望但依然作为殷商之臣迟迟没有推翻纣王，“文王之事纣，惟知以臣事君而已，都不见其他，兹其所以为至德也。若谓三分天下，纣尚有其一，未忍轻去臣位，以商之先王德泽未忘，历数未终，纣恶未甚，圣人若何取之”②，这实际上也表明即便是君王失德，臣子也应像文王一样。而对于武王伐纣，山崎闇斋也有所非议，他认为武王兴起权变违背臣事君的原则并非善举，故不应该将武王和尧舜、文王并称圣王，“分明是武王不及舜，文王三分天下有其二，以服事殷，武王胜殷杀纣，分明是不及文王……盖天下有万世不易之常理，又有权一时之变者……然毕竟还是那常理是底，今却要以变来压着那常底”③。受到山崎闇斋武王非圣论的影响，弟子佐藤直方认为日本相比中国保留了君不易主、臣尽忠事君的两大传统，“泰伯、文王、伯夷、叔齐乃万代忠信之根，而明此道者日本也。日本承伊弉诺、伊弉册、天御中主之天祚，从古至今，亘久不变，王不更易，皆乃其子孙之故。纵有残暴之武烈恶王，亦未见弃舍之事，正因如此，朝敌未能一度撼君位。日本亦有《太平记》所载之时分，即便如此，天子更易若尧亡舜代”④。在佐藤直方看来，即便武烈天皇与纣王一样残暴至极，但依然保留了君位，而他还将原本南朝系天皇归顺于北朝系的历史曲解为尧舜之间的承接关系，刻意夸大了皇统的连续性。而另一名崎门弟子三宅尚斋认为宋明时代儒者对该问题持骑墙、模糊的态度，认为武王伐纣是权道而非王道，权道只是一时权宜之策，不能作为天经地义的原理，“汤武圣人也，放伐其权道也，权者圣人随时之大用，出于不可已者也……程子曰尧舜汤武其揆一也，王勉曰汤武之人而不曰义，尤切当”⑤，他援引王勉对汤武的评论，直接将汤武革命视为不义之举。

除了重新审视定义汤武革命之外，山崎闇斋学派由于兼习神道，还从神代史与神道的角度论证皇统自古而来连绵不绝，“我国之秀，土金盛，开辟以来神皇正统用联联焉，是乃天照皇太祖所敕之本意，儿屋命、太玉命、村云命所护，猿田彦命所导”⑥，他认为最原初开辟之神国常立尊即天御中主神象征恪守“君臣合体”之道，而其又与天照大神相通，天照大神向其子孙即天皇世系示誓天壤无穷，故“君臣合体”也就由此承接起来。这种撇开人具体活动的历史而单从神话角度寻求皇统连续的理论，也被若林强斋所继承。他在与弟子山口春水的对谈中直接强调“自天照大神至今血脉不绝统统相连，实乃世间无双，我国自赞胜于万国者，唯祭拜神明之事也”⑦。

而皇统连绵论不仅局限于闇斋和素行及其门生之间，基本上它属于江户时代儒者关于

① 阿部隆一等编：《日本思想大系 31》，岩波书店 1980 年版，第 210 页。
② 阿部隆一等编：《日本思想大系 31》，岩波书店 1980 年版，第 207 页。
③ 阿部隆一等编：《日本思想大系 31》，岩波书店 1980 年版，第 206 页。
④ 阿部隆一等编：《日本思想大系 31》，岩波书店 1980 年版，第 214 页。
⑤ 阿部隆一等编：《日本思想大系 31》，岩波书店 1980 年版，第 220 页。
⑥ 《新编山崎闇斋全集》第 1 卷，ぺりかん社 1978 年版，第 61 页。
⑦ 阿部隆一等编：《日本思想大系 31》，岩波书店 1980 年版，第 464 页。

本国历史根源和传承的通常知识和道理。到了重视实用和功利的怀德堂学派那里，五井兰州就“百王一姓”与当时的神道者松冈文雄辩论，尽管他努力强调百王一姓并非来自神代，但是他在与神道者松冈文雄的辩论中，坚持认为固定的上下君臣关系并非由神代的历史决定，而是在君王礼教成熟的历史发展中确立起来的，但在当时日本学界整体走向民族主义的氛围下，其力量微弱。[①] 相反，松冈文雄《神道即日本魂》为代表的国粹化话语，已经蔓延到儒学、国学甚至兰学的领域。

三、绝对君臣关系的确立和神主如从的君臣伦理观

18 世纪整体呈现出的尊皇氛围下，公卿出身的竹内式部、藤井右门、山县大贰等人甚至在神国思想和皇国优越的熏陶下将尊皇论发展到煽动武家政变、推翻德川幕府统治的实践上。虽然他们指责幕政，挑唆渲染发动明和、宝历政变被幕府察觉后失败身死，但山县大贰所著《柳子新论》所倡导忠义转化到皇室的思想却留存下来，成为而后倒幕的思想依据。

《柳子新论》开篇“正名”就强调了仁德的载体不在幕府和武家，而在神皇一体的皇室，“我东方之为国也，神皇肇基，缉熙穆穆，力作利用厚生之道，明明其德，光被于四表者，一千有余年。立衣冠之制，设礼乐之教，有若周召，有若伊傅。民到于今，无不被其化矣”[②]，他进而指出武家执权之后导致道德败坏，先王之道不复存在，“先王之礼乐，蔑焉扫地矣。室町氏继兴，武威益盛。名称将相，实僭南面之位，虽然先王之明德，深浃洽乎民心”[③]，认为武家篡夺和僭取了原本属于皇室的权位。而正因为王道不存、霸道横行，才致使天下不能长治久安，“将相为君，纳言为臣，五品之属，有四品之贵，非尾大不掉，则冠履倒置。唯权凌之，唯威乘之，是其失尊卑之序”[④]。他进而主张建立以皇室为中心的名教、礼乐、宗法体系，“先王之大经大法，自有律令可见焉。若能有爱民之心，名其不可正乎，礼乐其不可兴乎，刑罚其不可措乎”[⑤]。

“正名”篇叙述了武家篡逆君位之后，他开始强调君臣不二，认为效忠皇室才是真正践行忠义，反对奉有德者为君王，“故天无二日，民无二王……于此则为君，于彼则为臣……仁何由乎施，忠何由乎致”[⑥]。他进而主张只有礼乐征伐自皇室出才是正道，“为国计者，亦惟不如复官制以正其名，兴礼乐以乐其实。君臣无二，权势归一，令行禁止”[⑦]。为了让天下人心不再忠于武家，山县大贰历数武家兴起到执政以来兵乱不停，不仅没有建立文教制度，武备也不如王政时代，“政之移于关东也，鄙人奋其威，陪臣专其权，尔来五百有余年矣。人惟知尚武不知尚文，不尚文之弊，礼乐并坏，士不胜其鄙倍……古何足

① 徐洪兴、小岛毅等主编：《东亚的王权与政治思想》，复旦大学出版社 2009 年版，第 146—147 页。
② 井上哲次郎、蟹江义丸共编：《日本伦理汇编》卷 7，育成会 1902 年版，第 585 页。
③ 井上哲次郎、蟹江义丸共编：《日本伦理汇编》卷 7，育成会 1902 年版，第 585 页。
④ 井上哲次郎、蟹江义丸共编：《日本伦理汇编》卷 7，育成会 1902 年版，第 586 页。
⑤ 井上哲次郎、蟹江义丸共编：《日本伦理汇编》卷 7，育成会 1902 年版，第 587 页。
⑥ 井上哲次郎、蟹江义丸共编：《日本伦理汇编》卷 7，育成会 1902 年版，第 587 页。
⑦ 井上哲次郎、蟹江义丸共编：《日本伦理汇编》卷 7，育成会 1902 年版，第 588 页。

以稽道何足以学也，是特蛮夷之言耳”[①]。而后他又正面指出武家掌权致使杀伐气焰高涨，“而夷礼于是乎起矣，横臂胁肩，骄傲之容。以跋扈乎朝廷之间，淫哇杀伐靡嫚之伎。以踊跃乎朝堂之上，彼所谓淫乐渎礼。不容于先王之朝者，公然为天下之经矣”[②]。山县进而指出失去了文政的武家，自平将门开始就只会造成割据和叛乱，由于缺乏文政也没有治平天下的能力，“昔者将门割据于关东，纯友救应于南海，强僭尊号，暴虐数州。秀乡奋然率师，则凶贼遁逃。叛臣授首，恶路称王，劫略东夷，窥觎及神器……如今之天下，岂特民为然乎，乃至卿士大夫，亦惟免之求，而曲从阿谀。一为海内之俗，廉耻之心萧然，又安齿之君子之朝。嗟要之皆尚武不尚文之弊耳”[③]。

在抨击武家执政的种种弊端后，山县大贰依据先王之道主张征伐必须出自天子，如果征伐出自权臣则为逆贼，实际上就否定了忠于武家的正当性，“苟为害乎天下者，虽国君必罚之，不克则举兵讨之。故汤之伐夏，武之伐殷，亦皆其大者也。唯其出于天子，则为有道。出于诸侯，则为无道，况其出于群小者乎。故善用之则为君，不善用之则为贼”[④]。山县大贰还认为有识之士不能听从贼人，更不能为贼人效力，如此直截了当完全颠覆了自源赖朝时代以来武家以仁政构架的“天下人”信仰，“长天下国家者，有文而后武可言也，有礼乐而后刑罚可行也，不然徒刑与罚之任，则非戕贼夫人而何也。哀哉，衰世之为政者，无文无武，礼刑并废，不止无心于兴其利，又无心于出其害也”[⑤]。

虽然尊皇意识已经在江户时代中后期从潜流逐渐成为显流，但山县大贰试图用先王之道来颠覆武家构建的忠义观明显不合时宜。第八代将军吉宗开展新政之后，幕藩体制得到了强化，山县大贰正逢九代将军家重执政时，他明目张胆对武家展开如此猛烈抨击，在内部尚未出现强藩抗衡，外部尚未有西洋叩关的 18 世纪后期，并不能实现其尊皇而倒幕的理想，最终他也遭致幕府捕杀。但山县大贰的著述《柳子新论》并没有完全被幕府销毁，同时代一些尊皇人士还撰文称颂认同其尊皇论是拨乱反正，“天朝之尊，犹且无所容趾，则徇欲怀利之贼，其孰不复窥窬者耶”[⑥]。山县大贰在他所处时代倡导的忠于皇室论虽然没有立刻得以实现，但到了幕末，尊攘志士们纷纷从他的言行中找到了尊皇倒幕的依据，而在近代之后，山县大贰也因为敢在 18 世纪幕政尚盛时与武家完全割席、倡导激进的尊皇论而被列入“勤王先贤”之中。

与山县大贰几乎同时代，与幕府关系甚密的朱子学者雨森芳洲虽然没有如此彻底地反对武家与幕府，但也在比照中国与日本的忠义观时，凸显了君臣固位的思想。雨森芳洲认为汉代天子大权旁落的原因不在于权臣弄政，而在于皇室内部厮杀，“汉至中叶，其所以浊乱王室者，非权臣即宦官，及其移鼎也，专由外戚，于宗室乎何有矣……然所以至此者，未必非宗室之罪也”[⑦]。而他如此论述是要得出君臣有序、不可僭越的结论。“要之君

① 井上哲次郎、蟹江义丸共编：《日本伦理汇编》卷 7，育成会 1902 年版，第 594 页。
② 井上哲次郎、蟹江义丸共编：《日本伦理汇编》卷 7，育成会 1902 年版，第 594 页。
③ 井上哲次郎、蟹江义丸共编：《日本伦理汇编》卷 7，育成会 1902 年版，第 596 页。
④ 井上哲次郎、蟹江义丸共编：《日本伦理汇编》卷 7，育成会 1902 年版，第 611 页。
⑤ 井上哲次郎、蟹江义丸共编：《日本伦理汇编》卷 7，育成会 1902 年版，第 611 页。
⑥ 井上哲次郎、蟹江义丸共编：《日本伦理汇编》卷 7，育成会 1902 年版，第 620 页。
⑦ 井上哲次郎、蟹江义丸共编：《日本伦理汇编》卷 7，育成会 1902 年版，第 341 页。

明臣良，则上下平和，区区法制非所用也，书生之论，徒为强聒，不究其本，言虽剀而未中，意似密而实疏”①。而对周为秦所替代，雨森芳洲也从君臣守序角度认同朱子《通鉴纲目》的书写，强调将秦视为寇才是匡正三纲的做法，“周赧王之亡也，旧史书以周背秦，秦怒攻之，《纲目》特书秦入寇，所以扶三纲，垂声教，立万世之分者，其旨严矣”②，他进而否定了《太平记》将后醍醐天皇的征讨评价为谋逆的笔法，“玄慧《太平记》，以醍皇征讨书为御谋反，彼乃方外之人，不知名分”③。雨森芳洲还指出苏武、李陵被俘后依然忍辱偷生比不上豫让为主君赴死，“李陵谓苏武曰，庶几乎曹柯之盟，司马迁审查其志，而言之如此，然人臣之道，其有愧与豫让也多矣”④，因此他特别推崇诸葛亮鞠躬尽瘁和乐毅身处劣势依然助燕国克齐国的精神，“古人云读诸葛亮出师表而不流泪者，其人必不忠，余于乐毅答燕王书亦云”⑤。在对中国史上人物进行评价时，雨森将标准放在了是否忠于君主上。

自源、平争霸至德川时代武家执政的数百年间，天皇世俗的行政权力让渡给武家，从“天下有道，礼乐征伐自天子出”转向了“天下无道，礼乐征伐自诸侯出”⑥。因此武家执政之后，“天孙降临”和“万世一系”虽存在于精神信仰和神道祭祀中，但因没有事实依据相支撑，其普及度和可信度受到极大影响。而儒学的君臣纲常观对于尊皇思想发展来说也有重要的影响，但由于“有德者王”的德治主义某种程度上质疑了“万古不易”的天皇精神权威，因此中国学者武寅称“在王位存在的合理性问题上，日本固有文化以本民族君神一体说，抵制了外民族的君神分离的君权神授说”⑦。然而18世纪以后，山县大贰、雨森芳洲等儒者的君臣理论摒弃了天道观肯定“汤武革命”“以德配天”，从身份、血统和神格化的角度将天皇固化到无可动摇的君位，也撼动了基于天道观而建立的将军权威。在他们理想的君臣关系中，武家头领无论担任太政大臣、关白、太阁还是“征夷大将军”，都始终无法摆脱朝臣的身份。而掺入了日本独特性的绝对君臣论后，“神孙为君”“神皇至上”的天皇权威作为超凡魅力的政治主体，其“被认为获得了永久赐福，并始终居于对其他氏的优势地位”⑧，而且以“一种革命性的极端方式改造一切价值观，并与一切传统规范和理性规范决裂”⑨。日本近世政治体制中“名”与“实”分立的二元构造，开始向居于“名”位置的天皇倾斜。

到19世纪，随着俄国与英美频繁侵扰日本近海，现实的海防压力和窘迫的财政状况，使得幕府难以应对外来危机，以藤田幽谷和会泽正志斋为代表的水户学派开始倡导“尊皇攘夷”主张。幽谷的代表著述为《正名论》，他在文章开头便明道：“甚矣，名分之于

① 井上哲次郎、蟹江义丸共编：《日本伦理汇编》卷7，育成会1902年版，第347页。
② 井上哲次郎、蟹江义丸共编：《日本伦理汇编》卷7，育成会1902年版，第347页。
③ 井上哲次郎、蟹江义丸共编：《日本伦理汇编》卷7，育成会1902年版，第344页。
④ 井上哲次郎、蟹江义丸共编：《日本伦理汇编》卷7，育成会1902年版，第346页。
⑤ 井上哲次郎、蟹江义丸共编：《日本伦理汇编》卷7，育成会1902年版，第344页。
⑥ 张燕婴译注：《论语》，中华书局2006年版，第253页。
⑦ 武寅：《尊皇与日本传统文化》，《日本问题》1990年第5期。
⑧ 马克斯·韦伯：《经济与社会》，上海人民出版社2010年版，第1290页。
⑨ 马克斯·韦伯：《经济与社会》，上海人民出版社2010年版，第1266页。

天下国家，不可不正且严也。其犹天地之不可易邪。有天地然后有君臣，有君臣然后有上下。”① 君臣之名分关系之论据乃源自自然秩序，其关系就如同天地一般，各司其职且尊卑上下严然已定。幽谷一方面推崇在中国历史中具备仁德的商汤、周武推翻暴君夏桀、商纣之易姓革命，但一旦论及日本，论调便产生极大转变。他明确指出“赫赫日本，自皇祖开辟，父天母地，圣子神孙，世继明德，以照临四海。四海之内，尊之曰天皇。八州之广，兆民之众，虽有绝伦之力，高世之智，自古至今，未尝一日有庶姓奸天位者也。君臣之民，上下之分，正且严，犹天地之不可易也。”②。

幽谷根据记纪神话来论述日本的建国渊源并借此说明自古至今日本皇统连绵不绝未曾发生过易姓革命，是故日本是最能固守、实践君臣之义的国家。他由儒学阐述君臣之义之普遍性，更进一步以中日间的历史比较来彰显日本的君臣之义比中国卓越。也就是说，他从儒学及历史这两个层面分析论证，试图从过去找出日本固有的价值进而构筑出新的价值理念。然而，幽谷的名分论却与中国儒学所讲的名分论有微妙的不同。中国儒学的名分论讲求“君君，臣臣”，是故君主也好臣子也罢，他们都应尽到与身份相应的职责。而幽谷的名分论却只要求下位者尽其职责，因此形成了可“君不君”，但不能“臣不臣”的论点。幽谷将日本神话与儒学的名分论相结合而创造出日本皇统绵绵最能体现君臣之义的论点。

1825 年（文政 8 年）幕府有感于西洋列强的严重威胁，为了坚守其锁国政策而发布了《异国船驱逐令》，以强硬之态度来面对欲侵入日本的外国势力。正志斋也乘着排外气势高涨之时完成《新论》。《新论》极力吹捧赞扬日本国体并将日本与西洋诸国之关系视为神州对夷狄，借此企图整合民心并强化幕藩封建制度。《新论》分为国体、形势、虏情、守御、长计等五章，其中以国体篇占最大篇幅。会泽通过“国体”上中下三篇详述了日本自古至今生存和发展的根本，将天神、皇室、国家绑定成一个统一的整体，“天祖奉天胤……政教禁令一出于奉天报祖之义则民心安得不一乎”③，这实际上是根据自古而来从神代到皇室的发展历史，强调了国家强盛与统一的路径唯有“崇天祖、尊皇室、上下一心”。而《新论》融合历史神话、儒学、神道等三样思想要素构筑出国体理论。在《新论》中所强调的似乎只有儒学五伦中的君臣之义及父子之亲而已。实际上，在会泽著作里多见到他以日本神话结合儒学五伦来说明并强调日本原具有五伦之“历史事实”。在《读直毗灵》中，他指出：“自伊邪那岐命、伊邪邦美命之时，男先女之义着而夫妇之别正。自任三贵子，长幼之序明也。自思兼、天儿屋、太玉等诸神同志补佐天功，朋友之信备。如斯自太初人伦之明，实可申天地之大道也。”④ 可见，会泽避开了日本神话的非合理性并将其视为日本历史，然后再用儒学五伦来解释日本自古已存有“道”，并且他亦建言今后日本应坚持、实现在五伦中日本最为杰出的君臣之义及父子之亲。

后期水户学的国体思想是融合历史、儒学、神道所形成的“神主儒从”理论，从而

① 今井宇三郎等校注：《日本思想大系 53》，岩波书店 1973 年版，第 370 页。
② 今井宇三郎等校注：《日本思想大系 53》，岩波书店 1973 年版，第 370 页。
③ 《玉山堂》，早稻田大学古典総合データベース藏书（1857），第 13—14 页。
④ 高须次芳郎编：《会泽正志集：水户学全集》第 2 编，日东书院 1933 年版，第 394—395 页。

塑造出了以天皇为首的日本神国之优越意识。由此，在“攘夷”急需之下原本在 18 世纪处于精英儒者的尊王论进一步发展为解决现实海防问题和各个强藩大名主导幕政的思想手段。后期水户学把儒学的尊王论发展为“神主儒从”的尊皇论，不仅令天皇为君武家为臣的关系固定下来，而且凸显了天皇作为家族国家首领的合理性，其构架的尊皇敬幕秩序，某种程度上也为幕末阶段“大政奉还”和“尊皇倒幕”打下基础。

结语

纵观整个江户时代，儒家史学的确丰富了江户时代史学内容与思想，不过日本儒者运用儒家史观也随着语境发生变化。在起初，儒家史观是幕府执政的合理性与合法性，而到了 18 世纪，儒家知识体系内部已经慢慢从以德配天的相对君主论转化为天皇为君，武家为臣的绝对君主论。无论是徂徕学派的先王之道即神皇之道，素行学派、闇斋学派的百王一姓说，还是山县大贰、雨森芳洲的礼乐征伐自皇室出，他们解构了汤武革命的正当性，并依据尊皇论再度构建文王、周公的书写和评价，并在比照神皇血统神圣性基础上，在矮化了武家的同时将天皇视为代表国家的神圣继承者。它与日本型华夷意识一道，内外构架了尊皇理论与事实依据，并为 19 世纪国体论的形成打下基础。到 19 世纪，幕府被迫开国丧失了以维护领土完整和天下泰平为理论依据的治统，而未经孝明天皇同意与西洋签订条约又丧失了“以德配天”“君臣有序”的道统。在各派政治力量尊皇攘夷运动的促动之下，依据皇统独大而形成的攘夷思想将正统主体彻底置换为天皇，最终致使幕藩体制崩溃和东亚传统华夷秩序解体，而以皇统为正所蕴含的皇国统御万邦思想也影响了明治以后日本的国家意识。①

① 瞿亮、刘豫杰：《攘夷思想与明治维新前后日本的国家意识》，《世界历史》2019 年第 4 期。

从边地到寰宇：清代大儒刘沅的多元文明观念*

朱 俊**

摘 要：“川西夫子”刘沅是清中叶有着重大社会及历史影响的儒家学者，他突破了当时一般知识人囿于华夏中心观念而对少数民族地区与域外世界颟顸少知的情形，凭借对藏地文化的认识和理解，意识到人类文明的多样性，并将这一看法与西学新知相结合，扩充到对世界的认知和对华夏文化的重新审视。在这种开阔视野中，他一方面提倡多元文明的并存共荣，另一方面又通过对文明本质的归纳，将不同文明加以沟通，确立起形式多元而内在一致的文明本质观，并根据这种本质界定重塑民族文化的自信理念。刘沅的认识与主张表明清中叶的中国思想世界并不是完全的闭目塞听，既展示了历史文化的多样性和丰富性，也为今天如何面对多元文明的冲突与融合、发展新时代民族文化、确立文化自信提供了极有价值的思想资源。

关键词：刘沅；藏地文化；人伦秩序；多元视野

在迈入近现代之前，古典中国对世界的认知是以华夏为世界中心的一种“天下中心”观念，这种思维发端于《禹贡》的“九州”说，随着周边民族和国家对中原王朝的“臣服”以及理学对夷夏之辨的强调而固定下来成为一种社会共识。① 虽然随着明末清初欧洲传教士对西方知识的输入，中国文化实际上已迈入“古今中西”的历史语境中，当时儒者或用一种西学中源说来缓解心理紧张，或视之为奇技淫巧，② 从而未能动摇这种华夏中心观念。即使部分知识人如林则徐、魏源等已经力图开眼看世界，华夏独尊的观念到19世纪晚期依然具有广阔的市场。③

不过，如果我们深入翻阅清代中期的文献，却可以发现除林、魏之外，甚至在其之前，尚有少数先觉式的人物如桐城名士姚莹（1785—1853）、四川大儒刘沅（1767—

* 本文为2021年度国家社会科学基金项目“明清西南地区儒释道生态结构与文化治边研究”（21BZJ014）的阶段性成果。

** 作者简介：朱俊，湖北师范大学马克思主义学院讲师，湖北省高校人文社科重点研究基地（人民政协与国家治理现代化研究基地）研究员。研究方向：中国哲学；儒释道三教关系。

① 葛兆光：《宅兹中国》，中华书局2011年版，第103页。

② 葛兆光：《中国思想史》卷2，复旦大学出版社2013年版，第316页。

③ 如1876年，经学家王闿运听说郭嵩焘将远赴英国担任公使，便写信给郭，要求他趁机将中国的“圣道”传播给英国人，规劝英人走上正途。见王闿运：《致郭兵左》，《湘绮楼诗文集》，岳麓书社1996年版，第868页。

1855）等领先于时代，凭借对藏族等少数民族文化的观察，意识到了世界上存在着多元多样的文明形态，并主张采取平等交流、开放并存的态度对待其他文化。虽然这一现象在当时并未构成重大影响，却值得注意，这反映出儒者在面对包括国内少数民族文化、西方异域文化等不同文明形态时，所作的思索与努力。这种先觉观念的萌发，不仅在当时超越于时代，乃至对今人看待和理解多民族的历史、面对世界多元文明的现实等依然具有启发意义。

一、汉藏相通：刘沅对藏地文化的认识

从历史角度看，汉族先民对周边民族、地区乃至国家的认知发生得很早，先秦时期就已经有了明确的中心和边缘、诸夏与夷狄的概念区分。[①] 但由于中原华夏文明长期较周边少数民族及地区更为发达，在中原知识系统中形成了鄙视四夷的心理习惯，从而导致千百年来对周边民族、地区实际上缺乏较为深入的认知。其中，西藏地区作为重要的边陲区域，长期与中原存在复杂的互动关系，其独特的文化形态，本应得到知识界的重视，但历史上相关著述却较为薄弱且常陈陈相因，即使是元明两代，在已将西藏纳入管辖，与之往来密切的情况下，《元史》和《明史》中关于西藏情形的记载也很简略，而且错漏不少。[②] 而清中叶地理边疆之学兴起时，出于应对西方入侵造成的国土安全危机之需，其研究重点放在西北地区。[③] 相形之下，知识界对西藏地区的关注则晚得多。

在清中期的知识人中，较早对藏族文化有深入认知者，似仅有桐城名士姚莹（1785—1853）和川中大儒刘沅（1767—1855）。关于前者，由于曾撰《康輶纪行》等著作，广泛介绍边地与域外的情形，其先见卓识早已为学界及社会所熟知。而川中大儒刘沅的前瞻性认知及其相关主张，则尚有待于发掘认知。

刘沅字止唐，自号槐轩，为成都双流人，活跃于清嘉道之际，终生未仕而居乡著述讲学，是当时声震蜀中、名闻四海的思想家、教育家，被世人尊称为“川西夫子”，其门生后裔中英才辈出，影响四川地区达百年之久，世称槐轩学派、“刘门教”。虽然刘氏之学以儒为宗，是典型的汉族知识分子，但由于他身处西南，与藏地的地缘接近，为他了解藏族文化提供了便利条件。同时，与当时汉学之儒皓首穷经、沉溺词章考据不同，刘沅开阔的视野和兼收并蓄的学术格局，也为他关注和理解藏地文化提供了内在动因。

在地缘和心理的双重作用下，刘沅对藏地文化作过专门的研究：“吾蜀去西域较近，来往其地者多，尝详考而询其民俗。”[④] 他发现藏地民俗与内地最为不同的地方，就在于汉地遵从以儒学为主导的社会文化秩序，而藏族民众则崇信佛教：“盖其地民以出家为

---

① 如孔子曾说：“夷狄之有君，不如诸夏之无也。”（《论语·八佾》）认为华夏与诸夷之间，在文明程度上高下判然。这一说法也成为后世夷夏论的重要根据。

② 如沈卫荣教授即曾指出，《元史》将《庚申外史》中的讹传之说纳入正史，以讹传讹，造成对元朝帝室和密教僧侣活动的污名化，影响深远，表现出“对异文化的隔膜和蔑视”。参见沈卫荣、侯浩然：《文本与历史：藏传佛教历史叙事的形成和汉藏佛学研究的建构》，中国藏学出版社 2016 年版，第 241—243 页。

③ 张岂之主编：《中国思想学说史》明清卷，广西师范大学出版社 2007 年版，第 678 页。

④ 刘沅：《十三经恒解》卷 10，巴蜀书社 2016 年版，第 109 页。

常，不畜妻子者多，虽不无悖妄之徒，而守清规、务清修者颇众，是以外夷习而化远者，且慕效之。其视活佛如天，人不敢一毫亵，不待言矣。即通经咒，有品行之僧，人亦敬爱之。”① 刘沅对藏地文化的了解，并不局限于这种现象上的观察，而是有着深入认知和了解，这从他关于藏地活佛制度的解读中可见一斑。有弟子问：“西方有活佛，然欤？否欤？”他答曰“然”，并作了详细的解说：

> 此天心之所不得已也。彼苍天仁爱赤子，莫不欲其得所，而外夷无圣人之教，遂至沦于禽兽。释迦文佛，天亶之聪，化民以义，而其后难继，中华礼乐之教不能遽及，于是天特生一知觉独异之人，为之君长，使民以为佛之灵不朽也，而群相钦服之。今之达赖喇嘛、班禅佛皆是其人，亦不尽智慧也，独能记忆前生，言动异常，国家藉以羁縻诸戎，西陲以靖。其民以出家为贵，生数子，不过留一二人守业，余即出家诵经礼佛。有专志者，亦能通诸妙慧，化导民人。至于吞刀、吐火，变化神奇，彼皆不屑。其谓三乘，犹言三等也。明心见性为上乘，讲经说法为中乘，一切术数为下乘，与吾道未尝有异。今西域咸归版图，见闻所熟，故能知之。前人未尝涉猎，史家亦然，又恐涉于神怪，但记风土，是以益增妄诞也。②

可以看出，刘沅首先明确指出藏地处在汉族儒学影响之外，有其独特的文化传统；其二，他发现藏地文化虽然与汉地文化存在较大差别，但也能起到化民成俗的作用；其三，活佛作为藏地的统领者，是基于藏民“以为佛之灵不朽也，而群相钦服之”的信仰，至于所谓“独能记忆前生，言动异常”，则是在确认活佛转世灵童的过程中，最为重要的依据之一，关于达赖、班禅等转世情形的记载中均对这一神异特质做过大量的描绘。其是否为实且不论，但可见他对藏地活佛转世仪轨十分了解；其四，刘沅发现被藏民视为佛菩萨化身的达赖、班禅，实际上“亦不尽智慧也”，这就将所谓活佛祛魅化，拨开了其神秘面纱。在当时充斥着神异氛围的社会环境中，是极为理性清醒的认识；其五，他对藏传佛教法分三乘、教徒以智慧为上不贵神通的认知，说明其对该教派的教义、理论均有深入的涉猎，能入乎其内窥其堂奥；其六，刘沅还从政治学的维度指出，清朝推崇藏传佛教，肯定和规范活佛转世仪轨的做法，是出于羁縻边疆地区的考虑，这与乾隆皇帝“兴黄教，即所以安众蒙古，所系非小，故不可以不保护之”的说法高度吻合。③

以上数点，显示出刘沅先进的认知视角和敏锐的分析能力，既能够对活佛转世的情形作出全面翔实的了解，又能够在翔实了解的基础上拨开该制度上的层层神秘面纱，理性地认识到所谓“活佛”的世俗性、现实性，还能从政治角度理解清廷的相关作为，显示出从社会、政治的角度分析问题的视野，与现代学术的理性分析的立场十分吻合，也透露出其认知的深入与透彻。

通过这种细致的观察分析，刘沅发现，虽然汉地尊奉儒学，而藏民崇信佛教，但两种文化形态既有形上层面的相通，也有现实作用维度的一致：首先是佛学与儒学所描绘的形

---

① 刘沅：《十三经恒解》卷10，巴蜀书社2016年版，第109页。
② 刘沅：《十三经恒解》卷10，巴蜀书社2016年版，第79页。
③ 乾隆：《喇嘛说》，佟洵、孙勐编：《北京佛教石刻》，宗教文化出版社2012年版，第359页。

上本体是同一事物，他认为虽然佛家关于“性理”的说辞有空虚藏、如来藏、安乐国、不动道场、净土莲台等种种且与儒家不同，但究其实则“一性也，而曰舍利、金丹、金刚身、铁罗汉、长生药、九还丹。儒言穆穆、渊渊、浩浩、江汉秋阳、上律下袭，皆身中自然之理”，① 这个“自然之理”即是儒家的“仁”“诚”“性”。② 所以“佛说慈悲清净，只是仁慈寡欲之别号。其言真空不空，妙有不有，即《中庸》微之显，费而隐之义”。③其次是在伦理观念上，二家若合符节，佛教的戒律清规与儒家的道德伦理，其根本追求一致而不相违：“愚尝考戒规，多至一百余条，无非仁义忠信，寡欲养心之事，与圣人无差贰。……故伊川程子，见其聚食，以为三代礼乐之遗，其有功民生，岂不远乎？”④ 其三是从现实效用上看，佛教对藏地民众的化导、治理，与儒学对汉地民众的教化具有相同的作用，都能移风易俗、导人向善：“人人皆有天理，人人能尽人道，则天心可通，神明可寿，圣可也，佛可也。全而受者全而归，不愧、不怍，何入而不自得？佛生西域，其民悍，化之以慈；其民愚，化之以慧；贪淫好杀，化之以清净、慈悲，与吾道圣人心理无二。”⑤ 由此，刘沅认为，佛教的佛、菩萨等观念与中土儒家的圣贤观念其内涵也存在一致，在中夏称为“圣”，在西域称为“佛”，只是语言与名称有别而已：“西方以圣为佛，以贤为菩萨，菩萨摩诃萨则大贤也。”⑥

可以看出，刘沅的论证，并不是如以往的儒佛一致论者那样仅仅停留于理论层面的辩说，而是采取了一种“社会学”式的立场，将立足点和重心放在佛学也能化民成俗这一社会现实上，认同其与儒学一样具有“内圣外王”之功，也就等于承认了不同文化具有相同的社会价值。这表明他面对不同文化、文明采取的是一种求同存异的态度，同时也意味着他抛弃了传统夷夏论中尊华夏而鄙夷少数民族文化的偏见，这在传统儒学贵华夏而贱四夷的文化氛围中，是难能可贵的持平之论。

二、四洲列国：刘沅对域外及华夏的认知

刘沅关于汉藏文化平等的观念，不仅意味着他抱持一种民族文化多元并存的立场，同时也表示承认在华夏文明之外有着其他形态的文明存在，这种态度若与明清之际传教士输入的西学知识相结合，就很容易推导出全新的世界观念和文明理念。虽然因康熙、雍正两朝的禁教，西学的输入和传播早已中断和消歇，但刘沅却逆流而上地接纳了当时稀缺的西学内容，并开启了他的世界视野。

他汲取随着传教士东来而输入的世界为球体、地分数洲的新说，舍弃了传统文化中天圆地方、华夏为大地中心的观念，指出：“地维可纪者四大洲，亚细亚也，欧罗巴也，利

① 刘沅：《十三经恒解》卷 10，巴蜀书社 2016 年版，第 83 页。
② 刘沅：《十三经恒解》卷 10，巴蜀书社 2016 年版，第 47 页。
③ 刘沅：《十三经恒解》卷 2，巴蜀书社 2016 年版，第 238 页。
④ 刘沅：《十三经恒解》卷 10，巴蜀书社 2016 年版，第 110 页。
⑤ 刘沅：《十三经恒解》卷 10，巴蜀书社 2016 年版，第 78 页。
⑥ 刘沅：《十三经恒解》卷 10，巴蜀书社 2016 年版，第 98 页。

未亚也，亚墨利加也。无处无人，即必有人焉，以君长之，第不能如中夏之备耳。"① 这个"四大洲"，即今天所说的亚洲、欧洲、非洲、美洲。

刘沅的这种认知与《明史》记载的利玛窦等传教士之说较为一致，但《明史》记录利氏之说为"五大洲"，这一说法本自利氏的《乾坤体义》一书，认为四洲外另有"墨瓦腊泥加洲为第五"，② 在传世的《山海舆地图》中该洲与"南方大洲"（相当于南极洲）合于一体。这一洲实为欧洲人的想象，并非实际存在，刘沅未列入其中，可见其已知其妄，由此可以推断，他关于世界的认识应当并非完全源于明清之际传教士的输入及《明史》的转述，而有着更为准确的信息来源。虽然这一信息源难以考证，但足以表明刘氏虽然深居内陆，在探索和接纳新知上却异常敏锐。

在刘氏的这一看法中，除其世界知识的准确性和前沿性颇引人瞩目外，更为重要的是他不仅指出各洲各地都有人类的生存与活动，并创造了适合当地的文化、生活方式，所谓"必有人焉，以君长之"，还接受了世界为球体的说法，认为"中国当赤道北，寒燠温凉，四序循环无偏胜"③，并从寰球的角度反观中国，强调"中国居亚细亚之东南，弹丸而已"，④ 从地理、气候角度指出中国并没有特出之处，也只是地球上的弹丸一地，这就与传统士大夫以中国为世界中心的观念呈现出巨大的差异，甚至可以说是观念上的断裂了。

从历史角度看，虽然利玛窦等传教士曾借传教之机输入西方地理知识，并获得一批士大夫的尊信，但整体上来说，新的世界观念并未能受到中国知识人的广泛接受和认同，如《明史·外国列传》中载有外国近百处，其中不乏意大里亚（意大利）、拂菻（东罗马）、和兰（荷兰）、佛朗机（葡萄牙）等欧洲国家，但行文中大都将这些国家视为朝贡者，如其云"拂菻，即汉大秦，桓帝时始通中国。晋及魏皆曰大秦，尝入贡。唐曰拂菻，宋仍之，亦数入贡。……"⑤ 又"意大里亚"条认为利氏的五大洲说"荒渺莫考"。⑥《明史》在诸朝正史中号称精良，参与其事者也不乏一时之杰，如万斯同及其背后的黄宗羲，但其表现出来的世界观念却显得保守落后。清前期康熙雍正的禁教行为，更带来一种"知识的退步"，⑦ 使得当时的知识群体呈现出一种保守色彩。如康熙年间的知名学者、文人尤侗，曾参与编撰《明史》的《外国列传》，对海外情形相对了解，而其在康熙二十年创作的《外国竹枝词》，却对海外的情形描绘得颠倒错乱，如有一首《佛郎机》描绘葡萄牙的风俗："何事佛前交印去，定婚来乞比丘尼。"自注云："俗信佛，每六日礼拜，手持红杖而行。婚姻诣佛前相配，以僧为证，谓之交印。"⑧ 顺治康熙两朝，传教士在清廷极为活跃，而尤侗作为高级文官，竟将天主教信仰及其习俗与佛教等同，颇嫌孤陋寡闻。⑨ 至乾

① 刘沅：《十三经恒解》卷 10，巴蜀书社 2016 年版，第 43 页。
② 顾颉刚等点校：《明史》，中华书局 2011 年版，第 8459 页。
③ 刘沅：《十三经恒解》卷 8，巴蜀书社 2016 年版，第 52 页。
④ 刘沅：《十三经恒解》卷 10，巴蜀书社 2016 年版，第 43 页。
⑤ 顾颉刚等点校：《明史》，中华书局 2011 年版，第 8457—8458 页。
⑥ 顾颉刚等点校：《明史》，中华书局 2011 年版，第 8459 页。
⑦ 陈廷湘、周鼎：《天下·世界·国家：近代中国对外观念演变史论》，上海三联书店 2008 年版，第 7 页。
⑧ 尤侗：《西堂诗集》，《续修四库全书》集部第 1407 册，上海古籍出版社 2001 年版，第 108 页。
⑨ 关于时人对西洋的认知，可参考何建木、郭海成《帝国风化与世界秩序——清代海外竹枝词所见中国人的世界观》，《安徽史学》2005 年第 2 期。

隆时期，《四库总目提要》继承《明史》的看法，并用东方朔的《神异经》类比南怀仁的《坤舆图说》，“疑其东来以后，得见中国古书，因依仿而变幻其说，不必皆有实迹。”① 这一时期中国知识人对世界的认知情况由此可见一斑。甚至连“睁眼看世界”第一人的林则徐，在鸦片战争前已认识到中英实力悬殊时，依然相信“一至岸上，则该夷无他技能，且浑身裹缠，腰腿僵硬，一仆不能复起，不独一兵可以手刃数夷，即乡井平民亦尽足以制其死命”。② 相形之下，刘沅对域外的认知及其对中国在世界中的定位，其历史的超前性就显得格外突出。

这种世界性的眼光，使得刘沅进一步推进了对文明、历史的反思，并提出对传统夷夏观念的批评和纠正。他认为：“六合之大，中国仅如弹丸。因中夏经群圣迭兴，制作明备，遂为胜地。其实外域种类实繁，古今地志往往不清。今盛世中外一家，履其地，考其实，乃知前代书籍，往往舛误。”③ 可见他对历史地理作了深入的探究，并通过实地考察来审视古代文献的记录，从而发现其存在的失误。这种做法已经十分接近理性客观的现代学术方法，超出了当时流行的乾嘉汉学的好古崇古风气，呈现出一种新的学术发展趋向。④

在横向的世界性对比之外，刘沅又从纵向的历史维度对“中国”“夷狄”等观念作了审视：“古之中原，止今北五省地，制井田，同礼乐。其他如楚吴，皆第统属蛮夷、西戎、北狄，不入控制。盖圣人公天下，但使其君长能安其民人、和其种类，即不必豫其政教，非如后世尽所有而疆理之也。……后世之事，与前代不同，先儒必彼此牵合以疑经，误矣。”⑤ 也就是说，历史上作为“华夏”起源的炎黄部落，主要活动于黄河中游地区，即通常所指的“中原”一带，作为政治与地理概念的“中国”，是随着历代王朝的不断开拓而发展壮大的，而华夏文明也随着这种统治的扩展而扩散到原本属于“夷狄”的区域之内。因此刘沅认为，“中国”这一概念本身即存在着长期演变、扩展的过程，其历史、文化也同样如此，不能反用狭隘的标准，特别是上古的标准去衡量变化的事物，而要随着时事的变化拓展新的认知，这无疑是一种深刻的历史洞见。同时，从这一见解中也可以看出，刘沅之所以能在少量西学知识的支撑下即能积极认同，进而生发宏观的世界观念，也与他对华夏和四夷关系的新解密切相关，正是基于对西藏等地不同文化形态的认识和思考，才扩大了他的思想视域，从而使他能够积极地接纳西学相关观念。

对这种不同于流俗的新观念，刘沅显得颇为自信，他不仅在讲学中多加宣扬，还着意劝诫子弟读《一统志》《高厚蒙求》等著作以广见闻，而不要执“异端攘外之说”。⑥ 所谓《一统志》，是清代官方修撰的地理总志，前后共有三部，为康熙、乾隆、嘉庆三朝分别修撰，但内容主旨一致，都是对清朝统治下全国各地山川地理、历史文化等信息的记

① 余嘉锡：《四库提要辨证》，云南人民出版社2004年版，第393页。

② 中国第一历史档案馆编：《鸦片战争档案史料》第2册，天津古籍出版社1992年版，第245页。

③ 刘沅：《十三经恒解》卷7，巴蜀书社2016年版，第107页。

④ 这与赵翼、崔述等人在学术方法上的突破有相呼应之处，参见张立文主编：《中国学术通史·清代卷》，人民出版社2004年版，第314—332页、第361—372页。

⑤ 刘沅：《十三经恒解》卷8，巴蜀书社2016年版，第170页。

⑥ 刘沅：《十三经恒解》卷10，巴蜀书社2016年版，第122页。

录，甚至还有对有外交往来的“朝贡各国”的记载。刘沅的说法当为泛指，其用意则是基于《一统志》这种丰富的文化内容而意欲以之作为了解不同民族地区乃至域外文明的窗口。而《高厚蒙求》是清代学者徐朝俊所撰，徐氏是明末大儒徐光启的五世孙，该书则是一部介绍掌故和各类知识的文化读物，特别是其中包括《天学入门》《海域大观》《天地图仪》《自鸣钟表图说》等内容，不仅展示了作者的开阔视野和广博学识，更重要的是介绍了关于域外的信息和来自西方的新学。由此也可以看出刘沅虽然身居西南腹地，但有着极为敏锐和开阔的学术视野，如果说对藏地文化的认知，得益于其居处相近的便利的话，对域外世界的认知则更体现出其超迈时人与历史的远见卓识。

三、中外平等：刘沅的文明多元主张

在古代中国人的思想意识中，“中国”是“天下”而非一国，是中心而非“弹丸”。特别是宋朝士大夫开始有意识树立正统观念，得到后世的沿袭。清代帝王如康熙、雍正之驳斥传教士与教廷，即是以文明上国的姿态，睥睨西人之学。① 利玛窦就曾抱怨这种态度说“中国人把所有的外国人都看作没有知识的野蛮人，并且就用这样的词句来称呼他们”。② 因为对西学的接纳，不仅意味着一种全新的关于天地宇宙的知识，更威胁到传统中国一整套社会意识与秩序的稳定性。一旦承认西学的真理性，中国文化的独特性、优越性就会被解构，依托于传统宇宙观念的政治图景、道统架构都要受到质疑。因此，当时的人难以认同这种将西学与中学对举、彼此平等的态度。③

刘沅是在那个时代受到这种冲击并积极拥抱了这一新知、突破了时代思维局限的不多卓见者之一，他发展了基于藏族文化的认知而萌发的多元文化观，提出多元文明并存的主张，并对传统的夷夏之辨加以批评和纠正。

其一，刘沅从天人关系的高度，指出诸族群的平等：“自中夏视四裔，则为异域。自天视之，皆吾之赤子也。其形气同，即其心理同，特以表率。无人遂几沦于禽兽，圣人不忍也，故随其所在，则有以教化之……”④ 面对不同的族群、人种，刘氏采取超越民族、种族的立场，剥除不同人的不同文化形态，回归到“人”本身，立足于“天”“人”关系而论，认为不同的“人”对于“天”来说并无差异，这可以说是一种天赋平等观，与传统思想意识中贵华夏而贱夷狄，甚至以禽兽视之的态度有天壤之别，与西方启蒙思想家提倡的“人人生而平等”之说不乏呼应之处，并进一步肯定各个种族、民族，都有其杰出贤哲，其文化都有价值与意义。

其二，刘沅秉持“东海有圣人生焉，西海有圣人生焉”的观点，认为“圣贤不择地

① 如雍正说：“凡中外设教之意，未有不以忠君孝亲、奖善惩恶、戒淫戒杀、明心性、端人品为本”。见南炳文、白新良主编：《清史纪事本末》第4卷，上海大学出版社2006年版，第1317页。

② 利玛窦、金尼阁著：《利玛窦中国札记》，何高济、王遵仲、李申译，中华书局1983年版，第94页。

③ 葛兆光教授对此有精彩的发覆，其云：“一旦这种‘天学’真的像《中国札记》说的那样要‘震惊整个中国哲学界’，乃至于动摇中国传统的宇宙秩序，那么，就一定会受到激烈的批评。”参见氏著《中国思想史》卷2，复旦大学出版社2019年版，第312页。

④ 刘沅：《十三经恒解》卷1，巴蜀书社2016年版，第318页。

而生，知中夏而不知外域，见闻之陋也”。[①] 且儒家所尊崇的上古圣人，即有不少出自边鄙之地，所以连孔子在感叹“道不行”时也曾打算迁往夷狄边鄙之地，可见异域并不意味着蛮荒，甚至也不乏文明发达的地方：“四海之外，不知中夏圣人者多矣。而其俗厚民安者不少，盖亦有至人焉，为之经纪，特弗如中夏之全。学者耳目未周，概斥为诞，而尧舜文武之道习焉鲜能，孔子所以欲居九夷也。”[②]

葛兆光教授曾注意到，明清时期部分知识人在遭遇到西方学说的时候，借用了陆九渊“东海有圣人出焉，此心同也，此理同也。西海有圣人出焉，此心同也，此理同也”的说法，从而超越出国家、地域的限制，而认为“文明是一个绝对的普遍的真理，它与国家的地域位置无关，却只是与体验到真理的‘圣人’相关”。[③] 刘沅的立场，即是这种历史趋向的回响，他相信天对世人一视同仁，因而古今中外均有圣贤出世，教化民众，创造了不同的文明形态。

其三，基于这种四海各有其文明的观念，刘沅指出，不能以一方之俗为准则来衡量天下四方，应当以多元化的态度来看待不同族群、民族、国家的文化、文明，并强调习俗、文化本身有其地域性，是具体环境的产物，不能整齐划一：“第六合辽阔，势难一视，冠婚等义，就乡俗而言，则可姑存其义，若执一相衡，谓天下之大，皆尽于此，则不可也。”[④] 特别是相较于整个地球而言，中国也只是其中一区，更不能以自身的标准来衡量世界：“四海内外，何止千百国，中华特弹丸耳。安能使殊方异俗，尽如中夏？[⑤] 这就比那种单纯从东西方圣人同此心的角度承认西学有其可取之处的态度前进了一大步。

刘沅还批评儒者的华夷观往往落于拘泥迂腐、无知偏狭。他将矛头指向严于夷夏之辨并对后世影响深远的宋代儒者，指出：“宋儒敝于西夏、金、辽，解《春秋》深斥外夷，不足以发明圣人之意，毋为所拘也。”[⑥] 在他看来，欧阳修、二程、朱熹等人以夷夏之辨解读《春秋》的思路未能符合圣人之意：

> 非常之材亦不择地而生于此，而犹曰安中国、攘四夷，是为不知时务，坐井观天矣。孔子曰：天子失官，学在四夷。君子居之，何陋之有？……夷夏之分，在乎天理。有理则夏，无理则夷。宋人苦于辽、夏，故著书立说，多严华夏，而不知圣人非斥四夷，斥其悖理焉耳。……我朝龙兴长白，抚有万方，未得中华以前，荒裔绝域，均已来王。既正位中国，六合内外，无不沾沐生成。故舆图之广，为前代所弗及。此经所书伐戎、伐狄等事，仅为纸上陈言，学者不可不知也。[⑦]

在刘沅看来，夷狄与华夏的区别，不在于人种、地理，而在于文化形态、生存方式能否合乎“天理”，他以清朝正位中原，不仅能治平天下，还能开疆拓土为例，反驳宋人因

---

① 刘沅：《十三经恒解》卷 10，巴蜀书社 2016 年版，第 44 页。
② 刘沅：《十三经恒解》卷 10，巴蜀书社 2016 年版，第 38 页。
③ 葛兆光：《中国思想史》卷 2，复旦大学出版社 2019 年版，第 334 页。
④ 刘沅：《十三经恒解》卷 10，巴蜀书社 2016 年版，第 124 页。
⑤ 刘沅：《十三经恒解》卷 10，巴蜀书社 2016 年版，第 135 页。
⑥ 刘沅：《十三经恒解》卷 7，巴蜀书社 2016 年版，第 108 页。
⑦ 刘沅：《十三经恒解》卷 7，巴蜀书社 2016 年版，第 82 页。

边疆危机而自立正统、排斥异族的见解。他甚至对《春秋》本身的华夷观念提出委婉的质疑："《春秋》一书，斤斤谨华夷，非谓夷必不如夏，以当时圣人之道存焉耳。若无圣人之道，虽华奚贵？"①

刘沅这种冲破经典的立场，源自儒学中以文明形态判别文化身份的传统，正如韩愈所说"诸侯用夷礼则夷之，夷而进于中国则中国之"，② 文明与野蛮的区分不在于地理、种族等外在因素，而在于内在的文明及其表现出来的生活形态是否合乎天理人情："夫夷夏之分，视乎心理之是非，而不在疆域之中外。周衰僭乱无君，夫子叹其反不如夷狄。"③

四、同体殊相：多元一致与文化自信

在对多元文化之间的平等关系做出论证时，刘沅并未忽视现实中各种文明形态之间存在着差异，他肯定人类各族群的生存形态有其文明层面的先进与落后之别。而如何评判一种文明、文化的优劣，则在于是否符合天人之"道"。

在刘沅的思想系统中，"道"是"人所以为人，天所以为天之理耳"。④ 它不是一个局限在儒学或中国传统中的文化概念，而是一种普世性的对于宇宙规律、人类社会合理秩序、理则的泛称。他相信，世界上虽然有不同地域的不同文化，但对于人类来说，各种文化的核心宗旨都在于宣明"人所以为人"，使人的活动能够符合天理人情，建立起良性的社会秩序。因此，四海之内，虽然地域不同，文化各异，但天生圣人的目的，都是为了成己成人，教化民众，所谓"苍天仁爱赤子，莫不欲其得所……天特生以知觉独异之人，为之君长"，使人"各得其性，无愧于人"。⑤

而"人之所以为人"的核心，刘沅认为最主要的表现在个体的社会属性层面，即在社会活动中，能否良好地处理与他者的关系，并在其中体现出崇高的人格境界与道德品质。而与他者的关系，最直接的则是君臣、父子、夫妇、兄弟、朋友等，也就是儒家所说的五伦关系，所以他认为"道在五伦，伦尽则道立"。⑥ 如果人人能各尽其分，便与圣贤合其德："臣尽忠，子尽孝，父母修身寡过，教子以义方，兄爱弟，弟敬兄，朋友忠信，夫妻谐和而相勉以德，果能如是，便是圣贤。"⑦

刘沅这种"圣人止是人伦之至，人人皆有五伦，人人可以尽道"的主张，⑧ 并不是一种简单的华夏中心主义观念，而应从儒学伦理的普适性角度加以理解。在他看来，"道"是天下共通之理，其本质是要为作为社会性存在的人群安立合理的社会秩序，以保障人类生活的正常展开。他意识到儒学这种奠基于血缘关系之上的人伦关系，在人类所面对的所有社会关系中最具有稳定性和优先性。这也正是儒学普世性价值所在的基础，正如当代学

① 刘沅：《十三经恒解》卷 7，巴蜀书社 2016 年版，第 161 页。
② 韩愈：《韩昌黎文集校注》，上海古籍出版社 1986 年版，第 17 页。
③ 刘沅：《十三经恒解》卷 1，巴蜀书社 2016 年版，第 216 页。
④ 刘沅：《十三经恒解》卷 10，巴蜀书社 2016 年版，第 120 页。
⑤ 刘沅：《十三经恒解》卷 10，巴蜀书社 2016 年版，第 78 页。
⑥ 刘沅：《十三经恒解》卷 10，巴蜀书社 2016 年版，第 72 页。
⑦ 刘沅：《十三经恒解》卷 10，巴蜀书社 2016 年版，第 89 页。
⑧ 刘沅：《十三经恒解》卷 10，巴蜀书社 2016 年版，第 60 页。

者所指出的：“中国儒学的重心，集中于人类文明生活方式、文明价值秩序本身的关切、思考与安顿，这是中国儒家经典与经学传统的轴心性、主导性取向，同样也是以‘何为美好生活’‘人应该如何生活’为核心议题的西方古典政治哲学的基本思想取向。”① 因而所谓五伦五常之说，在各类域外文明中均不乏同调者，如基督教、伊斯兰教就都有孝顺父母、和睦亲友之类的训诫，同时这也是儒者以伦常融摄佛、老，佛、老强调其有扶助世教的思想基石所在：“三教圣贤相继叠兴，同兹性命，各有渊源，无非扶植纲常，维持世道……”②

可以说，刘沅思考文化异同和优劣的根本立足点是现实社会秩序的良性建构与运作——即他所说的超越三教与时空的“道”，只不过这一点被他归结为“五伦五常”。他所谈论的与其说是儒学的优越性，而毋宁是说“人伦”这一“道”的优先性和根本性。因而他不仅从这一角度对佛、道加以肯定，同时也肯定少数民族文化、域外他国文化有其“天亶之聪，化民以义”“安其民人、和其种类”，能因地制宜达成善治的现实效用。在这一意义上，华夏文明无疑有着悠久深厚的积淀，并足以为当前东西方对该问题的讨论提供有益的资源和启发。

综合来看，在如何理解华夏文明、少数民族文化与域外文明的多元上，刘沅所持守的观点实际上是道一用同而相（形式）殊，即其立足点在认为圣人之道普世大公，一切文明都基于此，各种文明因其地域、环境、历史等的差异，形成了不同的生活形态、表现方式，而这些不同的“作用”同样都起到了善治良俗的现实效果，故而都应当被肯定。只是在具体的文化内容上，可以有丰富和不足的差别。这种态度可以看作是孔子“和而不同”思想在比较文化视角的新发展，也可以视为后来费孝通等社会学家“各美其美，美美与共”说的先声。

进而，我们就可以理解刘沅为何在主张多元文化平等之外，又表现出一种华夏优先的意识，所谓“若外裔遂无圣贤也，岂非陋而暗哉？特外域罕有圣人接踵，故礼教不如中华之备耳”。③ 这是因为在他所处的时代环境中，唯有华夏文明有数千年礼乐传统，其文化资源的累积相较于周围族群相对丰富：“中夏为礼乐之邦，自羲农以来，圣人之功用宏也”。④ 在这种历史文化的基础上，刘沅的华夏优先意识并非毫无道理的妄自尊大，也并不与前述的多元文明观念相冲突，而是在多元的前提下，基于对文明内在本质的理论解读和华夏文化之悠久深厚的现实这两方面而确立的民族文化自信。

结语

作为一名活动于闭关锁国的清中叶，且终身讲学著述于西南偏僻之地的儒者，刘沅既远离学术思想的中心区域，也不及江南、沿海知识人更容易接触到外界新知，却能凭借对周边少数民族文化的深入探查，领悟到文化的多元性，并将这种思路与西方传入的有限新

① 张大为：《“本天道为用”：文明儒学引论——以张载、王夫之为中心》，《学术界》2021 年第 5 期。

② 刘沅：《槐轩杂著外编 · 太上感应篇注释序》，扶经堂戊辰（1868）年刻本。

③ 刘沅：《十三经恒解》卷 1，巴蜀书社 2016 年版，第 216 页。

④ 刘沅：《十三经恒解》卷 1，巴蜀书社 2016 年版，第 30 页。

知相结合，推导出一种多元平等、同体殊相的文明观念，不仅展示出宏大的历史视野，同时还对华夏传统文明观念的疏漏作出了理性的反思和纠正。相较于魏源等人“师夷长技以制夷”说中以西洋为“夷”的观念，其思想的前瞻性、头脑的敏锐性，无疑更胜一筹。

虽然刘氏的主张在当时及后世未能引起较大的社会反响，这表明当时社会整体氛围在对外界的认知上尚处于一种固敝状态，刘氏之论只能流于曲高和寡。但从历史的角度看，他的主张又反映出近世知识人在面对未知世界时的积极探索，提醒我们注意历史的丰富细节，而他所提倡的多元文明平等共存、建构良性社会秩序、坚持民族文化自信等主张，对身处古、今、中、西交汇文化语境中的今人也提供了文化交流和发展创新的思想资源，值得加以重视。

沈善登光体论探析*

——一种汇通科学、易学与佛学的尝试

翁后发　白雯慧**

摘　要：沈善登的光体论筑基于传统中国哲学框架，又充分吸收近代西方科学作为诠释基础，可谓得风气之先。从时序上看，光体论的提出，最早是为了论述净土念佛的基本原理，即念佛方法与往生西方的有效性。他在晚年将光体论与易学进行互诠，从而使光体论更加系统化，也造就了包纳所有的易学体系，从而实现了光体论对科学、佛学与易学的汇通。总的来看，他是中体西用理论的先行者，充分体现了近代中国思想的阶段性特征。

关键词：沈善登；光体论；宇宙生成；天人关系；实践目的

沈善登（1830—1902），嘉兴桐乡人，早年追随钟文烝治《春秋谷梁传》，中年涉猎佛学与西学，晚年又专研易学。在此过程中，沈氏逐渐形成了独特的“光体论”思想，无疑是“经学、佛学和西学的混合物”。① 他以超前的智慧，赋予传统中国哲学以现代气息，表现出典型的晚清思想汇通气质。其影响虽不及章太炎、谭嗣同等人，但其思想的独特性和完整性，② 足以使其在近代中国思想史中据有相应的地位。本文拟在前人基础上，从西学、佛学与易学汇通的角度，尝试对沈善登的光体论进行探析。

沈善登对光体论的论述集中在《报恩论》与《需时眇言》二书中。其中《报恩论》成书较早，是其中年时期的作品。书中有关光体论的内容比较零散且不够系统，但已经包含了光体论的基本内容。《需时眇言》是其晚年的作品，其中关于光体论的论述则相对完整而系统。以下即主要据此两部著述进行考察。

一、光气变化：光体论的宇宙生成

光体论在形式上主要遵循传统中国哲学的“道—气”模式，但更多地用“光”来指

---

* 本文为湘潭大学教改项目“国学经典阅读课程的互动式教学研究”的研究成果。

** 作者简介：翁后发，湘潭大学哲学与历史文化学院（碧泉书院）讲师，湖南省马克思主义宗教学研究（湘潭大学）基地研究员。白雯慧，湘潭大学碧泉书院研究生。

① 张岱年：《张岱年全集》卷 5，河北人民出版社 2007 年版，第 330 页。

② 张岱年：《张岱年全集》卷 5，河北人民出版社 2007 年版，第 330 页。

代“道”。沈氏认为，“光为大本不变，而万变皆从光盛始”。[①]“光”如同“道”一样，是宇宙万化的根本依据。那“气”是什么呢？他说，“气非呼吸有质点之气”，而是老子所谓“谷神”与“祖气”、孟子所谓“浩然之气”。[②] 显然，“气”也不是物质性的，且还具备直接转化成万物的性质。沈善登把从“光”“气”到万物的生成过程分成了两个阶段。

他首先从近代科学的角度解释了从“光”到“气”的衍化过程，认为“光盛生威，威生耀，耀生热，热生气”。[③] 那么，“光”如何生“威”呢？这就需要回到原点，考察作为体的“光”在科学框架下究竟是什么。他认为，“光体浑合太空，气行空中，即行光中”，又说：

> 光体非气非形非质，而目可得见、身可得触，实有而浑同虚空，故取用不穷。其力甚大，凡有气、形、质之物，如日月诸星土，皆为所包举，悬系而不坠……西学所谓吸力是也。[④]

“光”不仅在充斥宇宙各处，还具备悬系万物的真实力用。此处的悬系之力，或者说吸力，便是所谓的“威”。继而由“威”生“耀”、生“热”、生“气”。严格来说，沈氏虽然运用科学原理诠释“光”，却犯了显而易见的错误。一方面，“光”被认为是西学中悬系万物的“吸力”，实即引力；另一方面，“光”又被理解为充斥在宇宙中的物理性的光。这就既把物理性的光与引力混为一谈，犯了常识性错误，又把物质意义上的“光”等同于其本体性的、非物质性的“光”。显然，沈善登对西方科学虽然有所接触，但知之不深。科学只是为他建构自己的学说体系而服务的。这在其如何解释从非物质性的“气”进一步到万物的生成时同样表现得十分明显。

沈善登将从“气”到万物的生成过程分为“气”“形”“质”三个阶段。“气”的形成过程已经具述，以下讨论“形”与“质”是如何生成的。他认为，“形始者，恍惚中有象氤氲闪烁，佛书谓之阳焰，西学谓之电，由热而成者也。质始者，凡发光之物，乍受气而未成水，西学所谓气之点质是也”。[⑤]“形”的本质乃是热极所生。佛经通常将阳焰与浮泡、光影等并举，是阳光照射浮沉的景象，其所呈现的特性是闪烁而恍惚不定，既具有一定的形态，又不可明确把握。而西方科学中的“电”从表象上看，[⑥] 也具有类似的特征。这些都被沈氏作为万物从“道”“气”之无形无相的状态，向初步具形转化的开始。而当“光、热、电三轻相摩荡，如镜面呵气，聚湿而有质点”时，[⑦] 具有稳定物质特性的“质”也就产生了。尽管他没有详细解释促成万物生成的光、热、电的摩荡究竟是如何发

---

① 沈善登：《需时眇言》卷2，豫恕堂藏板，第6页。
② 沈善登：《报恩论》卷上，《卍续藏》第62册，第733页下。
③ 沈善登：《报恩论》卷上，《卍续藏》第62册，第733页下。
④ 沈善登：《需时眇言》卷2，豫恕堂藏板，第5页。
⑤ 沈善登：《需时眇言》卷4，豫恕堂藏板，第1页。
⑥ 值得注意的是，“电光”同样是佛教常用的意象之一，含义与阳焰类似，都表示万象的无常、无自性与不真实性。一定程度上说，沈善登所谓西学的“电”也即是佛经所说的“电光”。不同的是，他改变了佛教对该类意象的使用目的，而将其作为物质世界形成的阶段。
⑦ 沈善登：《需时眇言》卷3，豫恕堂藏板，第86页。

生科学作用的，但其试图将西方科学作为其学说体系基石的目的则是无疑的。

气、形、质的生成过程既然已经明晰，便可着手解决宇宙体系的建构了。遗憾的是，沈善登没有沿着近代科学思维深入，而是回转到了传统中国哲学的思维框架。他认为气、形、质三个阶段不断演变，同时又混同在一起，从而形成了“浑仑”的状态。但“浑仑”的状态很快便会消失，因为“气、形、质下凝为地阴，自地以上充满虚空高朗，浑融穷绝，边表皆为天阳，实本太易光明也”。① 气、形、质下凝而成地，天空则是纯粹的“光”体领域。

> （天地既分，）气得光而灵，乃能变化形质，故人生秉气受形而有身，即浑仑之分形。气有清浊、厚薄，聚散之不齐，所谓分于道，谓之命也。人心之灵则全体太易，智愚、贤不肖共之，所谓形于一，谓之性也。②

值得注意的是，这段话表明，沈善登在解决“光”“气”关系时，所秉持的其实是“光一元论”。“气”是因“光”的作用而生成，所谓“天地之始，大本惟一阳光”。③ 而理学则强调理气相互对待，并且常用理堕入气中为现实作诠解，是“理气二元论”。他的“一元论”显然受到了现代科学以世界为某种基质构成的思维的影响。他将此一元论应用于其光体论建构时，必然面对如何诠释为什么“气”的清浊、厚薄等会影响人而产生差异的质疑。如他认为：

> 凡属人类，则好善恶恶之性无不同，以人人共一太易也。其形体不同，则以其有清浊轻重，故有昏明、强弱、穷通、寿夭之殊，所谓命也。甚则为下愚，为不类，皆入于气而变形变质之光，为气所掩。④

那么，问题就出现了。既然气、形、质都由单一的“光”化生出来，那三者便应当如同光体一样纯粹，即便出现“光有形无质则清轻气，质点则浊重”这样的性质变化，但这种变化应只与宇宙之生成有关，又何以会造成人的昏明、强弱、智愚等方面带有价值判断的区别呢？这显然是其理论体系中没能妥善解决的问题。

沈善登是晚清比较开明的知识分子，他接触了一定的西方文化，并能尽量理解、运用。尽管尚属肤浅，但已远远超过当时多数的中国人。正如曹元弼所说，“先生又深通内典，博涉泰西政艺之学，故其言理尤精尤实”。⑤ 实际上，根据学者考证，沈氏于同治六年（1867）考取进士，并在次年被授为翰林院庶吉士。⑥ 同治七年，美国传教士丁韪良为同文馆和京师大学堂编译了七卷本的《格物入门》一书，“内容涵盖水力学、气象学、光与热、电学、机械学、化学和数学”。⑦ 虽然在稍后的时间里还出现了很多其他科学读物，

---

① 沈善登：《需时眇言》卷 1，豫恕堂藏板，第 2 页。
② 沈善登：《需时眇言》卷 1，豫恕堂藏板，第 20 页。
③ 沈善登：《需时眇言》卷 4，豫恕堂藏板，第 15 页。
④ 沈善登：《需时眇言》卷 2，豫恕堂藏板，第 7 页。
⑤ 曹元弼：《年丈沈谷成先生易学总序》，沈善登：《需时眇言》，豫恕堂藏板，第 3 页。
⑥ 张海荣：《〈公车上书记〉作者“沪上哀时老人未还氏”究竟是谁》，《清史研究》，2011 年第 2 期。
⑦ 本杰明·艾尔曼：《中国近代科学的文化史》，王红霞等译，上海古籍出版社 2009 年版，第 127 页。

但从相关书籍的内容以及沈氏中年便已确立的光体论哲学框架来看，其对光、热、气、电等的应用，显然可能与此书关系最切。不过，他对格致之学的应用总体上是仅有形似的，所谓“西学能通儒书、佛书之从来难通处甚多，惟牵附格物致知，则断不可同”。[①] 可见，其仅是欣赏西学在建构形而上学体系中的作用，而非格致之用。这显然偏离了近人译介西学的本意，也是沈氏本人在接受西学方面的局限。

二、数包天地：光体论的天人关系

沈善登对光体论的天人关系的论述主要体现在其易学研究中。他主要从术数的角度治易学。沈氏认为数理是往圣作《易》的本怀，并以此揭示天地大化与指导民生日用。但经秦火之后，后世儒者“莫识圣人因贰济民之深心，至反讳言数而空争理”。[②] 因此，他对易学的诠释首先要阐明光体论与术数之间的关系，并在此基础上，揭示易学框架内光体论是如何在天地大化与民生日用中运用的。那么，什么是“数”呢？他认为，“数者，人心缘历事物先后次第之称”，[③] 而“人心即太一灵光，无二体也”。[④] 所谓“数”，是作为本体的“光”不断化生的万物，并能够被同是一大“灵光”的人心所察知的万物的次第与边际。所以“凡物有象，皆有数。凡数皆一一积成，而其方皆三合一”。[⑤] 以此，“数”被拉入到其精心构建的光体论体系中。

“圣人极数以定象，制揲蓍求爻”，[⑥]《易》的象数中包含着光气转化的根本之理，能够指导人们向光体复归。为了更清楚地表明这层关系，他引入《乾凿度》中的太易、太初、太始、太素四个概念，认为“孔门解易，追溯乾坤所从生，以为是本有无对待，光气之相易而无可名，则遂因八卦之名易。而加太以别之，追尊之称也”。[⑦] 又说，“太易者，未见气也；太初者，气之始也；太始者，形之始也；太素者，质之始也”。[⑧] 实际上，四者分别相当于光、气、形、质，这样的概念转化并没有实质意义，但在易学思想体系的论述上却颇为便捷。太易与太初、太始、太素三者之间构成了从一与三的关系，所谓“太易一含三，而形上者也，不易者也。气形质三即一，而形下者也，变易者也。”[⑨] 从而为“数”在不易与变易转化中的涉入奠定了基础。

通过推衍，沈善登认为，蓍草法充分体现了易学中“数”的奥秘。所谓：

> 即以此五十数为蓍策之数合于卦画之一奇一耦，方数正得天数、地数五十有五。故虚一挂一，以当已往之太易。浑仑实揲四十八策，以推求方来之象数。使形诸卦爻

① 沈善登：《需时眇言》卷4，豫恕堂藏板，第4页。
② 沈善登：《需时眇言》卷3，豫恕堂藏板，第73页。
③ 沈善登：《需时眇言》卷3，豫恕堂藏板，第95页。
④ 沈善登：《需时眇言》卷3，豫恕堂藏板，第33页。
⑤ 沈善登：《需时眇言》卷1，豫恕堂藏板，第25页。
⑥ 沈善登：《需时眇言》卷3，豫恕堂藏板，第33页。
⑦ 沈善登：《需时眇言》卷4，豫恕堂藏板，第3页。
⑧ 沈善登：《需时眇言》卷2，豫恕堂藏板，第8页。
⑨ 沈善登：《需时眇言》卷2，豫恕堂藏板，第9页。

> 四十八者，八纯卦重为六划，爻数也。故曰八卦而小成，合卦一为四十九，共揲得阴阳爻正变四十九式，应洛书用事之数，所谓极象数之流也。[①]

蓍草法基础的“五十”之数，其形而上依据则来自句股之理，即“勾三股四玄五”。“其数三、四、五各自乘方，其五十数以此。五十数推求现在可见诸象，数无不曲尽。故古称句股术为衍，衍犹演也，言如水之流演，不盈亦不竭也。”[②] 也就是说，“五十”成为从数的角度推求万物之理的出发点和根据。在筮法中，人们首先悬置其中一根，并将另一根拈在无名指与小拇指之间，以之象征太易。[③] 剩下用于占筮的四十八根蓍草则意味着太初、太始、太素的变易状态，易即气、形、质并存的浑仑状态。四十八根蓍草有这样的功能，是因其包括了乾、坤、艮、震等在内的八个纯卦，而由此八纯卦的变动重组则可以衍变出代表万物的六十四卦。事实上，沈氏确实通过卦数与爻数的组合推衍，形成了一套独特的呈现万事万物的体系。但对数理的应用显然不能局限于此，因为这还只是其所说的“外照”之用。那么，“数”如何与“内景”勾连以体现人心呢？

人秉气受形之后，尽管因所受气、形、质多少不同而有贤愚之分，但究其本性则都是“一大灵光”。“惟其气有不齐，两相形而多少数生……圣人以为光气无形，难以显言，乃大衍蓍策，假勾股数理以显之。”[④] 即所秉气、形、质的差异，是不同“数”的实际根据，而蓍草法与勾股之理不过是圣人方便设教的结果。所以他说，“推明天人之际，即日月之行，见数实生于人心，其得失皆自己求之也。此易所以神道设教，为因势利导之微权故”。[⑤] 显然，沈氏思想的核心内容仍是传统的体用论，并且不脱“人副天数”的既有框架。所谓：

> 人即小天地，天地即浑仑，浑仑即太易。人在天地间，固无时无处能离太易者也。太易不可得见，即以形气言之，亦人人异，而其盈虚消长皆必有其时，必有其处。[⑥]

不仅如此，他还认为这种天人同构是东西方一致的。由此，沈氏得出了联系人心与“数”的关键结论，“故曰人肖天地以生，又曰人者天地之心也。此数理与心理相通之纲纽也”。[⑦]

确立天—人—数之间关联性的最终目的是要还治于现世社会。所以：

> 圣人于此洗心退藏于密，吉凶与民同患。又曰明于天之道，察于民之故，是兴神物以前民用也。夫如是而易道扶阳而抑阴，与夫杂卦传为未还复一乾之宗旨，可以微

---

① 沈善登:《需时眇言》卷3，豫恕堂藏板，第7页。
② 沈善登:《需时眇言》卷3，豫恕堂藏板，第6页。
③ 朱熹:《周易本义》，北京大学出版社1992年版，第182—183页。
④ 沈善登:《需时眇言》卷1，豫恕堂藏板，第20—21页。
⑤ 沈善登:《需时眇言》卷2，豫恕堂藏板，第2页。
⑥ 沈善登:《需时眇言》卷3，豫恕堂藏板，第28页。
⑦ 沈善登:《需时眇言》卷1，豫恕堂藏板，第4页。

窥善易者。①

圣人通过观察光气变化之理，将之具象化为易数之学，而易数之学又被反向用于社会民生的治理。具体到六十四重卦，则各卦皆有其独特内涵，囊括世间万理。显然，沈善登是试图以易学打通当时思想界纷乱的思想流派。所以，曹元弼说沈氏的易学是无所不包的，不唯子学与史学，“佛氏大觉普慈之教，亦易之所包也。西人声光化电之学，亦易之所包也。天下无一物非易”。②

三、复归光体：光体论的实践目的

沈善登对光体论的建构是一个长期的过程，但该理论的基本构架实际上在其中年时期便已基本完成，这集中体现在《报恩论》中。《报恩论》是其关于净土念佛思想的文论集，从中不难发现，他正是在诠释净土念佛原理的过程中，首次开创性地运用了光体论。沈善登中年时期主要活动在江南地区，不仅与杨文会、许灵虚等佛教居士相交甚厚，还积极参与当时影响甚大的古昆法师组织的念佛活动，对净土念佛产生了浓厚的兴趣。据考证，对近代日本佛学有开创性地位的南条文雄来华与许灵虚会晤时，实际接待的正是沈善登。他在与南条文雄的谈论过程中，“曾屡次问及藏外净土诸经于日本的现存情况，从而得知日本仍存有慧远、吉藏、璟兴的注疏，于是请求南条文雄代购”。③ 不久后，他终于如愿以偿。净土宗与禅宗并列为两宋以后中国佛教的两大支柱之一，在中国社会中有着广泛而深入的影响。净土念佛是净土宗的核心修行方法，是修行者通过念佛来实现往生西方极乐世界的一种修行法门。在净土念佛修行中，念佛与西方净土，即方法与目的构成了核心的两个元素。而光体论对净土念佛的诠释也正是基于此而展开的。

沈善登说，“今试观此身，以一念来而生，以一念去而死。生死，气之聚散也。念体即自性，非气也”。④ “念”构成了身体的意志部分，气的聚散则构成了肉体的存亡。那么，如何通过“念”而实现向念体，即自性归复呢？他认为，“凡光有两种，一内景，一外照……其内景也，毫发毕现而不留迹……其外照也，目可得见，身可得触，而全同虚空，不可得取，不可得坏”。⑤ 后来他在《需时眇言》中对此的表述更加明确，

光体具六才而生两大力用，曰虚、曰净、曰平、曰静、曰密、曰坚。虚、净二者，生外照力，如火如日；平、静、密、坚四者，生内景力，如水如镜。内景为明，外照为光，明体而光用。由明极而发光，故体用一原。⑥

光体通过发挥外照功能，实现体用间的互动。落实到净土念佛，即实现向自性复归的过程是通过“念”来实现的，因为“念乃自性照用”。⑦ 因此，修行者起心念佛时，不必

---

① 沈善登：《需时眇言》卷3，豫恕堂藏板，第18—19页。

② 曹元弼：《年丈沈谷成先生易学总序》，沈善登：《需时眇言》，豫恕堂藏板，第3页。

③ 肖平：《近代中国佛教的复兴》，广东人民出版社2003年版，第144页。

④ 沈善登：《报恩论》卷上，《卍续藏》第62册，第732页上。

⑤ 沈善登：《报恩论》卷上，《卍续藏》第62册，第732页下—733页上。

⑥ 沈善登：《需时眇言》卷2，豫恕堂藏板，第5页。

⑦ 沈善登：《报恩论》卷上，《卍续藏》第62册，第732页中。

刻意思索，只要专注念佛行为本身，所谓“无念而念，是名正念”。[①] 他要将念佛行为本身也进一步从意识中消除，这是因为决定是否往生的是人的觉体、自性。当修行者专注念佛时，光体及其照用之念之间便形成一致，方法与目的实现互通，待念佛者“气”散身死后，自性自然就实现了向光体的复归。

沈氏对念佛为什么能够实现向光体复归的解释仍显得含糊不清，需要进一步阐明。他认为，“体即无量光寿”,[②] 阿弥陀佛就是光体，即所谓“大灵光”。故念佛即念光，是在意志上不间断而纯粹地向着光体复归。“阿弥陀佛”（Amitābha）的本意为无量寿、无量光，佛或佛性与自性、心体一致。所谓“佛与众生三无差别”，即佛与众生在佛性、心体意义上都是同一而无差别的。用沈氏的话说，便是具有同一光体。所以他说：

> 无念心体，唯佛独证。此心体横亘十方，竖穷三际，弥陀所证光明无量，寿命无量，即是此心。众生原与弥陀公共，但为念念不停，无由得证。然现前瞥尔一念起时，即是此心用处……便是从体起用，摄用归体。久久纯熟，任运自念，便是体用一如。[③]

如此，通过长期不断念佛，“举向所一一积于不自觉者，毕现于当前”,[④] 便由心体发用，造作成象，经心体照用功能而使本心光明当下呈现。

为了更清晰地阐释这个问题，沈善登借用了科学中的光学理论。他认为，光体犹如太阳，但经过人的阿赖耶识转化后，就成了被镜面折射的太阳所呈现在墙上的倒影。人们执着倒影以为是真的太阳，从而产生了无明业识。而念佛之人的念佛行为就像是将平面镜换成了凹面镜，念佛的过程便是不断将阳光聚焦的过程。象征着肉体的气与无明如同在太阳与镜面之间的烟雾一样，虽然使得日光暂时不能完全穿透过来，但伴随着肉体的衰弱，烟雾也逐渐消散，待到“气绝而烟雾空，日光全体，透过镜面，艾柱光焰勃发，即是随佛往生矣。”[⑤] 简言之，通过念佛而对作为光体、自性的西方净土保持持续的关注，并在最终气散物消之时，点燃代表西方净土的艾柱，最终实现往生西方净土，并向光体复归。

那么，向光体的复归何以等同于往生净土呢？这就牵涉到唯心净土与西方净土的争论。中国佛学特别重视心性论的建构，并以此作为修行的指导，从而在教、行两个方面形成统一。同时，受中观学传统的影响，中国佛教又非常强调对真空妙用的综合把握。净土念佛执西方净土为实有，常被批评为过分执着于有。再加上净土宗本身缺乏独立宗派传承和系统的心性论，使其实际发展中，在理论层面常被禅宗与天台宗主导。[⑥] 因此，净土信仰中的西方净土，在真空妙有意义上，也就一方面是妙有层面真实存在的往生之处；另一

---

① 沈善登：《报恩论》卷上，《卍续藏》第62册，第732页中。

② 沈善登：《报恩论》卷上，《卍续藏》第62册，第730页下。

③ 沈善登：《报恩论》卷上，《卍续藏》第62册，第740页上。

④ 沈善登：《需时眇言》卷3，豫恕堂藏板，第21页。

⑤ 沈善登：《报恩论》卷上，《卍续藏》第62册，第733页中。

⑥ 夏富（Robert Sharf）：《论净土佛教以及中古中国的禅净融合》，《佛教文化研究》第1辑，江苏人民出版社2015年版，第370—413页。该文质疑“禅净融合”说法的合理性，基本论点认为净土宗既无系统的传承，基本教理系统也与禅宗思想与修行密切关联。当代佛学研究中，此类说法并不少见。

方面又是真空层面清净的自性本身。所以说，“临终所见之佛，即彼佛之照用。现在之念，即往生之身。现在之为无念而念，念而无念，即往生之为无生而生，生而无生也”。①就真空与妙有的境界转换来说，无生与往生便是一体两面的事了。

此外，沈善登在妙有层面对西方净土的存在进行了比较“科学”的论证，

自西学盛行，而佛书足相证明者不少。如天算家测星月，皆有山河大地形状，类此地球。地球在太空中，亦一星也。众行星绕日而行，其恒星亦各为日，亦有无数行星绕之，与此日轮等，但远不能见尔……西方极乐国土，即三千大千界之外之星球，确有实地，成就种种功德庄严，而亦不出众生不思议心觉体之外。②

沈氏此处又试图利用天文学理论为西方净土的存在作出明证，开了近代佛教学者此类论证之先河。可见，正如其光体论体系建构过程中所蕴含着科学元素一样，在其光体论的实践理论中，也同样有科学的身影。

四、结语

光体论充分吸收了近代西方科学的内容，同时又架构在传统中国哲学思想框架之上，体现出明显的汇通特色。梁启超先生在分析甲午战争前后的中国思想界状况时说，“其流行语，则有所谓‘中学为体，西学为用’者，张之洞最乐道之，而举国以为至言。盖当时之人，绝不承认欧美人除能制造能测量能驾驶能操练之外，更有其他学问，而译出西书中求之，亦确无他种学问可见”，而维新派的康有为、梁启超、谭嗣同等人则构建出了一种“不中不西，即中即西”的不为当时时代所容的学问。③ 实际上，张之洞写作《劝学篇》并倡言“中体西用”的1898年，维新运动也同时展开，沈善登却步入了生命的最后几年，《需时眇言》也正是在这一段时间完成的。但其中年时期完成的《报恩论》所论述的光体论思想与晚年看法相较并无多大变化。梁启超又说，“晚清思想家有一伏流，曰佛学”，④ 而沈善登亦参与其中焉。由此可见，沈善登的思想实是晚清思想界的缩影。

沈善登在1867年中进士之后，并没有一直留在北京。他后来长期活跃在江南地区，结识并深交了许多当时东南地区的知识分子，其中既包括专研佛理的杨文会、许灵虚，也有经元善、郑观应、谢家福等当时的新知识阶层人物。⑤ 显然，上海开埠以后，东南地区活跃的思想氛围为沈氏大胆吸收西学诠释自己的思想体系提供了有力的支持。放到整个近代思想史上来看，其在融汇易学、佛学与西学方面无疑是走在了时代的前列。当然，纵观沈氏一生的学说，晚年的他又是保守的。作为其晚年思想的集中体现，《需时眇言》所表现的光体论，除对《报恩论》中的光体论进行了更加系统化的论述，并将用来与易学互诠外，本质上并无太多变化。甚而对西学的融摄，也显示出了停滞的倾向。

实际上，沈善登的思想虽然融摄西学、佛学与易学，但却不像梁启超所说的那样

① 沈善登：《报恩论》卷上，《卍续藏》第62册，第733页下。
② 沈善登：《报恩论》卷上，《卍续藏》第62册，第729页中。
③ 梁启超：《清代学术概论》，上海古籍出版社2005年版，第81—82页。
④ 梁启超：《清代学术概论》，上海古籍出版社2005年版，第83页。
⑤ 张海荣：《〈公车上书记〉作者“沪上哀时老人未还氏”究竟是谁》，《清史研究》2011年第2期。

"不中不西，即中即西"，而是有着鲜明的中国思想本位的。有证据表明，他是康有为组织公车上书背后的推手之一，并对康的思想颇为欣赏。[①] 但这种欣赏是有限的。

> 乾坤固全易大本也。今我群阴剥阳，上下穷困，有志之士争言变法图自强，而率不循其本，甚则几欲尽废我中国四千二百余年圣帝明王政教之旧，惟西学是从。是犹导川而塞其源，涸可立待，何通之能求?[②]

显然，他认为维新派的改革有抛弃国本、舍本逐末之嫌。相较之下，张之洞的中体西用论更得其心之同然。他说"座主南皮张先生……以保种必先保教，保教必先保国。国与教与种实相始终，如环无端……此书出于二十年三十年前，何至有今日。而群疑众难必不行也，此书出于今日殆可同行矣"。[③] 其实，如果从沈善登的光体论架构来说，我们似乎很能理解为什么他会如此赞赏张之洞。因为，他本人正是张之洞中体西用论的先行者，而且是早于此理论二三十年的，所以他才会感慨张氏之书如早二三十年出世，国政何至于斯。一定程度上说，这又何尝不是他的自白呢?

总的来说，沈善登的光体论是近代中国学者中较少的自觉融摄西学的成果。从近代中国思想史的发展序列来看，他是中体西用的先行者，得风气之先，并贯彻一生。但同时他又是典型的中国士大夫，兼修儒佛，有济世情怀，又坚持中体西用，对西学保持审慎态度，始终没能"克服中世纪文化传统负面影响"[④]，充分体现了近代中国思想的阶段性特征。

① 张海荣:《〈公车上书记〉作者"沪上哀时老人未还氏"究竟是谁》,《清史研究》2011 年第 2 期。
② 沈善登:《需时眇言》卷 3，豫恕堂藏板，第 19 页。
③ 沈善登:《需时眇言》卷 3，豫恕堂藏板，第 19—20 页。
④ 朱维铮:《求索真文明》，中信出版社 2020 年版，第 121 页。

文化与社会专题

绝地天通与早期中国人文理性的形成*

林　巧　喻飞扬**

摘　要："绝地天通"是《尚书》《国语》等典籍中记载的宗教事件。颛顼通过划分重、黎的职权范围隔绝了天、地间的沟通，而"司"的分配使得神、民异业，此后祭祀权被统治者掌握。以绝地天通的宗教改革作为起点，探析了由祭祀权的转移所引起的早期政教关系的变化，不仅强化了当时的统治权力，而且还通过把德确立为共同的信仰标准，进一步规范了当时的统治秩序。绝地天通凸显了对秩序反思的意识，具有哲学上的超越性，是早期人文理性的形成与发展的体现。

关键词：绝地天通；人文理性；政教关系；秩序；超越性

雅斯贝斯提出，孔、墨时代，中国文化与同时期的印度、西方文化出现了人类文化突破的现象，成为人类文明的"轴心时代"。① 照此，则三代以前可以被称为是中国文化的前轴心时代。"绝地天通"正是中国前轴心时代发生的重要事件，很多学者基于这一事件，阐释了其中蕴含的"天人关系"的思想，并从中窥探三代宗教思想与先秦"道术为天下裂"之思想发展的张力关系②。《国语·楚语下》记载了观射夫与楚昭王的谈话，详细论述了"绝地天通"的产生原因、时代背景等。

一般认为，绝地天通是帝颛顼通过对民、神权力划分，以使民、神各司其职的宗教治理事件。实际上，这一事件不仅体现了民、神权力的分离，而且提供了政教关系的相互作用和道德伦理意识发展的视角，透视前轴心时代思想文化发展脉络，是中国早期人文理性一次重大发展。

一、祭祀权的变化——政教关系中的人文理性烙印

陈来先生从宗教理性化的角度，将中国早期文化划分为三种类型：巫觋文化、祭祀文化、礼乐文化。这三种文化正是夏商周文化形态的代表，从巫觋文化到礼乐文化的变化过

* 本文系湘潭大学教改项目"国学经典阅读课程的互动式教学研究"的研究成果。

** 林巧，西安交通大学人文社会科学学院博士生。喻飞扬，湘潭大学哲学与历史文化学院（碧泉书院）本科生。

① 雅斯贝斯：《历史的起源与目标》，华夏出版社 1989 年版，第 18 页。

② 余英时：《士与中国文化》，上海人民出版社 1987 年版，第 28 页。

程，体现着理性思想不断进化。《庄子·应帝王》载，“郑有神巫曰季咸，知人之生死、存亡、祸福、寿夭，期以岁月旬日若神”。季咸是记载最早的巫师，他能够知人生死存亡与福祸夭寿。古人希望通过宗教，讨好某种神秘力量以延长有限的生命。早期巫觋的功能是，“使制神之处位次主，而为之牲器时服”。[①] 巫与觋不仅能够制定神所处的祭位和尊卑先后，而且还能规定祭祀用的牲畜、祭器和服饰。巫觋时代的宗教活动多表现为卜筮，一定程度上可视为祭祀文化的早期形态。

在巫觋文化时代，巫和觋的权力是相当大的，彼时国家一切大事都要进行占卜。绝地天通描绘了在巫觋时代“夫人作享，家为巫史，无有要质”[②]，“家”指的是原始亲族集团，家家作巫说明当时的巫师数量多，权力集团零散。当时的部落诸侯对外服从于最高统治者，对内仍拥有相对自主的权力，自然也包括独立的祭祀权。而“民神杂糅”无疑分散了最高统治者的权力。帝颛顼志在改变这种情况，“乃命南正重司天以属神，命火正黎司地以属民，使复旧常，无相侵渎，是谓绝地天通”[③]。韦昭注曰：“属，会也。所以会群神，使各有分序，不相干乱也。”[④] 颛顼命重沟通上神，命黎联系下民，这样神权就被集中于中央之下了。同样，《尚书》载，“重即羲，黎即和。尧命羲和世掌天地四时之官，使人神不扰，各得其序，是谓绝地天通。言天神无有降地，地祇不至于天，明不相干。”帝尧命羲、和负责天地四时之官后，天神和地祇互不相干，这就意味着神、民的沟通只能通过专职的巫师。神民秩序的稳定也保证了统治秩序的稳定，王权控制下巫觋的专职化也意味着王权的强化。

一般认为，帝是最高神在人间的投射，其权威来自天。帝在早期文化中有三种含义：一是上帝，即自然神的主宰；二是帝，即祭之帝；三是先王，即历代统治者的祖先。[⑤] 古人一般也把帝视为神[⑥]，天神的沟通主体对应着后世的“天子”，地祇则为部族方位之神。诸侯负责沟通部族之民，天子负责沟通上神。这就形成了上神—天子—诸侯的沟通格局，诸侯与天神的沟通权力被取消，天子掌握祭祀权，逐渐强化王权。天子以“上帝”为名，实现了对诸侯国“群神”的超越与主导，从而实现对地方秩序的调整与规范[⑦]。在宗教意识占统治地位时期，占有祭祀权便是占有话语权，绝地天通确立了天子与诸侯的分级而祭祀的格局，对现实社会政治秩序的确立有积极意义。实际上，宗教与政治本来就紧密联系，两者侧重不同，但不绝对分离，正如卢梭所说，“从没有一个国家是不以宗教为基础便能建立起来的”[⑧]。

在绝地天通后，宗教权力开始从属于王权，王权在得到外在提升时，又内在地通过宗教的支持得到强化，《礼记·曲礼上》载，“筮者，先圣王之所以使民信时日，敬鬼神，畏法令也。”，利用“敬鬼神”的宗教形式，达到“畏法令”的政治目的。绝地天通反映

① 左丘明：《国语》，上海古籍出版社 2015 年版，第 376 页。
② 左丘明：《国语》，上海古籍出版社 2015 年版，第 378 页。
③ 左丘明：《国语》，上海古籍出版社 2015 年版，第 378 页。
④ 徐元诰：《国语集解》，中华书局 2002 年版，第 515 页。
⑤ 陈梦家：《殷虚卜辞综述》，中华书局 1988 年版，第 562 页。
⑥ 徐旭生：《中国古史的传说时代》，广西师范大学出版社 2003 年版，第 231 页。
⑦ 陈赟：《绝地天通与中国政教结构的开端》，《江苏社会科学》2010 年第 4 期。
⑧ 卢梭：《社会契约论》，何兆武译，商务印书馆 2002 年，第 177 页。

了从“民神不杂”到“民神杂糅”再到“无相侵渎”，从“民神异业”到“民神同位”再到“绝地天通”，是巫觋专门化的宗教改革和权力集中的政治事件①的统一。因此有学者认为，由于人和诸神，或者人和自然之间是可以沟通的，神和天上的世界实际上就是人的世界的延长，是延续的②，而非隔绝。绝地天通“绝”的是权力，其实质是通过巫术保证了王权的神圣性，是巫术与王权结合的标志。③《左传》云，“国之大事，在祀与戎”。祭祀权力的升降可以影响政治格局的构建。在政教关系中，王权的强化一般有两种途径，二是从外在对宗教权力进行削弱；一是从内在以宗教增强国家意识形态进而强化王权。神、人分离把属神的力量限制在宗教层面，世俗王权拥有相对独立的统治权力。此举虽然也强化了巫师的职权，但巫师终究是民，其权力来源于王权，只能在王权允许的范围内行使职权。不唯如此，神、民各司其职，也保证了社会秩序的稳定，“于是乎有天地神民类物之官，谓之五官，各司其序，不相乱也”④。绝地天通便是通过这种方法建立起新的统治秩序，即通过规范神职人员的权力，来垄断王权与天神的沟通，并由此打破“家为巫史”的格局。宋人蔡沈进一步指出，绝地天通之后，舜“首命重、黎，修明祀典；天子然后祭天地，诸侯然后祭山川；高卑上下，各有分限”。⑤ 这就进一步将天子和诸侯的权力格局以祭祀的形式明确下来，天子祭天地，诸侯祭山川，高卑上下的统治秩序也随之确定。可以认为，绝地天通是早期神道设教的体现。

绝地天通既是一次宗教事件，也是早期人文理性发展过程中借用宗教权力强化王权的必然的政治事件，还是以宗教促进血缘宗族部落进化为国家的过程。原始天人关系是非常密切的，上天具有人格神的功能，神道设教的意识要求统治者将宗教与政治紧密结合。通过祭祀活动建立起秩序和权威，给予政权充分的合理性和正当性。“绝地天通”在通过宗教层面使民神不杂、各司其职的同时，也逐步剔除了宗教对政治的干涉，对王权的巩固和强化有积极的政治意义。

二、“德”为共同信仰体系的标准

教权掌握着对世界图景的解释权，直接影响着对世俗世界发号施令的权力。王权与教权，两者间必定存在冲突。而要解决这一矛盾，最直接的措施就是王权控制教权。统治者为了名正言顺地控制教权，就必须重视和培育“德”。颛顼“绝地天通”后，民神不杂，但天与人并不是绝对隔绝、绝对对立的，“德”成为民神交接的唯一通道。在世俗社会的民，遵守制度化的交通规则，通过理性认识和品德修养的双重努力，把人的世界提升到神的世界。德在绝地天通中表现为两个层次的发展：一是从巫德到帝德，即从宗教品德到政治品德；一是从帝德到民德，即从政治品德到社会伦理道德。把德确立为共同信仰体系的

① 肖琦：《“绝地天通”考辨》，《中国哲学史》2019年第4期。

② 许倬云：《中国古代文化的特质》，鹭江出版社2016年版，第50页。

③ 崔天兴：《先秦“绝地天通”向“天人合一”的转向》，《辽宁师范大学学报》（社会科学版）2016年第5期。

④ 左丘明，《国语》，上海古籍出版社2015年版，第376页。

⑤ 蔡沈：《书经集传》，中国书店1985年版，第23页。

标准，正是中国早期人文理性发展的体现。

1. 巫德到帝德——从宗教品德到政治品德的扩展

“神所冯依，将在德矣。”① 古人历来将神与德联系在一起，德是人能够接近神的条件之一。在巫觋时代，巫、觋因其具有德而能代替民与神联系，正如绝地天通所说“民之精爽不携贰者，而又能齐肃衷正，其智能上下比义，其圣能光远宣朗，其明能光照之，其聪能听彻之，如是则明神降之，在男曰觋，在女曰巫”。其中，“不携贰”、“齐肃衷正”、智、圣、明、聪等词均为描写巫、觋的德行。可见，早期巫觋是民中具有德行者，因其智慧而“明辅”。此时德行还没普遍成为伦理意识，仅限于巫觋的个人品行与智慧层面。德的最初的含义是巫术礼仪的规范，由巫术力量逐渐演化为巫术品德。②“德”最开始只是外在的宗教行为规范，随着思想意识的发展，才逐渐内化为德性。在早期政治形态中，祭祀通神是最大的权力，最重要的知识就是祭祀制度和仪式秩序、规范和礼节，德是与“祀”“戎”等氏族、部落、酋邦重大活动相关的非成文法规。③ 最有道德的行为人就是巫觋，他们是当时的“思想者”。④ 在以宗教为重要生活内容的时代，巫觋往往是最具权威性的“人”。正如绝地天通所说，“而能知山川之号、高祖之主、宗庙之事、昭穆之世、齐敬之勤、礼节之宜、威仪之则、容貌之崇、忠信之质、禋洁之服，而敬恭明神者，以为之祝”。⑤ 巫觋掌握关于自然、祭祀、威仪等的丰富知识，而他们的“德”则代表着当时人们对于理想人格的追求。祭祀通神相关知识和实践活动包含了当时人们的思考和信仰，是当时全部思想和生活的中心⑥。

绝地天通中，巫觋不仅“使制神之处位次主，而为之牲器时服”，也“后使先圣之后之有光烈……而敬恭明神者，以为之祝”，“使名姓之后……而心率旧典者为之宗”。⑦ 即是说，巫觋不仅要制定神所处的祭位和尊卑先后，规定祭祀用的牲畜、祭器和服饰，而后还要让先圣有功德的后代担任“祝”，让有名望的家族后代担任“宗”。中国早期文化中，德仅仅是理想的德行，即对道德行为的追求，随着统治秩序的需要，德的行为逐渐与伦理意识结合发展成为德性。自“家为巫史”到“绝地天通”，巫的权力被控制在王权之下，巫与君逐步结合，这一关系在殷商达到最顶峰，李泽厚称之为“君巫合一”⑧，亦即政教合一。在巫与君逐步结合的过程中，巫的功能与德行必然要在君的身上体现，对君王的个人德行就提出了要求，而君王德行必然要在政治上体现。如《尧典》载，“德忝帝位”，《大禹谟》云，“於！帝念哉！德惟善政，政在养民”。统治者把德行落实到政治上，于是就有了后来德政的义务和标准，即“正德、利用、厚生”这三事。

在绝地天通后，民神杂糅转变为民神异业，王权控制了教权，但这仅限于少数精英层

① 左丘明：《左传》（上），上海古籍出版社 2015 年版，第 160 页。
② 李泽厚：《由巫到礼 释礼归仁》，人民文学出版社 2022 年版，第 25 页。
③ 李泽厚：《由巫到礼 释礼归仁》，人民文学出版社 2022 年版，第 23 页。
④ 张岂之：《侯外庐著作与思想研究》第 9 卷，长春出版社 2018 年版，第 46 页。
⑤ 左丘明：《国语》，上海古籍出版社 2015 年版，第 376 页。
⑥ 张岂之：《侯外庐著作与思想研究》第 9 卷，长春出版社 2018 年版，第 47 页。
⑦ 左丘明：《国语》，上海古籍出版社 2015 年版，第 376 页。
⑧ 李泽厚：《由巫到礼 释礼归仁》，人民文学出版社 2022 年版，第 6 页。

面。意识形态要在大众层面渗透，就要利用教权把德行扩展为德性，使德成为社会普遍的伦理规范。绝地天通前，巫觋任用有“光烈”的“先圣之后”和“名姓之后”为“祝”与“宗”，远古的政治秩序就被确定下来，“于是乎有天地神民类物之官，是谓五官”。[①]产生了掌管天、地、神、民、物的五官，形成“各司其序，不相乱也”[②]的局面。在绝地天通后，巫觋的权力被控制在王权之下。统治者拥有了宗教的控制权，也会继承宗教的品德，而后合理地行使宗教的职权。“尧复育重、黎之后”，“以至于夏、商，故重、黎氏世叙天地，而别其分主者也”。[③]《舜典》云，“曰若稽古，帝舜曰重华，协于帝。浚哲文明，温恭允塞，玄德升闻，乃命以位”，浚哲即深邃的智慧，玄德即潜行道德，帝舜的美德、智慧使他得到帝位，早期统治者期望以德来确立政权的合法性，并以期维护政治的稳定性。夏商周三代都重视对先圣后代的“德育”，说明了对德性的培育和重视。《礼记·表记》：“夏道尊命，事鬼敬神而远之……殷人尊神，率民以事神……周人尊礼尚施，事鬼敬神而远之……”。夏之前的远古时代，神是带有德行的代表，而礼带有德性的伦理意识，从尊神到尊礼，体现了绝地天通后通过“德”逐渐向礼乐文化的过渡。李泽厚先生认为，通过祭祀活动，原始巫术活动转化为人群有义务遵行的礼仪制度，这就是中国上古特有的“上层建筑和意识形态”。[④]当祭祀活动成为一种仪式化的规则并有了不容置疑的权威后，就渐渐远离了个人的情与知，从个人意识上升为整个国家的意识。后来周代把德的意识形态落实到“礼”和“乐”，建立了礼乐文化。

2. 帝德到民德——从政治品德到伦理道德

政教合一的趋势不仅要求德行体现在政治上，还要使之成为教化的手段。《吕刑》载：“上帝监民，罔有馨香德，刑发闻惟腥。皇帝哀矜庶戮之不辜，报虐以威，遏绝苗民，无世在下。”上帝考察苗民后，发现三苗没有芬芳的德政，只有刑法发出来的血腥味，因此用威严惩罚和制止行虐的苗民。《尧典》载：“帝尧曰放勋，钦明文思安安，允恭克让，光被四表，格于上下。克明俊德，以亲九族；九族既睦，平章百姓；百姓昭明，协和万邦，黎民于变时雍。”俊德即美德，这句话不仅赞颂了帝尧彰显其美德使九族之内和睦相处，也体现了中华文化注重明德与协和的价值指向[⑤]。帝尧的美德体现在后世儒家所追求的“修、齐、治、平”的内圣外王哲学思想上，最早是帝王品格的体现。明俊德即是“修身”、亲九族即是“齐家”、平章百姓即是“治国”、协和万邦即是“平天下”。

帝之德是德政的必备条件，随着王权的集中和统治的需要，德行需要从统治者扩展到被统治者，即帝之德到臣民之德。正如绝地天通所记载，因三苗“复九黎之德”，所以“尧复育重、黎之后，不忘旧者，使复典之”。[⑥]尧重新培育重、黎后代，让有德行的臣来辅佐他。《吕刑》载，“乃命重、黎，绝地天通，罔有降格。群后之逮在下，明明棐常，

① 左丘明：《国语》，上海古籍出版社 2015 年版，第 376 页。
② 左丘明：《国语》，上海古籍出版社 2015 年版，第 376 页。
③ 钱宗武解读：《尚书》，国家图书馆出版社 2017 年版，第 490 页。
④ 李泽厚：《已卯五说》，中国电影出版社 1999 年版，第 361 页。
⑤ 陈来：《古代宗教与伦理：儒家思想的根源》，生活·读书·新知三联书店 1996 年版，第 292 页。
⑥ 左丘明：《国语》，人民文学出版社 2022 年版，第 376 页。

鳏寡无盖”。群后是指高辛、尧、舜等君主，明明棐常是说显用有明德的人辅助常道。“明明”有两种说法：一是显用高辛、尧、舜等有明德的人来统治国家，辅助常道；一是显用有明德的人辅助高辛、尧、舜来统治国家，无论是哪种说法，都体现对德行的重视。统治者重视对民之德的培育，正是把德从神、民沟通这一桥梁作用转变为教化民众的手段，逐渐形成后世“以德配天”的思想。从天人交感的“民神杂糅”到“神民异业”，并不是完全隔绝了两者的沟通，而是以德作为两者联系的纽带，绝地天通本质上是一种人文理性的行为：帝拥有德，才能实行德政，符合上天的意志；臣拥有德，才能辅佐帝；同时德又有教化民众的作用，有利于维护统治秩序，这是一整套由德而确定的政治体系。

德行从巫德转向君德再转向民德的过程，体现了从个体德行向政治品德到社会伦理道德的双重过渡。许倬云先生认为，国家形成之前的一段相当长的时期内，社会处于“政团”[①] 的状态，从政团向国家的过渡中，宗教活动和宗教意识发挥着巨大的作用，而宗教意识和政治理性的结合也是早期人文理性的重要特征。[②] 可以看出，绝地天通后不仅逐步形成早期君巫合一的宗教—政治格局，而且在一定层面上把政治和伦理结合起来，实现了三者统一的并存的局面。这三个方面的统一，对实现从早期部落转变为封建国家有重要的意义。政治德行不断向伦理道德深化和扩展，是早期人文理性主义形成与发展的重要标志，结果是祭祀（宗教）和伦理成为实现政治目的的手段。由祭祀所需的德行，演化为确定的仪式制度以及政治道德，从而成为支配着整个社会生活的全部内容，李泽厚先生把这一文化形态概括为“宗教、伦理、政治三合一”。[③]

三、对秩序的理性反思——哲学性超越

观射父对绝地天通的论述，并非对历史事件进行追本溯源。通过对这一事件进行总结，展现了早期人文理性在哲学上的超越与突破意义。“哲学的突破”这一概念是20世纪美国著名社会学家帕森斯提出的，即当某一文明发展到一定程度，人类就会以理性的认识来思考、反省自己所处的环境之宇宙本质，经过这种超越性的和批判性的反省，人类会获得对其处境及其基本意义的理解[④]。绝地天通的突破性与超越性体现在通过对“司”实践来反思社会的秩序。远古时期社会安定有序，因为民神异业各司其职。在社会混乱后，帝颛顼“乃命南正重司天以属神，命火正黎司地以属民，使复旧常，无相侵渎[⑤]”，重“司天”以属神，黎“司地”以属民，说明重负责天以沟通上神，黎负责地以沟通下民，两者互不干扰、无相侵渎。“司”有掌管、负责的意思，观射父认为早期巫觋时代，有天官、地祇等五官，天地神民能够负责自己的事务，民神异业，从而互不相乱。《礼记·曲礼》：“凡言司者，总其领也”，从民、神的各司其职与重、黎分司天地，可以看出绝地天

---

① “政团”：表示政治化的团体。政治化的组织，有政治意识地以集体力量组织团体，这个集体力量超越于个人力量之上，而这个团体在集体的约定、集体的力量共同约束之下，就可以成为“State”。

② 许倬云：《中国古代文化的特质》，鹭江出版社2016年版，第19页。

③ 李泽厚：《中国古代思想史论》，生活·读书·新知三联书店2008年版，第123页。

④ 陈来：《古代宗教与伦理：儒家思想的根源》，生活·读书·新知三联书店1996年版，第3页。

⑤ 左丘明：《国语》，人民文学出版社2022年版，第378页。

通对“司”的重视。颛顼的绝地天通，就是把“家为巫史”的多神信仰格局转化为共同的天神信仰体系，祭祀权掌握在统治者手里，祭祀对象由统治者决定，世界图景的解释权由统治者掌握。共同的信仰体系是政治合法性的依据，也是维护统治秩序的强大精神支柱。

秩序的稳定是政权稳定的前提，以秩序的划分来构建社会稳定的意识，最早可以追溯到黄帝时期，“黄帝、尧、舜垂衣裳而天下治，盖取诸《乾》《坤》[①]”。孔子认为黄帝时期制作衣裳垂示天下，使天下有了秩序。“衣裳”是上衣下裳，这是效仿乾坤的上下之象来制作。在绝地天通中，秩序的稳定体现在职权的分配，通过职权划分来稳定社会秩序体现了人文理性的进步，具有哲学上的超越性。在部落时期，当王权还未强化时，只有通过对各部落诸侯的权力进行规范和限定，才能有效地保证秩序，制止九黎以来混乱局势的延续。绝地天通后，统治者们重视并延续了“司”的作用，以保证统治政权的稳定。后来周朝在此基础上进一步将礼的规范作用落实到社会的每一成员、每一事件，其所提供的等级制度可以使人各安其分，为社会的存在和发展提供了基本的条件。[②] 尽管绝地天通时，人类并没有真正意识到“司”的内在含义和功能，但是这种哲学的突破正蕴含了早期人类对所处环境的思考和实践。伴随着对所处环境的系统性和批判性的反思，绝地天通体现着早期人文从朴素走向理性。

葛兆光先生说，根据历史事件追溯古人思想，不是说古人意识中的任何活动都是思想，只有当古人的意识活动已经有了某种“非实用性”，即超越了实际的生活与生产的具体意味时，它才可能是思想。[③] 绝地天通对“司”这一活动的实行以及背后划分职责以安定秩序的意识，正是超越实际的生产与生活，从形而上的高度体现了中国早期思想的理性化，将历史意识看做人文理性的基础，这种意识最重要的特性就是人文和理性[④]。人间秩序是天、地、神、民的宇宙秩序的投射，通过宗教的仪式被神化并固定下来，一整套祭祀仪式的象征赋予了秩序构建的天然合理性和绝对的权威性。而象征仪式的反复使用，就会形成一种历史意识，即象征的秩序就是世界的秩序[⑤]。当王权垄断了这些仪式并拥有了构建秩序的象征后，思想就被统治者垄断了。带有人文理性的历史意识，指引着历史和文化前进的方向。只有当理性和人文结合起来，历史的意识才具有了哲学的内在超越性。

四、结论

绝地天通是早期人文实践理性化的一个符号和象征，这种理性化也表现在文化发展的过程中，逐渐以道德属性取代宗教特性，即在实践的过程中意识到神具有一定的局限性，而更多地趋向“人间性”，思想与行动逐渐世俗化。值得注意的是，这种“取代”并没有消解宗教的神圣性，而是为宗教保留自身的神秘性，以保证宗教支持下政治的合法性。绝

① 余敦康解读：《周易》，国家图书馆出版社2017年版，第560页。
② 陈来：《古代宗教与伦理：儒家思想的根源》，生活·读书·新知三联书店1996年版，第269页。
③ 葛兆光：《中国思想史》，复旦大学出版社2013年版，第5页。
④ 卢国龙：《“绝地天通”政策的人文解释空间》，《世界宗教研究》2010年第6期。
⑤ 张岂之：《侯外庐著作与思想研究》第9卷，长春出版社2018年版，第67页。

地天通所形成的秩序为当时思想意识提供了一种观念的样式，就是天、地、神、民构成整个宇宙秩序，人类本身也应该根据这一秩序来理解并参与其中，根据自己在整个宇宙秩序中的定位来“司”职。人不仅对宇宙秩序进行想象，也积极参与秩序的维护实践，而后确立自己的价值本源，成为一种观念的样式和行为的依据。绝地天通的超越性，不仅是对天、地、神、民关系理解的宗教超越，也是一定时期内政治意识和伦理意识的超越。正如许倬云先生所说：“其实，难得有任何一个单一的因素能造成大幅度而又长期的改变；一定要在许多因素辐辏在一起时，历史的转变才会呈现波澜壮阔的长期影响。”① 可以说，绝地天通所体现的三个层面的超越共同促进了早期中国人文理性的发展。

① 许倬云：《中国古代文化的特质》，鹭江出版社2016年版，第61页。

信仰与功利之间*

——唐代上层社会对道教接受的真实动机

李　帮**

摘　要：在唐代由于受统治者的尊崇和扶植，道教发展至鼎盛阶段。从宫廷到民间，崇道、信道、入道甚至佞道现象成为潮流风尚，道教对社会产生广泛而深刻的影响。唐代上层人物信奉道教有多重真实动机，本文认为唐代社会上层人物对道教的接受，乃基于安身立命的信仰与功利考量。受时代风气影响，上层人物痴迷于道教长生久视之道，在身体出现病恙时希望借道教获得现实救治，他们亦将信奉道教视为入仕之终南捷径，最后，当人生遭逢困厄与挫折时，借以寻求心灵的安顿与慰藉。

关键词：唐代上层社会；道教；长生久视；终南捷径；心灵安顿

在唐代，道教迎来了发展史上的繁盛时期。一方面，李唐皇室出于巩固政权的需要而尊崇道教，道教成为皇族宗教；另一方面，道教依附皇权，积极走上层传教路线，跃升至国教的地位。有唐一朝，道教对社会的影响是广泛而深刻的，社会各阶层上至皇亲贵戚、臣僚士子，下至贩夫走卒，皆对道教产生浓厚的兴趣，纷纷在思想上和行动上予以支持、迎合与参与。当前，学术界对唐代道教已从多方面予以精深研究，本论文亦不揣浅陋，在前贤研究基础上对唐代上层社会接受道教的真实动机加以揭橥，以就教于方家。

一、长生久视的渴望

道教以“得道成仙”为基本信仰，神仙可学可致、长生不死对肉眼凡胎来说极具诱惑力。在神仙世界有长生不死的仙药，有美丽神秘的仙境，“饮则玉醴金浆，食则翠芝朱英，居则瑶堂瑰室，行则逍遥太清”①，而且神仙还具有上天入地、乘云驾雾的种种神通，真是十分令人羡慕、神往。道教认为人生苦短，生死无常，“园首含气，孰不乐生而畏

---

* 本文为安徽省高校人文社会科学研究项目重点项目宋代道教上清派历史地位与思想贡献研究（2023AH053440）、科研项目“从金仙公主入道看唐代上层社会对道教的接受”（2021QDR01）、教研项目“传统文化对大学生求职心理健康教育价值诠释——以道家时势观为中心的考察”（2022jy45）的阶段性成果。

** 作者简介：李帮，安徽建筑大学马克思主义学院讲师。

① 葛洪：《抱朴子内篇》卷3，北京燕山出版社1995年版，第54页。

死？"[①] 只有修道才能解决个人寿限问题，正所谓"人之处世，一失不可复得，一死不可复生，况寿限之促，非修道不可延也。"[②] 道教重视生命，涉及对生命的终极关怀，认为人活着应当"耳目聪明，骨节坚强，颜色悦怿，老而不衰，延年久视，出处任意"。[③] 在道教看来，得道成仙并非遥不可及，只要通过服药修炼，凡人亦可以轻举飞升，长生而仙。

唐代社会到处弥漫着求仙问道之风，上自达官贵人，下及黎庶百姓，皆对道教抱有极高的热情。他们热衷于支持道教的炼丹活动，希望通过服食仙丹延年益寿，长生不老。正像李斌城先生所云："有唐一代神仙信仰广被社会，深入人心，成为鲜明的时代风向。"[④] 当然这股风潮首先在上层社会中得到实现，因为上层社会往往更有能力达到这种目的。

唐代上层社会追逐神仙之事者，文字上记载比比皆是。如唐玄宗李隆基，据史料所载："御极多年，尚长生轻举之术。于大同殿立真仙之像，每中夜夙兴，焚香顶礼。天下名山，令道士、中官合炼醮祭，相继于路。投龙奠玉，造精舍、采药饵，真诀仙踪，滋于岁月。"[⑤] 玄宗醉心神仙之术，亲受法箓，成为道士皇帝。为学习隐形仙术，玄宗在宫中亲设道坛，"自草玄素"加以祈祷[⑥]，将朝政完全抛诸脑后。"安史之乱"爆发后，玄宗居然相信玄元皇帝定会显灵，"示收禄山之兆"[⑦] 的神话。后来，返回京城后，他念兹在兹之事仍是"为金灶，煮炼石英""服药物"[⑧]，直至凄凉死去，可见其对得道成仙痴迷程度之深。

宣宗皇帝对道教成仙长生说的兴趣亦是十分浓厚，尤其是到了晚年，这种思想更加强烈。《资治通鉴》卷二四九载："上晚节颇好神仙，遣中使迎道士轩辕集于罗浮山。"[⑨]"轩辕集至长安，上召入禁中，问曰：'长生可学乎？'对曰：'王者屏欲而崇德，则自然受大遐福，何处更求长生！'留数月，坚求还山，乃遣之。"[⑩] 轩辕集并未直接告诉宣宗长生之道，只是让宣宗崇德自然，但宣宗并未停止孜孜以求长生之道，直至最后搭进性命。

除皇帝外，后宫妃嫔、公主亦热衷于此。如唐玄宗之妹金仙公主入道之后，也走向追求长生之路，这在《大唐故金仙长公主志石之铭》[⑪] 和《大唐故金仙长公主神道碑铭（并序）》[⑫] 上皆有记载。《大唐故金仙长公主志石之铭》云："虽宠光荐及，而冲用块然，讽蕊书于紫空，披云箓于碧落，饵四明之汋，炼五气之牙。金华王妃，风游烟会。然

① 葛洪：《抱朴子内篇》卷5，北京燕山出版社1995年版，第86页。
② 陶弘景：《养性延命录》，中华书局2011年版，第15页。
③ 葛洪：《抱朴子内篇》卷5，北京燕山出版社1995年版，第56页。
④ 参见李斌城：《唐人的神仙信仰》，中国唐史学会第5届年会论文，1992年。
⑤ 刘昫等撰：《旧唐书》卷24，中华书局1975年版，第934页。
⑥ 王钦若等：《册府元龟》卷54，中华书局1960年版，第599页。
⑦ 杜光庭：《历代崇道记》，《道藏》第11册，上海书店出版社1988年版，第4页。
⑧ 《赐皇帝进烧丹灶诰》，董诰等编：《全唐文》卷38，中华书局1983年版，第411页。
⑨ 司马光编著：《资治通鉴》卷249，中华书局1956年版，第8065页。
⑩ 司马光编著：《资治通鉴》卷249，中华书局1956年版，第8065页。
⑪ 《大唐故金仙长公主志石之铭》，周绍良、赵超主编：《唐代墓志汇编续集》，上海古籍出版社2001年版。
⑫ 《大唐故金仙长公主神道碑铭（并序）》，陈垣编纂：《道家金石略》，文物出版社1988年版。

则长生之药，析王母而未逢。”① 这意味着金仙公主身为女冠自然少不了学习一些道教炼养之术，希望获得紫空中蕊书，碧落中云箓，通过饵药、炼气，以达到长生久视。最后虽未逢王母，得到长生之药，但仍可从中窥出一颗追逐永生的炽热之心。《大唐故金仙长公主神道碑铭（并序）》又云：

> （金仙公主）以丙午之岁，度为女道士。口衣口披曳霓（下阙）姜，凤凰楼中，闻学箫之秦女。属先帝席图御极翼口口（阙）迩邻凤城，铜阙巍峨，岂唯南裔之域？银题赫奕，何口西明之宫。（下阙）气将巽风不散，故得佩王母之秘箓，呼玉女之口辰……冥（下阙）至如玄母七宝之粭，王母四童之药。②

王母、玄母为道教中女仙领袖，不仅法力无边，而且拥有长生不老之药，能得到二仙秘箓，七宝之粭，四童之药，定能长生久视，进而成仙。这从一个侧面可见金仙公主想通过服食仙药以达长生，反映出其对长生的向往与追求。

唐代臣僚百官中也有不少人信奉道教，向往神仙。有的居官而学道，如李泌“居相位而谈鬼神”③。有的则罢官后好道，如萧嵩“性好服饵，及罢相，于林园植药，合炼自适”④。由于对神仙之说的热衷，服食道教丹药在臣僚中成为时尚风潮。如尉迟敬德晚年痴迷神仙方术，炼丹服药；李德裕好仙道，常饵药，有道士献之。可见，唐代臣僚百官对神仙道教的迷恋也是相当严重的。

文人士子对道教所宣扬长生成仙说也十分向往。如初唐四杰之一的王勃曾说自己“吾之有生二十载矣，雅厌城阙，酷嗜江海，常学仙经，博涉道记”⑤，从中可见其对神仙道教是较为热衷的。盛唐时期伟大诗人李白最是对道教感兴趣，其曾拜高道吴筠为师，亲受道箓，并且还曾炼制服食过丹药。李白对道教的信仰在其诗歌中能够看出，据统计，在其创作的近千首诗歌中，与神仙道教信仰有关的达一百多首⑥。李白早年就有求仙学道的想法，对神仙世界充满向往，李白还与很多道士交往密切，并用诗歌将之记录下来，如《元丹丘歌》《访戴天山道士不遇中》《寻雍尊师隐居》《玉真仙人词》等等。对于此，郭沫若先生有所概括：“李白在出蜀前的青少年时代，已经和道教接近。在出蜀后更常常醉心于求仙访道，采药炼丹。特别在天宝三年，在政治活动中遭到大失败，被‘赐金还山’，离开了长安以后，他索性认真地传授了《道箓》。”⑦此说简要地勾勒了诗仙李白的仙道经历，其本人亦被称为“谪仙人”。

不过也有一些正直之士对道教神仙之说提出质疑，如中宗时左拾遗李邕就在道士郑普思、叶静能等受到过度宠信时，上疏指出：“若有神仙能令人不死，则秦始皇、汉武帝得

---

① 《大唐故金仙长公主志石之铭》，见周绍良、赵超主编：《唐代墓志汇编续集》，上海古籍出版社 2001 年版，第 553 页。

② 《大唐故金仙长公主神道碑铭（并序）》，陈垣编纂：《道家金石略》，文物出版社 1988 年版，第 119 页。

③ 刘昫等撰：《旧唐书》卷 130，中华书局 1975 年版，第 3630 页。

④ 刘昫等撰：《旧唐书》卷 99，中华书局 1975 年版，第 3095 页。

⑤ 周绍良主编：《全唐文新编》第 1 部第 4 册，吉林文史出版社 2000 年版，第 2102 页。

⑥ 毛晓红、甘成英：《道教文化对李白诗歌创作的影响分析》，《绵阳师范学院学报》2009 年第 7 期。

⑦ 转引自毛晓红，甘成英：《道教文化对李白诗歌创作的影响分析》，《绵阳师范学院学报》，2009 年第 7 期。

之矣。”① 到唐中后期，随着服饵金丹出现严重的负面效应，怀疑长生不死之说的人越来越多，人们逐渐冷静下来，开始反思究竟能否长生成仙。唐代对道教神仙思想批判最激烈的当数韩愈，韩愈“抵排异端，攘斥佛老”②，尤其对道教所宣扬的金丹服食理论更是给予了无情的批判与揭露。韩愈亲见侄孙女婿太学博士李于因服饵金丹中毒而死，抛下三个尚未成年的幼子，为此满含悲愤心情写下《故太学博士李君墓志铭》，深刻地揭露了金丹服饵术的危害与欺骗性。

二、治病养生的现实需要

道教贵生恶死，追求“生道合一”，以救世济人为基本宗旨。而且，道教素有以医传教、借医弘道的传统。这必然要求道教高度重视人间疾病的救治，因此在长期的宗教实践中，形成了较为成熟、先进的道教医学理论和医疗手段。唐代道教医学已较为发达，而且道士中也出现了诸如“药王”孙思邈之类的名医，人们渴望通过信仰道教、服食丹药以解决现实病痛，通过修炼丹道之术以获得健康。客观而言，“假求于外物以自坚固”，妄图成仙的做法危害甚大，甚至因此而丧了卿卿性命。据清代赵翼《廿二史札记校证》所载，有唐一朝太宗、宪宗、穆宗、敬宗、武宗、宣宗等皇帝都因服食丹药致死。③ 然而，唐代人服食丹药并不仅仅是为了追求长生成仙，大多数人还选择信仰道教以养生，服食丹药以治病延年。

有学者曾统计唐代见诸明文记载服饵金丹的皇帝至少有 11 位，这在唐代 21 位皇帝中比例已经超过一半。④ 这么多的唐代君主服食丹药绝不单纯是妄图祈求长生成仙，像太宗、高宗等就曾明确宣布不相信神仙之说，然而就是这些皇帝也参与到服用金丹之列。而且在如此多的皇帝因而丧命的情况下，继任者仍沉湎于服饵金丹而不能自拔，直至殒命。这不能不说是个奇怪的现象，对于此的解释，王永平先生认为这可能与唐帝室家族中遗传的一种病症——“风疾”有关。⑤ 质而言之，唐代诸帝迷恋金丹服饵术的原因，有的可能是为了治病以求取健康。

王永平先生经过研究发现，唐帝室中有多人患有“风疾”，明确记载患此症者有唐高祖、唐太宗、唐高宗、唐顺宗、唐穆宗、唐文宗、唐宣宗等七位皇帝，他们服食金丹多是从治病延命的角度考虑的。⑥ 以唐高宗为例，高宗最初也不信神仙之说，他曾说：“自古安有神仙！秦始皇、汉武帝求之，疲弊生民，卒无所成，果有不死之人，今皆安有。”⑦ 然而显庆五年（660 年）十月，高宗也得了“风疾”，此时他才 33 岁。据《资治通鉴》

① 司马光：《资治通鉴》卷 208，中华书局 1956 年版，第 6589 页。
② 韩愈：《进学解》，见《韩昌黎文集校注》卷 1，上海古籍出版社 1986 年版，第 45 页。
③ 赵翼：《廿二史札记校证》卷 19，中华书局 1984 年版，第 398 页。
④ 王永平：《试释唐代诸帝多饵丹药之谜》，《历史研究》1999 年第 4 期。
⑤ 王永平：《试释唐代诸帝多饵丹药之谜》，《历史研究》1999 年第 4 期。
⑥ 王永平：《道教与唐代社会》，首都师范大学出版社 2002 年版，第 417 页。
⑦ 司马光编著：《资治通鉴》卷 200，中华书局 1956 年版，第 6303 页。

卷二百载："上初苦风眩头重，目不能视"①。此后，高宗病情逐渐加重，不得不"广令征诸方道术之士，合炼黄白"②，服食丹药。由此可见，高宗迷恋服饵，其目的即在于治疗疾病。

在一些文士中也有服药以治病延年者，如初唐四杰之一的卢照邻，出于医治身体疾病的需要，于东龙门精舍学道，反复煮炼丹砂，多次服食方药，并最终迷上了神仙道教。中唐白居易也有服食丹药的经历，虽然他在诗作中曾劝世人"不言仙，不言道"，并在《戒药》中指出"药误者多矣！"但其的确留意过炼丹之术，他在《烧药不成命酒独酌》云："白发逢秋短，丹砂见火空。不能留姹女，争免作衰翁。"③ 只看这诗中炼丹术语的运用，即可见白居易已对烧药炼丹较为熟悉，而且他烧药不成还去独自一人喝闷酒了。白居易曾写有《思旧》一诗："闲日一思旧，旧游如目前。再思今何在，零落归下泉。退之服硫黄，一病讫不痊。微之炼秋石，未老身溘然。杜子得丹诀，终日断腥膻。崔君夸药力，经冬不衣绵。"④ 虽然白居易写此诗的目的是以身边朋友的现实事例来说明服食丹药的害处，但在客观上为我们记录了即使如韩愈这样的排老斗士，也服食丹药，以致病情加重。白居易与韩愈二人反对又亲食似乎矛盾，合理的解释是人到老年，身体每况愈下，时有疾病困扰，二人借炼丹服药以却病延年。

既然服食外丹会对身体带来害处，这就使得一些道门有识之士转而向内寻找修炼之道，其结果便促使了丹道由外向内的转变。刘固盛教授曾经指出从思想史上看，唐代是道教思想重大转折时期，是外丹到内丹转变的发生期。⑤ 孙亦平教授也认为唐宋道教有个转型问题，即从唐以前神仙道教转向为唐以后的内丹道教，唐代无疑为道教的转型起到奠基作用。⑥ 唐代道教养生方术从炼气炼形为主，过渡到形气神三者合一。其中导引、武术、服药可归为外丹炼形，而行气、存思、守一等法则可归结为内丹炼神之术。在唐代，内丹术已有较大的影响，盛唐正是内丹术开始盛行之时，道教中出现诸多精通内丹术的高道。如司马承祯、吴筠等人，在这些高道的带动下，上层社会出现了学习内丹道法的风气。据《玉真公主受道灵坛祥应记》载，玄宗之妹玉真公主就曾修习内丹养生之术："回口言旋，息驾太室，扪日阙，步玄门，挹上清羽人焦真静于中峰绝顶，访以空同吹万之始，丹田守一之妙。"⑦ 玉真公主曾于太室山中峰绝顶，向上清派道士焦真静学习过丹田守一之法，此法应该就是一种内丹术。当然应该指出的是，中晚唐以后，经钟吕内丹道派的继承与发扬，内丹道逐步成熟起来，在宋以后最终蔚为大观，成为道教的主流。

三、仕途的终南捷径

唐承隋制，继续实行并完善科举制度。开科取士，无论是对统治阶层选拔人才，还是

① 司马光编著：《资治通鉴》卷200，中华书局1956年版，第6303页。
② 刘昫等撰：《旧唐书》卷191，中华书局1975年版，第5107页。
③ 张春林编：《白居易全集》，中国文史出版社1999年版，第638页。
④ 白居易：《白居易全集》，上海古籍出版社1999年版，第451页。
⑤ 刘固盛：《道教老学史》，华中师范大学出版社2008年版。
⑥ 孙亦平：《杜光庭思想与唐宋道教的转型》，南京大学出版社2004年版。
⑦《玉真公主受道灵坛祥应记》，陈垣编纂：《道家金石略》，文物出版社1988年版，第140页。

对一般士人走向仕途而言，其重要性自然非比寻常，故有人称科举是中国古代文明的第五大发明①。对道教发展影响巨大的是唐代实行道举制度，用来作为选拔官吏的方法之一，它的设置无论是在道教发展史，还是科举制度史上，都是一件大事。据《新唐书·选举志》载：

（开元）二十九年，始置崇玄学，习《老子》《庄子》《文子》《列子》，亦曰道举。其生，京、都各百人，诸州无常员。官秩、荫第同国子，举送、课试如明经。②

道举以道家四子书为应试教材，自开元二十九年后成为定制，这种科考制度的设置无疑为广大士人入仕增加了一条很好的途径。在开元二十九年首开道举科考试中，应举者就达数百人，及第者就有十来人，如元载、姚子彦等人。终唐一朝，道举科确实为统治者选拔出了不少优秀人才，如天宝年间的元载，据史料所记：

元载，凤翔岐山人也，家本寒微。……载自幼嗜学，好属文，性敏惠，博览子史，尤学道书。家贫，徒步随乡赋，累上不升第。天宝初，玄宗崇奉道教，下诏求明庄、老、文、列四子之学者。载策入高科，授邠州新平尉。③

元载通过正常科考无法进入仕途，而以道举反而能入高科，得授官职。又如独孤及亦是道举出身的，据《新唐书》载：独孤及，字至之，河南洛阳人。为儿时，读《孝经》，父试之曰："儿志何语？"对曰"立身行道，扬名于后世。"宗党奇之。天宝末，以道举高第补华阴尉，辟江淮都统李山亘府，掌书记……俄改太常博士。后官至常州刺史。④

独孤及是唐代古文运动的先驱，其虽尚儒学，习儒家经典，然而进入仕途却也是通过道举。道举对唐代士人的学习和生活皆产生了巨大而深远的影响，道家道教经典成了士人晋升的敲门砖。因此，不少精通道家经典的文人士子，也得以受到重用，如陈希烈以讲《老》《庄》进，"累迁至秘书少监，代张九龄专判集贤院事"，后受李林甫赏识，被破格提拔为宰相兼兵部尚书，封颍川郡开国公。⑤

当然，在统治阶级尊崇道教、优待道士的背景下，有些人通过隐逸行藏而仕进。他们表面上炼丹吃药、遁迹山林，其真正目的却是为跻身宫阙、飞鸣台阁做准备。如"方外十友"成员之一的卢藏用即以这样一条终南捷径进入仕途。据《新唐书·卢藏用传》载：

（卢藏用）始隐山中时，有意当世，人目为随驾隐士，晚乃徇权利，务为骄纵，素节尽矣。司马承祯尝召至阙下，将还山，藏用指终南曰："此中大有嘉处。"承祯徐曰："以仆视之，仕宦之捷径耳。"

对于卢藏用来说，山中隐居断然不是为了清修，其用意还是指向现世，希冀能引起统治者的注意，走一入仕之捷径，最终通过此法达成了目的。卢氏名利双收自然为同类人所

---

① 曾国庆编著：《中国古代史教程》，民族出版社 2011 年版，第 404 页。
② 欧阳修、宋祁：《新唐书》卷 44，中华书局 1975 年版，第 129 页。
③ 董诰等编：《全唐文》卷 369，中华书局 1983 年版，第 3409 页。
④ 欧阳修、宋祁：《新唐书》卷 162，中华书局 1975 年版，第 526 页。
⑤ 刘昫等撰：《旧唐书》卷 98，中华书局 1975 年版，第 368 页。

效尤，如另一位成员宋之问在《入泷州江》一诗中，写道：“余本岩栖客，悠哉慕玉京”①，便将此种心迹表露无遗。此种现象后来成为常态，“（唐）中叶以后，中央太学，鞠为茂草；而读书山林寺院，论学会友，蔚为风尚，及学成乃出应试以求闻达，而宰相大臣、朝野名士亦即多出其中。”② 借隐逸以干进求务，连宰相也多出自山林，可见影响巨大。所以韩愈目睹之下，也不得不感慨道：“士之行道者，不得于朝，则山林而已矣。”③

上层社会中有些士人因道士身份而得到统治者的重用。如贞观时期宰相魏征，在未显达之前曾出家为道士，后来受到唐太宗的重用，其“大道无为”的道家知识背景为辅佐唐太宗开创“贞观之治”的伟业做出了贡献。又如有“白衣山人”之称的德宗朝宰相李泌，“博学，善治《易》，常游蒿、华、终南间，慕神仙不死术”④，始终以道士身份屹立于风云变幻的政治旋涡之中。换言之，李泌之所以能够历仕四帝而显达，道士身份正是其获取成功的关键所在。

有些上层人士积极与道门中人交往，因而受到举荐得以显达起来。较为著名者如玉真公主在开元年间及天宝初受玄宗宠爱，极有权势，俨然在玄宗与文人士大夫之间架起一座相互沟通的桥梁，很多人就是通过其引荐而得到重用的，如王维、李白等人。据《唐才子传》载，王维在结识玉真公主后，因才华出众受到公主赏识，故在公主力荐之下，王维才飞黄腾达起来。⑤ 素有“诗仙”之称的李白亦因受公主的引荐而受惠过。据魏颢《李翰林集序》，“（李）白久居峨嵋，与丹丘因持盈法师达”⑥。持盈法师即玉真公主，玉真公主向唐玄宗举荐了李白，使其得到礼遇，官至翰林。当然李白获得赏识可能也有吴筠、贺知章等人的功劳，但至少可以说李白是得到过道门中人的恩惠的。

四、心灵的世外桃源

俗云：“天有不测风云，人有旦夕祸福。”人生在世难免会遇到坎坷、逆境，造成精神高度烦闷、忧愁，产生压抑与挫折感，如何消解此种心境，道家道教的一些智慧可资借鉴。如庄子提倡顺其自然、“安时处顺”的人生哲学，旨在寻求不以物役、超脱达观、自由淡泊的逍遥境界。道教秉承道家哲学的一贯宗旨，在新的时代背景下有所创新和发展。唐代上清派著名高道司马承祯祖述老庄哲学，提出“坐忘”的思想。其核心思想为摄澄一切物欲、烦恼，忘掉所有内外事物，达到极其虚静状态，便能与道相合。这种“坐忘”思想，有助于调适心境，游方物外，安时处顺，从而达到不被一切烦恼干扰的状态。唐代上层社会信奉道家道教哲学，在复杂多变的人生环境中为个人觅一处心灵的世外桃源。当仕途遇到挫折、人生不顺时，可以道家道教思想调适心境，寻求心灵的慰藉，以达到精神的超越。

---

① 欧阳修、宋祁：《新唐书》卷 123，中华书局 1975 年版，第 4374 页。
② 严耕望：《严耕望史学论文选集》，中华书局 2006 年版，第 234 页。
③ 韩愈：《韩昌黎文集校注》卷 3，上海古籍出版社 1986 年版，第 163 页。
④ 刘昫等撰：《旧唐书》卷 130，中华书局 1975 年版，第 3630 页。
⑤ 辛文房：《唐才子传》卷 2，中华书局 1987 年版，第 27 页。
⑥ 李白：《李翰林集》，文史哲出版社 1992 年版，第 2115 页。

如初唐时期的陈子昂，在未显达之前，与当时的卢藏用、赵贞固、宋之问、杜审言、郭袭微、毕构、陆余庆等人时号方外十友[①]。除司马承祯是著名高道，释怀一是佛门中人外，其余众人要么郁郁不得志，要么仕途不顺。这样的人生经历使他们颇为伤感，他们创作出不少言志抒怀，调适心性的诗作。如陈子昂在《感遇诗》中写道："市人矜巧智，于道若童蒙。……曷见玄真子，观世玉壶中。窅然遗天地，乘化入无穷。""古之得仙道，信与元化并。玄感非象识，谁能测沉冥。""圣人秘元命，惧世乱其真。""深居观元化，悱然争朵颐。"[②]《感遇诗》是陈子昂咏怀言志，感慨时事之作，其中言及道家思想者估计约占五分之一。陈子昂初至长安时并未受当权者重视，本心怀强烈济世之心然却英雄无用武之地，因而内心较为苦闷忧戚，为此还创作过千古绝唱《登幽州台歌》以排遣此种情怀。陈子昂在道家思想中找到更好的解决之道，即以道家思想作为调治心性的灵丹妙药，游乎天地，化入无穷，抛去烦恼，达到逍遥之境。

在李白身上此种思想更具有典型性，他按照道家思想和自身的处境，在《代寿山答孟少府移文书》一文中，为自己的人生做了一次全面规划，这也基本成了其人生的真实写照：

> 近者逸人李白，自峨眉而来……遁乎此山。仆（北寿山）尝弄之以绿绮，卧之以碧云，嗽之以琼液，饵之以金砂……俄而，李公仰天长吁，谓其友人曰：吾未可去也！吾与尔达则兼济天下，穷则独善一身。安能餐君紫霞，荫君青松，乘君鸾鹤，驾君虬龙？一朝飞腾，为方丈、蓬莱之人耳，此则未可也。乃相与卷其丹书，匣其瑶瑟，申管晏之谈，谋帝王之术，奋其智能，愿为辅弼，使寰区大定，海县清一。事君之道成，荣亲之义毕。然后与陶朱、留侯，浮五湖、戏沧洲，不足为难矣。[③]

李白可以说是受道家思想影响较深的文人士大夫的典型代表，在诗中表明了其人生处世哲学，追寻自然之道，随机而动。既富有儒家积极入世情怀，汲汲于功名利禄，建立功业，兼济天下，又能做到安时处顺，独善其身。在仕与隐、出与入的抉择上，始终保持精神的绝对自由和行动的不受拘束，飘然物外，不受物累，使心灵逍遥自在。

又如著名的山水田园诗人孟浩然，早年曾立志求仕，然却干禄无门，被迫终生赋闲，布衣终老。在仕途无望，困顿愁苦之时，只得隐居以自处。借学道以解忧的思想弥漫其所创作的作品中，如在《宿天台桐柏观》中他写道："愿言解缨绂，从此去烦恼。""纷吾远游意，学彼长生道。"[④] 在《游精思题观主山房》中他认为要"渐通玄妙理，深得坐忘心"[⑤]。在诗人眼里，唯有通过学道修道方能排遣心中的苦闷烦恼。

借修道以脱离尘俗，排解忧愁痛苦，在唐玄宗胞妹金仙、玉真二公主学道修道中也能得到体现。二公主虽贵为公主，然自幼惨遭家庭变故，生母被杀，加之生活于深宫大内，

---

① 张鹏：《唐代诗坛"仙宗十友"考论》，《中华传统文化与新世纪国际学术研讨会论文集》，西北大学出版社2001年版。

② 彭定求等编：《全唐诗》，中华书局1980年版，第211—212页。

③ 董诰等编：《全唐文》卷348，中华书局1983年版，第3534—3535页。

④ 彭定求等编：《全唐诗》卷159，中华书局1980年版，第1623页。

⑤ 彭定求等编：《全唐诗》卷160，中华书局1980年版，第1648页。

长期处于政治权力斗争漩涡之中，定然会失去快乐，痛苦无比。与其如此，还不如远离是非，选择舍身入道，过一种相对自由而愉悦的生活。于是二公主断然抛却荣华富贵，走向了道教的怀抱。

有时上层人物在政治上惹了麻烦，还可以借助道门人士的力量而全身避祸。如玉真公主曾为魏征远孙魏瞻说过情，据《新唐书·颜春卿传》载："春卿倜傥美姿仪，通当世务。十六举明经、拔萃高第，调犀浦主簿。……魏征远孙瞻罪抵死，春卿为请玉真公主，得不死，时人高其节。"①魏瞻本已犯死罪，在皇家女冠玉真公主的说情下，竟得以免死。《松窗杂录》还记载了一个张说因玉真公主而免祸的故事，兹不具述。

除上述几点外，某些上层人物还通过信仰道教，为国家长治久安、人民康乐做出实实在在的贡献。最为典型的事例为皇家女冠玉真公主的祈雨事件，据《玉真公主受道灵坛祥应记》载：

> 是岁东周炎亢，自春徂夏，人罕囗力，野无良苗。公主登仙以台，临洞府，囗炉囗日，飞步囗刚，俾夫金龙驿传壁奠将礼，俄而云囗囗甘泽流盈尺。故当时远近，咸谓之为公主雨焉。②

据以上记载，玉真公主化身得道神女祈雨成功，造福一方百姓，真是功德无量，因而被时人亲切地唤作"公主雨"。蔡玮评论道："则知大德苞于经济者，其惠也广，行通于神明者，其感也深。自非降彩彤庭，孕灵金格，特受异气，蔚为至人，则曷能静该道元，动叶天祐，祈诚必应，休有明徵者哉！"如此灵验之事，引得众人对公主只有顶礼膜拜的份了。

总而言之，唐代道教与社会的联系异常密切，已渗入到生活的方方面面，影响可谓是空前巨大而深刻。唐代上层社会信仰道教的原因是多元的，除了已被熟知的政治因素外，大体可从信仰与功利两大面向考察，上层人物游身其中，道教成为安身立命的有效路径。

---

① 欧阳修、宋祁：《新唐书》卷192，中华书局1975年版，第5532页。

② 《玉真公主受道灵坛祥应记》，陈垣编纂：《道家金石略》，文物出版社1988年版，第139—140页。

中国式现代化研究

从技术哲学维度看中国现代化道路的文化内涵

李怡 喻卿*

摘　要：中国古代先民对技术对象、技术现实的经验主义和机体主义反思态度一方面对现代中国人思考技术问题的思维方法产生了深远影响，另一方面也形成了与西方主流技术哲学有所不同的技术评价形式。在西方资本主义技术哲学盛行的今天，汲取优秀传统文化的经验主义、机体主义智慧显得格外重要。

关键词：技术哲学；现代化道路；文化内涵；经验主义；机体主义

对中国现代化发展路径进行技术维度的考察是必要的。一方面，现代化是“人类社会发展趋势与中国道路的历史选择”①，是不可抗拒的历史潮流。在世界现代化的现实大前提下，“中国现代化发展路径”问题是一个具有相对独立性的问题。另一方面，现代化进程中的技术要素同经济、政治、文化、生态等诸多要素紧密联系，但由于现代化进程中的主客双方直接地同技术关联，故以技术为基点对中国现代化发展路径及其特殊性进行考察具有一定的独特意义。从纵向时间上看，现代中国的技术现实、技术哲学与古代中国技术状况一脉相承又有所不同；从横向空间上看，由于中国有着与西方国家不同的社会制度、经济模式、文化传统，故实现中国现代化要以认识中国现代化道路的历史特殊性为基础。

一、中国现代化道路的经验主义传统

中国哲学对现实世界的反思形式具有经验主义的特点。经验主义认识形式需凭借思维的分别作用把握对象，而分离作为一种“伟大的知性力量”将规定性的东西分开，使事物结束一体化的统一状态转而在分化事物中取得定在。在分离作用意义上，中国古代先民对技术要素的经验主义反思形式具有相似的特点。但综合认识形式的基础性、考察对象的

---

* 李怡，武汉大学博士研究生；喻卿，湘潭大学哲学与历史文化学院（碧泉书院）讲师，研究方向为马克思哲学与当代社会发展。

① 赵士发：《中国道路：走向现代化的全新选择》，湖北人民出版社 2018 年版，第 1 页。

具体性、分析方法的形而上学性三点来看，植根于中国哲学的经验主义传统仍有异于西方经验主义的独特之处。

首先，从认识形式角度看，经验主义认识方法是中国古代先民在认识世界时采取的最具普遍性、基础性的方法。为形成经验起见，中国古代先民需要以知觉为把握当前事实的形式，在个别事物中进行知觉，并利用分析的方法，对具体、多样的内容进行分析、分别。作为个别知觉的经验一来是个别的、无限杂多的材料，二来有着普遍性和必然性的规定性。在此，经验中能够呈现前后相续的、变化的知觉和地位相近的对象的知觉，却不能为知觉提供必然的联系。这样的认识形式在中国哲学的后续发展历程中加剧着两种不同的倾向：在第一种倾向中，经验和知觉能力间的张力不断扩大，以佛、道两派为代表的思想家在处理人和对象的关系问题时采取了回避态度；而在第二种倾向中，从早期儒家的“体藏诸用”，化成天下当无声无臭，到宋明理学的“明体达用”，从心性修养方面教化天下，再到明清时期“实体致用”，联系实际问题经世致用①，以儒家为代表的思想家则在历代传承中对知觉之于意识的自身确定性和当前可靠性进行了肯定，在处理人和对象现实关系的问题上，建立起一套积极入世的主流意识形态。

其次，就经验主义思维方式关注的对象是此时、此地的当前对象而言，技术对象在中国古代哲学的发展观中，往往是作为人格化宇宙中的特殊、具体的环节而存在的。例如，在邵雍《观物外篇》中，人得以进行对象化活动的客观自然一来被理解为太极本原在特定时空中的定在，二来亦作为太极本质力量的外在彰显复归本原并由此构成宇宙流动变易的环节：“太极不动，性也，发则神，神则数，数则象，象则器，器则变，复归于神也。”在《观物外篇》中，邵雍对太极的变化、复归及其各环节的形态进行了顺次表述，而在《五行篇》中明代思想家王廷相不仅认为本原的变易、流动有次序性，亦以相对静止的本原为参考系，认为本原生发不同环节的事物有其独特的性质与作用：“气，物之原也；理，气之具也；器，气之成也。”

最后，虽然经验主义认识传统在中国有着悠久的历史，但是中国古代先民在运用经验主义方法进行推论，尤其是以经验形式认识技术对象、技术过程时，事实上总是无批判且不自觉地应用到形而上学原则。同西方旧形而上学相似地，中国古代思想家在将感觉、知觉、观念的具体内容通过抽象化提升为普遍的观念、命题和规律时，惯用诸如道与器、体与用、形与气、形上与形下等成对范畴对技术要素进行规定和价值评价。然而和西方旧形而上学不同的是，旧形而上学思维“活动于有限思维规定的某种界限之内，并把这种界限看成固定的东西，而不对它再加以否定”②，在这种判断形式的片面知性规定中，命题A和命题~A当中一必真而另一必错③。在这个意义上，中国哲学思维方式与西方就旧形而上学思维方式是有所不同的。例如，北宋著名思想家王安石在《洪范传》中考察道器两种要素的相互作用关系时，其反思所基于的大前提是“五行有耦，耦中有耦”“道立于两”的辩证发展观。在王安石看来，“道者，万物莫不由之者也；命者，万物莫不听之者

① 王绪琴：《儒家经世致用观的历史考察及现代意义》，《自然辩证法研究》2017年第6期。

② 黑格尔：《小逻辑》，贺麟译，商务印书馆1980年版，第97页。

③ 黑格尔：《小逻辑》，贺麟译，商务印书馆1980年版，第101页。

也；器者，道之散；时者，命之运”。在此，道器两种要素并非作为 A 与 ~A 两种非此即彼的命题存在，亦无价值上的高下之分，二者同作为自然存在物，作为“有处有辨”的主体“新故相除”的对象存在，就其关系而言：“其相生也，所以相继也；其相克也，所以相治也。”

传统中国哲学有着经验主义的特征，注重以分析作用、分别方法，以对立统一、运动变化的观点看待事物。除了上述的例子外，“周易卦象变易、道家的物极必反、儒家中庸思想、佛家的般若智慧、墨家兼爱非攻、阴阳家的五行学说、法家的变革思想，等等，无不蕴含着丰富的辩证思维的方法论”。[①] 近现代以来，面临复杂多变的国际局势和国内形势，中国人民围绕实现民族独立与富强的时代主题，进行了艰苦卓绝的探索。在这一探索历程中，中国的政治哲学、技术哲学的发育相伴而行，根据对经验内容认识的深入，不断实现着物的现代化和人的现代化。从戊戌变法到清末预备立宪时期“师夷长技以制夷”的科技救国思潮兴起，到辛亥革命后实业兴国思想与五四新文化运动科学民主思想的双向并重；从中国共产党的成立，到新中国成立、社会主义改造的完成，人民当家作主的地位得到确立；从改革开放后“实事求是”思想政治路线的确立，到从个人物质维度、家庭人际关系维度、国家与社会环境维度等多维度出发满足人民群众美好生活需要——中国现代化道路的探索一方面彰显为辩证法和唯物主义不断结合的动态生成过程，另一方面也是一个政治哲学、技术哲学不断在经验现实中磨合，逐渐走向成熟的过程。这一过程为中华民族伟大复兴的中国梦的实现奠定了基础。

二、中国现代化道路的机体主义传统

在传统中国哲学中，人在生产生活中同自然对象照面时往往采用一种机体主义的态度。从中国古代思想史上占据主流的儒家、道家和本土化佛家的思想角度看，包括人在内的自然是一个“整体圆融、广大和谐”的系统，传统的自然观、物质观和技术观都根植于这种生命本体论。马克斯·韦伯认为古代东方国家之所以没有科学是因为古代东方人不曾拥有理性，但事实上恰恰相反，古代中国人对理性是十分偏重的，正如日本学者五来欣造所说，在儒家文化主导的中国传统文化中，被人广泛尊崇的事实上是一种“理性至上主义”，而天、神、君主或人民也只有作为理性的代名词时，才能被作为尊崇对象[②]。古代中国人在认识、运用技术手段时离不开综合的、具有间接力的理性力量。

首先，围绕生活生产产生的实用观念不仅构成了中国古代先民的社会性心理的基础，亦在科学技术发展史中，形成了重整体综合，不尚高论的认识、实践特征。南宋事功学派思想家叶适在其著作中充分地表达了这种重感性效验的倾向——从广义角度看，即从主体和对象的关系角度上看，后天事、器皆为对象之全体，构成着人考验认识行为的基本内容：“无验于事者其言不合，无考于器者其道不化。论高而实违，是又不可也。”从狭义角度看，即从对象自身的性质角度上看，事、器的同一包含自己和自己相联系的否定性，

① 赵士发：《中国道路：走向现代化的全新选择》，湖北人民出版社 2018 年版，第 186 页。

② 梁漱溟：《中国文化要义》，上海人民出版社 2018 年版，第 155 页。

人对对象的差别规定的全面认识构成着指导人技术实践的认识前提："观众器者为良匠，观众方者为良医。尽观而后自为之，故无泥古之失，而有合道之功。"无论是从主体和对象的关系角度，还是从对象自身性质角度看，事、器之大全不仅是技术思维的考察对象，也是技术工具、技术手段的作用对象；事、器之大全是否前在于人的认识、实践活动，亦是反映认识、实践成果是否具有现实性、合理性的重要条件。

其次，近现代之前，人对技术手段的应用目的并非征服自然，而是借助人类生命与物之同体，不断自觉地向上实践人所见之理。这种和谐思维的方法论意味对立面的相对统一，而非对矛盾和斗争的消解①。在传统中国哲学的理论视域中，包括人在内的一切生物均在"有对"之中，而人与他者的和谐之点，恰在以人与自身、人与他者的"有对"超进于"无对"的清明安和里②。古代中国社会是伦理本位的社会，人天然地"与他前后左右的人，与他的世界不可分离"③，人与他者的伦理关系在其现实性上，是一切情谊关系和义务关系之总和，一体之情，发乎理性。人作为对象性的存在，在自然万物中过着对象性的生活，通过自身的心思作用在对象中彰显并证明自己的本质力量，亦即"造物即在为着人类心灵之开辟而前进之继续"④。

再次，拥有悠久历史的中华文化是博大精深、兼收并蓄的，在中华文化发展演进的过程中，儒家、道家、佛家学派的思想都对机体主义思维方法起到了重要的影响作用："儒家通过追寻人性之源，确立了仁爱之道；道家通过探寻宇宙之根，确立了慈柔之道；佛家通过悟诸法之相，确立了慈悲之道。而儒道佛之价值观的确证则是直接来源于它们的'人道法天'的方法论，或说天人合一的思维方法。"⑤

最后，在中国古代哲学的话语体系中，人对客观自然、对其自身对象化活动的认识是同一于价值判断和价值选择的过程中的，适宜的制作工艺被视为生产劳动过程中目的与规律结合的结果。在中国古代思想家看来，工艺中包含了一种跨越单个个体能力经验、跨越人的存在的时间上的有限性的生产形式迁移、转化的普遍必然性。以明末清初朴素唯物主义儒家学者王夫之为例，王夫之在《思问录·内篇》中指出："统此一物，形而上则谓之道，形而下则谓之器，无非一阴一阳之和而成，尽器则道在其中矣。"形上之道与形下之器统一于实体中，"尽器则道无不贯，尽道所以审器。知至于尽器，能至于践形，德盛矣哉！"贯道和审器作为两个具有相对独立性的价值目标，彼此相辅相成，而当道、器同作为对象物同主体发生关系时，主体又可凭其知能活动在对象物上确证自身，拨正能所、心理关系，使知行相资以为用，并进而有功，实现"德盛"之气象。值得注意的是，王夫之在论证道器统一关系时，亦在《周易外传·系辞上》中对道器之于人类历史，尤其是之于人类社会风俗教化起到的基础性作用进行了说明和例证："无其道则无其器，人类能言之，虽然，苟有其器矣，岂患无道哉?""无其器则无其道，人鲜能言之，而固其诚然者也。洪荒无揖让之道，唐虞无吊伐之道，汉唐无今日之道，则今日无他年之道者多矣。

---

① 赵士发：《中国道路：走向现代化的全新选择》，湖北人民出版社2018年版，第184页。

② 梁漱溟：《中国文化要义》，上海人民出版社2018年版，第154页。

③ 梁漱溟：《中国文化要义》，上海人民出版社2018年版，第160页。

④ 梁漱溟：《中国文化要义》，上海人民出版社2018年版，第166页。

⑤ 徐小跃：《价值观与方法论的统一——中国哲学一以贯之的重要特征》，《河南社会科学》2013年第5期。

未有弓矢而无射道，未有车马而无御道，未有牢、醴、璧、币、钟、磬、管、弦而无礼乐之道。则未有子而无父道，未有弟而无兄道，道之可有而且无者多矣。”技术手段、技术产品不仅丰富着主体的物质生活，更能对主体的精神文化生活产生潜移默化的深远影响。

由上可知，中国哲学对现实世界的反思形式具有机体主义的特点。中国文化在其绵长的历史中，“其自身内部具有高度之妥当性、调和性”①，就中国哲学惯常将物性还原为自然界本身，而自然界的东西是对象形存在，因而包含了在时间中存在和在空间中存在两个维度这点而言，中国古代技术哲学确是“臻于文化成熟之境者”②。在处理现象和主体之间的关系时，中国古代思想家一方面认为现象和主体相关，人在宇宙人生中要同其他自然的、肉体的、感性的存在物一样，受制于客体的制约，在形而下的物质层面和形而上的道气层面，都终归会消融于更大的整体之中；另一方面，现象和主体又是可剥离的，人能够在元复一元的宇宙大化中昂然挺立自己生命的主体性，以自己的生命活动构成或完善圆融和谐的宇宙系统——在此，工具形器作为人联合物质材料、环境的中介，使人聚集、发展了多样的因果关系，使自然也能够在人自觉有意识的现实作用下得到全面的彰显和充分的释放。

三、传统技术哲学对中国现代化道路选择的启示

在马克思主义经典理论著作中，“现代社会”指称的现实对象是私有制主导的资本主义工业社会，而“资本主义主导的西方现代化模式，是以工业化为核心的从传统到现代社会的转型”③。在《现代性的三次浪潮》中，列奥·施特劳斯以时间为线索区分了西方现代性浪潮的三个阶段。在列奥·施特劳斯看来，马基亚维利对其此前整个哲学和神学传统的拒斥造就了现代性的第一次浪潮——以马基亚维利为分界，古代社会中人对自然的崇拜逐渐地转向对权利的追求，在为人、求善的古代社会向为物、求利的现代社会的转变中，政治、道德问题被化约为技术问题，自然概念被纯粹人工物的文明压制；由卢梭掀起并延续至康德和德国唯心主义哲学的第二次现代性浪潮诞生了具有二维时间向度的历史观念，落后与进步的观念依据时间向量的负向度与正向度被分别，人必须在对进步之事物、进步之思想的不断追求中坚守对历史过程合理性的信仰；同尼采相关的第三次现代性浪潮由对存在之情操的新理解构成，但在列奥·施特劳斯看来，无论是尼采对价值的废黜与重塑，抑或是海德格尔对技术的批判，实际上仍在现代性的框架下加速着现代性④。

新中国成立以来，中国技术哲学的主要研究对象、中国处理技术问题的主要哲学参照是近二百年来的西方主流技术哲学。第一代技术哲学以马克思、卡普、富勒、德绍尔为代表人物，旨在探讨人类如何通过技术手段摆脱自然束缚并对世界进行认识和改造；第二代技术哲学的代表人物是海德格尔、艾吕尔、马尔库塞、奥特加，此代技术哲学家将研究视

---

① 梁漱溟：《中国文化要义》，上海人民出版社 2018 年版，第 11 页。

② 梁漱溟：《中国文化要义》，上海人民出版社 2018 年版，第 11 页。

③ 赵士发：《中国道路：走向现代化的全新选择》，湖北人民出版社 2018 年版，第 22 页。

④ 列奥·施特劳斯：《现代性的三次浪潮》，郝苑译，载于《外国哲学（第 29 辑）》，商务印书馆 2015 年版，第 190 页。

域从政治经济学扩大至日常生活领域，意图通过对技术造成的人类生存问题的枚举呼吁人们审视技术创生出的新约束方式；第三代技术哲学的代表人物有芬伯格、尤纳斯、杜尔宾等，第三代技术哲学家们一方面理论上寻求经验、伦理的新方向，另一方面在实践中自发地转向了学术性社会行动主义，对教材、教学之于技术哲学的纵向沿袭和横向传播的作用给予了肯定评价；第四代技术哲学以荷兰学派为代表群体，与前三代技术哲学家不同，该群体的理论旨趣不再是分析技术要素对社会的负面影响，而是通过调查技术人员的实际所为，对美好生活与技术的可选择性理解关系进行考察。

中国对现代化道路的西方化考察方式，很大程度上曾受制于第二次工业革命以来社会主义国家在生产力水平上处于的劣势地位。19 世纪中期的第二次工业革命后，资本主义生产的社会化加强；而发生于 20 世纪中期的第三次科技革命是人类文明史上继蒸汽技术革命和电力技术革命之后科技领域里的又一次重大飞跃。第三次科技革命不仅极大地推动了人类社会经济、政治、文化领域的变革，而且也影响了人类生活方式和思维方式，随着科技的不断进步，人类的衣、食、住、行、用等日常生活的各个方面也在发生重大的变革。第二次工业革命以来，生产力水平的进步使得资本主义国家的国际地位显著上升，社会主义在资本主义国家主导的全球现代化进程中总体上处于相对被动的状态。

传统中国技术哲学的经验主义倾向与机体主义倾向从表面上看，似乎分别与西方旧唯物主义以及把精神看作世界本源的唯心主义十分相似，但它们事实上则有着较大的不同——一方面，传统中国技术哲学中的经验主义不同于西方哲学中的旧唯物主义。相较于中国传统哲学中以人为本的经验主义倾向，旧唯物主义有着这样的缺点：只从直观形式或者从客体中对对象、现实和感性进行理解，却并不从感性的人的角度对它们加以审视，这样的理解方式不仅排除主体，亦排除了作为主体活动的实践——其在认识和理解世界时，同唯心主义相似地从纯粹感性的角度出发，把自然及其所有物当作与人无关的自在之物加以考察。在西方旧唯物主义技术哲学那里，人无法作为主体在实践活动中在场，而由于从事感性精神活动的人与感性物质世界间有着相互分离的关系，人的实践活动本身及其实践结果也无法在感性物质世界之中客观地实在。由于同样的原因，当旧唯物主义在历史观那里难以自圆其说时，便很容易陷入历史唯心主义的泥潭。

另一方面，传统中国技术哲学中的机体主义不同于西方哲学中把精神看作世界本源的唯心主义。在把精神要素看作世界本原的唯心主义那里，尽管外在于人的、与人有别的感性物质世界被当作人精神活动的产物，人具有创造力的精神活动使得人的主体性、能动性得到了内在肯定和外在彰显，但因为人的精神活动被预设为抽象的绝对精神在现实世界的环节和过程，故人的精神活动就其现实性而言并不属人，因其不属人，故人精神活动的能动力量被从人那里剥夺出去，人的主体性无法得以挺立和彰显。

在西方资本主义技术哲学盛行的今天，汲取优秀传统文化的经验主义、机体主义智慧显得格外重要——尽管全球化为人类意识的觉醒提供了契机，但中国现代化道路主体意识的自觉，仍有赖于国民摆脱资本逻辑的束缚，放眼广阔的空间并立足中国独特的历史，对中国面临的现代化问题，尤其是由技术要素引起的经济、伦理、生态问题进行清醒的认识。中国古代技术哲学具有着经验主义和机体主义两方面的特点，这两个特点看似矛盾，实则以昂然挺立生命主体性的人为联结点，从不同的侧重方面将工具理性和价值理性辩证统一于中国古代先民反思技术现实的文化、智慧中。中国古代先民对技术对象、技术现实的经验主义和机体主义反思态度一方面对现代中国人思考技术问题的思维方法产生了深远影响，另一方面也形成了与西方主流技术哲学有所不同的技术评价形式。

植根于中国哲学的经验主义传统和机体主义传统同其他传统文化一样，一来，具有较大的相对稳定性，能够作为文化系统的重要组成部分，影响和调节当代中国人的技术认识、实践活动；二来，其承载的历史惯性代表和反映着中华民族技术文化、技术行为的总体倾向。从整体上看，尽管经验主义和机体主义技术传统是形成于既往历史的产物，故在其具体内容上是有限的，但不可否认的是，其所凝结的智慧精华能够超越时间的界限，塑造当代中国人技术认识、实践活动的文化环境、心理背景，进而成为中国现代化道路选择的历史前提和内在动力。

生态文明视域下碧泉村乡村振兴之路*

周骅，樊宇杰**

摘　要：湘潭市锦石乡碧泉村是湘潭传统村落的典型代表，历史底蕴深厚。在充分调查并获取第一手数据的基础上，分析其以生态建设为主抓手的乡村振兴举措和成效。中华优秀传统文化蕴含的广博精深的生态思想是碧泉村生态建设的理论依据。结合相关地区乡村振兴优秀实例，为碧泉村乡村振兴提供更符合当地实际情况、更充分利用自身发展优势、更彰显千年书院现代使命的思路开源。

关键词：生态文明；乡村振兴；儒家生态伦理；文化自信

在实现第二个百年奋斗目标进程中，党和国家对于发展质量的重视只增不减，越来越注重树立文化自信、培养文化认同，在此基础上推动中华优秀传统文化创造性转化和创新性发展，进而更好地回应新时代发展所提出的新命题、新挑战、新要求，为解决当代乡村振兴中乡村生态优势如何抓、怎么抓的问题提供世界观和方法论的指导，最终在生态文明得以良好发展的前提下，实现乡村振兴。

一、问题的提出

据第七次全国人口普查数据，我国总人口为1411778724人，其中居住在乡村的人口为509787562人，占全国总人口36.11%①。乡村相较于城镇，人口居住密度较低，由此可以推知乡村所占国土面积远不止其人口占比的绝对数值。生态功能是乡村重要作用的体现，承担着为整个国家、人民提供良好生态环境和丰富生态产品的重要角色。依据党中央和国务院的文件精神，乡村振兴主要包括五大方面：产业振兴、人才振兴、文化振兴、生态振兴和组织振兴。其中，生态振兴是乡村振兴的重要内容和重要支撑。②习近平总书记

---

* 本文为湖南省2022年度大学生创新创业训练项目“儒家生态思想与新时代生态文明观融合路径——以湘潭地区乡村振兴为例”（S202210530107）的研究成果。

** 作者简介：周骅，湘潭大学哲学与历史文化学院（碧泉书院）教授，项目指导教师。樊宇杰，湘潭大学哲学系2021级本科生。

① 国家统计局：《第七次全国人口普查公报（第七号）》，https://www.stats.gov.cn/sj/tjgb/rkpcgb/qgrkpcgb/202302/t20230206_1902007.html

② 张远新：《推进乡村生态振兴的必然逻辑、现实难题和实践路径》，《甘肃社会科学》2022年第2期。

多次指出："生态兴则文明兴，生态衰则文明衰。"生态文明建设不仅关乎人民幸福，而且关乎民族未来，是中华民族永续发展的根本大计。[①]实现中华民族伟大复兴和中国特色社会主义现代化，就必须全面推进乡村振兴。乡村振兴为中华民族伟大复兴提供绿色理念、绿色食品、绿色资源和绿色环境，绿水青山就是金山银山，生态保护和乡村振兴在中华民族伟大复兴进程中并驾齐驱，偏废任何一方都将无法全面、持久地落实与推进民族复兴的伟大事业。在"两山理念"及生态保护制度的指导和约束下，实行垃圾分类、推进厕所革命、落实河湖长制等系列举措对于改善乡村生态有了较明显的成效，但由于历史和现实、经济与社会、观念和条件等众多复杂因素的影响，乡村生态振兴仍任重而道远。在新时代大力弘扬优秀传统文化大背景下，探究解决当今乡村生态振兴的堵点和难点，对于提升人民的获得感、幸福感有重要的理论价值和时代使命。

二、新时代碧泉村乡村振兴之路

1. 村容村貌大幅提升

过去，人们环保意识较为薄弱，乡村容貌整体来说不是十分理想，除了村民自身的原因，乡村卫生基础设施不完善也是一个很大的原因，垃圾箱等相关卫生设施的分布数量和密度普遍难以达到美丽乡村的建设标准，村集体也尚未针对性地建立比较完善的垃圾收集、分类、处理程序及配套设施。久而久之，村道、农田、生活及文娱场地的原有功能因环境影响难以得到充分发挥，长此以往对于乡村综合发展的制约性逐渐突出。对此，锦石乡扎实开展垃圾治理和村庄清洁工作，乡政府立足实际建立了专门的垃圾分类减量和市场化运作处理模式，即通过向每户村民发放户用垃圾桶的方式实现垃圾分类减量，将生活垃圾按照"可回收垃圾"、"可沤肥垃圾"、"有害垃圾"和"其他垃圾"进行分类，其中可回收和可沤肥垃圾由农户自行处理，有害垃圾和其他垃圾由保洁员每日上门进行收集。同时，采用市场化运作模式，与专业的保洁公司签订合作协议，负责将生活垃圾收集后转运进行无害化处理，无害化处理率达100%[②]。经过不懈的努力，以村道为代表，村容村貌有了较为明显的改善，村民的幸福感和获得感也有显著提升，从看得见、摸得着、闻得到的实际变化中，村民切实感受了党和政府推行美丽乡村建设的初心和决心，村民的环境保护意识也在潜移默化中得到增强，建设美丽乡村也更有干劲。

2. 水资源质量明显改善

碧泉村不仅有丰富的历史文化资源，还有得天独厚的泉水资源，过去由于乡村基础设施的不完善、村民南下打工造成的劳动力短缺、村民增收致富的途径单一，当地自然资源的价值被忽视，在乡村建设中出现了忽视自然资源的发展价值，抱着金饭碗讨饭的现象。

---

① 习近平：《推动我国生态文明建设迈上新台阶》，《当代党员》2019年第4期。

② 晨视频：《推进农村人居环境整治——锦石乡全力打造美丽乡村新图景》，https://baijiahao.baidu.com/s?id=1693916395775726926&wfr=spider&for=pc&searchword=

长期以来，碧泉村对自然资源的利用率较低，以水资源的开发利用为代表，呈现出简单化、原始化、廉价化的特点，比如直接使用河水清洁衣物、蔬菜，在河中洗澡、游泳等。近年来，在乡村振兴和生态建设事业的贯彻落实之下，村两委牵头，在政府的指导下对水资源进行全方位的保护及利用。自2018年以来，锦石乡多次开展以“四清一改”（清垃圾、清水体、清杂物、清杂草、改陋习）为主要内容的村庄清洁行动，清理村庄白色垃圾89吨，清理水域漂浮物650余处，清理农户房前屋后杂物9000余处，清理杂草9000余平方米，清理农业生产废弃物达2.5吨。碧泉潭、碧泉书院遗址、娃娃鱼养殖基地等不同区域开展了专项的整治，碧泉潭全部衬砌并加建护栏，成为旅游观赏的打卡点；源自碧泉潭的溪流全域进行了生态整治，打造成了一条名副其实的花溪，溪底铺置多种卵石，两岸栽种迎春、紫云英等花卉，溪流内的河虾等生物在数量和种类上得到了明显的增加，流域恢复了生机和活力。在此基础上，碧泉村乘胜追击，发展思路越来越广，积极招商引资，利用优质的碧泉潭水资源兴办矿泉水厂、生态种养业、农产品加工厂等，乡村经济得到快速发展，碧泉村生态农业品牌逐渐闻名湖湘，在互联网的加持下，优质的矿泉水、绿色大米、泉水鸭、预制菜等特色产品销往全国各地，碧泉产业越做越大、品牌越来越响。碧泉村的青山绿水和老百姓的欢声笑语生动诠释了生态兴则农村兴所蕴含的深刻理念。

3. 村民生活水平的提高

过去，乡村基础设施落后，极大限制了碧泉村的发展，为改变现状，碧泉村全力贯彻“美丽乡村”战略，按照美丽乡村“村容整洁、经济发展、乡风文明、环境美化”的要求，一项一项抓落实，一处一处搞整改，先后获得全国“一村一品”示范村、省级美丽乡村示范村称号。环境改善以后，村里的第一举措便是修路，新修村级公路6公里，拓宽整修硬化公路10公里，实现公路户户通，带来诸多生产、生活便利的同时，也为招商引企创造了重要条件。在此基础上，碧泉村立足丰富的自然资源，大力引进人才和资金，兴办了湖南亿年酉鱼农牧渔业发展有限公司、湖南碧泉潭生态资源开发有限公司（矿泉水厂）、湘潭县碧泉食品加工厂（槟榔厂）、湖南华绿生态农业发展有限公司、湖南厨食尚农业发展有限公司、湖南顺餐食品有限公司等六家企业，实现村内企业年总产值过亿元。与此同时，解决村民就业700多人，年务工收入1200多万元，村集体经济年收入达到年50万元。就顺餐食品有限公司而言，当初就是为碧泉村优质的水资源和良好的发展环境所吸引，2021年从长沙搬到碧泉村，占地20亩，投入3000多万元，现有2条标准化生产线，主要生产扇子骨、海鲜、扣肉等预制菜，销往北、上、广等地，2022年产值达2000多万元。①

三、生态治理的文化内核

先秦时期，儒家、道家、墨家等学术流派就人与生态的关系问题，形成了广博精深的生态智慧。他们所主张的天人合一、民胞物与、取用有节、以时禁发等理念，至今仍影响

① 涂婧：《碧泉：沧浪之水，湖湘之盛》，《湖南日报》，2023年9月5日。

着中国人对生态自然的态度。[①]

1. 天人合一——合天道即是兴人道

儒家强调“天人合一”，在生态方面表现为天人合德的生态伦理和天人相分的实践观念。儒家以德为中心将人类与自然联系在一起，认为人类应该尊重自然，与自然和谐相处，反对西方主客二分式的人类中心主义和科学主义；在生态实践中承认人的主体地位，充分重视人的主观能动性，在尊重自然规律的基础上合理开发和利用自然。对天、地、人三者相互关系的认识决定了人类生产生活方式和社会发展的方向，人类是自然的一部分，并不是自然的主宰，天、地、人三才应当相互依存，互相制约。

儒家“天人合一”的思想理念早已融于中华民族血液之中，指导着我们的生产实践。发源于汉代的轮作、复种制度，在充分考虑自然生态的基础上，合理安排农业生产，保证土地的高效和可持续利用，以此为代表，在中国古代的不同朝代大都会对采伐林木、捕猎动物采取“时禁”政策，依据大自然本身的“节律”对自然资源进行“保护性开发”，这与儒家“天人合一”的思想密切相关。碧泉村乡村振兴中，可以感受到“天人合一”思想在其中的体现和运用，碧泉潭是形成于亿万年前的红砂岩裂隙水，水中含有三十多种矿物质微量元素，属天然弱碱性活泉，日喷量达6万吨，水质清澈，口感甘甜，符合饮用天然矿泉水的国家标准。碧泉村依托这一独特资源优势，招商引资，多元化产业链发展，打造绿色生态的高附加值“泉水农业”；引进亿年酉鱼农牧渔业发展有限公司，建成仿生态娃娃鱼繁殖基地，塑造了千年碧泉潭的“活”品牌；引进湖南碧泉潭生态资源开发有限公司，建成了年产值3000万元的高标准桶装水厂，成功将“碧泉”品牌水销往全国各地，每年为村集体经济收入增加10万余元。碧泉村依靠生态水资源优势，与湖南华绿公司合作种植的无农药绿色优质稻，成功获评水稻种植和加工双料有机认证。一系列合理利用自然资源的举措成功为碧泉村乡村振兴打开了视野、激发了潜质、创造了可能。

2. 民胞物与——保护好绿水青山即是赢得了金山银山

传统文化中蕴含的生态道德思想，以“善”作为天地万物生生不息的根源，所谓生态道德思想，即“亲亲而仁民，仁民而爱物”。天人合一强调人心固有的至善本性，即天地的生生之德，强调“与天地合德”，彰显了一种推而扩之、由人及物的思想道德。张载提出“民吾同胞，物吾与焉”，人与万物有类之分别，但更强调两者的同胞关系，人不能凌驾于自然之上主宰万物，“民胞物与”的人文关怀是体现“天人合一”哲学理念的实践。人不仅应以同胞关系泛爱众，更应以伙伴关系兼爱物，“民胞物与”更强调中庸的“弱人本主义”，既肯定人类利用自然谋求生存与发展，又最大限度地避免对自然的过度索取。

依靠优质生态水资源，湖南华绿生态农业发展有限公司在“优、绿、新、精”上下功夫，通过带动种粮合作社与家庭农场开展优质稻订单种植，引进绿色栽培专利技术，运

---

① 张媛媛：《人与自然和谐共生：中国式现代化的传统文化生态智慧及当代法治实践》，《陕西理工大学学报（社会科学版）》2023年4期。

用有机稻种植技术，实行24小时监控，全程记录水稻生长过程，运用互联网技术提供远程信息化服务，为农业现代化管理提供精确、动态、科学的全方位信息服务，大大减少了化肥、农药对土地和水资源的污染，有助于当地生态环境以及生物多样性的保护。

3. 取用有节——延续可持续发展理念

可持续发展思想可以追溯到古代农耕文明时期，古人早已明白只有与自然友好相处，才能获得源源不断的物质生产资料和生活资料。人类要想实现自身的永续发展，在向大自然索取的同时还要爱护自然，“取之有度，用之有节”的理念被古人自觉地运用于处理人与自然的关系。

《吕氏春秋》“竭泽而渔，岂不获得，而明年无鱼”，就体现出古人保护环境、注重可持续发展的生态智慧；孟子在继承孔子节用而爱人的基础上，提出“斧斤以时入山林，材木不可胜用也”，要求有节制地捕鱼，根据时节采伐；荀子提出向自然索取要做到“不夭其生，不绝其长”，要适时、适量、适度地开发和利用；汉代刘安在《淮南子》中指出“孕育不得杀，壳卵不得采”，强调人类的生产活动要建立在维护资源再生能力的基础之上。①

碧泉村在秉持生态理念的基础上，大力发展生态产业。碧泉潭常年水温为20℃左右，富含钙、镁、锌、锶、硒及偏硅酸等有益于人体的矿物质，不含任何重金属元素，得益于得天独厚的水资源优势，碧泉村引进亿年酉鱼农牧渔业发展有限公司，建成仿生态娃娃鱼繁殖基地，成为千年碧泉潭“活”品牌的招牌之一。对碧泉潭水的新利用，不仅让这一汪千年碧潭重新焕发了生机，而且滋养了当地乡村经济的发展。

碧泉村的一系列发展措施以保护生态为基本准则，既不破坏当地的生态环境，又让自然资源焕发了新的价值。儒家认为伦理概念不只适用于人类，也存在于整个自然天地之中，儒家的生态伦理观将人类的命运与对待自然的态度联系起来，号召人们在遵循自然规律的同时应加以合理利用，使自然万物和人类得到平衡的发展，这与当今倡导的“生命共同体”思想相吻合。②

不管是天人合一的自然观，还是取用有节的农耕经验，这些中国传统文化精髓既包含了能启迪现实的智慧，又存在一定的历史局限性。因此，我们对待传统生态智慧的态度是既不能盲目照搬，更不能视为过时旧物而弃之，而要深入分析相关生态理念的提出背景，以便于我们的学习和进一步的发扬。③

4. 以文化人——厚植文化认同、助力千年文脉复兴

碧泉村乡村振兴深刻体现了“天人合一”“民胞物与”“取用有节”的生态哲学思想，在乡村建设和发展中坚持人类与自然的和谐共生，注重保护自然环境、因地制宜、合理利用自然资源，同时在乡村振兴实践中，也注重人文环境的开发建设，深入发掘历史文

---

① 李博、黄敏佳：《乡村振兴中传统生态智慧的传承与发展》，《湘潭大学学报（哲学社会科学版）》2019年6期。

② 刘海霞、马立志：《我国传统文化中生态智慧的现实意蕴》，《学术探索》2017年7期。

③ 倪铭英：《中国古代儒家蕴含的生态智慧探析》，《汉字文化》2019年8期。

化遗产，唤醒人心之德性，激发人作为主体的能动性，为发展持续赋能，真正实现“天人合一”。

碧泉村除了因一池千年潭水而远近闻名，还是著名学府——碧泉书院的创办地。南宋著名学者胡安国、胡宏父子在此创立了碧泉书院，辛勤耕耘、精研学理、讲学著述、教书育人，使得著名的儒学学派——湖湘学派得以形成和壮大。碧泉村在乡村振兴中没有忽视自身的文化底蕴，2013 年，谭俊岳书记开始挖掘湖湘文化，携手湘潭大学碧泉书院，大力宣传碧泉书院和湖湘文化，将书院从创立、发展到光大的这一过程广泛宣传。在碧泉村内，以碧泉潭、碧泉书院为核心的湖湘文化园正在规划当中，未来将会开展湖湘文化体验和教育研学活动。进入碧泉村，随处可见印刷在墙上的儒家格言，时刻给人以警醒、激励。乡风文明是乡村振兴之魂，是一种精神力量、文化力量。碧泉村从日常生活中的细微之处入手，发掘深藏在传统文化之中的优秀乡风文化，激发全体村民的积极性和主动性，形成助推乡风文明建设的合力。

碧泉村立足“天人合一”“顺应自然”“民胞物与”“取用有节”等传统生态价值理念，重视发掘、利用自身的自然和文化资源，以人与自然的和谐共生为发展第一要义，在传统文化的加持下不断焕发出新的生机，实现了改善生态、文化建设、发展经济的有机统一。

四、深化碧泉村乡村振兴的建议

1. 构建互补、联动的湖湘文化圈

湖湘文化远不止字面意义的地域性文化，而是中国儒家正统学派的彰显，其历史之悠久、影响之广泛，在中国文化中占有一席之地。因此，在振兴湖湘文化的工作中应避免地方保护主义，不要搞一拥而上的同质化竞争，当仔细梳理湖湘文脉的历史渊源，构建大范围协同小范围联动的湖湘文化发展圈，把振兴湖湘文化搞得成体系、有特色。例如，在湖湘学派创始人胡安国、胡宏长眠之地的湖南湘潭隐山，可以重点发展以“表彰先贤、崇德报功”为主题的相关文化建设；在湖湘学派创始地的湖南湘潭碧泉书院，可以发展以“寓教于祀、风励后进”为主题的祭祀教化系列举措；在湖湘文化得以壮大之地——岳麓书院，可以发展以“尊从其学、信从其道”为主题的相关活动。整个湖湘文化圈的发展定位皆以此类比。

2. 发挥碧泉书院的祭祀教化功能

从历史的角度看，当一个国家的经济发展到了某种程度的时候，都会把复兴传统文化当作一个国家的发展战略，这不仅是一种规律，也是一种规则。① 在大力弘扬中华优秀传统文化的背景下，各社会参与主体找准自身定位是有效推进这一伟大工程的必要条件。书院自古以来就有祭祀教化的功能，祭祀是实现教化的根本，《礼记·曲礼上》中记载“道

① 彭兆荣：《重建中国仪式话语体系——一种人类学仪式视野》，《思想战线》2021 年 1 期。

德仁义，非礼不成；教训正俗，非礼不备；分争辨讼，非礼不决；君臣上下，父子兄弟，非礼不定；宦学事师，非礼不亲；班朝治军，莅官行法，非礼威严不行，祷祠祭祀，供给鬼神，非礼不诚不庄。”礼仪自古便有教化的功能在其中，生活中的方方面面都不能没有“礼”的规约和衡量。碧泉书院作为湖湘文化的发源地，在增强文化认同、实现文化振兴的理论探究及实际应用方面具有重要的指导作用，用哲学的观点来看，解决好了碧泉书院的相关问题就是抓住了解决这一重大理论和时代命题的关键，即抓住了事物的主要矛盾，做到了具体问题具体分析。在祭祀仪式当中，可以采取多种形态的文化表达，创建一个历史与现实、时间与空间、身体与精神相统一的文化场域，唤醒社会群体尤其是碧泉村当地对于湖湘文化感知的基因，从被唤醒的基因中寻找发展的动力。更重要的是，通过这样的仪式，能够帮助我们站在历史的维度上自我审视，从而使行礼者、参礼者、观礼者在无形中获得一种强烈的认同感和归属感。这将为碧泉村进一步推进乡村振兴、建设美丽乡村提供源源不断的精神支持和发展的无限可能。

3. 通过具象化的活动，让湖湘文化更具生机与活力

碧泉村作为湖湘文化的发源地，在当今大力弘扬中华优秀传统文化的背景下有着独一无二的发展优势，因此要进一步思考如何更好发挥与湘潭大学碧泉书院的“双院制”合作优势，利用高校优质科研和师资条件，把坚定“文化自信”落到实处，切实推进湖湘文化创造性转化和创新性发展，以不同受众群体喜闻乐见的形式赋予湖湘文化新的生机与魅力，引导广大受众尤其是青少年一代在日常的待人接物中体证湖湘文化的生命力，在生活中感受湖湘文化在理论、实践中的当代价值。脱贫致富光靠效仿是行不通的，要立足实际情况发掘振兴优势，激发深层次发展动力。碧泉村的深层优势之一便是其独特的文化渊源，村校合作具体化、精细化着实是一个关键举措，村部可以同政府、学校、企业等社会主体建设具有湖湘文化特色的研学和文化宣传基地，同时建立有当地特色的生态农业和湖湘文化体验区域，将理论学习和实践相结合，做到由外而内地体悟和由内而外地感悟相同步，打造一张响当当的碧泉村文旅名片，坚定不移走以文化振兴为基础、生态发展为底色的有碧泉村特色的乡村振兴之路。

4. 数字赋能，村校共赢

网络直播销售作为一种新型营销方式，能够克服传统销售过程中静态、单一的不足，通过看得见、听得着的方式便于客户更好地了解产品的生产、加工及实物效果。在食品市场鱼龙混杂，人民群众对于美好生活的要求越来越高的今天，通过直播销售绿色、健康的农产品可以说是大有可为，对于促进乡村生态潜在价值变成现实市场价值，带动村民增收致富大有裨益。搞好网络直播销售具有一定的难度和挑战，对于相关工作人员有较高的综合能力要求，例如：对于网络直播技术的理解、对于相关电子设备的使用、相关术语和沟通技巧的应用、突发事件的应对能力等。对于田间地头的老百姓来说，在此方面并不是十分擅长，在村校合作背景下可以此为契机，具体化“双院制”合作模式，在全校的范围内进行相关专业学科的资源整合，并开设相关课程和实践安排，既能完善大学生社会实践平台，又可以更好、更有效地宣传特色产品、推介湖湘文化，促进乡村振兴的持续发展，

这对于学校、乡村、学生三方而言可谓是共赢。

天、地、人是传统村落生态文明建设的三个关键词。来自“天”的气候环境是村落生态建设的先天禀赋，依托于“地”的山川形胜是经济驱动的总依托，落脚点的“人”是千年湖湘文化生生不息的传承者与实践者。碧泉村作为湖湘文化发源地，有得天独厚的先天禀赋，也有光大湖湘文化的使命。新时代弘扬中华优秀传统文化的背景下，要从湖湘文化中寻找乡村振兴的发展智慧，立足实际、实事求是，以当地独特的文化资源和生态资源为主抓手，打造响当当的碧泉村文旅名片，为碧泉村更长远、更持久的乡村振兴注入源源不断的生机与活力。

书评

溯道原天：儒教系统神学之经纬

——读陈明《易庸学通义》

贾弋人[*]

儒学不仅拥有一套完整的本体论、方法论、价值观和历史哲学体系，更与中国的社会和政治存在着深刻的结构性联系，并由此孕育出了中国这个巨型儒教文明体。作为一种整体性与主导性并存的儒教文明，在与其他文明互动时不可避免地展现出一定程度的排他性。换言之，儒学的整体性与内在结构关系构成了其核心特征，不容许遭到破坏或削弱。如果董仲舒提倡“罢黜百家，独尊儒术”是为了建构儒教文明的主导地位，那么从韩愈到朱熹，再到曾国藩和康有为，他们的努力均是为了维护这一地位。

《诗·周颂》所言，“维天之命，於穆不已”。儒家将世界视为一个由天地构成的宏大生命体系，认为它处在一个不断循环、生生不息的过程中。在此前提下，个体所经历的情感体验虽根植于感性，但决不能就由此简化为纯粹的生物学欲望。他们应当被理解为人性中神圣性的显现，是人在与宇宙生命相联结的过程中，对生命神圣性的直观体现与反映。因此陈明指出，言卜筮的象数派和言老庄的义理派，在思想内容和品质上与《易传》从六十四卦系统创造性诠释而来的天道话语分属不同体系，不可混为一谈。①

《易庸学通义》正是在此背景下，力图建构儒教的系统神学。通过对儒学经典《周易》、《中庸》和《大学》的独特阐释，它试图揭示儒教作为一个宗教体系，在神学、组织形态和社会功能等方面的独特性。在象数与义理之外，陈明的工作标志着对儒教系统神学建构的一次重要尝试。

一、儒教神学系统的呈现

《易庸学通义》的基调在序言的开篇便已明确：“从儒教神学建构而非易学研究的角度撰写此书。”② 陈明认为，儒学在历史中所扮演的角色，更贴近宗教而非哲学。立足于儒家经典对人类根本问题“我们是谁？我们从何而来？我们向何处去？”提供系统的基本

---

* 贾弋人，中山大学哲学系博士研究生。

① 陈明：《易庸学通义》，福建教育出版社 2024 年版，第 1 页。

② 陈明：《易庸学通义》，福建教育出版社 2024 年版，第 1 页。

论述，被誉为“群经之首”“大道之源”的《周易》自然成了研究的起点与归宿。《易庸学通义》指出儒教的经典系统主要由《周易》《中庸》《大学》三本书构成，并以此为基础进行深入解读。在《易庸学通义》中，从宗教学来看，《易经》是自然生命的呈现，而以《彖传》《文言》《说卦》为中心的《易传》为《易经》提供了德性的品质，从而使得其成为一种精神性生命的存在。因此，天生、地长、人成的有机系统为世界提供了存在秩序，为人生提供了意义，为历史提供了方向。①

《周易》义解篇大胆地将乾坤两卦单列为本经，称其为六十四卦之根本。乾坤两卦叙述的“乾父坤母”儒教世界图景，是对生生不息之“天”（The heaven）的深度抽象和绝对化表达。它们是易学思想的门户与意蕴，因此不应与其他卦相混杂。否泰二卦象征天地相交的起点，否极泰来。坎离二卦代表了天地相交的结果象征，标志着上经的终结。既济未济进一步描述了天地交合的状态：既济表示交合的完成，未济则象征着天地大生命的生生不息。文王对《周易》的贡献在于重新编排卦序，确立了天至高无上的地位，也为周朝奠定了基业。由此建立了“乾坤—坎离—否泰—屯咸—既济未济”为核心的易学体系。乾坤、坎离、否泰、既济未济构成了基础结构，它们讨论的是天地的起源，为开端。屯卦代表着万物的出现、草木初生。而咸卦则引入了人的因素，涵盖了男女、夫妇、父子、君臣等伦理关系。周公撰《象传》，又成为文王到孔子思想的铺垫。孔子作《易传》，是在文王的基础上进一步发展了儒教，将宇宙精神德性化、意志化，使得儒教正式成型。

在此基础上，《易庸学通义》创造性地将传统的心性论置于天人学的框架中，通过经史合一的方法，对《易传》的思想结构进行了深入分析，认为《彖传》才是《易传》的核心，甚至可以被称作“儒教的《创世纪》”。②《彖传》被陈明视为对天道、世界的发生与归宿、人在其中的位置与使命等的正面论述，完成了对整个卦系的统摄与升级。而《系辞》《杂卦》等皆为汇编。且文章进一步得出结论：“从思想史和文明论的意义上说，《易传》才是真正的‘经’，即儒教之核心，《易经》的准确定位应该是《易传》的前传。”③

此外，在对《中庸》的主流诠释中，朱子的《四书章句集注》占据着举足轻重的地位。朱子旨在辟除异端，回应佛老对儒家道统的挑战。其诠释起点在于“命”的概念，即“命犹令也”，而对于“天”的本质则未作过多阐述。但在陈明的视角中，继《易传》对天人关系理论的构建之后，《中庸》进一步从人的立场出发，论述了天命之性的意义与作用，以及人应如何实现其天赋本性的完成，阐释了人与天或天与人之间的相互关系。《中庸》“以‘天命之谓性’为前提，以‘慎独’为起点，以‘中论’的‘致中于和’为理论内核，以‘诚论’的‘成己成物’为践履方向，在‘天地位焉’‘万物育焉’中‘参赞化育’，实现人与天的再连结”。④

朱熹又将《大学》建构成了以“三纲八目”为核心的结构，其中“三纲”构成了《大学》的指导原则，“八目”是具体的实践条目。而本书是将《易传》《中庸》《大学》

① 陈明：《易庸学通义》，福建教育出版社 2024 年版，第 296 页。
② 陈明：《易庸学通义》，福建教育出版社 2024 年版，第 6 页。
③ 陈明：《易庸学通义》，福建教育出版社 2024 年版，第 5 页。
④ 陈明：《易庸学通义》，福建教育出版社 2024 年版，第 9 页。

视作一连贯体系：《易传》论述天道，天生万物；《中庸》在“天命之谓性”的前提下探讨天人关系，讲生命的“致中于和”“成己成物”终达“参赞化育”；《大学》展示了天道信念如何经由人的体验得以在公私生活中展开。认为所谓“三纲领”实际上是古代圣贤治理国家的实践模式，而“八条目”则是对此模式的理论建构与内涵提升。这种诠释挑战了朱子将《大学》提到极高地位，“古人为学次第者，独赖此篇之存”的传统看法，恢复了《大学》作为“大人之学”的宗教和政治属性，得以使儒教关于天人关系的理论框架恢复完整。①

《易传》的核心在于天道与神性，着重天与人之间的连接；相对而言，《中庸》致力于从天到人的连接与重建人到天的再连接。《大学》则将焦点转向人本身，是实践的展开。这对于作为一个宗教的儒教来说极为关键，揭示了儒教所描绘的乾父坤母的世界图景。在这一精妙图景尚未被充分发掘，甚至被理学遮蔽，导致其内涵隐而未显的背景下，作者“为往圣继绝学”的追求显得尤为迫切。

在追求“原道”的过程中，陈明体道、求道、行道。道，既是道统，也是天，原之道就在天。在当今世界，面对现代性对世界观念的解构，他认为有必要在神性的基础上重新拼合，恢复事物应有的秩序。这一工作不仅彰显出了对文明深层次的理解与尊重，更体现了对“天道”的追求。

二、儒教的神学与政治：从孔子到康有为

选择使用“儒教”而非“儒学”这一常用术语，目的在于强调儒家文化与人伦日常及精神生活的紧密关系。仅在知识论或哲学的范畴内研究儒学，不足以充分展现儒家在历史中的真实形态。儒学神学体系在公共领域的作用，主要是通过一系列基本价值观与礼仪形式来体现，其中包含的文化权重与影响力是其他宗教所不具备的。儒教在政治层面对帝国的建构与社会整合也起到了关键作用。因而本书主要分成神学与政治两个方面来叙述其中的创建。一则追溯了自孔子时代起，儒教神学的发展轨迹；二则分析了自董仲舒与汉武帝时期始，儒学与政治权力结合的历史进程。

孔子提出自己与巫史“同途殊归”之倾向，是为表明追求“观其德义”，即观天之德义。这并非妄图解读天之意志，而是推崇天之生生大德，由此建立了儒教的神学论述。既然“性自命出”，便得顺应天意，经由立功、立德、立言而得以与天合德，从而达至不朽之境。在此基础上，修齐治平的政治哲学便根植于此宗教性话语体系当中。格物致知，不仅只是对事物本质有着深刻的体认与洞察，更是在体悟到天地中生生的德性后，将其转化成个人的追求并付诸实践。

生生不息的最佳诠释是为“天地位焉”和“万物育焉”，其中正蕴含着天之创造、圣贤之教化与个体之生长。这不仅在最高层面阐释了天道，更是生命追求的至高目标和实现凭依。由此孔子在明确了价值取向的同时，亦向人们赋予了因时设教、内修外化的职责。

儒教以天为最高信仰，孔子作《易传》《春秋》等经典，经由子夏传承后至董仲舒

---

① 朱熹：《四书集注》，岳麓书社 1985 年版，第 3 页。

《春秋繁露》，而董仲舒随后又进一步把早期的信仰体系从生命论述拓展到政治论述，赋予武力创造的政权以伦理和神性。汉武帝试图在以法家为基础的“霸道”政体中引入儒家的“王道”元素。

董仲舒在这一过程中展现了其思想的二重性：即妥协地承认了“王者受命于天”的观念，提出“王者必受命而后王”，以此换取统治者对天之权威的认可；另外，他将民心转变成天意，通过强调天意实行对王者政治行为的制约，试图对现实政治施加伦理影响，这也就是历史上治统和道统的关系，董仲舒的所作所为促进了中华文明的成熟。① 而在《白虎通》中“王者父天母地”则使文明进一步发展。② 后张载又通过“民胞物与”将儒教拓展成了完整的世界生命体系，而胡宏写就《皇王大纪》《知言》等著作，坚持天人学的视角并追求经世致用，又完整地继承和发扬了这一系统。

到了雍正朝，儒教的神学系统则以“天地君亲师”的形式正式定型，也为“满蒙回藏汉”的大中华式的理解奠定了基础。在历史上，儒教在中国政治领域所占据的地位，超越了各族群之间的界限。诸如“左宗右社”的布局、“奉天承运”的圣旨颁布以及“天地君亲师”的牌位崇拜等现象，均体现了汉族与少数民族皇帝在行为层面上的共识。实际上，尽管雍正帝并不被视为道统的直接继承者，而只是作为现实中的一个环节（类似于汉武帝的角色），但他通过推崇五经，提倡重思儒教问题，以《大义觉迷录》来阐释和实现儒教大一统的目标，作《圣谕广训》表明对儒教生活方式的认同和接受，对确立“天地君亲师”本于《易传》的儒教信仰系统起到了关键性的推动作用。而他设立正音馆、发布正音诏令在南部地区推广官话以及使国语由满语转变为汉语，正是为了强化政治共同体的举措。

在现代中国，随着多民族构成的中华民族不断发展，社会整合与文化认同的问题日益凸显。由此康有为提出建构孔教为国教，以儒教作为共同的文化认同，塑造文化共识，从而进行国族建构，力图从国家维持的角度吸纳与消化现代性。

本书的贡献在于对儒教正统性的重新界定与创造性的建构，是在现代语境下对儒教的正统性进行审视与重思。在这部著作的叙述中，孔子至子夏、董仲舒、胡宏等直至康有为的这一思想谱系，在延续了儒教思想连续性的基础上，更象征着儒教神学历史与正统叙事的演变。

三、经典与正统：对儒教经典的重新诠释

在本书中，儒教的正统性问题被重新审视，而关键在于对经典的认定。陈明认为《易传》与《春秋》应被尊为儒学经典，而与之相悖的见解则被视为异端。这是他基于对比较宗教学的研究，结合历史现实进行理性分析所得出的结论。中国社会从父权制向王权制的转变，为《易传》与《春秋》的地位提供了文化基础。

儒教之所以神灵形象抽象，教会组织薄弱，是因为在中国社会的常态化发展过程中，

---

① 董仲舒：《春秋繁露》卷7，景印文渊阁四库全书第181册，第739页。

② 陈立撰：《白虎通疏证》卷1，中华书局1994年版，第2页。

王权的扩张承担了原本属于神灵的功能与需求。这与以色列的情况形成鲜明对比，以拉比为中心的权力结构在政治军事冲突的非常态环境里，宗教承担起了社会政治组织的重任，从而犹太教被赋予了强大的生命力。相较之下，在秦汉帝国建立后，儒教只能作为政治系统中的一个“元素”，嵌入到帝国的政治系统中发挥作用。中国的历史发展轨迹与欧洲基督教新教化过程中政治功能的减弱形成鲜明对比，减弱实际是对《约翰福音》《罗马书》传统的回归。而天主教的形成则是欧洲政治权力空缺时期的产物。伊斯兰教的产生则与政治和军事力量紧密相关。陈明还提出，儒教“生”出来的世界体现“万物一体”，而基督教等“造”出来的世界则带有“分别心”或“异质性”，这与平等而普世的价值难以兼容。

在董仲舒之前的儒家政治论述，是基于血缘的社会政治理论，通过祖先与天的联系来巩固、拓展其范围。但随着宗法封建制到郡县制的转变，血缘关系的前定性与局限性日益显现，已无法适应跨血缘的社会整合及筛选出精英提升效率的需求，这为法家的军事政治组织提供了竞争中取胜的机会。儒家在这一过程中转向精神和社会层面，直到董仲舒和汉武帝时期，儒家与政治权力在新的基础上重新连接，孔子作为“素王”的形象在这一背景下得以确立。

自汉朝起，传统观点认为孔子虽具有崇高的德性却未获得相应的政治地位，即所谓的“有德无位”，这隐含了对德性与权力结合的追求，即希望实现“德位相配”，主张道德与行政权力的统一。但陈明认为应当将孔子定位为“立法者”，区别于拥有行政权的“真王”。在秦汉帝国确立后，“真王”指的是秦皇汉武等肉身君主。而孔子作为“素王”，以其精神性的存在，成为另一种意义上的不会随着肉身腐朽而亡的“真王”。这标志着儒学在政治哲学与文明建构上的成熟。素王的角色是双向的：既规训时王，也教化民众，涉及政治与精神两个层面。素王的精神性不仅在于其虚无的一面，更在于其实际的教化作用，是教化权力的实施者。这实际上在“天地君亲师”中的“师”也得到了体现。

本书的另一创建即重新界定经典文本的重要程度。秉承“敷赞圣旨，莫若注经”的理念，陈明认为直接对经典文献进行注解，是传承与赞颂圣贤教诲的最佳方式。因此他不仅通过直接注经来开展工作，还对原始文本产生了质疑，并进行了创新性的改动。① 要全面理解他具体的论述，还需要深入阅读其文本。他讲《易传》为经，《易经》为《易传》之前传，并特别强调《彖传》为《十翼》的中心，否定《系辞》为孔子所作，“系”只是散论的表现。另外，“太极”概念源于道教对儒教的一次植入，犹如“特洛伊木马”一般。在其论述中，孔子所塑造的天人学儒教系统，在后来的发展中被理学所遮蔽。朱熹等理学家把源于道教天官学传统的“太极”概念论述成“理”，从而将宇宙的生命性转化为道德性，而仁的概念也由生命意志的体现转变成了道德意志的表达，最高的“天”被“理”所替代。宋明儒者处儒教之天被解构，成为太极、天理，只剩下一个心。甚至连耶稣会的传教士，都曾感受到其对先秦儒学的背离。实际上，天与性、与理的结合本身是恰当的，但天的本质实际上是完全自足的，它超越了概念化的范畴，不能简单地经由概念而理解。原本这是一个以生生为德的生命创造者，是一切意义的根据与归宿。而这些在宋明

① 陈明：《易庸学通义》，福建教育出版社 2024 年版，第 1 页。

儒者那，却已不复存在。

陈明的工作始终根植于历史与现实，致力于以公民宗教的形式，对政治产生影响、促进社会整合、安顿身心。他的研究路径可被视作“逆流而上”，力图突破千年传统之积习，去追寻其理解中的圣人立法之精髓。在他看来，无论是霸王道杂之的文明结构，还是素王与时王的并行框架，抑或“天地君亲师”的公民宗教理念，既承载着历史，又预示着未来。霸王道杂之，是将法家政治制度与儒家精神价值相结合，即素王与时王的协作。在此框架之下，儒生或士大夫群体肩负双重使命：一则作为技术官僚承担行政职责，二则作为价值守护者依天道对制度、行政乃至君主行为进行监督。这种结构的维持建立在双方对基本框架的认同之上，也为比较儒教与其他文明提供了方法论和历史意义上的基础。对于现代中国而言，在国家国族建构方面面临挑战的背景下，这一工作具有重要的现实意义。

然而，此种体系的建构在某些方面仍待完善，尤其是在对于儒教生死问题的看法。尽管在佛教和道教尚未兴起之时，中国人对生死的理解已经深受儒教的影响。但自董仲舒时代起，儒教开始向政治化和精英化方向发展，这不仅减少了儒教对生死问题的关注，还削弱了其在民众中的说服力。这种转变间接为道教在民间的兴起提供了土壤。因此，《易庸学通义》中对个人生死问题的关注较少。换言之，本书在个体心性方面的探讨尚显不足，尤其是在个人对于神灵的信仰方式、个人生死观念和对灵魂的理解等方面并未进行深入研究。尽管如此，学术研究无需追求面面俱到，有时过于全面反而显得平庸。

经世致用，和而不同

——读王丽梅《张栻的思想世界》

王佩琼*

摘　要：《张栻的思想世界》是王丽梅教授潜精积思，蓄数年之力的扛鼎之作。该著作真实、全面、系统地还原了张栻经世与学术思想的本貌，凸显了作者严谨务实的科研态度与实干笃行的学人学风。张栻是南宋著名理学家，湖湘学派在张栻处达至顶峰。经世致用、与时俱进是湖湘学派最显著之特色；和而不同则是讲张栻与朱熹论学，在学术上既有相契之处，又异于朱熹。在张栻的思想中，有诸多精粹之处值得传承和发扬，彰显张栻思想的特质与精华对建设中华民族现代文明有积极意义。

关键词：张栻；中国哲学；书评

王丽梅教授的著作《张栻的思想世界》全面围绕张栻的哲学思想进行鞭辟入里的爬梳，从而充分彰扬张栻思想在宋明理学史、中国哲学史、中国思想史上的万丈光芒。本书使张栻的形象摆脱依赖性、附属性、遮蔽性的局限，活脱地、深刻地、本真地展现出张栻思想的特质与精华，扭正了理论界的“误读”，解开了研究界的“捆绑”，唤醒了学术界的“忘却”，为当代中国哲学研究贡献了具有学术和现实价值的巨大力量。

一、还原：历史哲学与人本主义哲学的统一

张栻是胡宏的得意门生，胡宏一见识其大器，与友人孙正儒的书信中评价道：“见其胸中甚正且大，日进不息，不可以浅局量也。河南之门，有人继起，幸甚！幸甚！”① 现代新儒家代表牟宗三先生在给予胡宏高度评价的同时，却认为张栻并未继承胡宏思想之精要，只是蠢然“随朱子脚根转”而已耳②此定评对学界产生了一定的影响，同时也暴露出在张栻思想研究中，面临着对张栻与朱熹厚此薄彼、含混一谈的难题。本书秉承尊重历史的原则，对张栻实事求是地“独立”地进行研究，而不是“捆绑”于朱熹或其他思想家。张栻思想有自己的体系和特色。为此，作者采用历史哲学与人本主义哲学相结合的研究路

---

* 作者简介：湘潭大学哲学与历史文化学院（碧泉书院）2020 级中国哲学专业博士研究生。

① 胡宏：《胡宏集》，中华书局 1987 年版，第 147 页。

② 牟宗三：《心体与性体》，上海古籍出版社 1999 年版，第 40 页。

径，将张栻与朱熹思想之差殊作为核心研究对象，从而客观上还原张栻思想之本貌。人本主义哲学指出，哲学归根结底是人的哲学，而非脱离了人的现实生活和实践活动的虚空理论。张栻的思想根植于社会现状，他重视培育人的家国情怀，重视解决时代课题，这种现实关怀和人本主义观念正是张栻思想经世性的最佳体现。本书以“独具特色的义利观”与“相须并进的知行观”鲜明地体现出张栻经世致用理论的实践性。

第一，义与利是中国思想史上一对重要范畴，义利观则是对义和利问题的基本观点和看法。作者指出，在政治动荡与儒学式微的双重背景下，儒者为收拾人心，救道兴理，对儒家伦理做出新诠。义利之辨作为重要的伦理命题受到张栻的高度重视，张栻将义利之辨视为问道为学之要。作者深切洞明，将一般性方法与特殊性方法相结合，对义利观念的价值、情怀、建构、方法完成了跨越式、垂直式的进步和跃升。作者透过现象分析本质，充分挖掘了张栻义利观的深层意涵，彰显了张栻义利观的鲜明特色。[①] 首先，本书深入时代背景，在梳理传统义利观念的基础上，匡正了一般意义上笼统义利的研究方式，以“义”与“利”之分殊为切入点来考察与展现张栻义利观的真知灼见。由此，凸显出朱熹在纵陈历史上倡言义利之辨的人物后，对张栻义利观的极度认可与推崇。接着，作者将研究的视角转向“义”与“利”的分判标准，如此更好地揭示出张栻义利观的实质与核心。作者提出，张栻以“无所为而为”和“有所为而为”进行义利分判，并依此作为“观人”的方法和依据，进而剖析行为主体的动机与效果、原因与结果之间是否存在一致性。不仅强调了动机在行为过程中的重要性，更明确了张栻义利观在社会效果方面引领民众为公向善所起到的助推作用。其次，作者指出张栻义利观的重要特色是援引天理、人欲于义利之辨，厘清义利之辨与理欲之辨在时代背景之下的关系，既突出了义利之辨的优先性，又强调了理欲之辨的重要性。不仅有助于更加准确地把握和理解义利之辨的真实意蕴，而且凸显出义利之辨在时代感召下成为君王建立邦本、垂裕无疆保障的时代特征。再次，对于义与利的关系，作者强调，张栻突破了传统哲学将义与利直接对立的研究现状，重新评估、思考了二者关系，以此作为行为的理论基础和根本原则。据此，作者得出“利是义的基础和前提条件，义是利的转换和提扬”[②] 的结论。可以窥见，张栻的义利观并非袖手空谈，而是深入根植于当时社会环境所需，起到在艰辛中振奋人心、于乱世里唤醒良知的作用。为此，作者最后将本章落笔在义利之辨的现实应用之上。最后，作者将张栻的义利观的现实应用性分为义利之辨作为“王霸政治分野的理论依据”、“品评历史的依据”以及“张栻经史致用的苦心”三个方面。究其实，张栻的义利观是他为朝廷振兴、国家昌盛开具的一剂良方。这种将理论与现实相结合的研究方法贯穿了义利观的内在理路，不仅引导出极具时代特色的义理观念，而且确立了义利之辨的经世价值。不仅成为指导学问的利器，而且教育诸生在国家大事上，明确立场与态度。此是张栻注重义利之辨的良苦用心和深刻用意，更是其强调义利之辨的深层原因和现实指向。[③]

第二，本书深入考察了张栻相须并进的知行观。2018 年 12 月 18 日，习近平总书记

① 王丽梅：《张栻的思想世界》，中国社会科学出版社 2019 年版，第 122 页。
② 王丽梅：《张栻的思想世界》，中国社会科学出版社 2019 年版，第 126 页。
③ 王丽梅：《张栻的思想世界》，中国社会科学出版社 2019 年版，第 122 页。

在庆祝改革开放40周年大会上引用“行之力则知愈进，知之深则行愈达”[①] 来表达改革开放奋斗征程的精神财富对新时代发展的积极指导意义，此种对躬行的推崇与认识正是渊源于张栻《论语解·序》。作者提出，抛开时代背景单独考察学术思想，会造成对张栻知行观的曲解、误读。因而，作者考究知行观的首要步骤就是探求社会背景和学术背景。首先，知与行是张栻哲学中重要的一对范畴。面对知行脱节问题，作者将论述的重心放在知行关系上。对于二者的关系。作者认为，张栻以为知与行形影不离，互促互发。行需要知加以指导，知以行而不断升华。知与行都是由浅入深，循序渐进的过程。知是由粗至精的过程，行是由始有终的过程。[②] 不同的是，由粗至精是单向线性的过程，而有始有终是循环往复的环形过程。而知与行的互相生发更是无穷的正向上升，目的是达到无弊，无弊就是道德良知之释放。其次，作者将对知行关系的阐释侧转至提倡力行。张栻针砭“片面注重知而忽略行”之时弊，从而强调力行、践履。张栻曰：“圣门实学，贵于践履，隐微之际，无非真实。”[③] 治功为力，力代表行的动机、意志、决心和能量。力行是恳切之行，行之不力有两弊：其一，行若不能力则是泛泛而行与形式之行，行浮于表面而误入形式主义的泥潭。其二，行若不尽力则无法给予知更深切的先导，甚至误导思想观念发生变化，而造成行之误知，知之恶行的恶性循环。同时，张栻的践履实学为常人指明了成圣之路。常人与圣人之间的区别在于生而好学，此种对“知”与“学”的全新解读，也构成了张栻知行观的创新之处。再次，作者从现实与理论两方面窥探张栻知行观的意义。一方面，张栻的践履思想在学术上，打压了学界游谈相夸、贪高慕远的虚浮学风。另一方面，在实践上，抨击了积弊久远、知胜于行的社会风气。张栻的知行观成为经世致用的理论依据，成为知行关系的必经环节。重躬行践履的思想精神不仅对后世学子产生深远的影响，而且在抵御外侮、收复失地、振兴朝纲中，将知行理论落至实处，并成为凝结在湖湘人骨血中的实干基因，并流传至今。“张栻的经世理论及其活动深刻地体现了儒学内圣与外王的统一，理学以体达用、由用见体、体用结合的精神，而其直接理论来源和根据便是知行互发、而重力行的知行观。”[④]

另外，本书认为张栻思想在本体论上坚持形而上与形而下的一体以及道器不两离；工夫论上强调居敬与穷理并进；知行观上主张知与行发。作者还从张栻在广西和湖北任官期间为政仁民、立志抗金的视域对张栻的经世实践进行了高度评价。总的来说，作者的理论构建主要还原以下几端：一是由一般论证到具体论证，由点及面，由点成面，点面结合，深入地剖析了义利观，在历史中见证张栻将义利之辨推向时代高峰，作为道德标杆救济人心，匡扶公义；二是从宏观到微观，在现实需求之上高度凝练出新的知行观念，给予了人的主观能动性以无限空间；三是通过横向与纵向的类比，交互历史学与哲学，深刻地彰显出张栻思想的经世性与实践性，弘扬了张栻不遗余力提倡经世致用的丰功伟绩。

---

① 张栻：《张栻集》，岳麓书社2017年版，第3页。

② 王丽梅：《张栻的思想世界》，中国社会科学出版社2019年版，第148页。

③ 张栻：《张栻集》，岳麓书社2017年版，第51页。

④ 王丽梅：《经世致用的诠释与实践——论南宋重臣张栻的经世活动》，《社会科学家》2006年第3期。

二、阐扬：重塑张栻哲学思想的学术价值体系

习近平总书记指出：“在五千多年中华文明深厚基础上开辟和发展中国特色社会主义，把马克思主义基本原理同中国具体实际、同中华优秀传统文化相结合是必由之路。”① 张栻的思想堪称湖湘文明的瑰宝和奇葩，因此，在还原张栻思想历史性面貌的基础上，深入诠释并将其形成系统体系加以传扬，是弘扬中华优秀传统文化的重要环节。

作者在理论建设的过程中，克服了以往研究中分散化、碎片化、断裂化的难题，除了对张栻生平与思想价值另垦两章探寻真谛，主要爬梳了太极一元的本体论，居敬主一的工夫论，独具特色的义利观，相须并进的知行观，吸佛辟佛的佛教观五大板块。由此鲜明地凸显出“平实而又深远”的总特征，精炼而又系统地展示出张栻话语体系的明晰路径。重新建构了本体论的哲学体系，为深入、系统垦掘张栻思想奠定了相当的理论与现实基础，进而航向准确地把握宋代理学发展的逻辑与脉络。

本书对张栻与朱熹的学脉进行了详细梳理，他们二人都为二程四传弟子，是生活中的挚友，学术上的知己。朱熹与张栻的学术思想形成都经历了发展和变化，在此过程中，他们都予以对方关键性的影响。尽管存在不同的立场，但他们无疑都为儒家思想的体系建构做出了重要贡献。他们思想上的碰撞和交融，不仅促进两个学派间的融合进步，更凸显出二人学术思想“和而不同”的显著特征，最能凸显这一特点的是张栻的太极本体的一元论，人性论和工夫论等。

第一，“太极”这一范畴始见于《周易·系辞上》。周敦颐在对“太极”的诠释方面仍受制于本体论和宇宙论的纠缠，但其作为宋明理学的开山鼻祖，开创性的理论对张栻和朱熹均产生了重要影响。在溯源的基础上，作者率先将太极一元的本体论分成三个维度。第一个维度是太极本体论，通过太极与无极的有机统一，使“无”与“有”完美地结合起来，其意义是既肯定了儒家伦理道德的存在及合理性，又使儒家伦理道德的存在有了宇宙论和本体论上的依据。据此，显现出作者端本溯源，深稽博考的科研态度。第二个维度是张栻富有创造性地构建了太极的三种转换使用形式——理、性、心。虽接近但仍有别于程朱的理本论和陆王的心本论。其价值在于张栻通过太极、理、性、心等范畴层层递进，环环相扣地建构了非常严密的太极一元本体论，从而实现了天道与人道的圆融贯通。② 由此，作者用钻坚研微的研究精神、开放包容的学术视野和去粗取精、去伪存真的研究方法，全面地展示了学派之间的思想互动。第三个维度是张栻与朱熹的太极之辨。作者指出，朱熹讲太极是理，不讲太极是心，张栻则既讲太极是性，又讲太极是心。太极要实现对宇宙世界的支配和主宰，必须通过心。此处主要呈现出张栻与朱熹的几点分歧：其一，张栻以“性”阐释太极，朱熹以“理”疏解太极；其二，张栻认为太极既静又动，朱熹则以为太极本身并无动静，动的是气；其三，张栻认为太极体用一源，朱熹认为太极体用

---

① 习近平：《赓续历史文脉 谱写当代华章——习近平总书记在文化传承发展座谈会上重要讲话引发热烈反响》，《人民日报》2023 年 6 月 5 日第 1 版。

② 王丽梅：《张栻的思想世界》，中国社会科学出版社 2019 年版，第 50 页。

相分。[①] 如此，从深层次揭露出张栻与朱熹在太极观念上的根本分歧之处，并确立了交流论辩所起到的积极意义。

三个维度之间的内在逻辑关系是：第一个维度是继承，张栻在对周敦颐太极思想继承的基础上，从宇宙万物本原的视角出发，使得儒家伦理道德的存在有了宇宙论和本体论的依据。第二个维度是发展，张栻将理、性、心纳入具有本体意义和宇宙意义的范畴，使太极本体论更加缜密、充实。“性本论的哲学也铸造了湖湘文化的包容精神，培育了湖湘文化范围天地的伟大胸怀。”[②] 第三个维度是跃升，从个人、门户对社会的意义来讲，张栻与朱熹等一代理学家，展现出强烈的时代使命和历史责任感。他们的思想碰撞，不仅证明了不同学派的特色与价值不应该单纯成为文化交流中的隔膜与冲突，更应在差异间互相检验，在交流中互鉴互融。

第二，从人性论观之，本书认为张栻是纯粹彻底的性善论者[③]。此结论突破了传统哲学对张栻思想认识不明、探求不深的状况。作者通过横向类比、纵向对比的方法，开拓出张栻思想研究的新工具、新材料、新办法、新理论。所谓“纯粹彻底的性善论”，主要含具三个层次。第一个层次是“性善之彻底性”，是指不仅讨论性之于人的表现和特征，同时从人的角度审视天地万物之存在、判断天地万物之善恶，此种判断必然是一种应然判断、一种价值判断；第二个层次是“不善之可能性”，指的是虽然本然之性纯粹至善，但气禀之性因差殊而存有产生恶的可能；第三个层次是“复善之可行性”，意为通过循性为学、尽性成圣等后天途径弥补、追逐善性的可能。以上凸显出张栻思想与朱熹、胡宏相比，由立足本体论领域，到立足于人性论领域的发展趋势，以上线索均体现出作者的问题意识和思辨精神。

第三，工夫论是讨论为学问道的途径问题，解决人道上达天道之方法和途径，以及道德实践之所以能够产生并完成的主观动因。由于史料的分散、繁杂与残缺，张栻工夫论思想成为研究张栻思想的重点和难点。对此，作者以时间节点为划分，深入浅出地厘清了张栻早期、晚期的工夫论思想脉络，赫然凸显出张栻与朱熹工夫论思想之异同。据作者考察，张栻的工夫论经历了早期“察识端倪说”，后期“察识与涵养并进”成长、成熟的动态过程。[④] 而在具体的实践操作上，张栻提出反省操存、主一无适和格物穷理。无论在早期还是晚期，居敬与穷理始终贯穿于进德修业之中。作者克服了单一化、片面化的问题，深入具体语境，彰显居敬、穷理、察识、涵养的具体落实和微观操作，全方位展现了张栻工夫论的思想内核与理论外延。

综上可知，张栻与朱熹的思想有着“和而不同”的显著特征。张栻与朱熹之默契体现在朱熹在诸多问题上对张栻的推重。比如，在太极概念的认定上二人并无异议，虽师承不同但缘起如一；又如张栻与朱熹都否定了胡宏的性无善恶论；再如张栻早期工夫论“先察识后涵养”的为学问道方法受到了朱熹的欣赏、接受和推崇，这是相合之处。不同

① 王丽梅：《张栻的思想世界》，中国社会科学出版社 2019 年版，第 56 页。
② 陈谷嘉：《论湖湘文化是具湖南地方特色的文化形态》，《湖湘论坛》2008 年第 6 期。
③ 王丽梅：《张栻的思想世界》，中国社会科学出版社 2019 年版，第 63 页。
④ 王丽梅：《张栻的思想世界》，中国社会科学出版社 2019 年版，第 86 页。

则体现在张栻不仅没有盲目跟随朱熹的观点，反而对朱熹的思想产生重要影响。仔细推敲二人的观点，就能发现，他们在以“性”解太极与以“理”解太极，后期工夫论重实践与重理论等问题上各有思考、各持己见、各具特色。

鉴于以上论述，本书所建构的学术体系主要采用叙述性与阐释性的方法，娓娓道来，不蔓不枝。作者对于当前的张栻思想研究已经进行了充分的溯源与反思，建构出一套深度精辟的理论范式，其意义主要体现在以下几点：一是从文本的关注转移到对现实的关照，充分挖掘张栻思想的学术和时代价值，以此实现理论与实践的统一；二是由外部视野转向内部视野，独立地、具体地、全新地梳理出张栻学术思想的脉络和体系，而达到内外协调；三是去粗取精，从混杂、粗略到精准地把握张栻学术思想与朱熹学术思想“和而不同”的特点，彻底肯定了传扬张栻思想在思想史、文明史中的重要意义，以此实现优秀传统文化的创造性转化与创新性发展。

三、超越：哲学史与思想史视域下的研究路径

《张栻的思想世界》一书的最大亮点之一就是对张栻佛教思想的深入阐释。现有的张栻思想研究已有不少建树，但对张栻的佛教思想及其与儒家思想的碰撞仍缺乏系统性、完整性、具象性的透析。对此，本书基于当前张栻佛教思想研究的成果，充分扩揽了原始文献，深入挖掘了张栻出入佛老的历程，彻底还原了张栻佛教思想的真实面貌。在此过程中，实现了张栻佛教思想研究的跨度和超越。为了更显著地彰显张栻佛教思想的真谛、儒学与佛教复杂而微妙的关系与救佛辟佛的全过程，作者以文化的差异性为契机，充分展现了张栻佛教观的历史价值、文化价值、现实价值和哲学价值。在哲学史与思想史视域之下，作者分析了张栻佛教观的背景、张栻对佛教的吸收与批判、张栻佛教观的意义，在张栻佛教思想研究中起到奠定基础、开阔视野、拓宽进路的重要作用。

本书指出，由于家学、政治和社会环境的影响，张栻于佛教有很深的渊源。由于朱熹编订《南轩集》时，未将张栻佛教思想过多收录，所以对张栻佛教思想的史料研究存在间接性、有限性，但作者认为这并不能掩盖张栻关于佛教的丰富思想。于是广泛发掘、合理深筛、严密考证、科学阐释，从张栻与寺僧的交游、张栻对佛教的吸收、张栻对佛教的批判、张栻救佛的举措等方面展开详尽论述。

首先，作者将张栻佛教观的独到性和创新性呈现如下：第一，张栻吸收了佛教的诸多资粮，他的人性论、道器观以及诗文之作等都明显地印有佛教的痕迹。① 第二，张栻对佛教的批判全面而深刻，从内容到形式，从本体论、认识论、理欲观以及修行观等各个方面都对佛教进行了反思和评判。第三，张栻全面梳理了儒学与佛学之差异，为学者明辨了儒佛之间的界限；穷理与去物、公心与私心、去欲见理与理欲俱除、循循有序与一超径诣是儒学和佛学之间的主要分判。② 第四，张栻不仅指出了佛教的问题和弊端，并且提出了补救的措施和方法，主要包括求仁妙义以救佛教闭目空言，格物穷理以补佛教虚无臆度，兴

① 王丽梅：《张栻的思想世界》，中国社会科学出版社 2019 年版，第 175 页。
② 王丽梅：《张栻的思想世界》，中国社会科学出版社 2019 年版，第 186 页。

校讲学以拔学者出异端，“反经”以固学者之本根等。①

其次，佛教作为一种外来文化，在传播中与本土文化之间经历了互相干涉，互相理解，互相冲突，互相融合的历程。作者深入儒家与佛教的差异，别具匠心地归纳出体现在生命意识、婚嫁风俗、伦理价值等方面的三个矛盾：第一个矛盾是，佛家僧人断发毁服与儒家“身体发肤，受之父母，不敢毁伤”的意识对冲；第二个矛盾是，僧人弃俗不娶与儒家“不孝有三，无后为大”的价值参差，第三个矛盾是僧人斩断尘缘与儒家孝亲的伦理背离。除此之外，作者还从政治视角分析了佛教“一不敬王，二不拜父母”的主张与王权之间的显著摩擦。作者阐明，儒学与佛教对体用及其关系的理解决定了二者的矛盾。与此同时，作者借鉴了梁漱溟、朱谦之的认知、思维方式，对认知习惯进行引导和拓展。

再次，作者从积极方面详细列举了儒学对佛教的吸收。比如，张栻等宋儒纷纷为儒家的伦理道德探求和确立本体论上的依据，如张栻的太极本体论。再如，宋代书院的制度、管理、功能以及教学方式等，都有佛教寺院的痕迹。又如，以佛教与儒学的借鉴观之，受儒家心性论的影响，佛教不再仅仅抽象地谈佛性，而是以心、性论佛，出现佛教心性化的倾向。同时，儒家对道德修养的倡导对佛教有压倒式、嵌入式、席卷式的影响，促进了佛教的伦理化与道德化。此外，作者客观地认识到张栻对佛教的批评和评价有失公允。

最后，在此意义上，张栻的佛教思想客观上推动了佛教儒学化，赋予佛教新的生命力和感染力，推动佛教成为中华文明的重要组成部分。这也是佛教与儒家观念整合、体制相应的必经历程。作者立足思想史与哲学史视域的研究方法，其匠心之处主要包括以下几个方面：一是把握文明传播和发展的基本规律，清晰地梳理出儒学与佛教在渐进的同化与激烈的抗拒中互相借鉴、共同发展、共存共荣的历程。二是通过政治史、社会史、文化史的交叉研究，客观、理性、全面地把握张栻的佛教观，将其条理化，系统化，统一化。三是探索出从斗争性到同一性的新模式。紧抓原生性文化与外来文化既对立又统一的关系本质，通过格义、渗透、融合、会通等方式在价值观念、行为尺度等方面发现共同价值，彰显文化自觉与文化自信。

本书指出张栻在中国历史上和思想史上都具有重要的作用和影响，应该引起研究者的重视，可见作者苦心。张栻将湖湘学派推至登峰造极的地步，天下学子“以不得卒业湖湘为恨”，张栻的思想对宋明理学的发展与完善具有极其重要的作用。而守正和梳理张栻思想“经世致用”的现实特色与“和而不同”的理论精华，对担负起新的文化使命，努力建设中华民族现代文明亦有重要意义。正如习近平总书记指出的，文化工作者要不断培育和创造新时代中国特色社会主义文化，以守正创新的正气和锐气，赓续历史文脉、谱写当代华章。②

总的来说，该书精准把脉，逻辑严谨，力透纸背，是一部对张栻思想研究具有建设和超越意义的力作。本书拓展了张栻思想研究领域的深度、厚度、广度和力度，为张栻思想研究注入了新鲜气象，提供了有效的参考和依据，显示出当代学者在学术继承与创新过程中挺膺担当的使命感与责任感。该书经得起历史与文化的考验，值得成为研究张栻思想的标杆，值得引起相关领域学者的热切关注与研究。

---

① 王丽梅：《张栻的思想世界》，中国社会科学出版社 2019 年版，第 196 页。

② 习近平：《在文化传承发展座谈会上的讲话》，《求知》2023 年第 9 期。

构建中国哲学本体论的尝试
——读《明代心学本体论》有感

郭　容*

一

《明代心学本体论》① 一书聚焦中国哲学史上的本体论讨论，通过对理学与心学（尤其是阳明学）有关“本体”概念的语义分析，呈现出有别于西方哲学本体论（Ontology）的心学本体论。此举不同于以西释中并可能造成先入为主之弊端的哲学比较，以及泛泛的哲学史梳理，也不同于对情识意念作存在论剖析和现象学描述的道德情感现象学，其对意识活动“未发”状态的关注亦拓宽了理解明代心性论的新视野。而作者通过分析中国哲学话语中的本体论说，来构建中国哲学自身本体论的努力，无疑是推动优秀传统文化在现代化进程中实现创造性转化与创新性发展的一个重要尝试。

过去我们在提及“本体”一词时，总不免对标近代以来西方哲学对本体论和宇宙论的划分，将其仅理解为万物存在的根据。但纵观老庄道家、汉代经学家、魏晋玄学、宋明理学、明代心学的内在理路，我们不难发现各家都或明确或隐晦地展露出对万物本根的关注。正如作者所强调的，“本”字除有根据义，可以作为物据以存在之根，还有初始来源一义，是物得以产生发展之源。可见，于语义处理解，“本体”一词便是本体论和宇宙论的统一。作者分三步对此展开论证：首先，阐发无体之“本”何以称“本体”，从存在意义上对其予以肯定；其次，指出人们是通过事上体知，才得以在保持本体价值地位的同时而体证到本体；最后，描述证得本体之后的状态——于理论与实践上实现本体论和宇宙论的统一，在条分缕析间构建起以气为存在形式、理为存在内容、道德体验为存在特征的心性本体论。在当下中西互鉴的背景下，中国哲学若想取得长远的发展，需要具备如陈来先生所谓的建构中国哲学本体论的理论自觉。在我看来，本书的研究正是这条路上的伟大尝试。

在心本体的论说中，作者对阳明的良知予以广义和狭义的新解释，有助于我们理解一

---

* 作者简介：郭容，华东师范大学伦理学专业博士研究生。

① 周丰堇：《明代心学本体论》，中国社会科学出版社 2023 年版。

些疑难问题。在广义上，良知便是气之灵，是“一体之气的发窍或造化之精灵”。以钱穆先生为代表的学者对“良知化育万物”的批评，实则是立足人心层面来论良知与万物生成的关系，将良知理解为天地万物背后的绝对实体。这一批评仅表达了对极端唯心主义的批判态度，未能精准理解阳明先生的广义的良知。在狭义上，良知是心之灵明，是存在意义的开显。阳明先生并未否认山川草木等客观事物实存，他称“此花与汝心同归于寂”时，不是在说“不存在独立于意识之外的客观实在”，也并非说“意识不在时客观实在便不在”，而是在说“事”不离意识，意向对象与意向内容不可分离。

作者提出以纯粹经验来理解心本体的新视角。整个世界都在意向指向之中，作为纯粹体验的“未发”状态也是如此。不可言说不可睹闻的纯粹体验指向了原初意识本身，这是主体对本心的直接把握和默会，而非单纯的感知，亦非知性的分析和理性的反省。这一内意识是原初的、当下进行的，它是事后反思的前提，是人伦日用间所展现的已发情识意念的基础。与西方哲学“本质生成现象且人们只能见现象”的观点不同，由体发用与由用返体的过程是共时性的，体知现象的方式不离感知、思维，亦不依赖后者，而是以智的直觉洞见本心，以沛然不得已之本心施之于事事物物，于生生之流行中体知万物一体之本然世界，如此尽心知性知天，则常人也可通达即现象即本质、即体即用之物自身。如此，已发与未发的统一构成了对自身完整的认识与领悟，形上之理与形下之气得以真正实现统一。

心本体的理论构想对我们理解道德意识的产生和发展具有重要意义。人们在体知宇宙本体（太虚之气）的过程中开显本心，呈现出不可言说、不可睹闻的纯粹体验，后天情识意念皆是在此基础上才得以产生和形成。人生在世，见孺子将入于井而生怵惕恻隐之心，见草木摧折而有悯恤之心，见瓦石毁坏而有顾惜之心，此皆因气无所不贯、仁心与万物相感通之故。当“孺子将入于井”这一事件乍然发生时，惊恐不忍不是孺子注入我们体内的感受，也不是我们设身处地对其处境的想象，而是虚灵明觉的本然良知的直接呈现，是本心之向善倾向（本己意向）在接触感性材料时的乍然显现。在万物一体的背景下，不存在不向他者显现的绝对客观的事物，即便我们不表象出他者的经验，并不尝试理解对方，也能将其感受为体验着的他者。道德意识正是人们对自身情识是否合本心的明觉，由良知判断行为是否合宜，进而产生相应的行为。如此便不难理解为何阳明先生会注重“在事上磨”，倡导省察克治以不拘于习气物染，在不动心的状态下体知本心。

与此同时，这一不为私情所扰的廓然大公之心不是孤悬的主宰实体，而是在人伦事物中有所感动的大化流行实体，因而在日常经验之动静中便不必遵从某些特定的格式规矩，只需因地制宜地随感而应。除本心的良知良能以外，作为“在世存在”，我们离不开人际交往，他人或多或少地对我们产生了影响。可以说在日用伦常间，他人有相当一部分的情感、态度、价值观会不自觉地在我们的内心结晶，形成了作为道德意识之背景的文化潜意识。考虑到货色名利之心不比劫盗之心更容易省察和去除，除关注复性工夫以外，要落实道德意识，社会应当致力于形成良好的道德风尚。因此我想也是时候推动理学和心学从各偏一隅走向统一了，心学一脉注重遵从良知本心，理学一脉注重对德性的认识，二者统合为一是当下儒学建构的可能性尝试。近些年学界已经有了这样的声音，以杨泽波先生的儒家生生伦理学为显著代表，本书在我看来也为实现这一进程贡献了一份力量。

此外，在当下文明冲突频发的社会，我们迫切需要“在事上磨”，立足人类生存体验提供实践智慧，不仅要谋求体系之下人们的共识，使其能够自觉自愿服从社会规则，而且要具备足够的智慧对这一规则进行调整。这在很大程度上昭示着学界将更关注于回到传统典籍之中，去探寻先贤的经权智慧，以为当下道德建设、政治生活提供强有力的思想资源。

二

在阅读的过程中，我认为有一个问题需要被重视，那就是儒家心性现象学如何处理与科学理性之间的关系？心性现象学告诉我们体知本心，以形上道德本体统摄形下科学。但毕竟顺应良知良能发展至圆熟境界并非常人所能及，只有圣人才能做到这一点。有着相近的日常经验的人，正是因为觉知本心、体证宇宙本体的纯粹经验的具备与否，而有了圣凡之别。按照心性现象学的论说，多数人的良知呈现需要于事上磨炼，使本心摆脱习气私欲的控制，进而在智的直觉的作用下能够向内洞见本心，也正是在智的直觉的作用下，使万物得以向人们呈现出如其所是的样子。但人们作为在世之在，不可避免地带有情境性心理感受，不可避免地运用自身理性能力挖掘自然事物之间的因果联系，因此有相当多的学者认为由体发用只是一种存有论设想，实际上所谓的“本心”无非是人类知性的结果。我并不赞同这一观点，在我看来，证明由体发用正是为中国哲学进行合法性辩护时所绕不开的课题。我们需要说明某些情境性心理感受源于对本然天道的体知，智的直觉是逻辑认知的基础。

牟宗三先生的“良知坎陷说”正是立足传统的内圣之学对上述问题的回应。整个致良知的行为并非直接诉诸良知的结果，它还需要人们坎陷自身、认知他物。牟宗三先生对“知”的理解与阳明先生所倡导的知行合一有很大差异。在阳明先生那里，知行的范围很广，从一念之好好色、恶恶臭到经纶天下，都体现了知行合一。这是从感知到意向到实践的完整活动。例如当我们见到父母的时候，就会油然而生一种亲近感，使得我们产生想要为父母好的意愿。而在牟宗三先生那里，“知”主要指理论知识，人们是先知道何为孝，然后才有孝的行为。一方面良知本体自我坎陷，道德主体转为其他主体，使得具有客观性的知识系统得以开展，一方面识心自我坎陷，主体以社会中人与人之间的关系为认知对象，使得科学理性得以发展，民主政治得以显现。

“良知坎陷说”自提出以来受到多方批评。其中以马克思主义者与自由主义者的批评为主，他们认为认知主体并不是从良知本体开出的，科学精神是在认知主体上建立的。我想表达的是，看起来“良知坎陷说”充满矛盾，可我们完全可以将其解释为：科学理性是良知本心的要求，也只有经过坎陷，良知本心才能获得客观性，分解出科学理性，这正是良知本心的自觉完善。当然，也有学者的批评在我看来是值得注意的，以蒋庆先生为代表的学者认为坎陷说是变相西化，如果忽视中国传统的良知呈现说，就会陷入无边的物欲之中。坎陷是否会导致这一结果，值得我们更进一步思考。

作者很早便关注到良知坎陷的问题，并试图通过明代心学家王塘南一性开良知明觉和意根生机二门的心性论，为解决良知坎陷的问题提供新的方案。作者认为，良知不会坎陷自身，良知直照和意根坎陷共同作用，才促成了本心的分裂和认知意识的形成。至于这种观点是否有效解决了上述问题，是否又产生了新的问题，留待我们后续的考察。

以上是我在阅读本书之后的一点所思所感，但受限于阅读时间不长、理论研究有待深入，恐未尽其义。我也仅仅是宏观介绍了作者的研究旨趣，书中还有诸多有意义之处亟待读者发掘。我十分推荐大家抽出时间去细细品读本书，本书立意深刻，用词严谨，且论述有理有据，在我看来是极具学术价值的好书。

印度教改革与印度现代化之路的引领者
——《传统的现代性：甘地宗教思想研究》评介

林卓荣*

周骅教授从事甘地研究已有二十余年且研究成果十分可观。周骅教授所著这本长达27余万字的专著《传统的现代性：甘地宗教思想研究》由中国大百科出版社2021年出版是他对自己多年研究甘地的系统梳理。《传统的现代性：甘地宗教思想研究》内容涵盖了甘地宗教思想的主要内容：作为印度国父，甘地以宗教信仰的方式带给这个国家以独立、自由和现代化。在这本书中，作者坚持历史唯物主义与唯物辩证法的统一，遵循了理论逻辑与现实逻辑，主要从甘地宗教思想的形成、甘地宗教思想的演进、甘地思想的影响力与传播这三方面对甘地宗教思想进行剖析，揭示了甘地如何通过革新宗教实现印度民族独立以及印度从传统到现代的转化。由此，读者通过甘地对宗教信仰的探索和演进的了解，可以更好地透视甘地对印度社会变革的贡献。这本书包罗广阔，资料翔实，填补了以往研究中对甘地宗教思想研究的空白。

本书围绕甘地宗教思想，分为六章：第一章梳理印度中古后期到近代的宗教文化现状。第二章从哲学、经济、政治、社会等不同侧面分析甘地宗教思想的构成。第三章从印度的传统文化中进一步探寻甘地宗教思想的来源。第四章重点研究甘地对传统宗教思想的现代转变。第五章分析甘地宗教思想对神圣与世俗的融合。第六章则分析了甘地宗教思想在印度独立运动和当代印度的影响。《传统的现代性：甘地宗教思想研究》线索清晰，内容翔实，不失为一本具有很强的导论性质的书。

一、关于甘地宗教思想的关键思路

在正式进入甘地宗教思想之前，本书对多方面的研究材料进行了广泛的整理工作：首先是甘地本人的原始资料，主要来自国外学者对甘地原著的编排、整理的宗教思想专题；其次是国内外学者的研究著作和文章，这些作品涵盖了对甘地宗教思想的不同角度的探讨和分析。全面、细致的资料收集，为后续的分析奠定了坚实的基础。作者进一步分析了甘地的宗教思想的研究现状，总结出以往国内外研究的三大视角——解殖视角、现代化视

---

* 作者简介：林卓荣，湘潭大学哲学与历史文化学院（碧泉书院）硕士研究生。

角、宗教/文化多元视角，并且从三大视角中总结出三方面的特征："首先，此类主题研究数量偏少"①，"其次，相关研究多，深度研究少"，最后关于甘地与宗教的关系界定。"第一类，研究甘地宗教思想的形成过程中接受的外部影响和继承的印度本土宗教的传统"，"第二类，以甘地为旗帜，研究后殖民主义、身份政治、环境伦理等问题"②。通过这些分析，作者能够在现有研究的基础上，在前人很少涉及的领域内继续深入挖掘甘地宗教思想的内涵。

在简要分析以往研究的三方面的特征之后，作者提出了一种全新的研究思路，即如果想要全面地把握甘地的宗教思想，理清甘地与宗教的复杂关系，就必须跳出某种特定的立场，将其放进广阔的民族独立运动及现代化的时代浪潮之内，动态地、如实地将其宗教思想的形成过程呈现出来，接着分析甘地又是如何利用宗教思想为民族运动以及现代化服务，这种研究思路的好处就是可以更全面地把握甘地的宗教思想。

为使自己的研究内容更加明确且易于区分，作者根据自己的理解将甘地宗教思想主要分为四个部分：甘地宗教思想的形成、甘地宗教思想的演进、甘地宗教思想的特质和甘地宗教思想的影响力。首先，第一章到第三章主要围绕印度宗教格局和甘地的真理观、政治抗争理念、经济思想、社会平权观念、印度自治理想、印度教改革等基本观念进行理论上的探讨与区分；其次，第四章着重揭示了甘地是如何将上述政治观念进行宗教化改造与表述；再次，第五章主要说明甘地宗教思想的特殊之处；最后，第六章主要说明甘地宗教思想的影响与启示。我们可以在之后的内容发现，本书意识到了印度的宗教与现实政治的复杂关系，因而并没有把宗教和政治作为不同的领域截然区分开来，这种处理方法更好地展示了甘地如何根据现实对印度教作出创造性的改造。

二、印度教变革

众所周知，甘地宗教思想植根于印度教，然而何谓"印度教"？本书指出，"印度教是产生于南亚次大陆上的宗教、哲学、文化和社会习俗的总称，它不是某位教主创立的一神教思想体系，而是在长期社会发展过程中形成"③。也就是说，"印度教"这个词是对印度各种宗教形态的统称，实际上并不存在所谓真正的"印度教"实体；印度教在历史发展中有着各种形态。

虽然印度教内部包括各种异质性的信仰体系，但是它们都共享着一些宗教元素。因此，甘地宗教思想植于印度文化之根，是有迹可循的；同时甘地也吸收了基督教思想。本书首先探讨的是甘地的真理观，其中一个命题就是"真理就是神"。但是此处的"真理"并非西方哲学中的认识论的"真"，而是一种绝对实在的生命体验，也称为良知。换言之，"真理"需要自己体验、证悟，颇具印度宗教的色彩。而体悟的对象是"神"，"神"是爱、是至善。"真理就是神"意味着将良知上升到一种绝对化、普遍化的高度，即人类

① 周骅：《传统的现代性：甘地宗教思想研究》，中国大百科全书出版社 2021 年，第 25 页。
② 周骅：《传统的现代性：甘地宗教思想研究》，中国大百科全书出版社 2021 年，第 26 页。
③ 周骅：《传统的现代性：甘地宗教思想研究》，中国大百科全书出版社 2021 年，第 57 页。

所共有的。其次探讨的是甘地的非暴力的斗争原则。甘地从耆那教、佛教的教义以及印度教经典《薄伽梵歌》《摩奴法典》中得到启发，为消极合作形式的斗争找到了宗教根源。再次探讨的是甘地的“罗摩之治”的政治构想。甘地用印度教经典《罗摩衍那》中的“罗摩之治”表达其心目中的理想政体，为其印度自治理想找到了文本依据，更能引起印度人的共鸣。最后探讨的是甘地的“自我净化”的种姓思想。甘地在某种程度上延续了帕克蒂运动的思潮，即在神祇面前，人人应该友爱、平等。然后他找到了印度教内部的洁净观，即印度教种姓制度中的自我净化的观念：《摩奴法论》对洁与不洁进行了区分，并给出自我净化的办法。结合两者，甘地称呼种姓制度中的贱民为神之子。

作者选取了甘地宗教思想中的具有代表性的四点：“真理就是神”的真理观、非暴力的抗争观念、“罗摩之治”的政治构想、“自我净化”的种姓思想。这四点都是甘地思想中的代表观点，人们大都有所耳闻的，但是本书的可贵之处，就是将零散的观点系统化，统一到甘地宗教思想之下。从中可以清晰地看出，甘地的宗教思想总能在传统印度教中找到依据，也对西方思想有所吸收。通过对这四点的整合，本书为我们呈现了甘地宗教思想的内在一致性和连贯性。

三、民族独立与现代化

甘地并非书斋中的神学家，他更多地是以政治领袖的形象出现，很难将他的宗教思想与现实政治完全区分开，如果只谈论其宗教思想，而忽略其政治主张，是很不全面的，因为他将信仰和观点融入了他的政治实践中。基于此，作者在介绍了甘地宗教思想的基本内容之后，并没有停笔，而是揭示出甘地宗教思想与现实政治的张力：甘地如何通过改造传统印度教思想，使之服务于自己的政治目标和政治活动。这样一来，深度就出来了：本书不仅介绍了一种思想，还挖掘了思想背后的理论逻辑。于是，在当时印度错综复杂的局势中，抓住了甘地的问题意识的主线——宗教与政治的关系，甘地的宗教思想就能得到很好的剖析。这种对问题的分析思路，值得大家借鉴和学习。

按照作者的理解，上述四点——“真理就是神”的真理观、非暴力的抗争观念、“罗摩之治”的政治构想、“自我净化”的种姓思想——并不是相互独立的，它们共同服务于甘地的政治诉求。“真理就是神”针对的是印度多宗教并存的现状，其中不同宗教、同一宗教的不同教派都有着矛盾，最大的矛盾是印度教徒与穆斯林的矛盾。而“真理就是神”则是以个人的生命体悟（真理）确证最高的善（神），即使每个宗教的神祇的称呼都不一样，但是也都能导向同一的真理。如此，各个宗教的教徒甚至无神论者都团结在印度民族独立运动的旗帜之下。非暴力的抗争观念更是能体现出甘地对传统印度教的政治性转化，因为印度固然有不杀生的观念，但是也有尚武的传统。而甘地将非暴力的内涵进行新的解读，并号召印度人民以这种消极形式的合作对抗殖民者。“罗摩之治”的政治构想则是超越了一般的民族主义立场，而是立足于印度教立场，认为真正的“罗摩之治”不是单纯的民族独立，而是人性和神性结合产生的理想社会。“自我净化”的种姓思想则是甘地既肯定了种姓制度在印度教的合法性，又在西方的公民政治的影响下提高贱民的地位，于是以“自我净化”的方式以解决这一社会身份认同问题。

正如印度学者所指出的：印度的一切现代化设计，都是在一种独特的印度式的反启蒙方式下进行的。这一点在甘地身上表现得很明显，甘地的政治诉求是以宗教信仰的形式出现的，实质上是对西方现代文明冲击的印度式反应。作者得出结论：甘地成功地利用宗教为民族独立运动服务，引领印度走向民族独立和现代化的道路。

四、结语

当然，本书仍有不足之处：首先，本书没有很明晰地展示出甘地对基督教思想的吸收过程，篇幅不足，可能需要更深入地挖掘甘地与基督教的互动，以及他如何将这些思想融入自己的信仰和实践中。其次，本书对宗教神学的建构工作还稍微欠缺，没有很好地说明甘地的印度教神哲学的理论内涵。最后，还有几处值得商榷的小细节。第一，“无论是从传统印度哲学看，还是从西方现代哲学上看，‘真理’都是人们思想所把握的‘实在’的映像，而不是实在自身”①，此处“西方现代哲学”应为“西方近代哲学”。第二，“甘地1907年阅读了美国思想家梭罗的文章《文明不服从》……”②，此处译为“公民不服从”会更好。第三，关于引用的经文“打你左脸，把你的右脸迎上去”（《登山宝训》）、“爱你的邻居，爱你的仇敌”（参见《圣经·马太福音》第5章43节内容）③，应该统一格式：“《登山宝训》”改为“《圣经·马太福音》第5章39节”。

瑕不掩瑜，本书最可贵的地方是抓住印度教的特性，讨论了宗教是如何介入现实的，正如本书的封面所言：“甘地充分利用了宗教，并且将传统的宗教运动逐步转换为现代政治运动，这是甘地最不寻常之处。”这本书弥补了甘地宗教思想研究的空白，对于后来者具有很高的价值。周骅教授所做的一切，丰富和充实了我们对甘地的认识与理解。观察印度在近现代的变迁，也许更有利于我们看清当今中国式现代化面临的诸多问题，并在此基础上获得启发。

---

① 周骅：《传统的现代性：甘地宗教思想研究》，中国大百科全书出版社2021年，第94页。

② 周骅：《传统的现代性：甘地宗教思想研究》，中国大百科全书出版社2021年，第249页。

③ 周骅：《传统的现代性：甘地宗教思想研究》，中国大百科全书出版社2021年，第246页。

图书在版编目（CIP）数据

碧泉论丛．第三辑，哲学与文化专辑 / 王丽梅，翁后发主编．-- 湘潭 : 湘潭大学出版社，2024．12．
ISBN 978-7-5687-1607-9
Ⅰ．C53；B-53
中国国家版本馆 CIP 数据核字第 20245YZ543 号

碧泉论丛（第三辑）：哲学与文化专辑

BIQUAN LUNCONG (DI-SAN JI)：ZHEXUE YU WENHUA ZHUANJI

王丽梅 翁后发 主编

责任编辑： 倪慧燕
封面设计： 李　平
出版发行： 湘潭大学出版社
社　　址： 湖南省湘潭大学工程训练大楼
电　　话： 0731-58298960 0731-58298966（传真）
邮　　编： 411105
网　　址： http://press.xtu.edu.cn/
印　　刷： 长沙创峰印务有限公司
经　　销： 湖南省新华书店
开　　本： 787 mm×1092 mm 1/16
印　　张： 16.25
字　　数： 390 千字
版　　次： 2024 年 12 月第 1 版
印　　次： 2024 年 12 月第 1 次印刷
书　　号： ISBN 978-7-5687-1607-9
定　　价： 88.00 元